daniel verbis
misojosentusojosderramándose

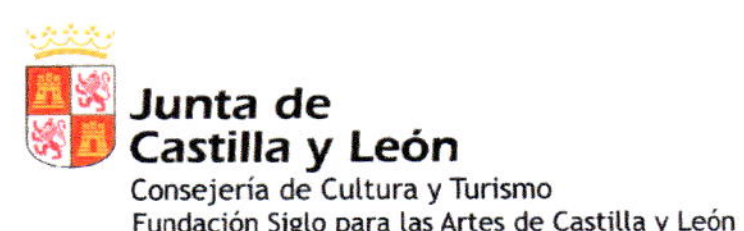

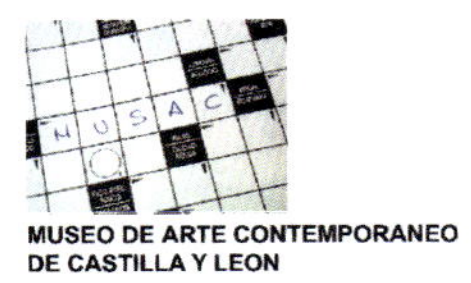

TURNER

Continuando con su programa expositivo, como elemento fundamental para la promoción y difusión del arte contemporáneo en Castilla y León, el Museo de Arte Contemporáneo de Castilla y León (MUSAC), ofrece la exposición individual de Daniel Verbis, considerado como una figura clave para entender las nuevas corrientes de renovación pictórica en nuestro país.

En esta muestra individual, Daniel Verbis nos aproxima a ese universo ilimitado de formas donde refleja, una vez más, las distintas posibilidades del lenguaje pictórico, desde sus instalaciones de dibujo sobre muro, pasando por la escultura hasta el cuadro y la fotografía.

Bajo el título *misojosentusojosderramándose*, la exposición de este artista leonés nos propone un recorrido longitudinal y sinuoso al mismo tiempo que invita al espectador a sumergirse en una atmósfera repleta de estímulos.

Siguiendo este planteamiento y comisariada por Javier Hernando, la exposición se convierte en un viaje erudito en el que el artista investiga sobre los procedimientos materiales y formales de la pintura y sobre los problemas del lenguaje al mismo tiempo que se ofrece una metáfora, cargada de lirismo, sobre el individuo y su mirada. No es la primera vez que Daniel Verbis realiza un proyecto específico en el MUSAC, pues con anterioridad y a propósito de la inauguración de este museo en abril de 2005, este artista mostró para el Proyecto Vitrinas parte de la complejidad de su trabajo con el proyecto *Doble **objeto &.***

Con esta exposición, la Junta de Castilla y León continúa, a través del programa expositivo del MUSAC, con su labor de implicación con el arte contemporáneo y adentrándose en la verdadera vivencia plástica de los creadores del siglo XXI en un museo del presente.

Silvia Clemente Municio
Consejera de Cultura y Turismo

Continuing its exhibition programme as a fundamental element for the promotion and diffusion of contemporary art in Castilla y León, the Museo de Arte Contemporáneo de Castilla y León (MUSAC) offers the individual exhibition of Daniel Verbis, considered as a key figure in understanding the new trends in pictoric renovation in our country.

In this individual show, Daniel Verbis leads us to this endless universe of forms where he once again reflects on the different possibilities of pictoric language, from his drawing installations on wall, to sculpture, and even painting and photography.

Under the title *misojosentusojosderramándose*, the exhibition of this artist from León proposes a longitudinal and sinuous itinerary, at the same time that it invites the spectator to an immersion into an atmosphere filled with stimuli.

Following this proposal and curated by Javier Hernando, the exhibition becomes an erudite trip in which the artist looks into the material and formal origins of painting and into the problems of language at the same time that he offers a metaphor, charged with lyricism, on the individual and the gaze. It is not the first time that Daniel Verbis undertakes a specific project at MUSAC, as previously, on occasion of the opening of the Museum on April 2005, this artist showed part of the complexity of his work with the project *Doble objeto &*, for the Showcase Project.

With this exhibition, the Junta de Castilla y León continues, through the exhibition programme of MUSAC, with its labor of commitment with contemporary art, and delves into a real plastic experience of the creators of the 21st Century in a museum of the present.

Silvia Clemente Municio
Councillor for Culture and Tourism

El MUSAC con esta exposición del artista Daniel Verbis lleva a cabo uno de los proyectos planificados desde el comienzo de su apertura. El artista, nacido en León, es uno de los máximos exponentes nacionales de la nueva pintura. Todo su trabajo es una constante investigación en la que queda replanteado el soporte cuadro para, al final, aparecer siempre expandido o sobredimensionado. El lienzo, el bastidor o los pigmentos en la obra de Daniel suelen presentar una nueva disposición que hacen que el cuadro deje de ser un objeto inerte o una pieza acotable. De la misma forma, sus instalaciones o esculturas abrazan lo pictórico convirtiendo de esta forma el espacio en un todo en el que las estructuras asumidas juegan distintos roles.

Tanto el amplio proyecto expositivo como el editorial vienen a poner de manifiesto la importancia de un autor que en su, aún corta pero prolífera, carrera ha sabido incorporar un lenguaje propio y, sobre todo, ampliar el terreno en el que se desarrolla la pintura en nuestro país. En el libro, publicado con ocasión de esta muestra, se puede apreciar la coherencia con la que ha planteado su particular camino. Lo mejor de este proyecto es que nos demuestra hasta qué punto su investigación sigue abierta y cómo nos encontramos en un proceso amplio en el que es necesario esperar aún mucho más en el futuro.

Tengo que dar las gracias a Javier Hernando, comisario comprometido con este proyecto desde un principio y a Tania Pardo que, en su función de coordinadora, ha conseguido que el proyecto se materialice de la mejor forma posible pero, sobre todo, gracias al propio Daniel que ha tenido siempre en cuenta la importancia que un proyecto de esta magnitud podría tener para su desarrollo como artista.

Rafael Doctor Roncero
Director MUSAC

MUSAC, with this exhibition by the artist, Daniel Verbis, brings to realization one of the projects planned since its opening. The artist, born in León, is one of the highest national exponents of new painting. His work is a constant investigation in which the base painting is reconsidered so that, as a result, it appears expanded or over-dimensioned. The canvas, the stretcher or the pigments in the work of Daniel usually present a new disposition that makes the painting stop being an inert object or a limited piece. In the same way, his installations or sculptures embrace that which is pictorial, thus converting the space into a whole in which the assumed structures play distinct roles.

The broad exhibition as well as the editorial project has put to manifest the importance of an author that in his short but prolific career has learned to incorporate his own language, and, above all, widen the field in which painting is being developed in our country. In the book, published on occasion of this show, the coherence with which he has planted his particular path can be appreciated. The best thing about this project is that it shows us up to which point his investigation remains open and how we can find ourselves in a large process in which waiting for much more in the future becomes necessary.

I have to give my thanks to Javier Hernando, committed curator of this project right from the start, and to Tania Pardo who, in her function as coordinator, has achieved the materialization, in the best possible way, of this project. Above all, thank you to Daniel, himself, who has always taken into account the importance that a project of this magnitude may have in his development as an artist.

Rafael Doctor Roncero
Director MUSAC

ÍNDICE / CONTENTS

Javier Hernando Carrasco
Pintura-ojo
Painting-eye
13

Elena Vozmediano
La máscara y el laberinto
The mask and the labyrinth
59

Daniel Verbis
Óptica del [objeto &]
Optic of the [object &]
153

Daniel Verbis
Solución de continuidad (Una explicación
de las consecuencias visuales de la idea de continuidad)
Break in continuity (An explanation of the visual consequences
of the idea of continuity)
157

Bibliografía
Bibliography
223

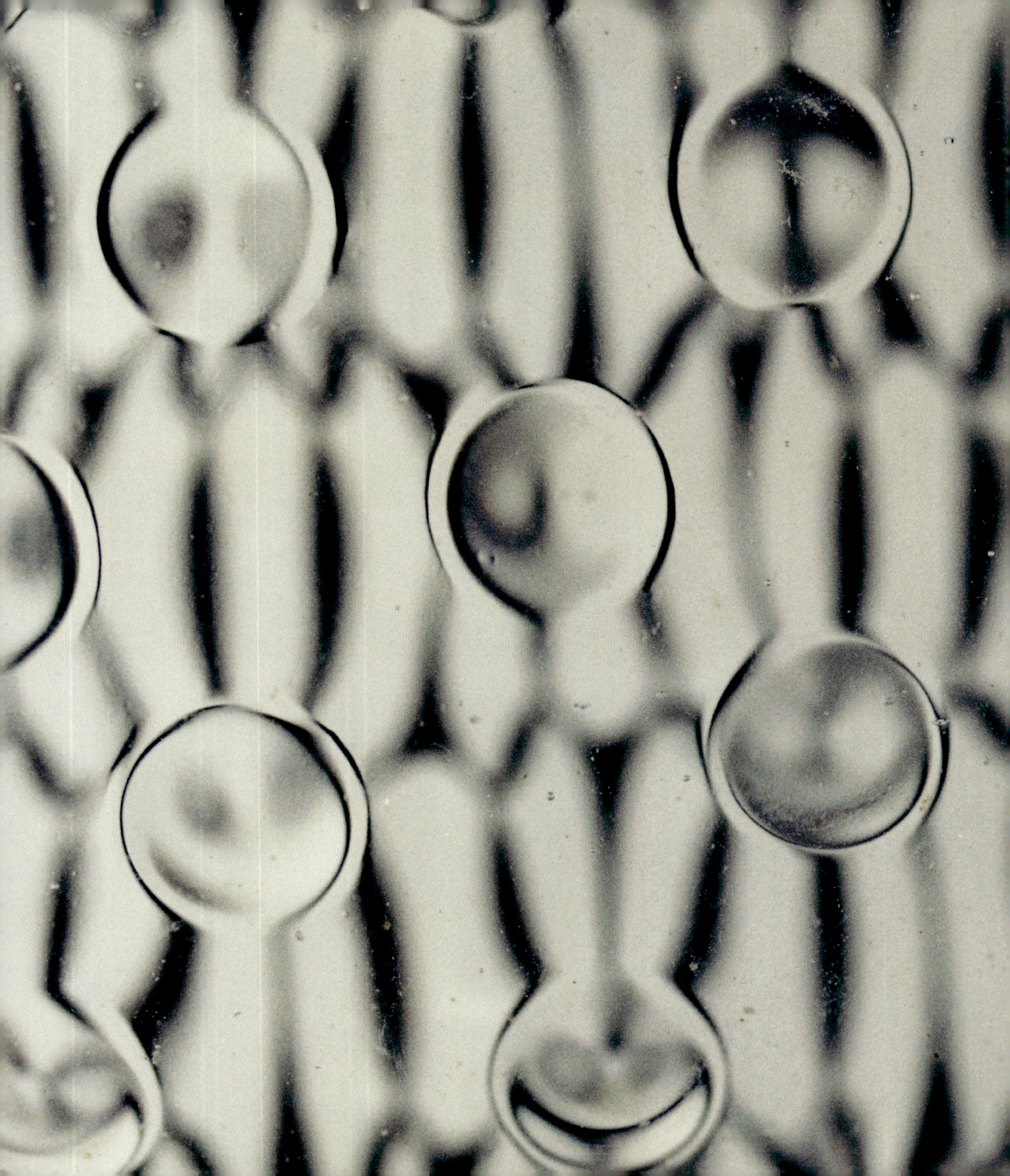

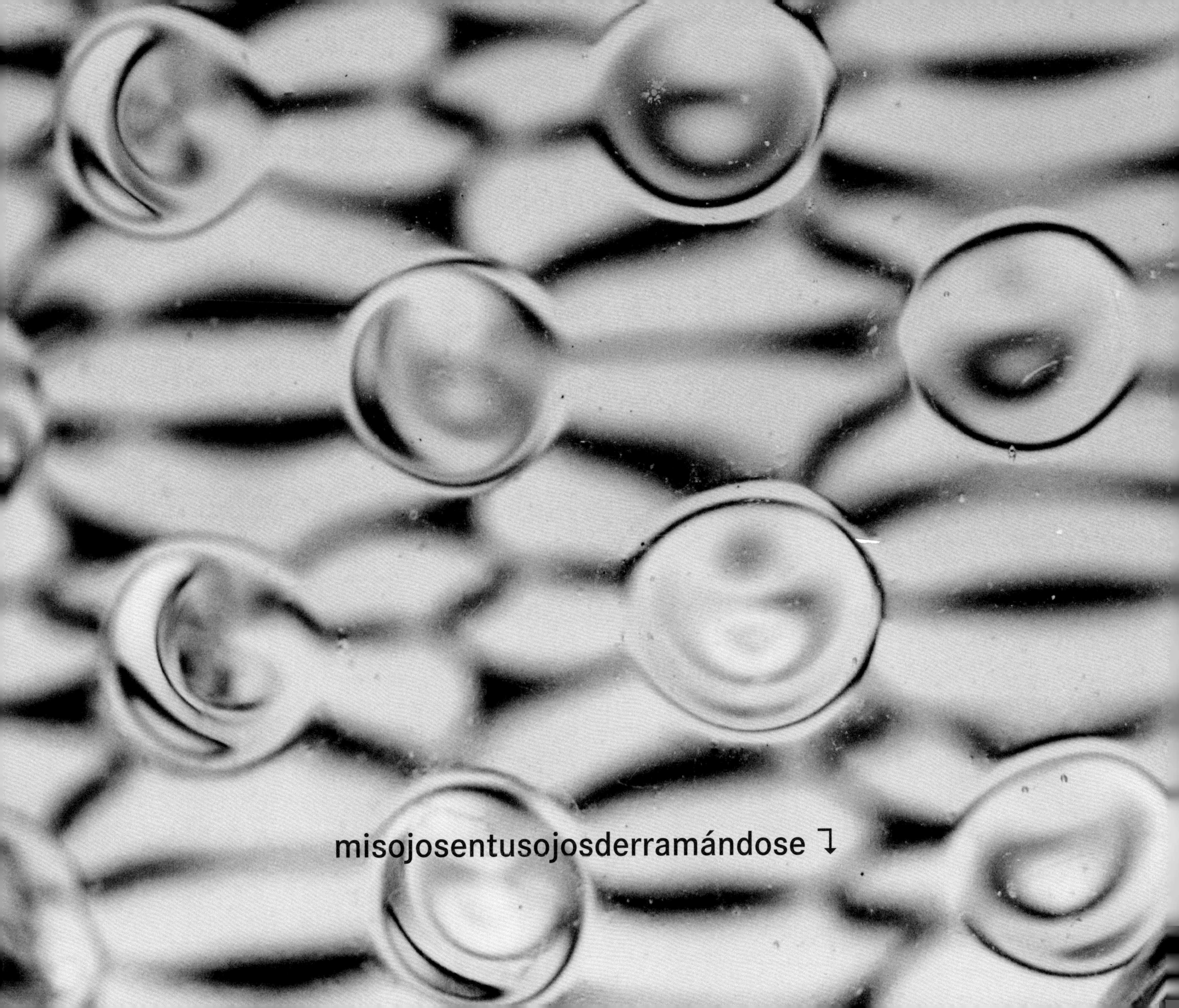
misojosentusojosderramándose ↴

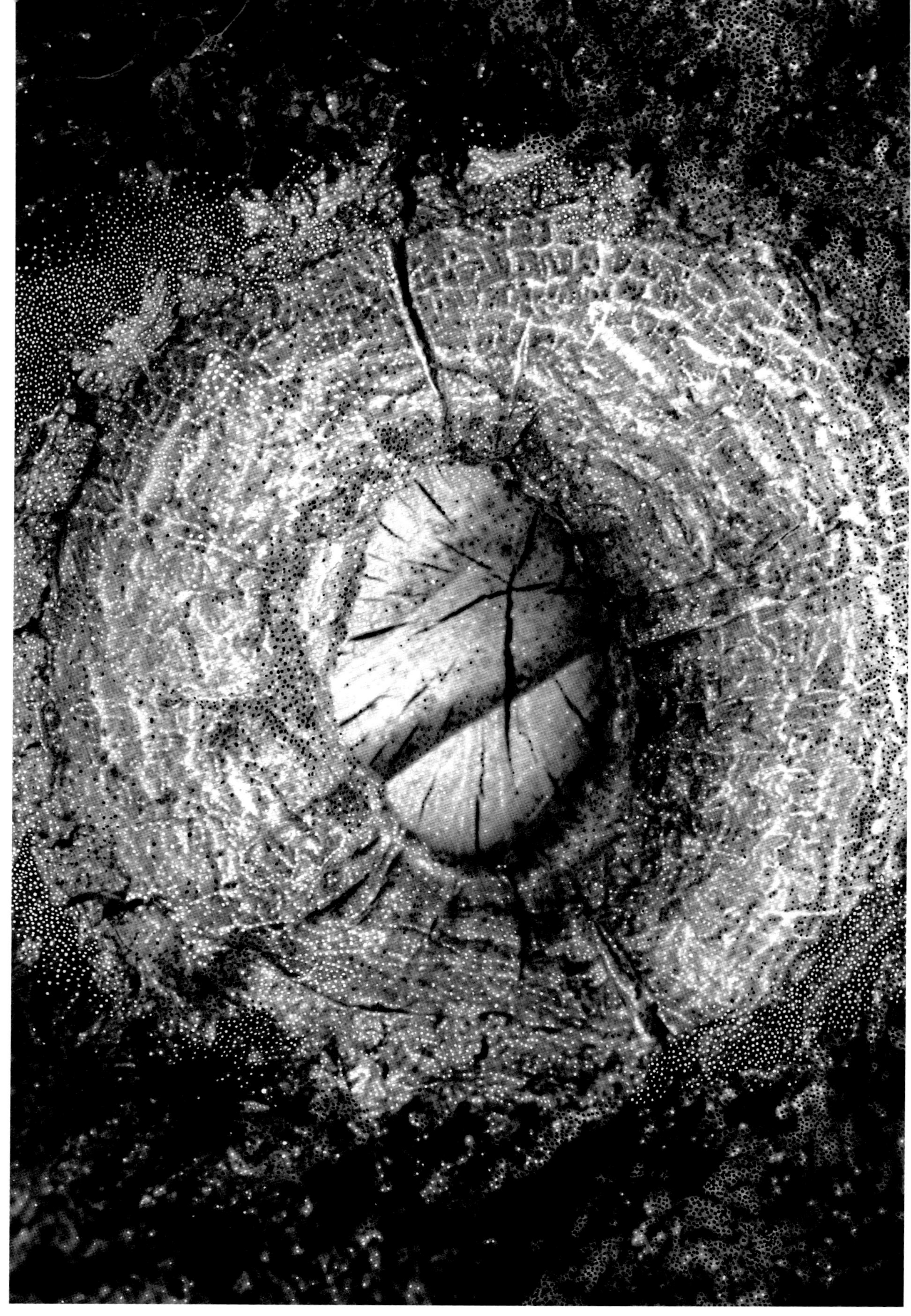

Brote y nudo n.º 2. Tinta sobre fotografía [Ink on photograph], 24 x 16 cm. Impresión digital [Digital print], 270 x 180 cm

Pintura-ojo

Javier Hernando Carrasco

Daniel Verbis no ha cesado nunca de proclamarse pintor, aunque en su caso tal reafirmación no responda a ese encastillamiento en el que se han situado tantos artistas de nuestros días, acomplejados ante el avance de los nuevos procedimientos que han ido ocupando un espacio reservado a la pintura casi de manera exclusiva hasta hace un par de décadas. Verbis, por el contrario, reivindica una mirada y una concepción de pintor; algo que no implica un encorsetamiento en las maneras tradicionales sino una extensión del concepto de pintura que, en buena medida, aunque no de manera exclusiva, se fragua en su expansión física, en su derrame espacial. Se trata por tanto de explorar los nuevos cauces de la pintura, su reactualización, en sintonía con las transformaciones que se han venido produciendo en las últimas décadas en los territorios de la creación, con un elemento común: la disolución de las barreras entre todos ellos con el consiguiente fenómeno de hibridación. La obra de Daniel Verbis responde plenamente a esta situación, pues, en efecto, sus obras hacen compatibles procedimientos y materiales diversos aunque casi siempre la imagen resultante responda a una construcción pictórica, es decir, a una forma bidimensional que ocupa o se ubica en el muro, situando el modo de aproximación del espectador a la misma dentro de los márgenes propios de aquella disciplina. Pero en última instancia el artista hace uso de la pintura para incentivar la relación dialéctica entre la mirada y la pintura mediante la enunciación de formas mayoritariamente dinámicas.

Desde los años iniciales de su trayectoria el artista ha mostrado una inequívoca vocación experimental. Pero ésta ha compartido siempre protagonismo con unos contenidos que han discurrido entre el metalenguaje pictórico y las vivencias personales. Así, los signos lingüísticos han sido esenciales en sus obras, a veces integrándose en la forma plástica, deviniendo simultáneamente signo língüístico y plástico,

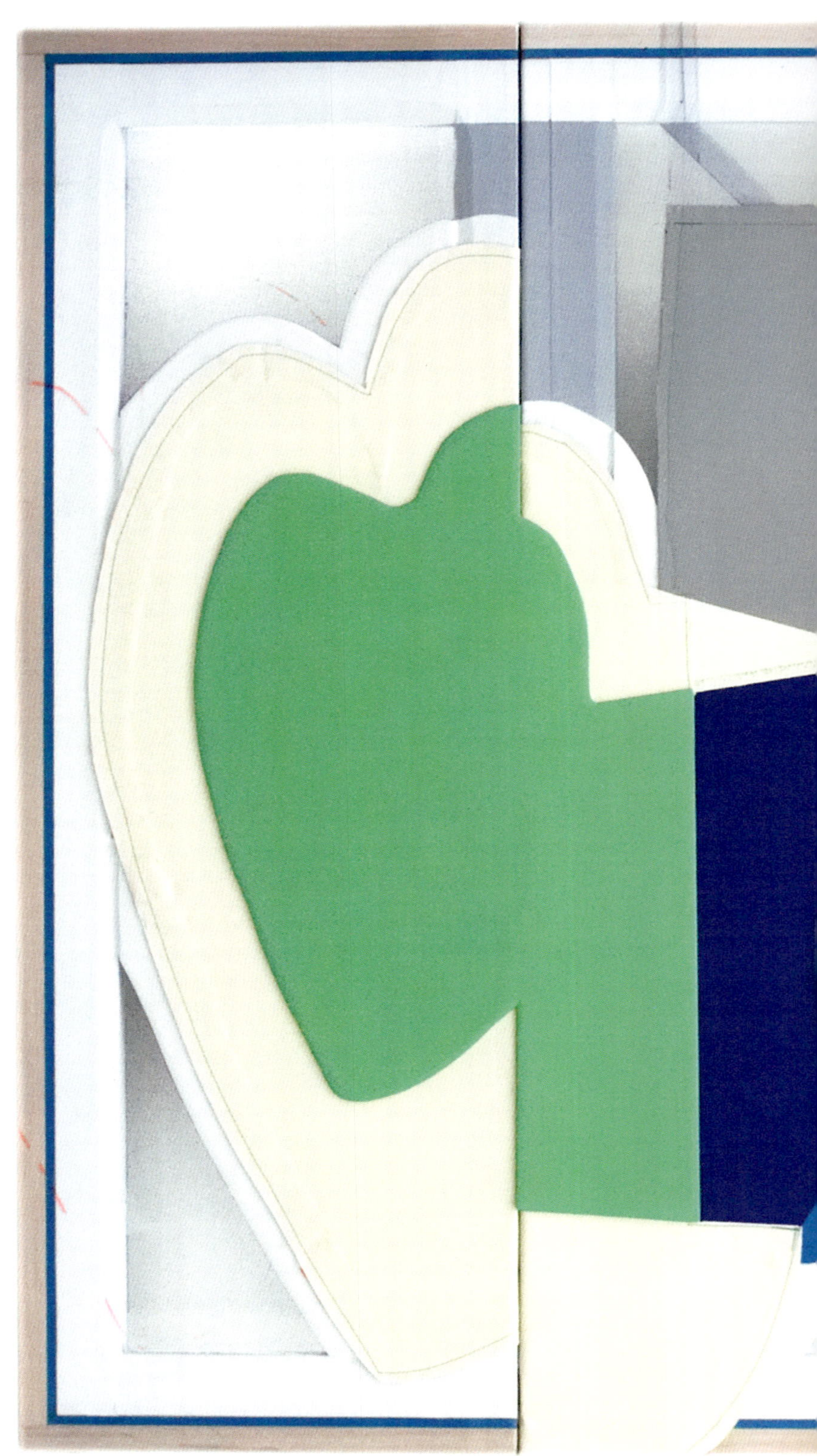

Eres iris, 2004. Acrílico, madera, lona plástica [Acrylic, wood, plastic sailcloth], 160 x 270 cm

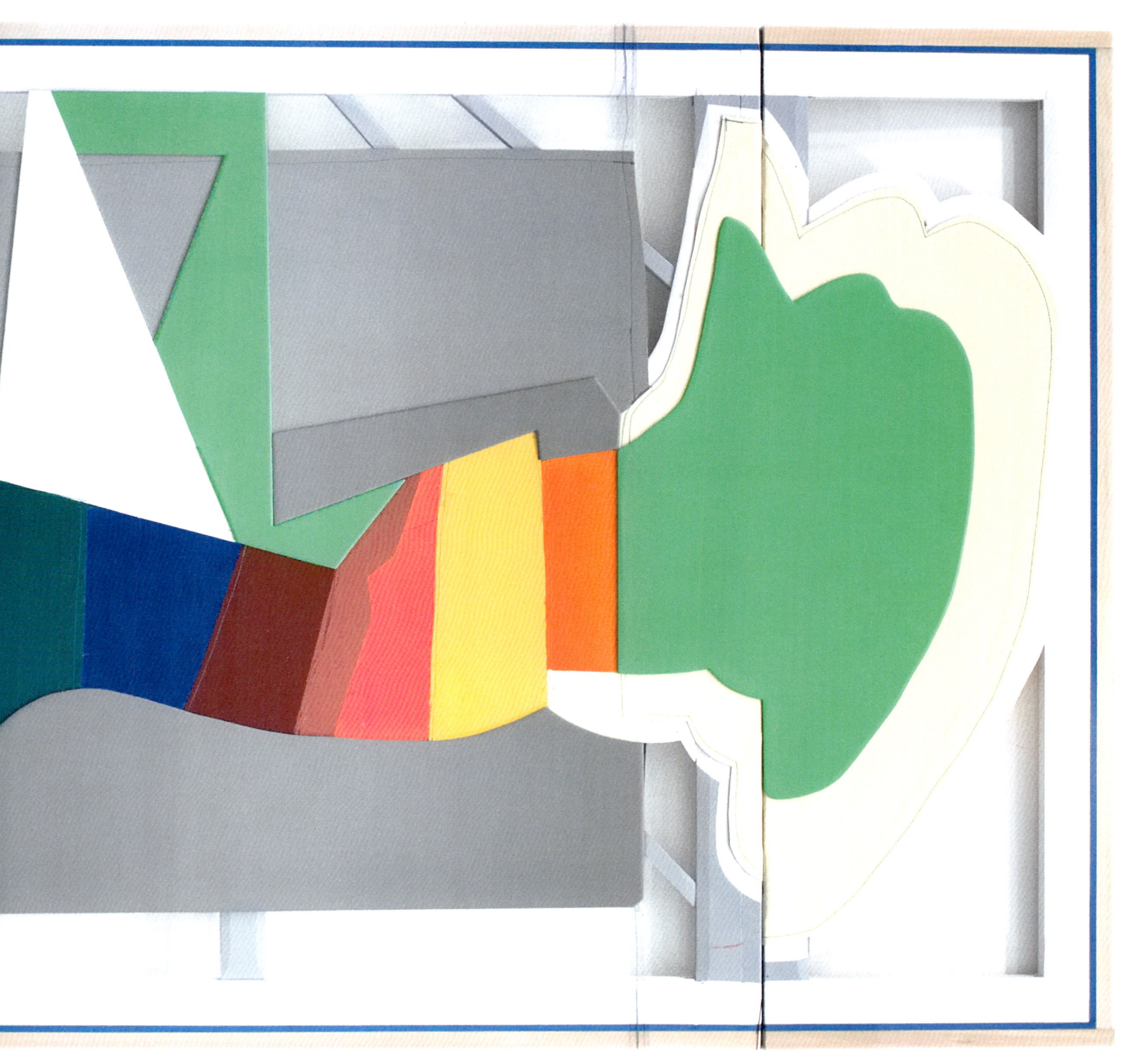

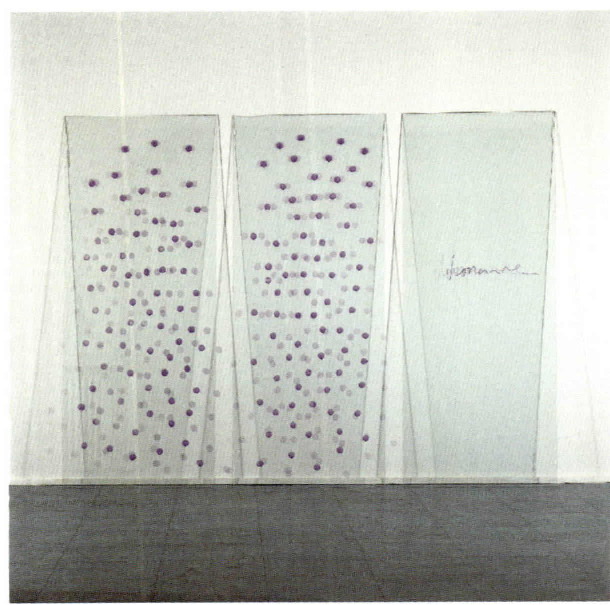

Donaire, 1992. Tinta sobre cristal [Ink on glass], 250 x 300 cm (aprox.)

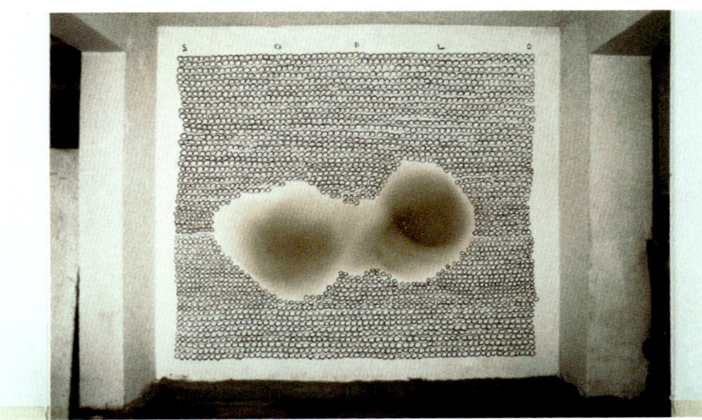

Humo (dibujo preparatorio) [preparatory drawing], 1992. Dibujo sobre fotografía [Drawing on photograph], 17 x 24 cm

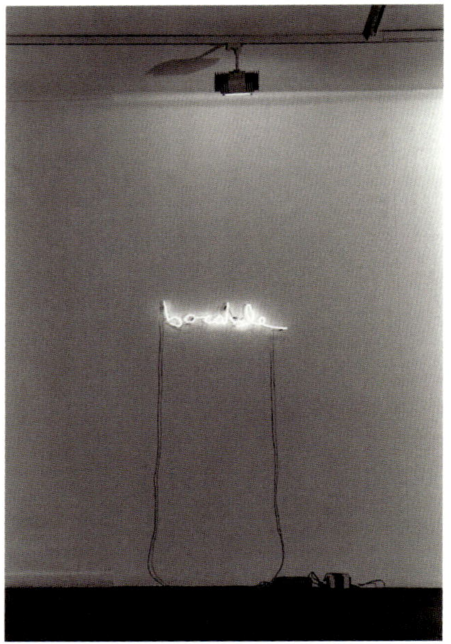

Vocablo, 1992. Neón [Neon], 30 x 110 cm

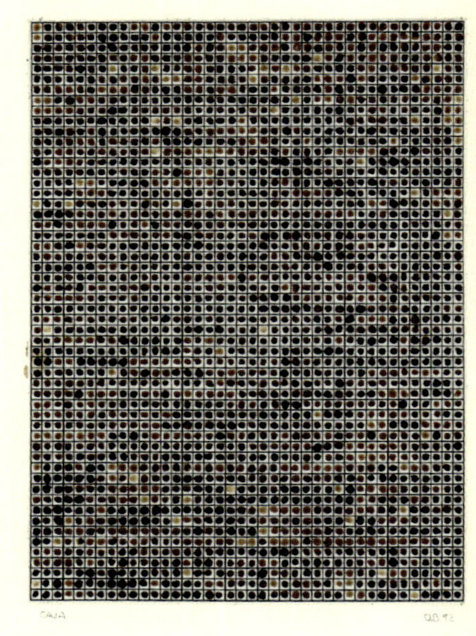

Caja blanda 1, 1991. Tinta [Ink], 24 x 18 cm

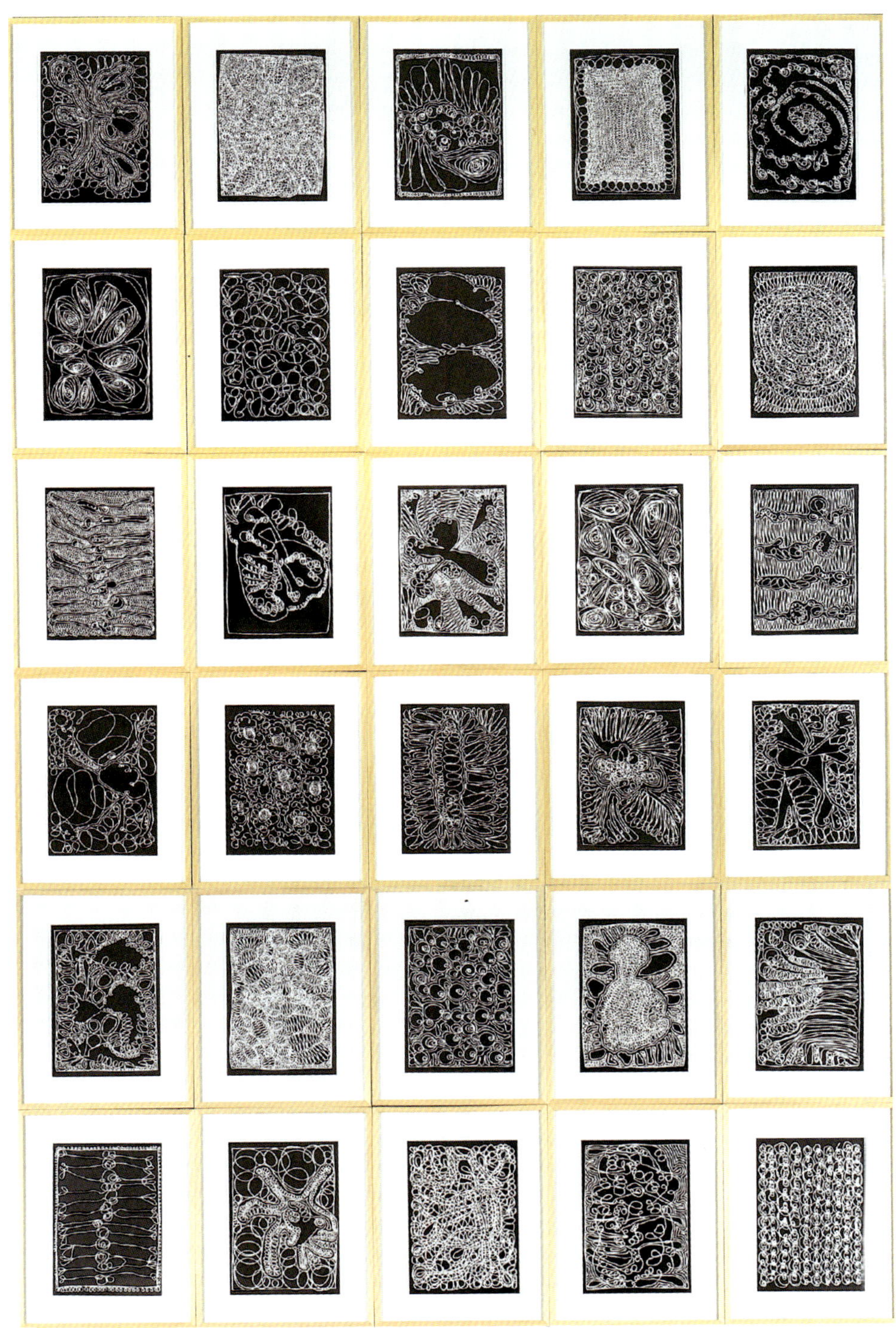

*El objeto **a** flor de piel*, 2003 (detalle) [detail]. Impresión digital sobre papel (100 dibujos) [Digital print on paper (100 drawings)], 42 x 30 cm c. u. Ed. 1/3. Colección Museo de Teruel [Collection], Teruel

a la manera de los poemas visuales; otras apuntalando el desarrollo del discurso, a modo de enunciado, pero inserto en los márgenes de la composición. Sin embargo, desde el principio el artista concentró su interés por el signo lingüístico en los títulos. En estos últimos son frecuentes los juegos fonéticos: *Cuelacolas, (Ama-ata-da)-me, Op-Op-Pop*, la presencia de onomatopeyas: *Bib plash, achús, ¡Jesús!,* y las alusiones, unas veces explícitas, otras difusas, a las actividades del devenir cotidiano, casi siempre empleando figuras de dicción: *Madera mirada, Tus (mis) ojos emboscados*. Toda una retórica que sintoniza con las formas de sus dibujos y pinturas. Precisamente este binomio: dibujo-pintura es consustancial a su trabajo, pues suele haber un equilibrio entre ambos, siendo el primero el encargado de definir la arquitectura de la forma. El dibujo, por consiguiente, adquiere un particular protagonismo en su trabajo. Pero ha sido a través de la superación del soporte habitual de la pintura, o sea, de la tela, sustituida por el muro, pero también mediante el uso heterodoxo de aquel soporte, cómo el artista ha problematizado el carácter tradicional de este medio. A través de la primera ha derramado la imagen, integrándola en el espacio arquitectónico, mediante el segundo la ha objetualizado.

Dibujo

El renacimiento del dibujo como recurso creativo autónomo es uno de los fenómenos más característicos del arte actual. Su referencia formal mayoritaria se halla en los cómics y *graffitis,* lo que delata su interés narrativo pero también la adscripción generacional de sus protagonistas. Sin embargo, el sentido de los dibujos de Daniel Verbis está muy alejado de tal orientación, insertándose por el contrario en la tradición del automatismo surrealista, asumido y desarrollado después por el expresionismo abstracto. Y en este sentido se halla vinculado a la poética de artistas que ya lo practicaban en los años ochenta como Mike Kelley, y sobre todo Luis Gordillo, referencia dorsal en la obra de Verbis. De manera que, como en las de este último, sus imágenes son por encima de todo expresión subjetiva, íntima. En la serie *El objeto a flor de piel* (2003), formada por cien dibujos, ese automatismo alcanza su plenitud al ponerse al servicio de un reto disciplinar, pues cada uno de ellos es el resultado del desarrollo continuo de una línea,

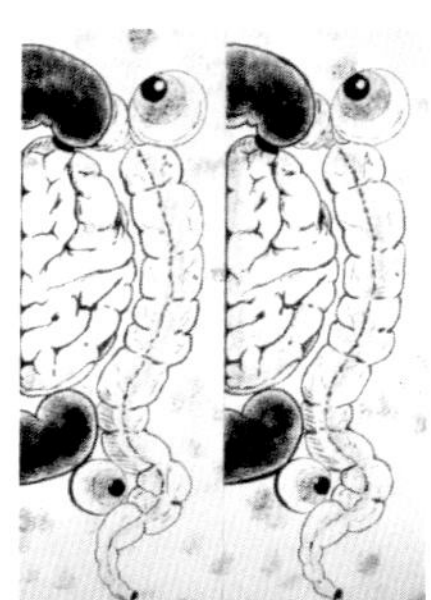

Mike Kelley. *Incorrect Sexual Model: Homosexual Couple,* 1987

visual poems; and other times, they underpin the development of his discourse, in the manner of an enunciation, though inserted within the limits of the composition concerned. However, right from the outset, the artist has concentrated his interest on the linguistic sign in his titles, in which plays on phonetics are often found—*Cuelacolas, (Ama-ata-da)-me, Op-Op-Pop*—along with the presence of onomatopoeias—*Bib plash, achús, ¡Jesús!*—and allusions to everyday pursuits, whether explicit or diffuse, in nearly all cases using figures of speech: *Madera mirada, Tus (mis) ojos emboscados*. This is a full-blown rhetoric attuned to the forms of his drawings and paintings. And indeed that drawing-painting pair is consubstantial to his work, for there is usually a balance between them, the first or "drawing" part being charged with defining the architecture of the form. Drawing thus takes on special status in his work. Yet it was through the way he has gone beyond the usual medium for painting, i.e. the canvas, which is replaced by the wall, though also through his heterodox use of that medium, that the artist has problematised the traditional character of this medium. Through the first element in the couple—drawing—he has made the image overflow, integrating it in its architectural space, while through the second—painting—, he has objectified it.

Drawing

Drawing's come-back as an autonomous creative resource is one of the most characteristic phenomena of present-day art. Its formal point of reference usually lies in the comic and in graffiti, thus pointing to its narrative interest, though also to the generation to which its devotees belong. Yet Daniel Verbis' drawings point in a very different direction: they lean instead towards the tradition of automatism associated with surrealism, which was subsequently embraced and taken further by abstract expressionism. In that respect, it is linked to the poetics of artists who were busy practising this in the 1980s, such as Mike Kelley, or more particularly Luis Gordillo, the point of reference that runs through the work of Verbis. Thus, as with the pictures by the latter, Verbis' pictures are first

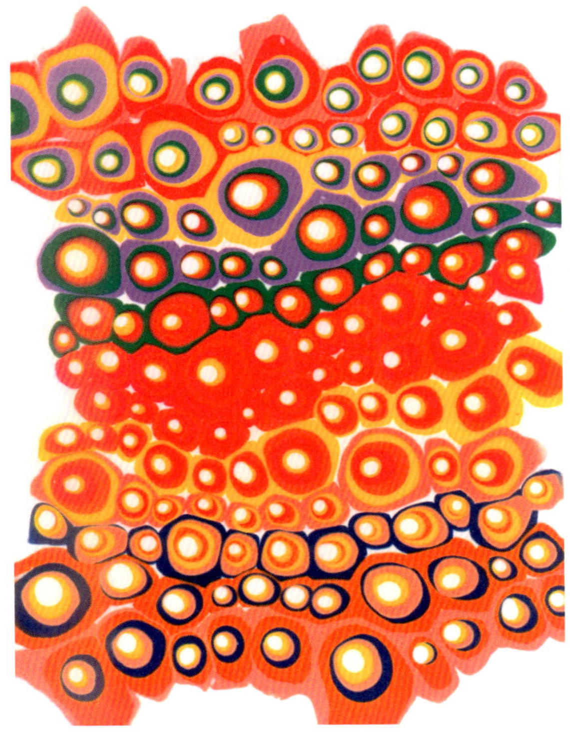

Gominolina, 1998. Plastilina [Clay], 44 x 34 cm

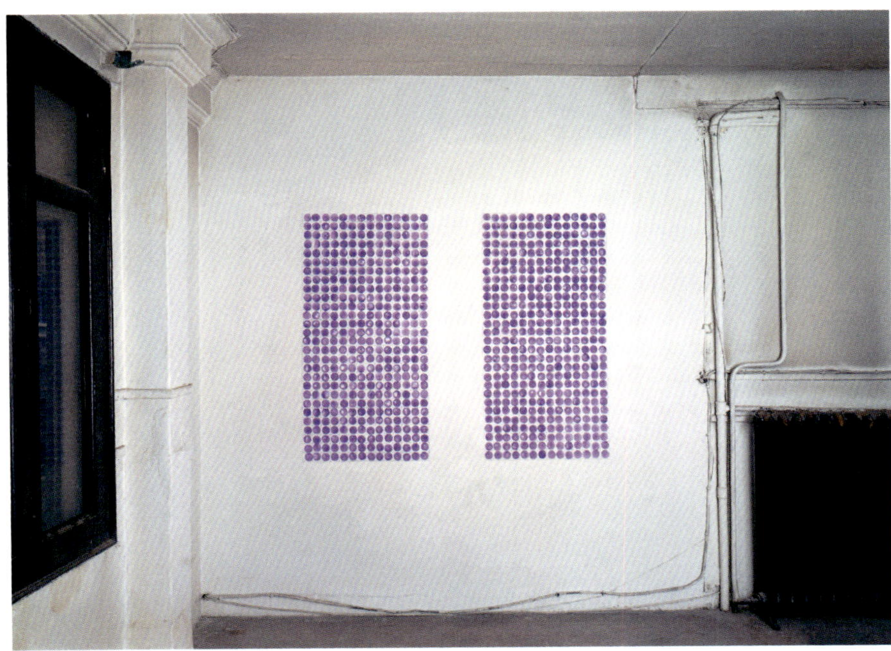

Dos para dos (Tampografía n.º 5), 1992. Tinta y lápiz [Ink and pencil], 140 x 70 cm c. u.

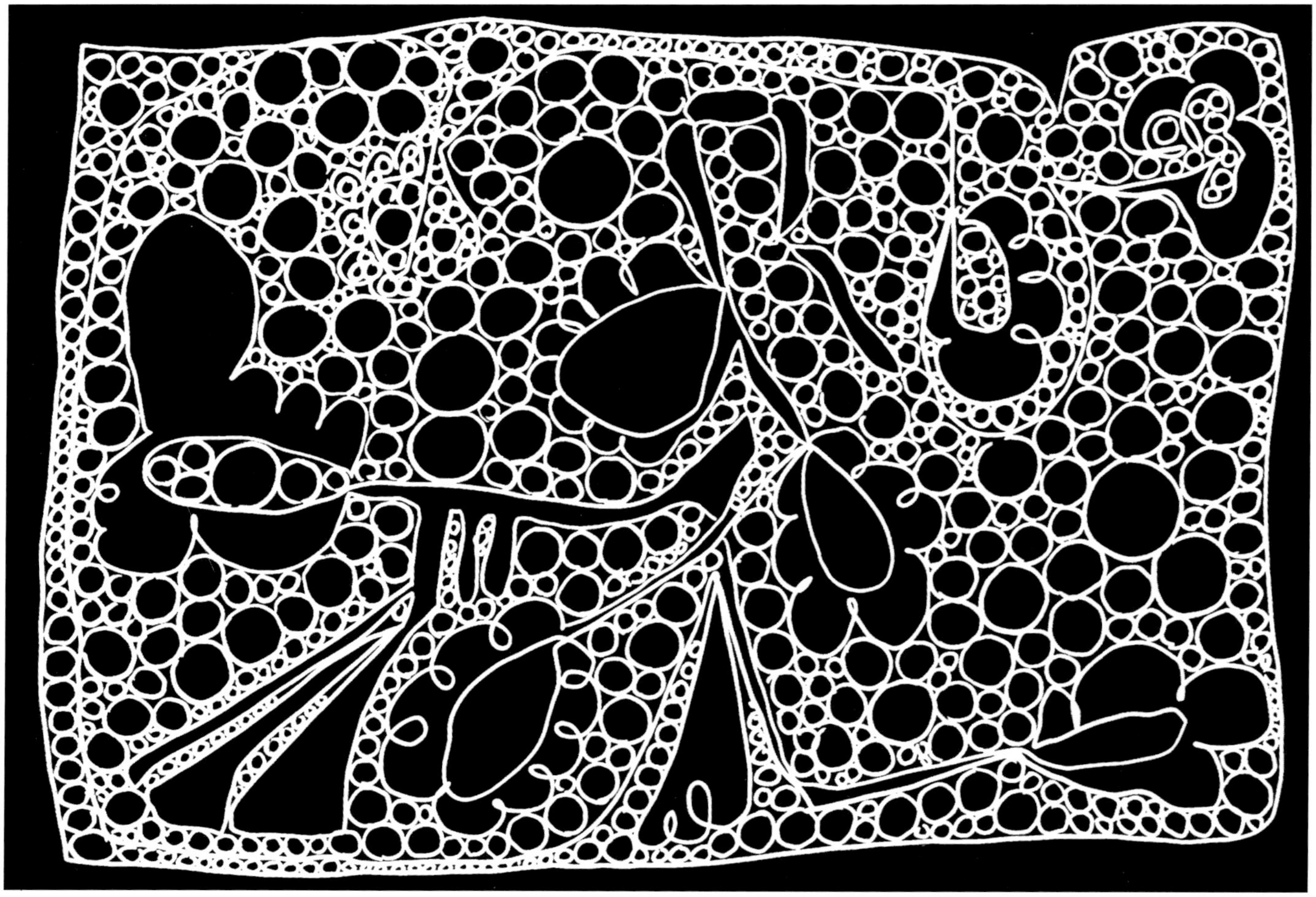

Serie *A flor de piel*, 2003. Impresión digital sobre papel [Digital print on paper], 21 x 30 cm

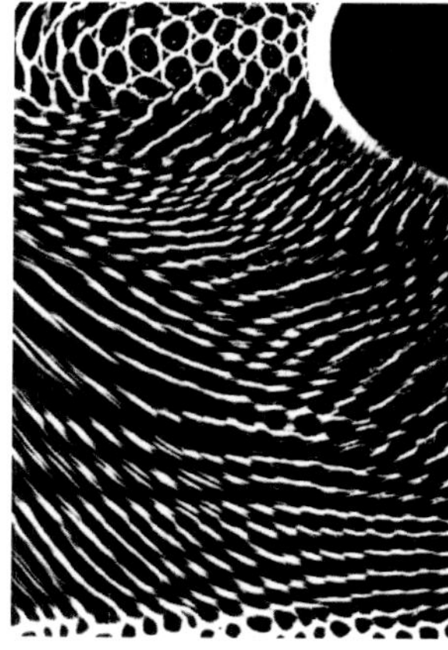

Serie *Párpado*, 1992.
Reprografía [Reprography], 31 x 21 cm

al obligarse el artista a no levantar el lápiz del papel durante todo el proceso de ejecución.

Una parte sustancial de la exploración con el dibujo la ha desarrollado en cuadernos, insertos en la tradición del libro de artista, lo que le permite explayarse en el desarrollo de un concepto o de una forma. Una de las imágenes más reiteradas por el artista en estos dibujos es la que podría denominarse red, construida por la yuxtaposición reiterada de un signo. Recurre por tanto a las estructuras repetitivas, si bien se distancia de la habitual sistematicidad propia de las tendencias normativistas en la manera de componerlas, ya que en las suyas domina un cierto grado de arbitrariedad, aunque controlada, que les otorgan un carácter orgánico, otra de las constantes de su obra. En aquellos trabajos la elección del propio soporte determina el carácter del resultado, ya que el artista hace uso de papeles con diferentes texturas y tramas; sobre ellas interviene, por ejemplo introduciendo pequeños gestos de color que quiebran la uniformidad geométrica; o creando un *collage* mediante la adherencia de un fragmento apropiado —con frecuencia una hoja de un libro— sobre un fondo plástico que él mismo ha elaborado. En otras ocasiones las cuadrículas son obsesivamente rellenadas por pequeños signos plásticos: un círculo con un punto interior o un texto escrito que, al eliminar espacios entre palabras y signos de puntuación, se convierte en un espacio saturado que lo desposee de su valor semántico. Pero la actual permeabilidad de las fronteras entre disciplinas también afecta al dibujo, porque no solamente éste puede estar ejecutado con un instrumento y una materia ajenos al convencional lápiz o grafito, sino que incluso puede llegar a prescindir de la línea, sustituida por trazos más próximos a lo pictórico. Así, Daniel Verbis comenzó a producir dibujos con la tinta de la que se nutren los sellos de caucho. Su aplicación afecta no sólo a la materia empleada sino al procedimiento de ejecución: mojar y transmitir al papel la huella dejada por el objeto manchado que actúa de facto como una forma modular, aunque la intensidad de las manchas nunca sea homogénea. Con dicho procedimiento el artista trabajará también sobre el muro. Son las tampografías, un modo de elaboración de imágenes que ya había utilizado el pintor francés Louis Cane desde finales de los años setenta.

and foremost subjective, intimate expression. In his series *El objeto a flor de piel* (2003), comprising one hundred drawings, that automatism vein reaches fulfilment by placing itself in the service of a disciplinary challenge: each is the result of continuously developing a single line, the artist forcing himself never to lift the pencil from the paper at any time in producing the work.

A substantial part of his exploration in drawing was pursued in his drawing books, which belong to the tradition of the art book, and enable him to explore the full scope of a concept or a form. One of the images most frequently employed by the artist in these drawings is what could be termed a net, built by repeatedly juxtaposing a sign. He thus avails himself of repetitive structures, though he does distance himself from the customary systematicity that is found in normative trends in the manner of their composing, since in his structures a certain degree of arbitrariness predominates—albeit always under control—which confers an organic character on them, this being another constant in his work. In those works, the choice of the medium itself determines the nature of the result, since the artist uses papers of varying textures and patterns; in them, he brings in, for example, little gestures of color that make a break with geometrical uniformity; or he creates a collage by sticking some appropriate fragment—often a page from a book—onto a visual background that he himself produced. On other occasions, the squares are obsessively filled in with small visual signs: a circle with a point inside, or a written text which, by eliminating spaces between words and punctuation marks, becomes a saturated space that is thereby stripped of its semantic value. However, the current permeability of the frontiers between disciplines affects drawing too, since on the one hand, a drawing may be produced using an instrument and a medium other than the conventional pencil or graphite;, and on the other, a drawing may even do without the line altogether, it being replaced by strokes that are closer to the pictorial. Thus, Daniel Verbis began to produce drawings with the kind of ink used for rubber stamps. Using that affects not only the material used but also the manner of execution: inking an object and using it to mark the paper, the result acting as kind of modular form in fact, even though the

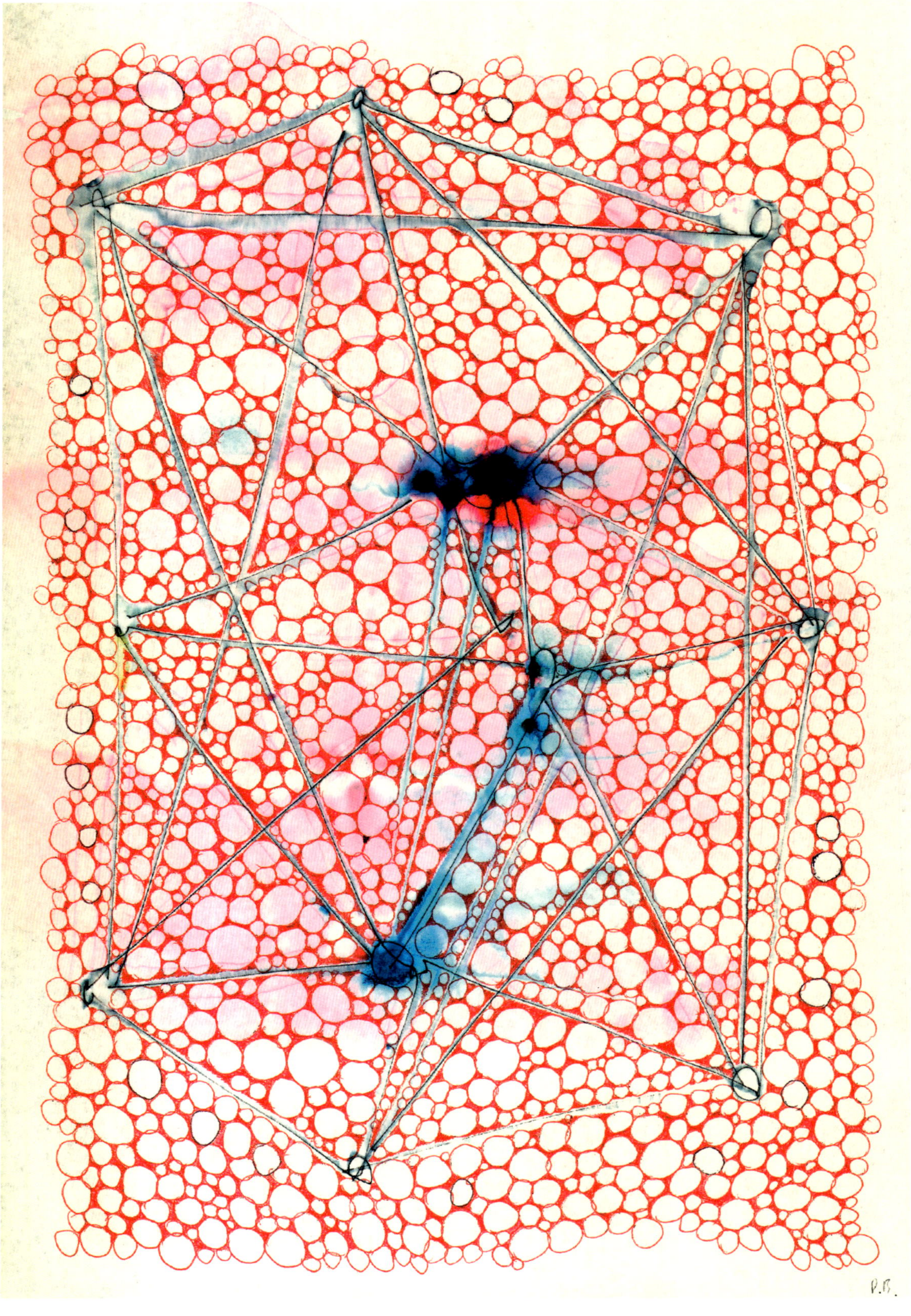

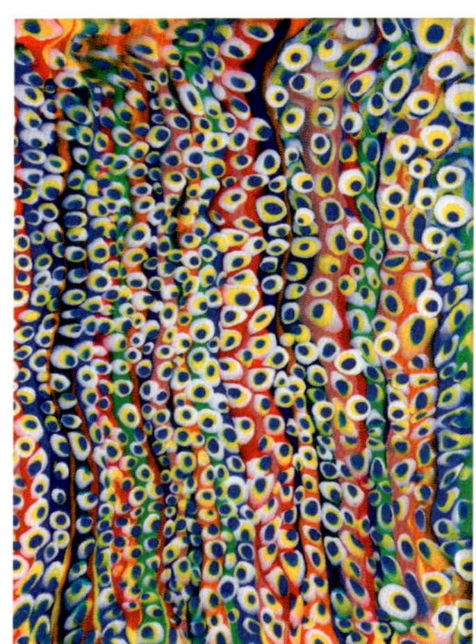

Cambio de piel, 1998. Plastilina [Clay],
44 x 34 cm. Colección particular [Private
Collection]

El camino apuntado, 1994. Tinta sobre papel [Ink on paper], 31 x 21 cm. Edición digital de cinco dibujos [Digital print of five drawings], 2004.
Colección Galería Max Estrella [Collection], Madrid

El dibujo constituye siempre la infraestructura de la construcción visual de Daniel Verbis. El color se somete a su disciplina, compactando las formas definidas previamente. Es un instrumento muy eficaz para trazar esas tramas que crecen de manera automática, respondiendo a una especie de impulso visceral por el que el artista se deja llevar. No hay duda a este respecto de que el mejor soporte es la hoja de papel, ya que sólo a tal escala se logra plenamente una transmisión directa y sobre todo no planificada del resultado, mientras que al trabajar sobre el muro se convierte en sistemática, al adquirir una lógica interna, geométrica, que es el producto de una proyección mental a priori, lo cual no impide que el resultado escape, y así sucede siempre, a la estricta definición geométrica, a la estricta racionalidad. El dibujo, por tanto, como transmisor en última instancia del inconsciente. A este respecto no resulta forzado establecer la conexión con las maneras de pintores informalistas, como Henri Michaux o Georges Mathieu, si bien la distancia generacional que los separa se manifiesta igualmente tanto en las actitudes como en los resultados. Así, lo que en aquéllos era casi una acción terapéutica, liberadora del sentimiento postraumático de la guerra, se convierte ahora en una operación serena, incluso diría que emocionalmente distanciada y, como consecuencia de ello, el pálpito dramático de los gestos informalistas se halla ausente en los de Daniel Verbis.

En sus cuadernos o en obras como la citada más arriba, *El objeto a flor de piel*, queda implícita la idea de proceso inacabable. El dibujo activado por la mano del artista construye una y otra vez marañas lineales, como si aquélla se hubiese convertido en un mecanismo que no puede dejar de producir pero que, a diferencia de un artefacto programado, tiene insuflado el sentido de la invención, lo que le permite generar en cada fase una forma distinta. La mano ejecutora recoge los impulsos instintivos de su autor. El dibujo como instrumento de expresión autónomo por tanto, pero también como elemento rector de la configuración compositiva cuando se pone al servicio de proyectos que reclaman una elaboración

intensity of the stains is never homogeneous. The artist was also to work on walls using that procedure—his *tampografías* or "stampings", a way of generating images that the French painter Louis Cane had already been employing since as from the late 1970s.

Drawing is always the infrastructure for Daniel Verbis' visual construction. Color is subjected to its discipline, pre-defined forms being compacted. It is a very effective instrument for producing these patterns that grow automatically, in response to a sort of visceral impulse to which the artist gives free rein. In that respect, the best medium is certainly a sheet of paper, since only on that scale can a direct transmission can be achieved direct and, above allmore particularly, an unplanned transmission of the result can be fully got achieved in full; for when working on a wall it becomes systematic through taking on an internal, geometric logic, though even so the result nearly always steers free of strict geometric definition, strict rationality. Thus, we have drawing as the transmitter in the last instance for the unconscious. In this respect, it is not going too far to establish a connection with the approaches of informalist painters such as Henri Michaux and Georges Mathieu, even though the generation gap between them also shows both in attitudes and in results. What for them was almost a therapeutic action, liberating them from the post-trauma feeling left by the war has now become a serene operation, emotionally distanced even, I would say; and thus, the dramatic throb of informalist gestures is absent in the drawings of Daniel Verbis.

In his paintings and in works such as the above-mentioned *El objeto a flor de piel*, the idea of a never-ending process is implicit. The drawing activated by the artist's hand builds one linear tangle after another, as if the hand had become a mechanism that cannot stop producing but which, unlike a programmed device, is infused with the sense of invention, enabling a different form to be generated in each phase. The

Serie *El artista camuflado*, 2001-2003. Plastilina sobre madera en caja de metacrilato [Clay on wood on plexiglass box], 47 x 37 cm. Cibachrome montado en metacrilato [Cibachrome on plexiglass], 150 x 125 cm. Colección particular [Private Collection] ↱

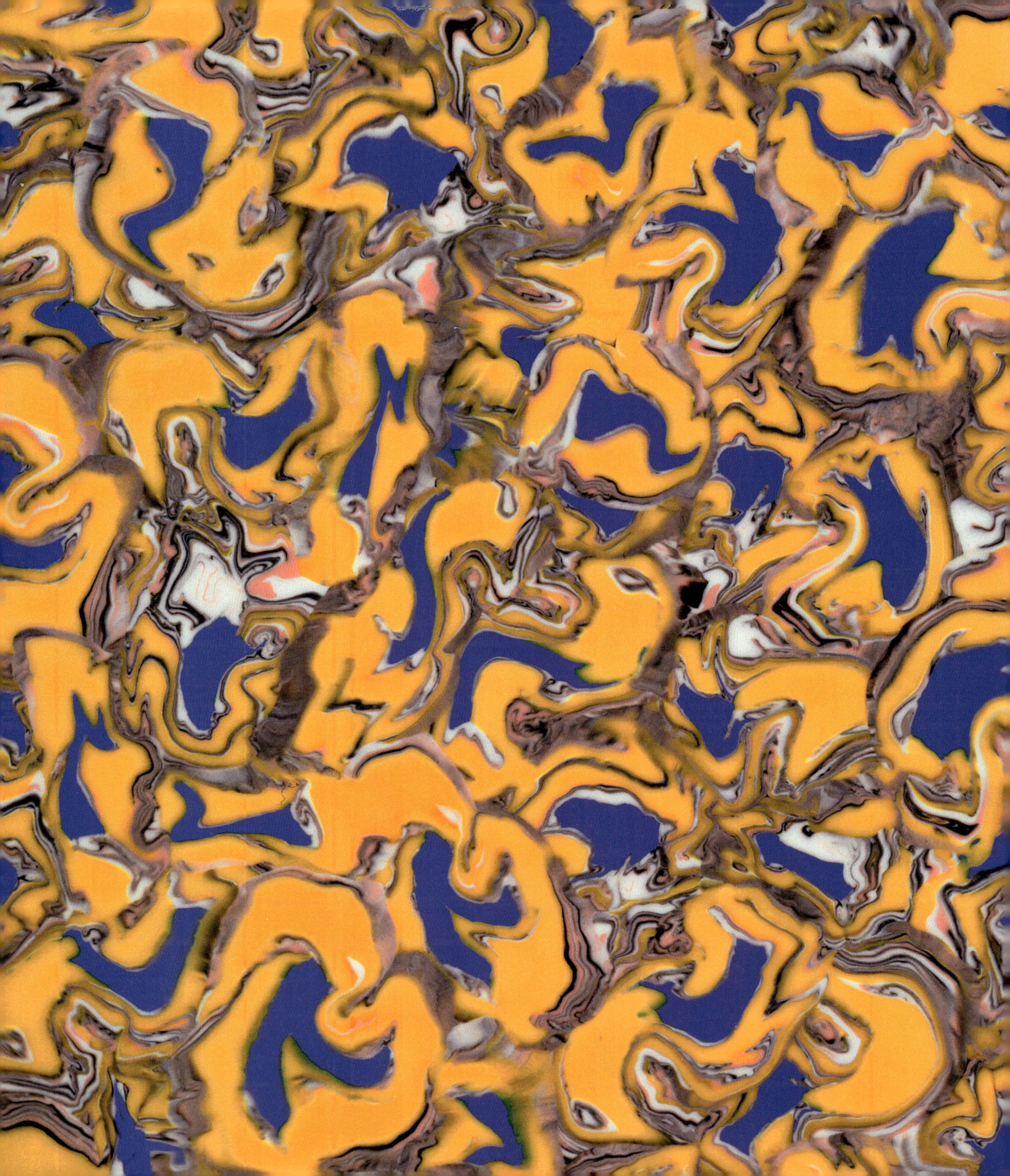

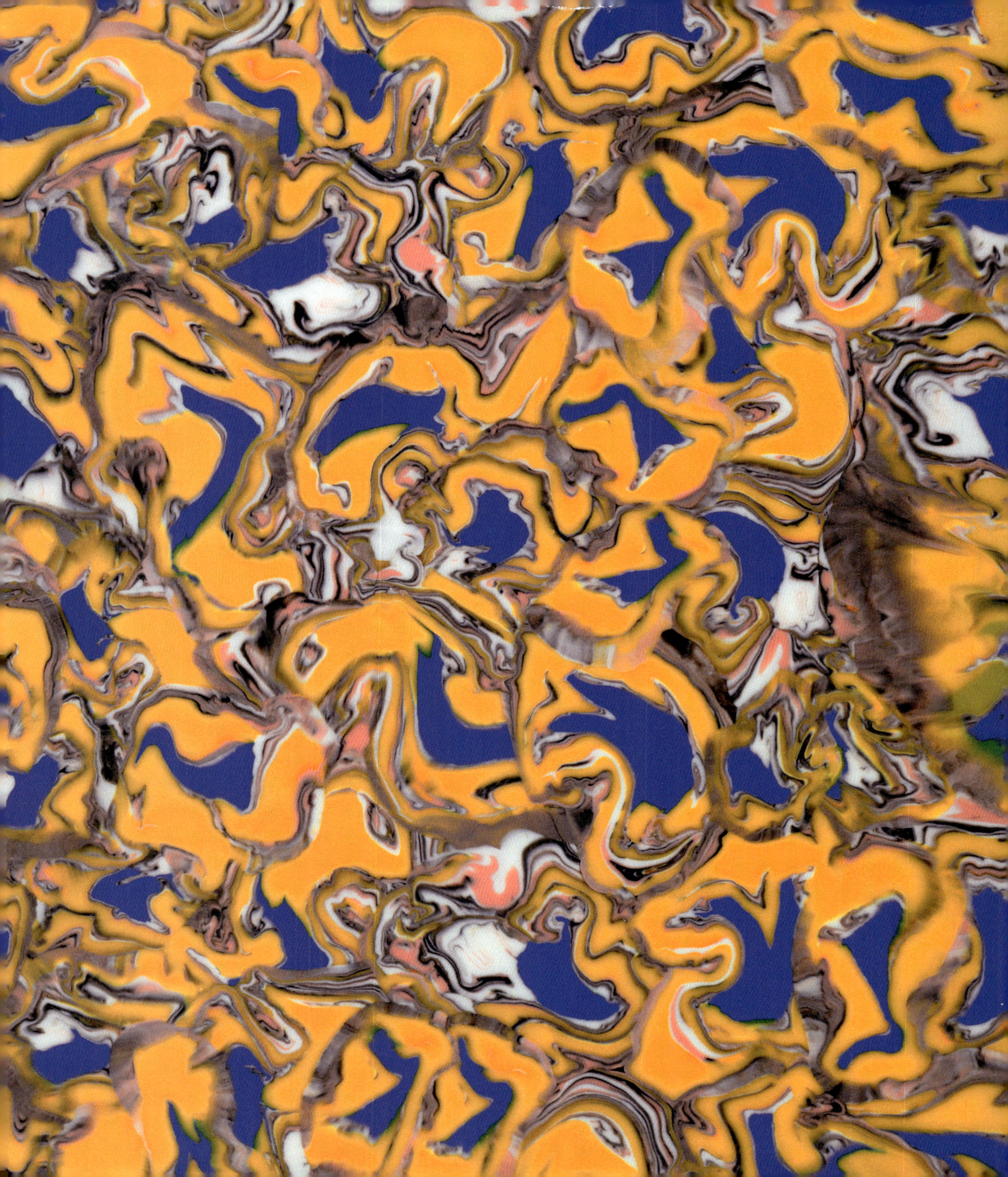

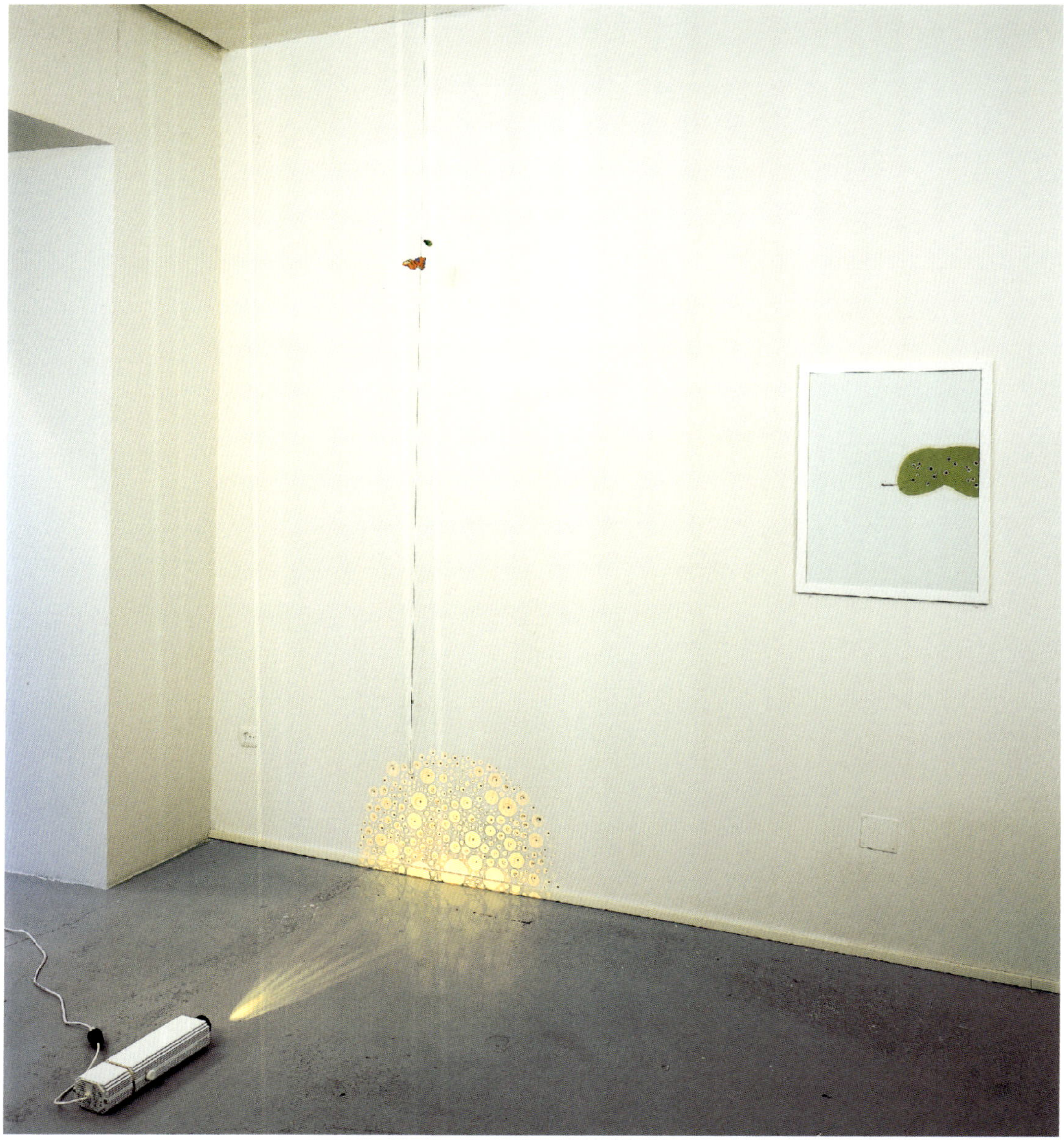

Suelo ir, 1998. Proyector, luz, agujeros, cable, plastilina [Projector, light, holes, cable, clay], medidas variables [variable dimensions]. Instalación en la [Installation view at] Galería Pilar Barrio. Madrid

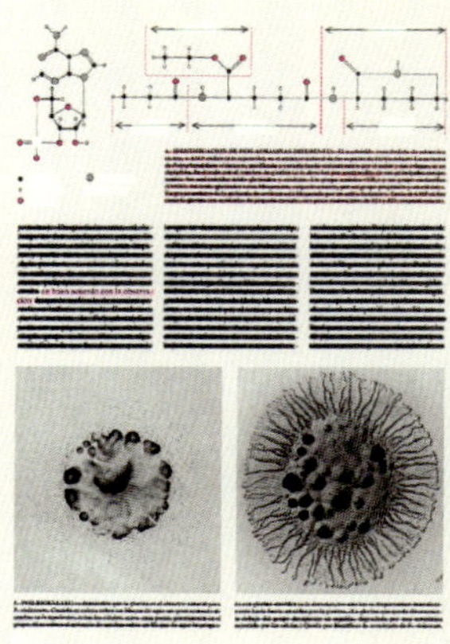

Serie *Anuencias*, 1995. Tinta sobre papel [Ink on paper], 30 x 21 cm

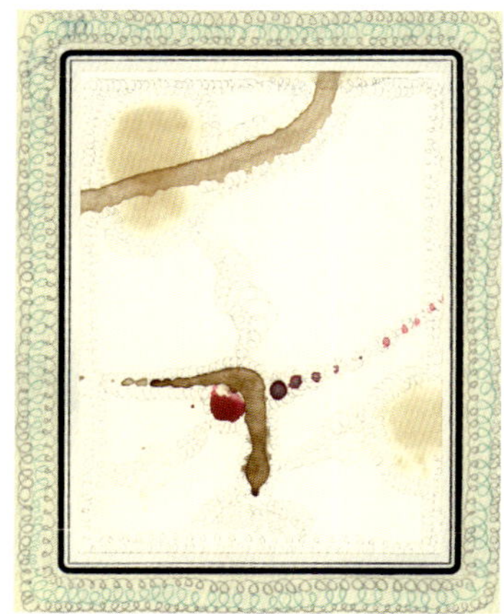

Serie *Humo*, 2005. Tinta, lápiz, café sobre papel [Ink, pencil, coffee on paper], 30 x 21 cm

más prolongada. Entonces el dibujo se convierte en rector de la forma y, como en la doctrina artística del clasicismo, una vez establecida aquélla recibe el complemento fundamental del color que rellena y puntualiza la trama establecida hasta alcanzar un completo ajuste. De manera que el dibujo de Daniel Verbis tiene poco que ver con los de tantos artistas de generaciones posteriores a la suya. El suyo es más clásico —y no hay en este calificativo la menor intención peyorativa—, lo que no le impide ponerlo al servicio de la revisión de la pintura; y en este sentido da continuidad a una postura que viene manteniéndose desde los años ochenta en el ámbito de la abstracción pictórica.

Orgánico

El amplio abanico de formas desplegado en sus cuadernos ofrece algo más que pistas certeras sobre el devenir plástico del artista. Incluso podría decirse que constituye todo un juicio de intenciones: el convencimiento de la vigencia de la pintura, la compatibilidad entre abstracción expresionista y orientación conceptual, la concepción de la práctica artística como una actividad interdisciplinar, la vocación orgánica. En efecto, si tomamos como punto de partida dichos cuadernos hallaremos poemas visuales, gestos plásticos en la mejor de las tradiciones expresionistas, escritura caligráfica sistemática, redes orgánicas. Sin duda, el carácter orgánico de las imágenes de Daniel Verbis constituye uno de los signos de su identidad creativa. Roberto Pasini (*L'informale. Stati Uniti, Europa, Italia*, Clueb, Bolonia, 1996, pp. 24-25) considera decisiva la influencia que tanto la creación del microscopio electrónico como la carrera espacial tuvieron en la creación artística, particularmente en el informalismo, ya que las imágenes que proporciona aquel instrumento óptico permiten captar unos espacios infinitesimales inimaginables hasta la invención de dicho aparato óptico, mientras que la presencia del hombre en el espacio facilita el acercamiento a la dimensión espacial cósmica. De hecho, es bastante factible percibir las relaciones formales entre muchas obras informalistas y las de los seres diminutos, o las estructuras internas de los órganos corporales por ejemplo, pero también con aquellos ámbitos espaciales que nos desbordan física e intelectualmente. Los microorganismos que pueden visualizarse a través del microscopio muestran generalmente sistemas conformados por agrupamiento de unidades, por ejemplo, celulares.

working hand picks up the instinctive impulses of the artist. Drawing is thus an instrument for autonomous expression, but it is also a guiding element in the make-up of the composition when it is placed in at the service of projects that call out for more prolonged development. In such cases, drawing becomes the guide for form and, as in the artistic doctrine of classicism, once the form is established, it is given the fundamental complement of color, which fills in and specifies the pattern that has been established until everything is fully adjusted. Hence Daniel Verbis' drawing has little to do with the drawing of so many artists in subsequent generations. His drawing is more classical—no pejorative overtones being intended in that term—though that does not prevent him from placing it in the service of a revision of painting; and in that sense, it gives continuity to a stance that has been kept alive since the 1980s in the sphere of pictorial abstraction.

Organic

The broad array of forms deployed in his paintings offers us rather something more than reliable clues to the artist's development. Indeed it could even be said that it constitutes a veritable judgement of intentions: his convictions regarding the relevance of painting, expressionist abstraction being compatible with a conceptual orientation, the conception of artistic practice as an inter-disciplinary activity, and his organic calling. For if we take those drawing books as our starting point, we will find visual poems, visual gestures in the finest expressionist traditions, systematic calligraphic writing, and organic networks. The organic nature of Daniel Verbis' images is no doubt one of the signs of his creative identity. Roberto Pasini (*L'informale. Stati Uniti, Europa, Italia*, Clueb, Bologna, 1996, pp. 24-25) deems the influence of both of the invention of the electronic microscope and also of the space race as decisive in artistic creation, especially in informalism, since the images provided by the microscope enable infinitesimal spaces that were previously unimaginable to be captured, while the presence of man in space facilitates approaching the cosmic spatial dimension. In fact, it is quite feasible to discern formal relations between many informalist works and tiny creatures, or the internal structures of the body's organs, for example,

Daniel Verbis se ha apropiado en muchas ocasiones de imágenes de revistas científicas que ha tratado como dibujos, interviniéndolas en distinto grado. Pero además esas formas orgánicas las ha trasladado con cierta frecuencia a sus composiciones, hasta el punto de que no resulta exagerado considerarlas como el verdadero *leitmotiv* de su trabajo: desde sus intervenciones sobre los muros hasta sus pinturas sobre superficies planas adheridas a un bastidor, o sus dibujos. Su aplicación de luces circulares muy concentradas sobre el muro enfatiza esa visión de los organismos microscópicos. Por ejemplo, en *Suelo ir* (1998), la luz convertía la acumulación de círculos incisos sobre el muro en la ampliación que permitía la visualización sin instrumento óptico de intermediación de un hipotético microorganismo, una imagen que anticipaba la futura instalación de Daniel Canogar, *Taratologías* (2001).

En 2005 el artista tomó parte de una muestra que bajo el título de *Tejidos* confrontaba imágenes de huesos con las creadas por arquitectos y artistas. Las referencias, cuando no la inspiración explícita en todo tipo de formas pertenecientes a seres vivos, tienen una particular presencia en nuestros días, con una especial incidencia en la arquitectura. En la muestra citada la arquitectura se hallaba representada por los dibujos de las vigas-hueso de los años sesenta proyectados por el recientemente fallecido Miguel Fisac. Pero pensemos en las alusiones explícitas a los esqueletos de mamíferos que constituyen las estructuras de Santiago Calatrava y de tantos otros arquitectos actuales que se hallan instalados en un verdadero zoomorfismo arquitectónico. La aportación del artista a dicha exposición se concretó en algunas obras de la serie *El artista camuflado* (2003) y otras de la serie *Humo* (2005). La primera configura un espacio saturado hasta el extremo formado por una especie de estructuras celulares que se aprietan suscitando un verdadero *horror vacui;* por el contrario, en la segunda, pequeñas unidades circulares van articulándose hasta construir otras superiores casi siempre de forma longitudinal que al reposar sobre un fondo claro y uniforme favorece la sensación de dinamismo. De forma particular en este segundo caso esa relación con las formas celulares vistas a través del microscopio se hace

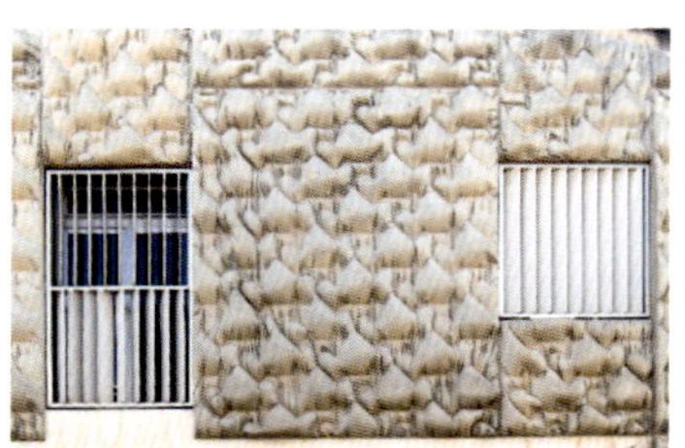

Miguel Fisac. *Centro social de las Hermanas Hospitalarias*, Ciempozuelos (Madrid), 1985-1986 (detalle de la fachada/front detail)

but that also goes for space-related spheres that overwhelm us physically and intellectually. Micro-organisms that can be viewed through the microscope generally reveal systems made up of groupings of units, for example cellular units. Daniel Verbis has often availed himself ofused pictures from scientific magazines to treat as drawings, acting on them to various degrees. Yet he has also transferred these organic forms to his compositions fairly frequently, to the extent that it is no exaggeration to regard them as the real leitmotif of his work: from his work on walls to his paintings on flat surfaces attached to a frame, or his drawings. His application of highly concentrated circular highlights on a wall emphasizes this vision of microscopic organisms. For example, in *Suelo ir* (1998), the light converted the accumulation of circles inscribed on the wall into an amplified view that enabled a hypothetical micro-organism to be viewed without any optical instrument, an image that foreshadowed the subsequent installation by Daniel Canogar, *Taratologías* (2001).

The artist took part in 2005 in an exhibition entitled *Tejidos* which contrasted images of bones with images created by architects and artists. References to all kinds of forms belonging to living creatures, when they are not actually the explicit inspiration, are particularly widespread today, they being especially found especially in architecture. In the exhibition mentioned above, architecture was represented by the drawings of "bone-beams" from the 1960s, as designed by the late Miguel Fisac. But let us think of the explicit allusions to mammal skeletons that form the structures of Santiago Calatrava and so many other present-day architects who have embraced a full-blown zoomorphic architecture. The artist's contribution to the above-mentioned exhibition took the form of some works from the series *El artista camuflado* (2003) and others from the series *Humo* (2005). The former fashions a super-saturated space made up of cellular forms of a sort that are squeezed together, prompting an outright terror-of-the-void feeling; on the other hand, in the latter, little circular units gradually become articulated to build up larger

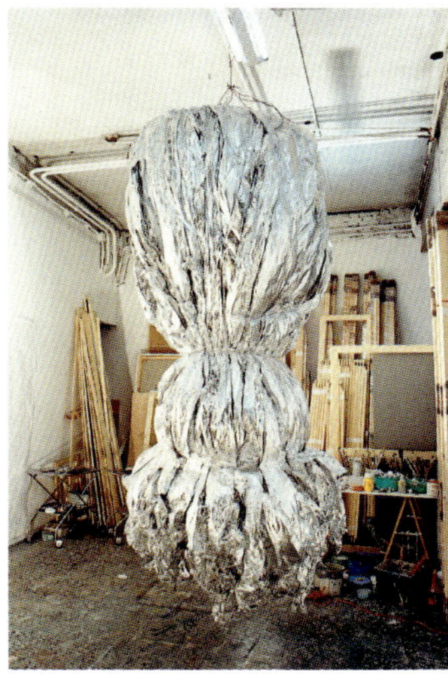

La mala fe en cintura, 2002.
Papel de aluminio [Silver foil], 300 x 150 cm ø

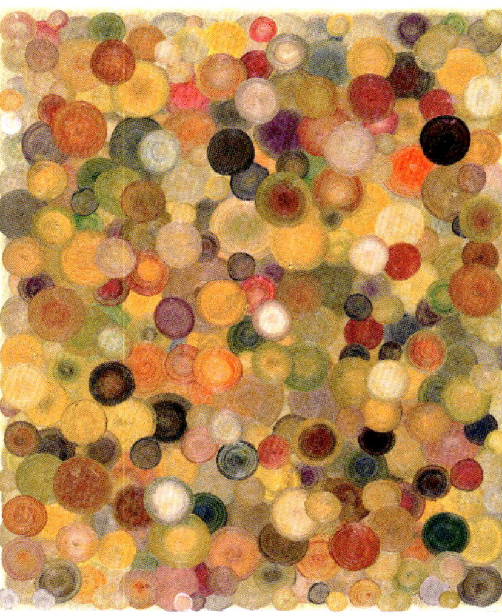

Serie *Luzeros n.° 12,* 1995. Óleo y parafina sobre lienzo
[Oil and paraffin on canvas], 46 x 38 cm.
Colección particular [Private Collection]

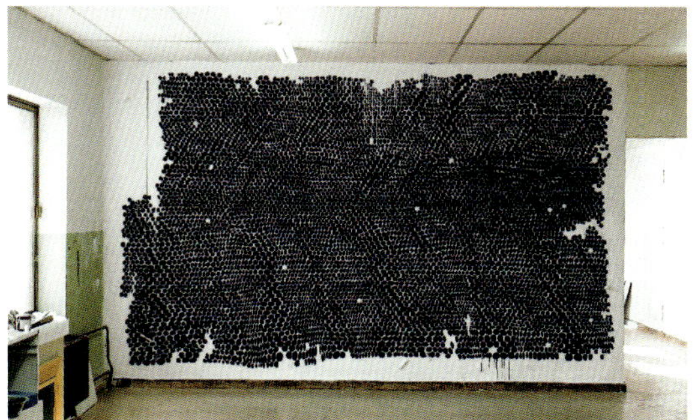

Redal, 1991. Pintura, bolas blancas, cordel y tiza [Painting, white
balls, string and chalk], 270 x 420 cm

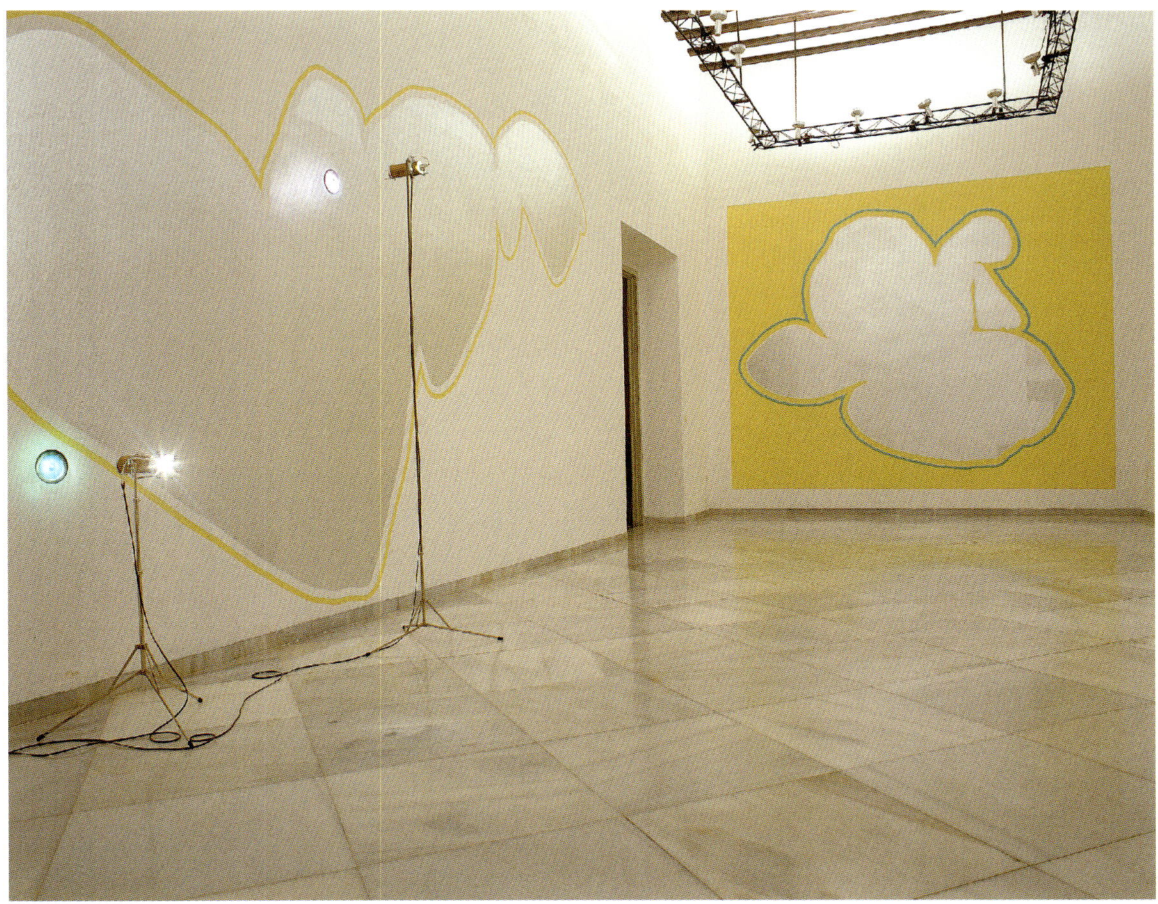

...O al revés (de Otra constelación no tan nueva), 2000. Pintura y papel de aluminio [Painting and silver foil], 300 x 280 cm. Instalación en la [Installation
view at] Galería Rafael Ortiz. Sevilla

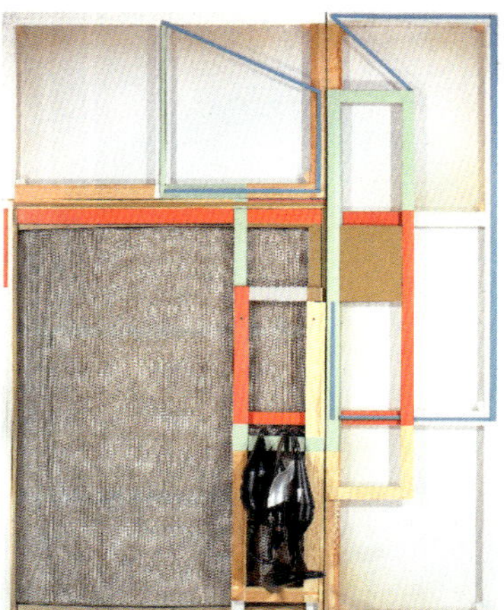

El pintor procurando sacar al carnicero pues todo hombre lleva dentro un niño, 2005. Pintura, madera, plástico y metal [Painting, wood, plastic and metal], 295 x 231 x 30 cm. Colección CAM de Arte Contemporáneo [CAM Collection of Contemporary Art]. Alicante

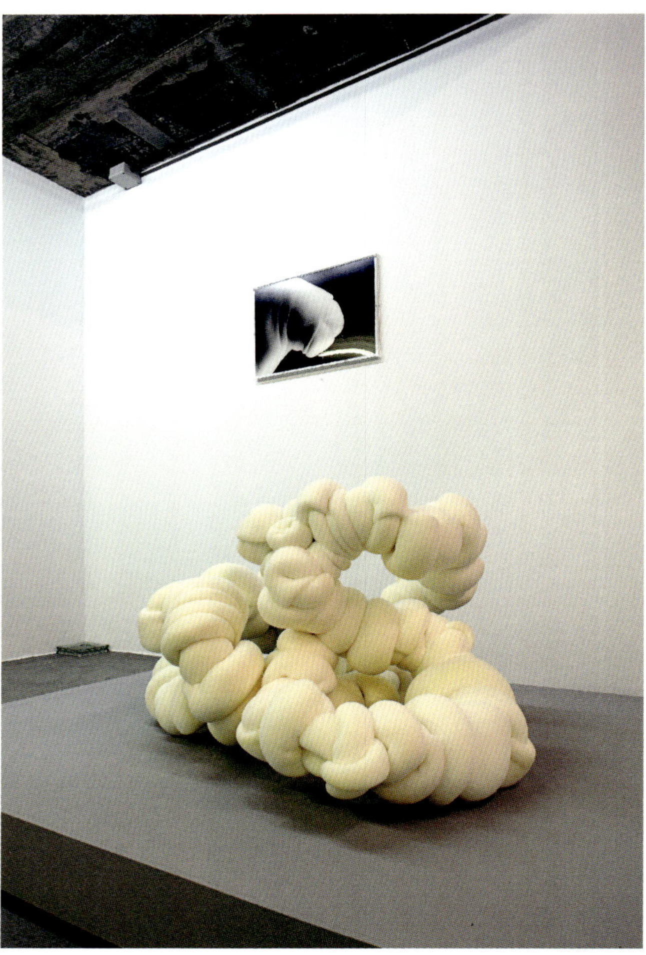

Corpus Spongiosum, 2005. Vista general de la instalación en la [General view of the installation at] Galería Trinta. Santiago de Compostela.

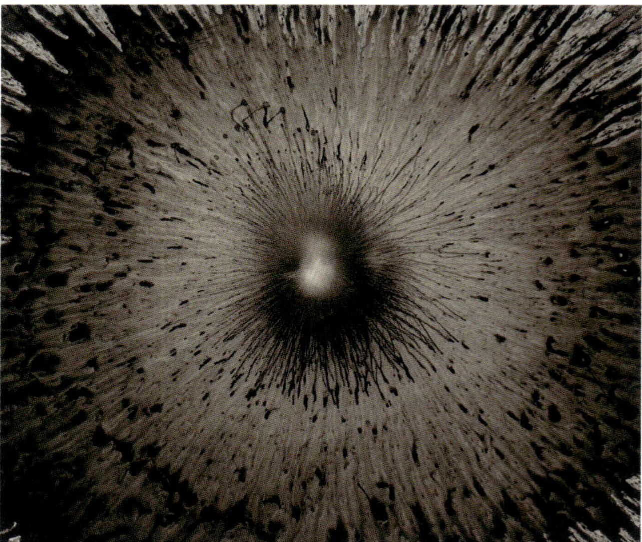

Serie *Rizomas*, 2005-2006. Tinta sobre papel [Ink on paper], 17 x 19 cm. Impresión digital [digital print], 170 x 190 cm

evidente. En otros casos las imágenes de Daniel Verbis parecen recrear el espacio cósmico.

Las redes que a la manera de imágenes espectrales vitalizaban los muros en los primeros años noventa, mutarán en aglomeraciones de unidades circulares, unas veces deformadas, como en *Cambio de piel* (1998), otras manteniendo la regularidad geométrica (*Serie Luzeros*, 1995); también se objetualizan (*Para muestra un botón o más*, 1995), en donde este elemento de la vestimenta suplanta a los círculos dibujados. En todos los casos el espacio queda saturado por la acumulación obsesiva de celdillas que remiten de manera implícita a una estructura viva. Así, *Redal* (1991) recuerda a la estructura de las arquitecturas apícolas. En la serie *TUaMOR* (1999) se mantiene la estructura circular de las unidades compositivas pero, como si el artista se hubiera alejado del objeto observado, se desvela la forma del mismo: una estructura ameboide que enfatiza aún más el carácter orgánico de las precedentes. En proyectos como *O al revés* (2000) o *Hombre-l'oeil* (2001) la figura adquiere un aspecto elipsoide que recuerda a las que configuraran la dilatada serie motherwelliana de *Elegy to the Spanish Republic*. E incluso en proyecto de intervención urbana que el artista llevó a cabo en Quintanar de la Orden (Toledo) bajo el enunciado de *Creí ver una duna y entré en un bosque* (2005), recurre de nuevo a una forma elíptica aunque algo más geométrica, a la manera de las esculto-pinturas de Hans Arp. En los últimos años lo orgánico se ha trasladado a una naturaleza de otro orden: la vegetal. Como si se tratase de grandes flores que despliegan sus filamentos hasta intentar desbordar el marco que las limita, estas imágenes vienen a definir un dinamismo cromático muy seductor. Y también cuando el artista crea obras tridimensionales exentas a base de papel de aluminio, como *La mala fe en cintura* (2002) o *Caída de la plata* (2002), permanece aquel mismo carácter; ahora derivando hacia formas de animales, tal como sugiere el propio artista al compararlas con los *Dos lobos, dos ciervos* de Bruce Nauman (1989), esas figuras de animales semidespedazados que el artista norteamericano suspende

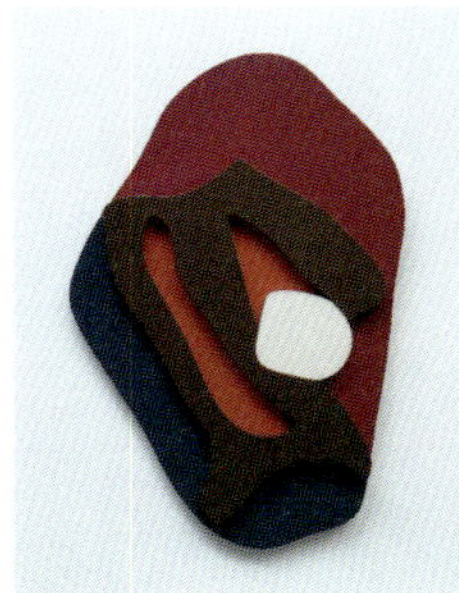

Jean Arp, *Enak's Tears*, 1917

circles, almost always longitudinal in shape, which, when resting on a clear, uniform background, enhance the sense of dynamism. Particularly in this second case, this relation with cellular forms as seen through a microscope becomes evident. In other cases, the images of Daniel Verbis seem to recreate cosmic space.

The nets that acted like spectral images to bring life to his walls in the early 1990s were to mutate into agglomerations of circular units, sometimes deformed, as in *Cambio de piel* (1998), and sometimes maintaining their geometric regularity (*Serie Luzeros*, 1995); they can also be objectified (*Para muestra un botón o más*, 1995), where the circular units are replaced by the "buttons" referred to in the title. In all cases, the space in the work is saturated by an obsessive accumulation of little cells that implicitly point to a living structure. Thus, *Redal* (1991) is reminiscent of the structure of beehive architectures. In the series *TUaMOR* (1999), the circular structure of the compositional units is preserved but, as if the artist had moved back from the object being observed, its form is now revealed: an amoebic structure that further emphasises the organic character of the preceding ones. In projects such as *O al revés* (2000) and *Hombre-l'oeil* (2001), the figure takes on an ellipsoid aspect that recalls the ones in the long Motherwellian series *Elegy to the Spanish Republic*. And even in an urban-action project pursued by the artist in Quintanar de la Orden (Toledo) under the heading *Creí ver una duna y entré en un bosque* (2005), he avails himself of another elliptical form, though somewhat more geometric, in the manner of Hans Arp's sculpture-paintings. Over recent years, the organic has shifted over to a different side of nature: plants. Like big

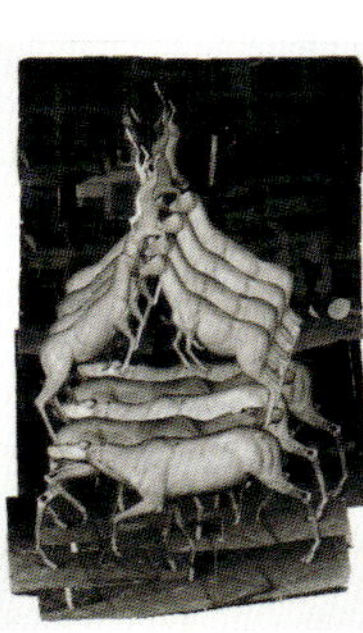

Bruce Nauman. *Model for Animal Pyramid II,* 1989

flowers attempting to spread their filaments beyond the frame that sets constraints on them, these images manage to set out a chromatic dynamism that is highly seductive. Likewise when the artist creates free-standing three-dimensional works using silver foil, such as *La mala fe en cintura* (2002) and *Caída de la plata* (2002), that same character remains, though now shifting

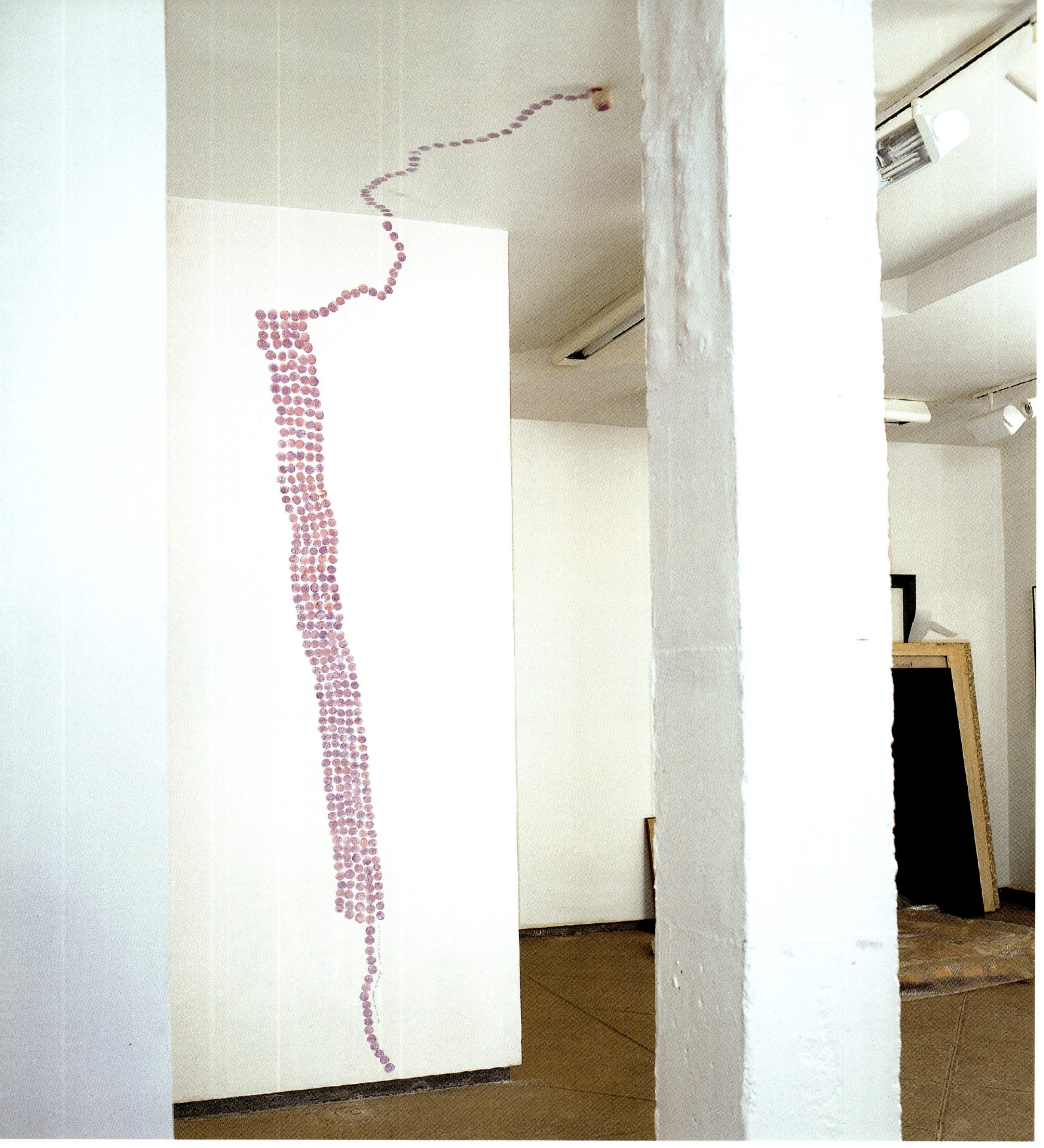

El hilo que calienta las palabras, 1997. Tinta, lápiz, globo [Ink, pencil, balloon], 400... cm. Intervención en la [Intervention view at] Galería Tráfico de Arte. León

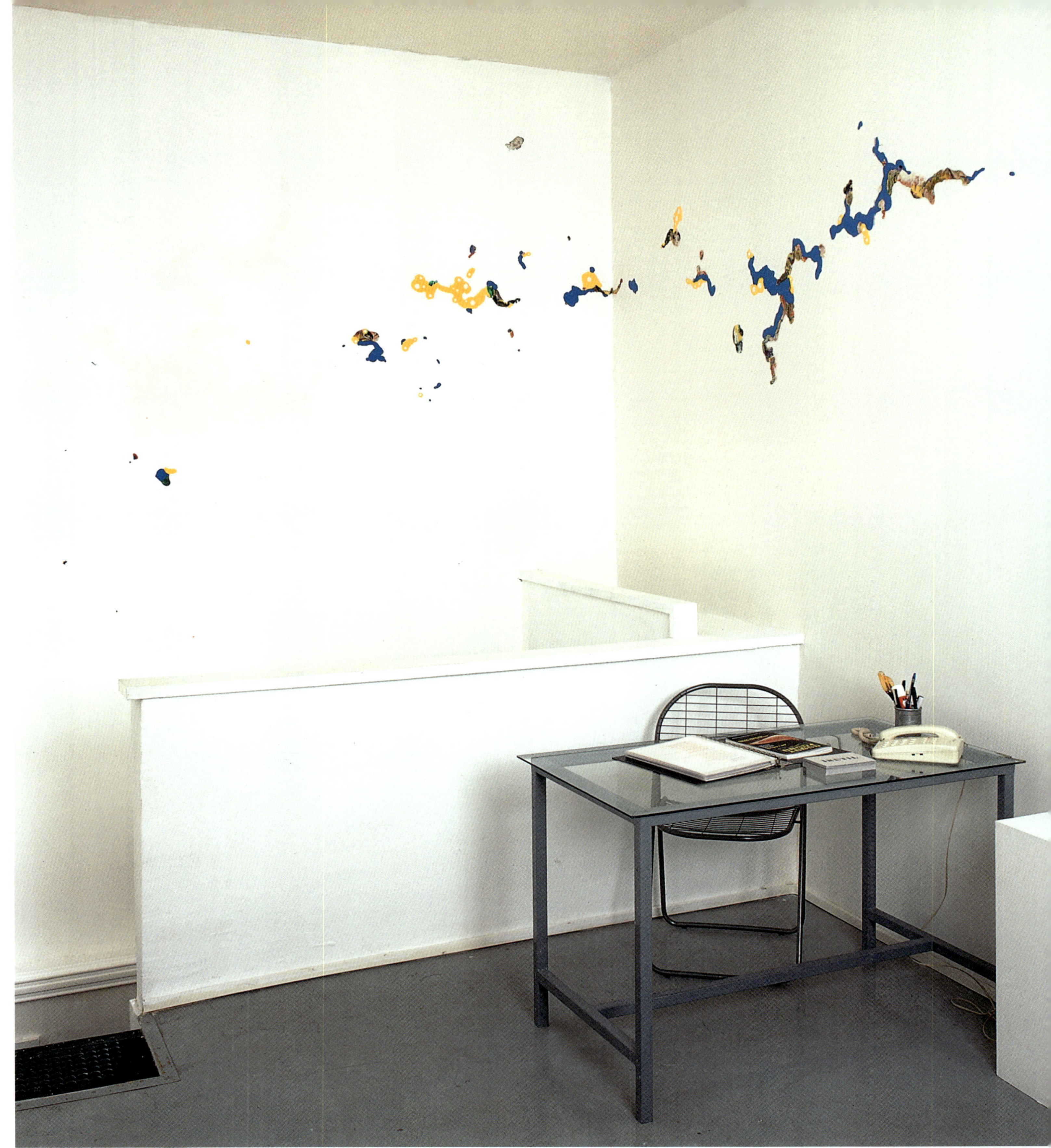

O hago piel, o hago pielago, o hago el amor inútilmente n.° 2, 1998. Plastilina sobre la pared [Clay on wall], medidas variables [variable dimensions]. Instalación en la [Installation view at] Galería Pilar Barrio. Madrid

a cierta altura y hace girar constantemente a la manera de un tio-
vivo.

Esta permanente presencia de
las formas orgánicas debe entenderse como una metáfora de la
vida, a muchos de cuyos episodios
remiten los títulos de las obras. Si
tenemos en cuenta que el artista
ha ubicado su pintura en la tradición de la abstracción expresionista no debe de extrañar aquella vocación, ya que dicha poética
se ha mostrado siempre implíci-
tamente interesada en dicha

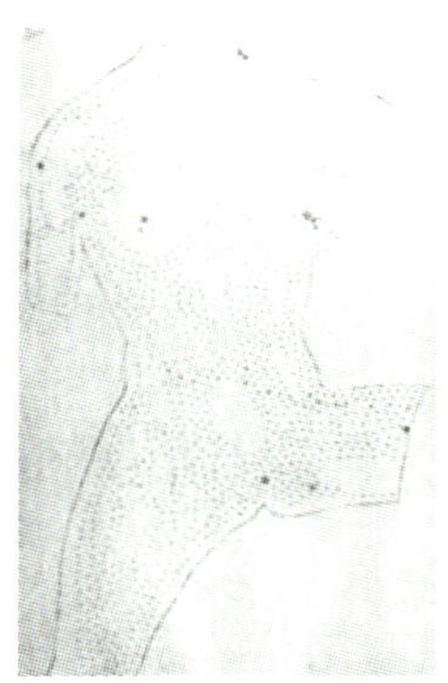

Marcel Duchamp, Estudio
preparatorio para la figura
de / Preparatory drawing
for the figure of «*Étant
Donés*», 1950

orientación, desde las primeras acuarelas abstractas de
Vasili Kandinsky hasta las obras de los autores finisecu-
lares; Jonathan Lasker por citar a alguno. En las obras
de Daniel Verbis los expresivos y retóricos títulos establecen alusiones explícitas a situaciones, comportamientos o sentimientos cotidianos, a menudo con fuertes
dosis de ironía. El amor y el sexo son encarnados, a la
manera duchampiana —pienso sobre todo en *El gran
vidrio*— por formas que describen genéricamente los trazos de algunos órganos sexuales como la vagina o el ano.
De manera que las formas circulares tienen una presencia continua en este trabajo; también porque aluden al
ojo, otro de los órganos corporales vinculados al deseo:
la fruición de mirar, aunque esta sensación se refiere
asimismo al acto de la contemplación pictórica, la vertiente metalingüística de su trabajo. En cualquier caso,
el dinamismo propio de los seres vivos late tras cada una
de las imágenes construidas por Daniel Verbis. Lo orgánico deviene, de ese modo, implícito manifiesto; una
manera de ligar los universos de la subjetividad y la
realidad.

Pintura expandida

La vocación expansiva de la pintura ha venido estando presente desde que los norteamericanos comen-
zaran a activarla en los años cincuenta. En un primer
momento lo fue de manera virtual, al concebir el soporte pictórico como un fragmento de un universo infinito; el uso de unas magnitudes hasta entonces inhabi-
tuales contribuyeron sin duda a la transmisión de aquel
propósito. Sin embargo, y dentro de lo que bien podría

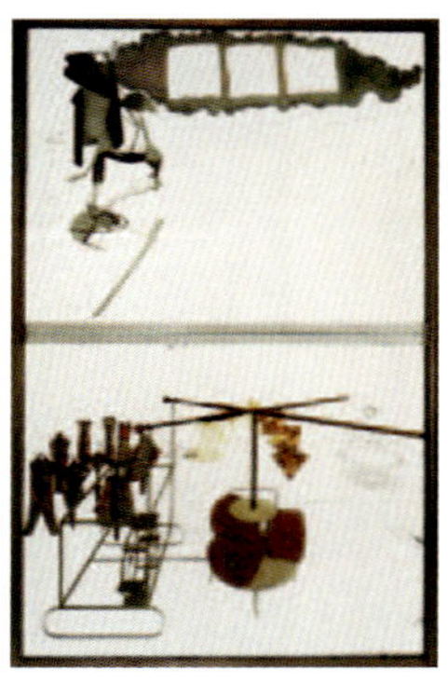

Marcel Duchamp, *Le Grand
Verre*, 1915-1923

towards animal forms, as the
artist himself suggests by
comparing them with *Two
wolves, two deer* by Bruce
Nauman (1989), those figures of
animals half torn to pieces that
the American suspends at a
certain height and gets them to
spin round constantly like a
merry-go-round.

This permanent presence of
organic forms is to be
understood as a metaphor for
life, the titles of his works indeed
alluding to many episodes of life.
If we bear in mind that the artist has placed his
painting in the tradition of expressionist abstraction,
this bent should not surprise us, since that approach has
always been implicitly interested in that tendency, from
the earliest abstract watercolours of Wassily Kandinsky
down to the works of late-twentieth-century artists—
Jonathan Lasker to name one. In Daniel Verbis' works,
the expressive, rhetorical titles make specific allusion to
everyday situations, behaviour patterns or feelings, often
in a highly ironic vein. Love and sex are incarnated, in
the manner of Duchamp (I have his *The Large Glass*
particularly in mind), by forms that generically describe
the shapes of certain sexual organs such as the vagina or
the anus. Thus circular forms are continually there in
this work; they are also there because they allude to the
eye, which is another of the bodily organs linked with
desire: the relish in seeing, though this sensation also
refers to the act of pictorial contemplation, the
metalinguistic side of his work. In any event, the
dynamism inherent to living beings pulsates behind
each of the images built up by Daniel Verbis. In this
way, the organic becomes implicit, manifest; a way of
linking up the universes of subjectivity and reality.

Expanded painting

The expansive calling of painting has been present
ever since the Americans began activating it back in
the 1950s. Initially, it was there in a virtual way,
through seeing the pictorial medium as a fragment of
an infinite universe; the use of magnitudes that have
previously been rare no doubt helped to convey that

daniel verbis

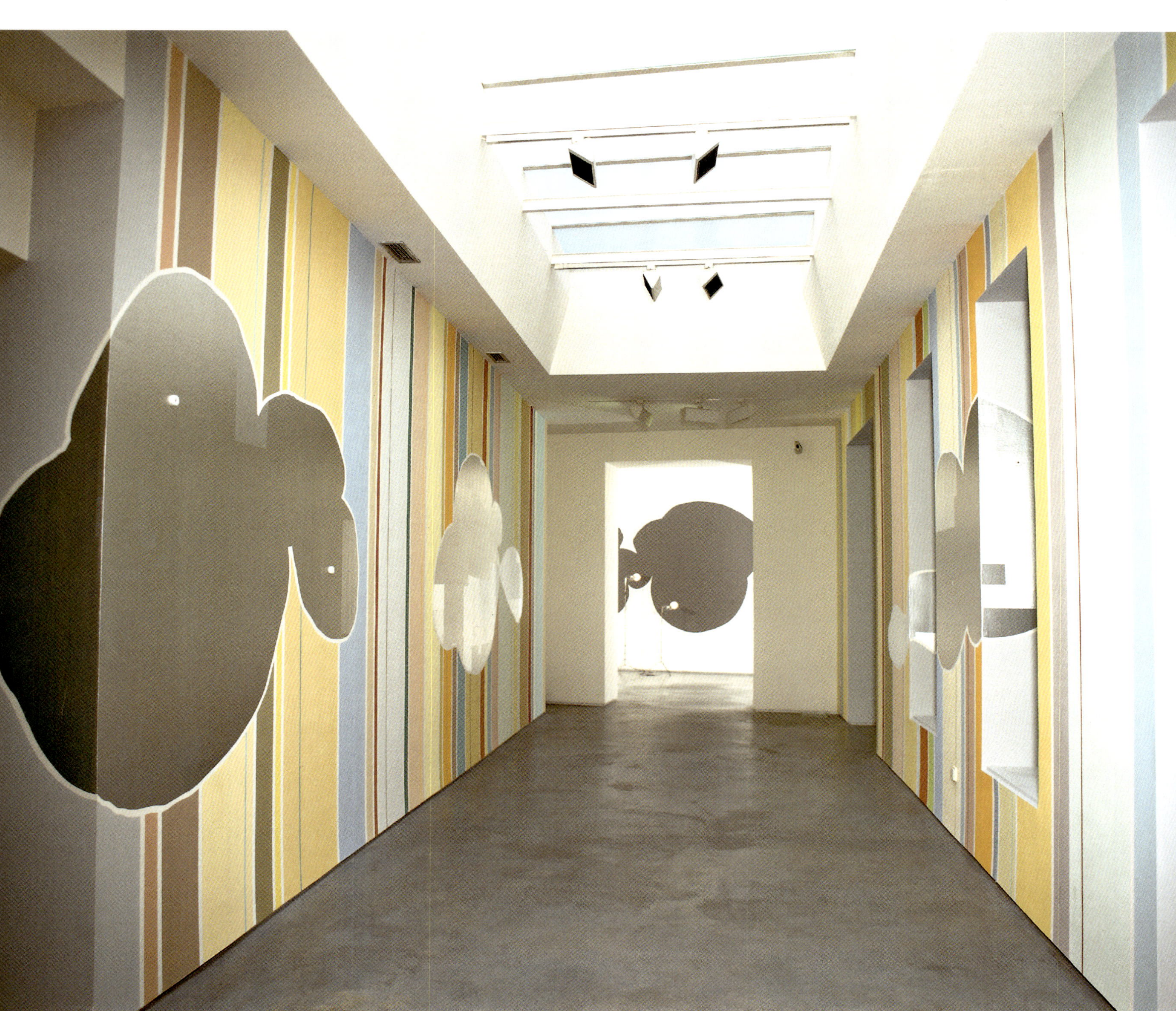

Hombre–l'oeil, 2001. V sta general de la intervención en la [General view of the intervention at] Galería Max Estrella. Madrid

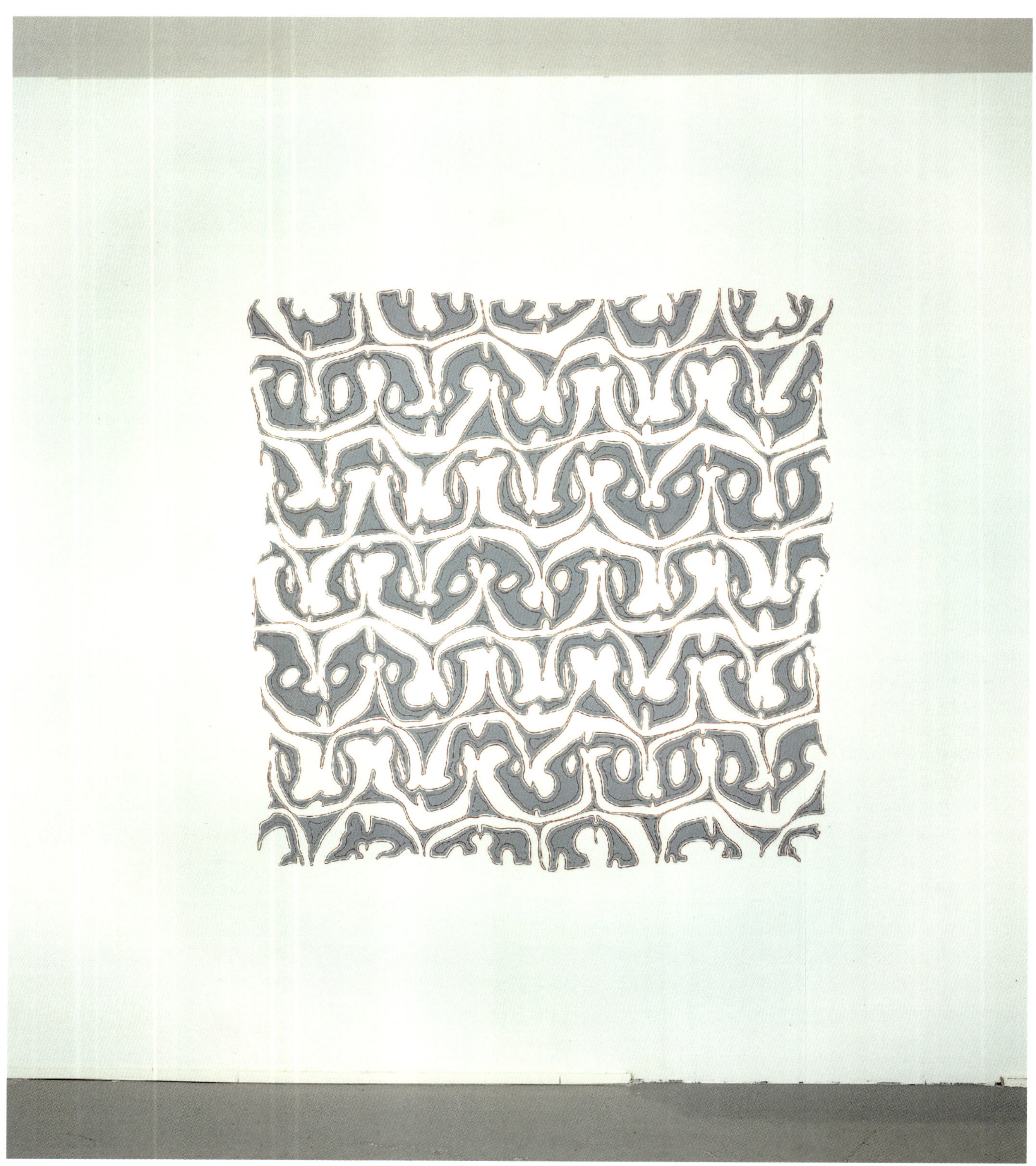

Así, si, si, así, 1998. Pintura y lápiz sobre la pared [Painting and pencil on wall], 200 x 200 cm (aprox.)

considerarse en la década de los sesenta atracción utópica por el infinito —recordemos la línea de Piero Manzoni que hipotéticamente circunvalaría el planeta—, los pintores incrementaron las dimensiones reales de las pinturas proyectándolas en el espacio real. Quizá uno de los ejemplos extremos a este respecto fuera el de Robert Rauschenberg y su pintura de un kilómetro formada por la yuxtaposición lineal de un elevado número de piezas de las mismas dimensiones.

También Daniel Verbis participa de ese fervor expansivo de la pintura. Por ello la pared ha constituido uno de sus soportes predilectos. En un principio eran composiciones relativamente contenidas, ya que en buena medida sustituían tanto en dimensiones como en formas a las de un lienzo convencional. Sin embargo, poco a poco, la pintura comenzó a desplazarse más allá de unos márgenes establecidos. Así en *El hilo que calienta las palabras (tampografía n.º 9)*, de 1998, la forma pictórica ya no adopta la de un lienzo, algo que había sucedido en las tampografías precedentes o en *Redonda* (1993), sino que la imagen se vuelve autónoma: una franja vertical y ligeramente ondulante que, tanto en la parte inferior como en la superior, se prolonga en una línea hasta invadir, esta última, el techo. Y en *O hago piel, o hago piélago, o hago el amor inútilmente, n.º 2* (1998), se convierte en una salpicadura que a tenor del título vendría a encarnar el líquido seminal que se derrama sobre los dos muros del espacio. Pero en su proyecto *Hombre-l'oeil* (2001) tiene lugar un cambio sustancial al intervenir íntegramente todas las superficies murales. De manera que la imagen pictórica más que depositarse sobre la pared la transforma hasta hacer desaparecer cualquier resquicio de su forma y función propios. La pintura lo inunda todo, transformando la atmósfera del lugar; es una intervención ambiental o, si se prefiere, una instalación pictórica. Y es ahora cuando el artista adopta el concepto de *wall drawing* propiamente dicho del norteamericano Sol LeWitt. En aquel caso la obra operaba con la oposición entre una estructura racional, de tono cinético, formada por una sucesión de franjas verticales y sus ya aludidas estructuras elípticas que en este caso se deforman por la presencia de apéndices, como si hubiesen sido capturadas en un momento determinado de su proceso de trans-

aim. However, within what could well be regarded as an utopian attraction for the infinite in the 1960s (remembering Piero Manzoni's line that hypothetically ran all around the planet), painters extended the real size of their paintings by projecting them in real space. Perhaps one of the extreme examples in this context could be Robert Rauschenberg and his painting of a kilometre, formed by the linear juxtaposition of a large number of pieces all of the same size.

Daniel Verbis too is engaged in this expansive fervour in painting. That is why the wall has figured among the media he is particularly fond of. Initially, his compositions were relatively restrained, since, to a large extent, they took the place of the conventional canvas both in their size and in their shape. However, his paintings gradually began to shift beyond those established margins. Thus, in *El hilo que calienta las palabras (tampografía no. 9)*, which dates from 1998, the pictorial form no longer adopts that of a canvas, as had happened in his previous "stampings" and in *Redonda* (1993); now, the image becomes autonomous: a vertical, slightly undulating strip which is extended at the bottom and at the top into a line, the upward one even encroaching onto the ceiling. And in *O hago piel, o hago piélago, o hago el amor inútilmente, no. 2* (1998), the image becomes a splash which, judging by the title with its reference to making love, is meant to embody seminal liquid spilling over the two walls of the room. However, in his project *Hombre-l'oeil* (2001), a substantial change takes place: all the wall surfaces are involved. Thus, rather than being deposited on the wall, the pictorial composition transforms the wall to the point of

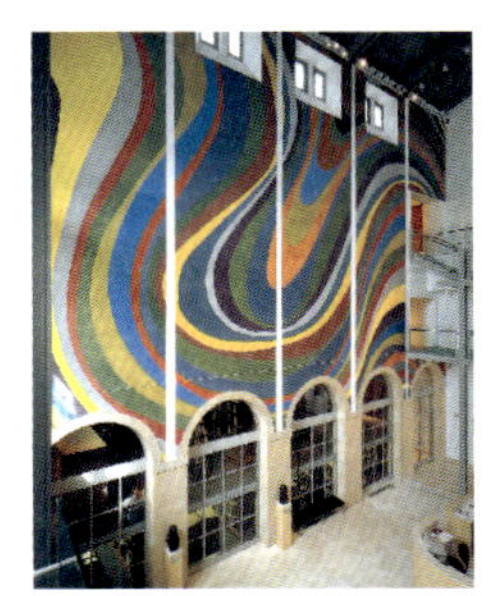
Sol LeWitt. *Wall Drawing no. 793*, 1996

making any last remnant of its own form and function, vanish. The painting floods everything, transforming the atmosphere of the place; it is an atmospheric intervention or, if one prefers, a pictorial installation. And that was when the artist adopted the concept of the wall drawing as such from the American Sol LeWitt. In that case, the work operated by opposing a rational structure, kinetic in tone and made up of a succession of vertical strips, with those elliptical structures we mentioned previously, though

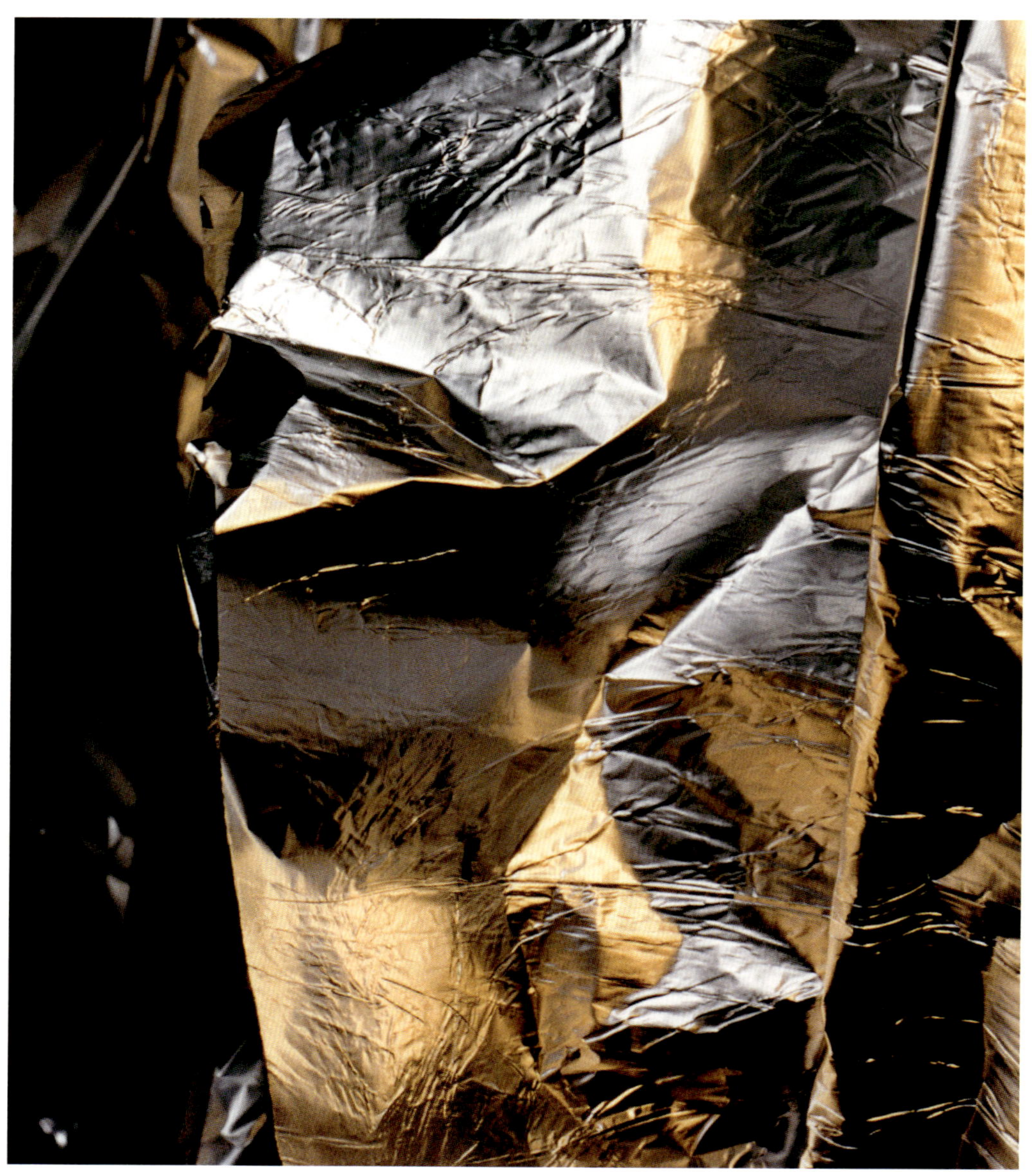

Serie *P-latón*, 2002. Fotografía [Photograph], 40 x 30 cm

formación permanente. Estas formas orgánicas funcionan de hecho como figuras sobre el fondo lineal. Y posteriormente esa superposición de dos superficies plásticas se mantendrá, aunque sustituyendo la naturaleza diferenciada de ambas por una sola, por una forma orgánica cada vez más dinámica. Así en su proyecto *El espejo atractivo o el sujeto desenvuelto* (2004) un dibujo de nuevo de apariencia orgánica recubre integralmente los muros, y sobre aquel fondo se distribuyen a modo de salpicaduras de diferentes tamaños otros de las mismas características. De manera que se genera una doble red que acentúa el carácter cinético de ambas tramas. Y junto al cinetismo el carácter ornamental también se halla presente en estas intervenciones; dos caracteres que han venido acompañando a sus *wall drawings* desde hace tiempo.

En efecto, el carácter cinético de las pinturas expandidas de Daniel Verbis es permanente, algo lógico si consideramos que su estrategia compositiva se ha basado siempre en la repetición más o menos sistemática de una forma que por tanto se convierte en modular. Se trata, no obstante, de unas construcciones no estrictamente geométricas como corresponde a un artista que manifiesta una sensibilidad expresionista que de manera progresiva va imponiendo un mayor grado de libertad a las relaciones entre las unidades que confeccionan la trama. Por lo que respecta al sentido ornamental, podría relacionarse con la *Pattern Painting* o *Patterns & Decoration* norteamericana de finales de los setenta, una tendencia que, como ha señalado Anna Maria Guasch, fue «una derivación de la sensibilidad *all over* que había caracterizado el expresionismo abstracto y la abstracción geométrica» (*El arte último del siglo XX. Del posminimalismo a lo multicultural*, Alianza, Madrid, 2000, p. 228), aspectos que también se hallan presentes en el trabajo de Daniel Verbis, y aunque naturalmente las intenciones que alimentaban aquella tendencia —la principal su discurso feminista— no están presentes en sus pinturas, el resultado formal sí muestra notables coincidencias. Si observamos por ejemplo su obra *Así, sí, sí, así* (1998), la forma redundante desplegada de manera ordenada en franjas superpuestas recuerda en cierto modo a las de los papeles pintados; una disposición que al mismo tiempo resulta muy pertinente en relación al título, una vez más alusivo a la actividad sexual. En otras ocasiones, como en *I-s-l-a-n-d-s* (1997), el aspecto de

in this case they are deformed by the presence of appendixces, as if they had been captured at a particular moment in their process of permanent transformation. These organic forms function in fact function like figures on a linear background. Later on, that superimposition of two visual surfaces was to be maintained, though with the distinct nature of each being replaced by a single surface, an increasingly dynamic organic form. Thus, in his project *El espejo atractivo o el sujeto desenvuelto* (2004), a drawing that once more has an organic appearance wholly covers the walls, and then on top of that background, other drawings of the same kind are scattered around like splashes. Hence a double net is generated, underlining the kinetic nature of both patterns. And along with that kinetic nature, the ornamental character is also present in those interventions—two characteristics that have been part of his wall drawings for some time now.

The kinetic nature of Daniel Verbis' expanded paintings is indeed permanent, which is something natural enough if we bear in mind that his compositional strategy has always been based on repeating a form in a way that is, to some extent, systematic, the form thus becoming modular. These constructions are however not strictly geometric, as one would expect from an artist exhibiting an expressionist sensibility, one who has been progressively according a greater degree of freedom to the relationships between among the units that make up the pattern. Regarding the sense of the ornamental, relations can be discerned with the American *Pattern Painting* or *Patterns & Decoration* of the late 1970s which, as Anna Maria Guasch noted, was "a derivation of the *all over* sensibility that had characterised abstract expressionism and geometric expressionism" (*El arte último del siglo XX. Del posminimalismo a lo multicultural*, published by Alianza, Madrid, 2000, p. 228); these aspects are also present in the work of Daniel Verbis, and, although the intentions that fuelled that trend—its feminist discourse chief among them—are naturally not present in his paintings, the formal result does indeed show remarkable cases of concurrence. If we observe his work *Así, sí, sí, así* (1998), for example, the redundant form deployed in an orderly way using superimposed strips recalls wallpaper in a way—an

magma se aleja de la sistematicidad habitual de las composiciones ornamentales, sustituyéndola por una especie de arabesco de gran intensidad rítmica; una estructura que recuerda algunos dibujos de la serie *Robinson escribe* (años setenta) del poeta visual Felipe Boso, lo que no debe sorprendernos, habida cuenta de que Daniel Verbis ha hecho numerosas y notables incursiones en aquel género plástico-literario.

Pero el incremento del desorden en el despliegue de las formas no impide la pervivencia de ese aspecto decorativo en los trabajos posteriores. El recubrimiento integral de las paredes, últimamente con formas que una vez más se aproximan a las de las estructuras internas de los seres vivos, implica en primer término una intervención ornamental de acento claramente neobarroco. Numerosos artistas plantean de manera más o menos explícita esta cuestión del ornamento, que también ha recobrado actualidad en la arquitectura, desde Daniel Buren o Yayoi Kusama en el ámbito de las artes plásticas, hasta Rem Koolhaas o Herzog y De Meuron en el de la arquitectura. Este perfil ornamental sólo puede ser encarnado, como sucede tanto en Daniel Verbis como en los artistas citados, mediante esa concepción expansiva de la pintura.

Referencias

La obra de Daniel Verbis está impregnada de un tono erudito que se refleja tanto en la propia definición formal cuanto en los títulos de sus obras, y desde luego en los numerosos textos con los que el artista acompaña su producción plástica. Como he señalado más arriba, el argumento metalingüístico constituye una de las líneas de fuerza de aquélla, para lo cual resulta imprescindible auscultar minuciosamente el vasto campo de la producción plástica contemporánea. Frente a la tan habitual negación de las referencias que todo artista asume consciente o inconscientemente en su trabajo, Daniel Verbis hace constar sus relaciones con determinadas obras de la contemporaneidad. No se trata por supuesto de esa vocación apropiacionista tan extendida en las últimas décadas, sino del convencimiento de que el arte actual es en buena medida fruto de la reelaboración del que le ha precedido, de que no hay modo de gene-

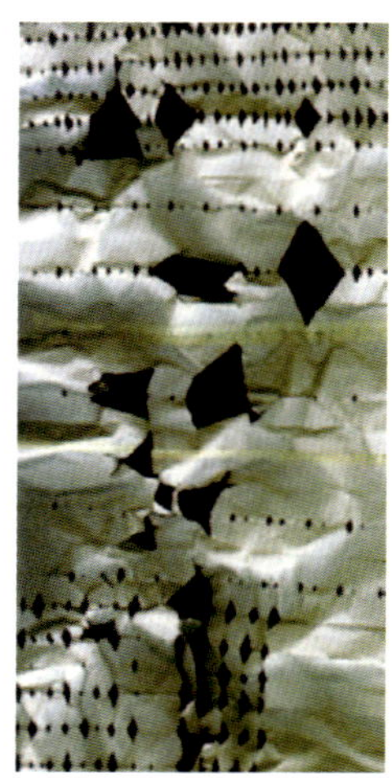

Herzog & de Meuron. *Walker Art Center, Minneapolis* (detalle del proceso de ampliación / ampliation project detail)

arrangement that also turns out to be very pertinent in relation to the work's title, which once again alludes to sexual activity. On other occasions, such as in *I-s-l-a-n-d-s* (1997), the magma aspect moves further away from the systematic property that is usual in ornamental compositions, it being replaced by a kind of arabesque of great rhythmical intensity; a structure that recalls certain drawings from the series *Robinson escribe* (from the 1970s) by the visual poet Felipe Boso—which should not surprise us if we bear in mind that Daniel Verbis has made many noteworthy incursions into that visual-literary genre.

But the increase in disorder in the deployment of the forms does not preclude the survival of that decorative aspect in subsequent works. Covering the walls entirely—recently with forms that are, once again, like the internal structures of living creatures—implies first and foremost an ornamental approach with a markedly neo-baroque accent. A number of artists are broaching this issue of the ornament with varying degrees of explicitness, and it has also come to the fore again these days in architecture: from Daniel Buren or Yayoi Kusama in the sphere of the visual arts to Rem Koolhaas or Herzog and De Meuron in the sphere of architecture. This ornamental profile can only be embodied through this expansive conception of painting, as happens in Daniel Verbis and in the other artists cited.

References

Daniel Verbis' work is imbued with a scholarly tone that is reflected both in its formal definition as such and also in the titles of the works—and, of course, in the numerous texts that the artist writes to accompany his visual output. As noted above, the metalinguistic thread constitutes one of the lines of force of his work, it being thus necessary to review in minute detail the vast field of contemporary visual work in order to plumb its depths. Rather than the usual denial of references that all artists turn to, consciously or unconsciously, Daniel Verbis avows any links with certain works in contemporary art. What is

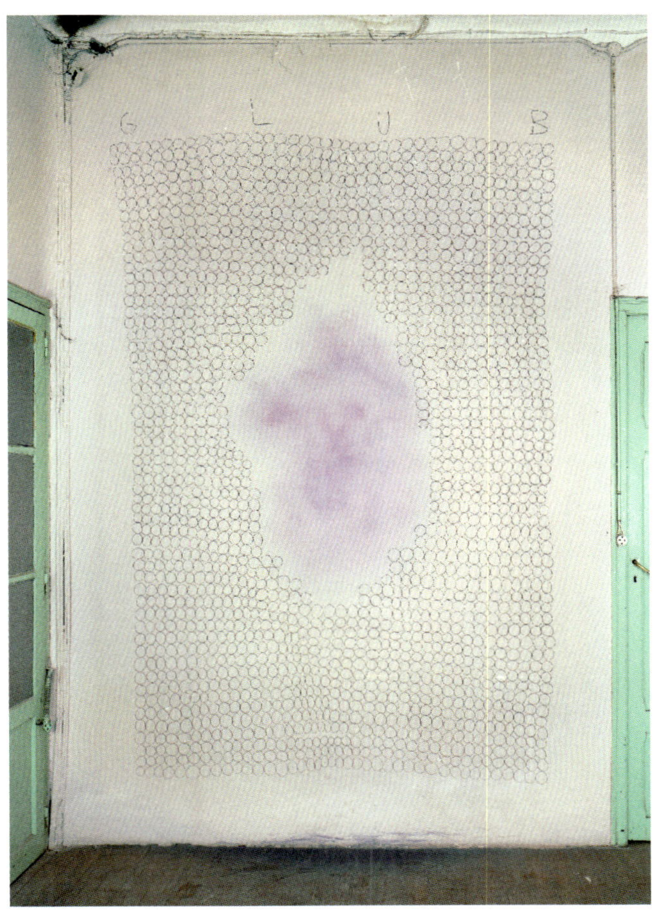

Glub (charco), 1992. Lápiz y tinta [Pencil and ink], 325 x 200 cm (aprox.)

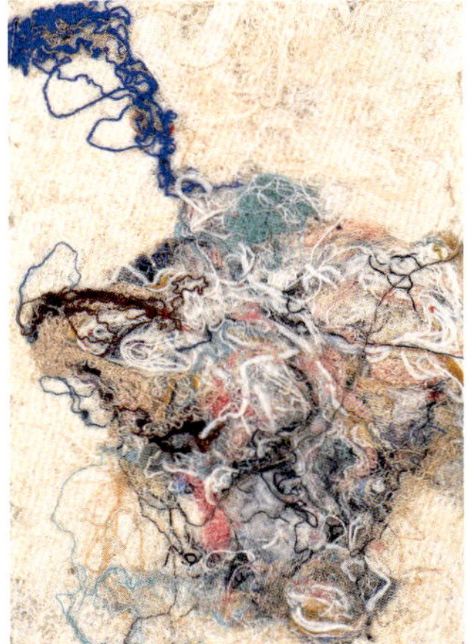

Serie *Hila hilo, lía lío, hila lío, lía hílo*.
Algodón en caja de metacrilato [Cotton
on plexiglass box], 30 x 21 x 6 cm.
Colección particular [Private Collection]

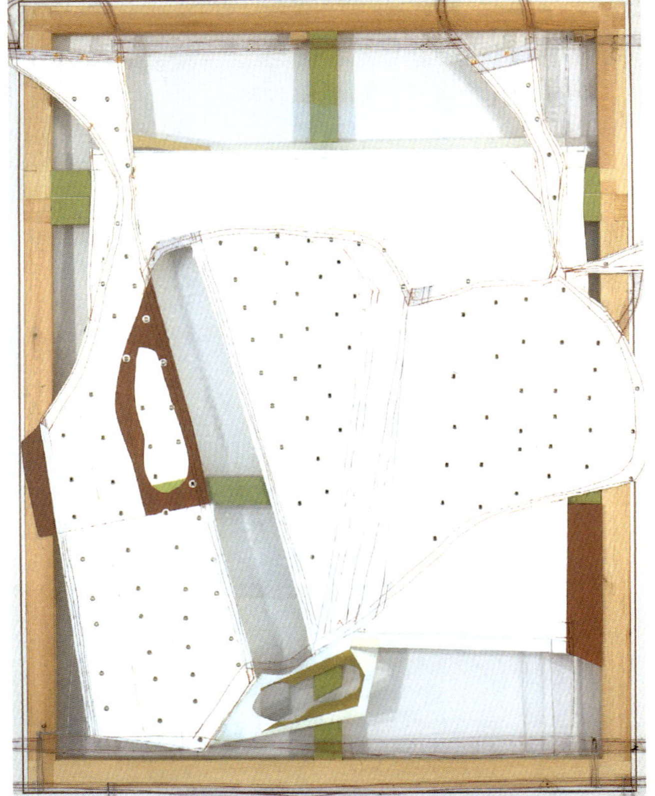

Cupido escupido, 2003. Acrílico sobre lona plástica y ojetes metálicos
[Acrylic on plastic sailcloth and metal rings], 210 x 159 cm. Colección particula⁻
[Private Collection]

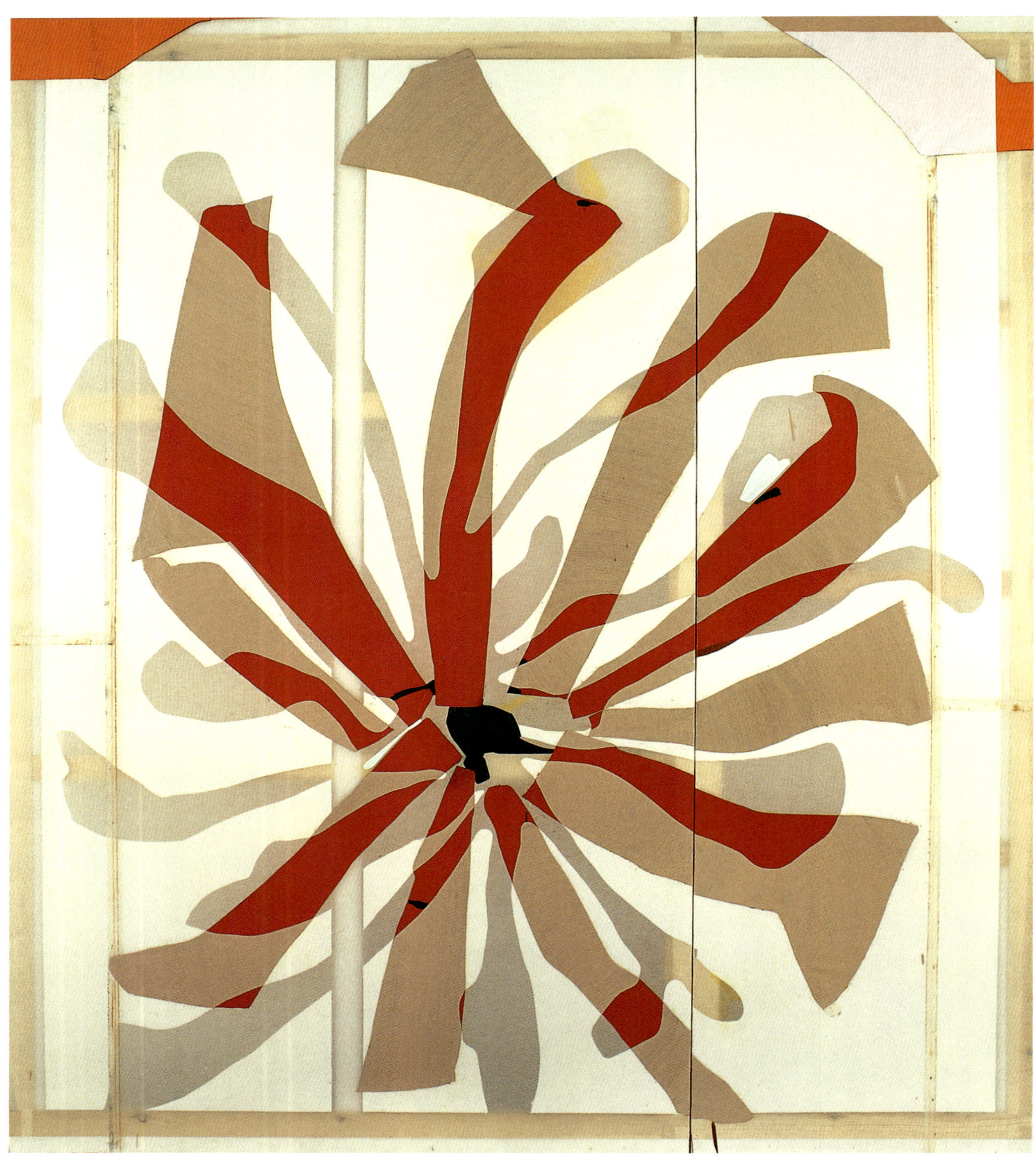

Ciego entre las flores, 2002. Acrílico sobre lona plástica [Acrylic on plastic sailcloth], 310 x 280 cm. Colección MUSAC [Collection]. León

rar formas que no sean directamente deudoras del elenco plástico heredado. De manera que el artista revisa y selecciona aquellas referencias que le interesan en función de su cercanía semántica y/o formal para alimentar su discurso. Sin embargo, creo que en numerosas ocasiones las vinculaciones se establecen a posteriori, es decir, que el autor adopta el papel de historiador del arte, leyendo su propia obra desde el exterior y buscando los vínculos con otras precedentes. Este desvelamiento de sus referencias plásticas no tiene el menor efecto negativo en su trabajo, ya que no le resta originalidad ni identidad.

Verbis concibe por tanto su trabajo como un laboratorio de formas, como un proceso individual inserto en el marco global de la creación contemporánea. Su coherencia creativa, tanto en el orden temático como formal, no se ve mermada por ese volcarse en la experimentación ni por los permanentes vínculos con el arte precedente. De manera que sus «citas» no son nunca explícitas. Diría incluso que en ocasiones se esfuerza por encontrarlas, en un ejercicio casi obsesivo que viene a ratificar su convencimiento de que aquéllas siempre existen; algo evidente no sólo por la vastísima producción acumulada a lo largo de este siglo pleno de contemporaneidad, sino también porque en nuestros días los artistas poseen un conocimiento exhaustivo de la misma. Y junto a la producción artística el artista reconoce igualmente su deuda con otras imágenes, como las de las revistas científicas, las de la Naturaleza o los objetos de *design*.

De acuerdo con esta postura y habida cuenta del recorrido ciertamente cambiante de su obra, Daniel Verbis establece una y otra vez las relaciones formales

involved is not, of course, that tendency to appropriate other works, a tendency that has been rife in recent decades, but rather his conviction that present-day art is to a large extent the result of reworking the art that preceded it, his conviction that there is no way to generate forms that are not clearly in debt to the visual legacy that has come down to us. Accordingly, the artist reviews and selects the particular references that interest him in terms of their semantic and/or formal proximity as a way of nourishing his discourse. However, I suspect that in many cases the links are established after the event, i.e. that the painter adopts the role of the art historian, reading his own work from the outside and seeking links with preceding works. This avowal of his visual references has not the slightest negative effect on his work, since it detracts neither from its originality or its identity.

Verbis thus conceives his work as a laboratory of forms, as an individual process that is part of the global framework of contemporary creation. Its creative coherence, both on the thematic and the formal level, suffers no harm from this devotion to experimentation, nor from the continual links with preceding art. Hence, his "quotations" are never explicit. Indeed, I would go so far as to say that sometimes he makes an effort to find them, in an almost obsessive exercise that serves to ratify his conviction that the links always exist—which is obvious, and not only on account of the huge output of works built up over this century—plus of the contemporary, but also because artists in our time have an exhaustive acquaintance with that stock. And along with his debt to artistic production, he also recognises his debt to other images, such as pictures from scientific magazines, Nature magazines or designer objects.

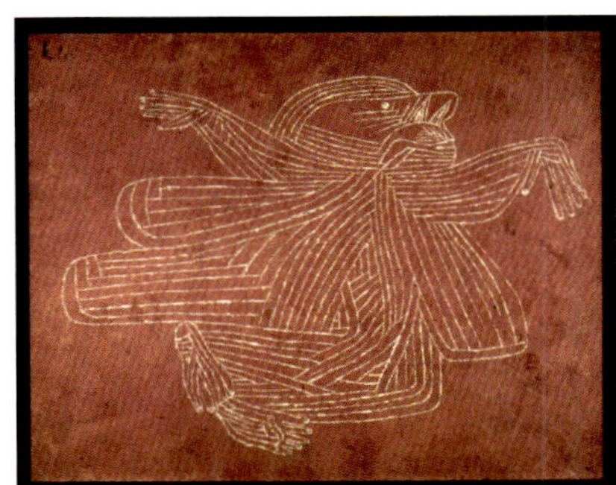

Paul Klee. *The Creator*, 1934

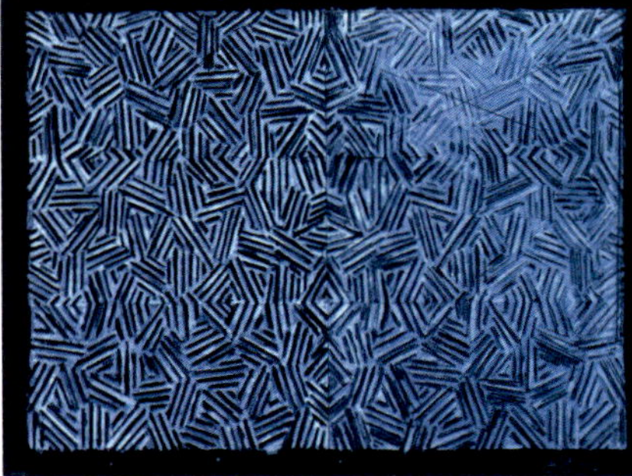

Jasper Johns. *Corpse and Mirror*, 1976

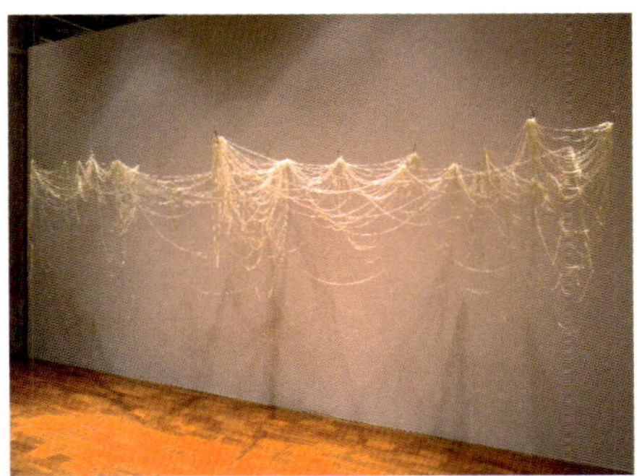

Eva Hesse. *Right After*, 1969

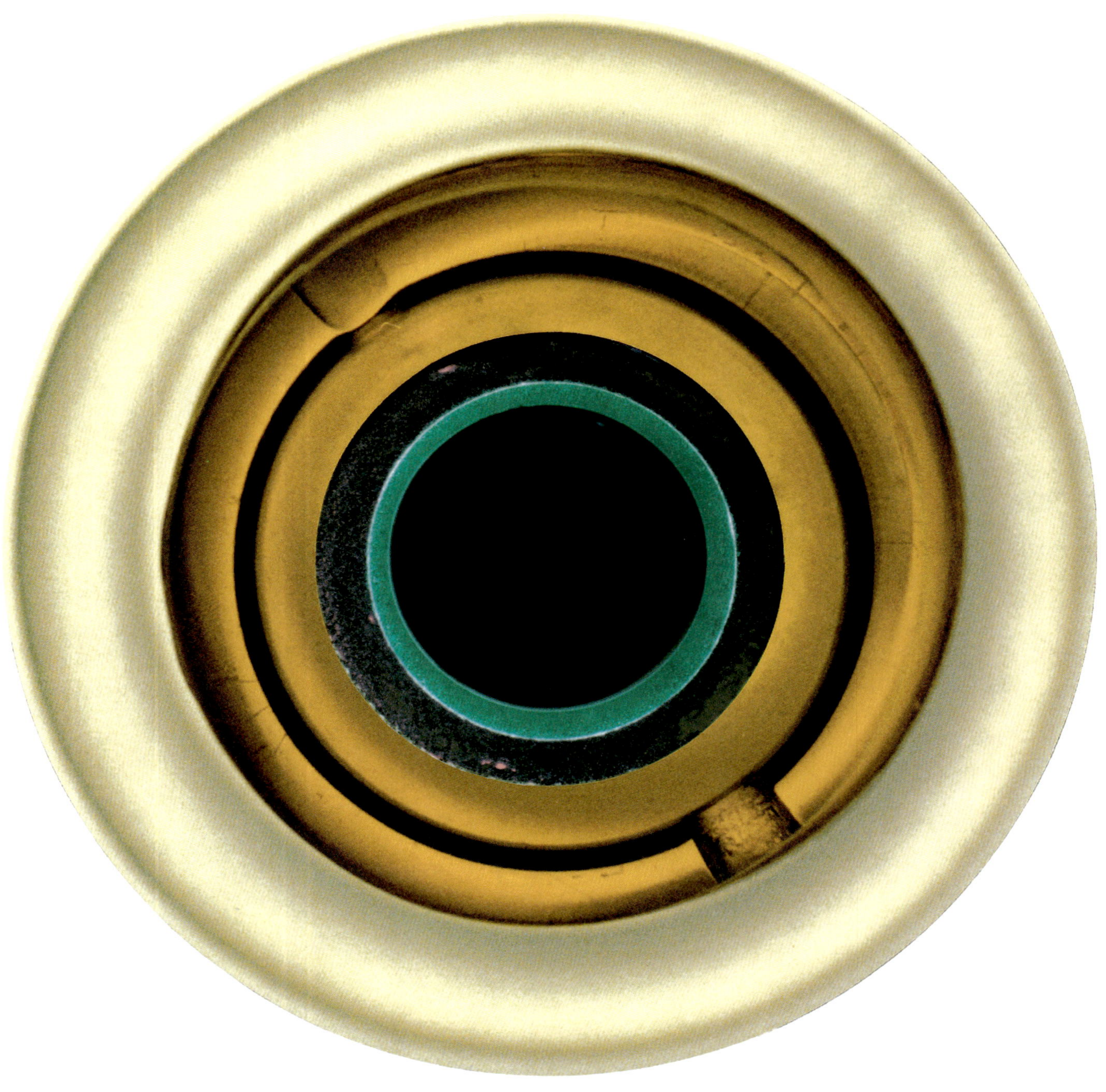

Serie *Pupilas*, 1995. *Collage* fotográfico [Photo collage], 13–20 cm ø. Colección particular [Private Collection]

de sus obras en una negación implícita de la autonomía creativa. La iconosfera contemporánea es tan vasta que resulta casi imposible incorporar algún elemento *ex novo*. Cualquier forma imaginada tiene en nuestros días algún precedente, una especie de fondo de imágenes y formas que el artista expurga con mayor o menor consciencia, de manera que podría decirse que la originalidad en términos formales es imposible, lo cual no significa que el arte actual se halla convertido en un puro *remake*, como demuestra su producción. Pero si esta hilazón con la historia de las formas —artísticas y de cualquier otro tipo— afecta a cualquier creador actual, adquiere una consideración mayor en artistas que como Daniel Verbis se interesan por la orientación metalingüística de la creación. Establecer la relación entre el tratamiento de un material o una forma y el modo en que lo ha hecho alguien anteriormente sirve para elucidar semejanzas pero también diferencias, siendo en estas últimas donde queda resaltada la identidad de cada autor. Todo esto se hace evidente cuando Verbis va desgranando las referencias, los vínculos de sus obras: desde Bruce Nauman, Marcel Duchamp, Joseph Beuys o Paul Klee hasta Jasper Johns, Jannin Kounellis, Eva Hesse o Luis Gordillo, por citar sólo algunos de ellos.

Asuntos

Las relaciones entre signos lingüísticos y plásticos han concitado desde el cubismo el interés de muchos artistas y poetas. En la pintura el texto escrito ha compartido protagonismo con la imagen en una especie de dialéctica que en no pocas ocasiones ha conducido a la completa suplantación de los segundos por los primeros; por ejemplo, en Joseph Kosuth. En la poesía configuró un género: la poesía visual; las letras más allá de condición de signos adoptan aspectos expresivos o se aúnan en composiciones que se aproximan a las imágenes plásticas. Daniel Verbis ha participado de ambas vertientes; desde proyectos insertos en el marco de la poesía visual, como *Vocablos* (2005), hasta pinturas en las que las palabras concluyen, refuerzan o sustituyen a la imagen. Este procedimiento lo utilizó con particular intensidad en las pinturas sobre el muro de la primera mitad de los años noventa; por ejemplo, haciendo uso de términos onomatopéyicos, como en *Glub (charco)* (1992) donde una trama reticular se rompe en el centro para acoger una mancha pictórica, una especie de sumidero acuoso tal como ratifica el término escrito

In line with that stance, and in view of the admittedly changing path followed in his work, Daniel Verbis establishes the formal relations of his works again and again in an implicit denial of creative autonomy. The contemporary iconosphere is so vast that it is almost impossible to add some entirely new element. Any form that is imagined will have some precedent these days, in a kind of stock of images and forms that the artist expurgates knowingly or unknowingly, and so it could be said that originality in formal terms is impossible; this does not mean that present-day art has become a pure "remake", as his own output shows. Yet while this link-up with the history of forms—whether artistic or of any other kind—affects any creator now, it takes on greater weight in artists who, like Daniel Verbis, are interested in the metalinguistic orientation of creation. Establishing the relation between the treatment of a material or form and the way in which somebody else had done it beforehand serves to elucidate both the similarities and the differences, the identity of each author being highlighted in those differences. All this becomes clear when Verbis runs through his references, the links present in his works: from Bruce Nauman, Marcel Duchamp, Joseph Beuys and or Paul Klee to Jasper Johns, Jannin Kounellis, Eva Hesse and Luis Gordillo, to mention just a few.

Subjects

The relations between linguistic signs and visual ones have aroused the interest of many artists and poets since cubism. In painting, the written text has shared the leading role with images in a kind of dialectic that has quite frequently led to the total supplanting of linguistic signs by visual ones, for example, in Joseph Kosuth. In poetry, it gave rise to a genre: visual poetry. Letters, going beyond their status as signs, took on expressive aspects or were put together in compositions that come close to visual images. Daniel Verbis has been involved in both facets, from projects falling in the field of visual poetry, such as *Vocablos* (2005), to paintings in which the words conclude, reinforce or replace the image. He used this procedure most intensively in his paintings on walls in the first half of the 1990s, for example, by making use of onomatopoeic terms, as in *Glub (charco)* (1992), in which a reticular pattern breaks up in the

en la parte superior. Pero con posterioridad el artista ha transferido los juegos lingüísticos, con una especial atención a los fonéticos, a los títulos de sus obras: *Red-o-nda; Lupa-Lupa; TUaMOR; Hila hilo, Lía lío, Hila lío, Lía hilo; Mi fe; Toffe; Chof; (Ama-ata-da)-me…* De manera que el vínculo entre el título y la imagen correspondiente vendría a confirmar una especie de poema visual escindido.

Las referencias argumentales de sus obras se sitúan desde el principio en un doble ámbito: el relativo al orden visual y el referido a los sentimientos personales. Dos macrotemas que alimentan por tanto las preocupaciones centrales de su autor: la exploración metalingüística y la metafórica, es decir, la forma plástica como soporte de la reflexión sobre el medio pictórico y como encarnación imaginaria de las contingencias vitales respectivamente. Su permanente cuestionamiento sobre el carácter y significación de la pintura está basado en la consideración de la imagen como un elemento óptico que activa al propio tiempo la mirada del espectador. De ahí que el círculo sea la forma dominante en sus obras, pues obviamente es la encarnación del ojo, instrumento de la visión, lo que al propio tiempo se refleja en muchos de sus títulos: *Ojo, gozo y pozo mudo, vista*; *Pijo, hijo, ojo de vecino*; *¿Es hoy el día del ojo?*; *Párpado*… Pero el círculo es asimismo protagonista de muchas obras, y por tanto de muchos títulos, cuya referencia pertenece a esa otra vertiente señalada: la de lo personal. En este caso, el círculo representa al ojo, pero también a los órganos sexuales: la vagina y el ano, lo que viene a mostrar que para el artista el eje de la conducta humana reside en las relaciones amorosas; de manera que no parece arriesgado afirmar que, como en Marcel Duchamp, amor y sexo terminan por erigirse en protagonistas de su obra. Los títulos lo expresan a veces con absoluta elocuencia: *Mi boca en tus ojos*; *Tu amor aluc*; *Así, sí, sí, así*; *Tus (mis) ojos emboscados*; *Mil veces si tu quieres* o *misojosentusojosderramándose*, título de la instalación en el MUSAC. Pero casi siempre se muestran más ambiguos: *Madre, padre y firma en blanco*; irónicos: *Bobo ocular*, y siempre poéticos: *Bocados de irrealidad, Entornando el tiempo, los ojos, los brazos*. El ojo como instrumento de aproximación al objeto del deseo y los enunciados sexuales hacen de Daniel Verbis un artista ciertamente duchampiano. En algún caso la propia configuración de la obra se erige en una verdadera réplica

centre to make way for a pictorial stain, a sort of aqueous sink, as is confirmed by the term written at the top of it. But then, later on, the artist transferred his language plays, impinging particularly on phonetics, to the titles of his works: *Red-o-nda; Lupa-Lupa; TUaMOR; Hila hilo, Lía lío, Hila lío, Lía hilo; Mi fe; Toffe; Chof; (Ama-ata-da)-me…* In this way, the link between the title and its image acts to confirm a kind of sundered visual poem.

The thematic references in his works have been located from the outset in a two-fold sphere: the sphere of the visual and the sphere of personal feelings. Two macro-themes that thus, fuel the chief concerns of the painter: metalinguistic and metaphorical exploration,—respectively, the visual form as a basis for reflecting on the pictorial medium, and as the imaginary incarnation of the contingencies of life. His continuous questioning on the nature and meaning of painting is based on considering the image as an optical element that also activates the viewer's gaze. Hence, the presence of the circle as the dominant form in his work, since it is obviously the embodiment of the eye—the instrument of vision; and this is also reflected in many of his titles: *Ojo, gozo y pozo mudo, vista; Pijo, hijo, ojo de vecino; ¿Es hoy el día del ojo?; Párpado…* But the circle also takes the star role in many works, and thus in many titles, which point to that other facet singled out above: the personal facet. In this case the circle represents the eye, though it also represents the sexual organs—the vagina and the anus—which serves to show that for the artist the central thread of human conduct lies in amorous relations; and thus it does not seem to be going too far to say that, as in Marcel Duchamp, love and sex end up taking over the leading role in his work. The titles sometimes express this with absolute eloquence: *Mi boca en tus ojos; Tu amor aluc; Así, sí, sí, así; Tus (mis) ojos emboscados; Mil veces si tu quieres* or *misojosentusojosderramándose (myeyesspillingintoyours)*, the title of the installation in the MUSAC. Most of them, however, come over as more ambiguous (*Madre, padre y firma en blanco*), ironic (*Bobo ocular*); and always poetic (*Bocados de irrealidad, Entornando el tiempo, los ojos, los brazos*). The eye as an instrument for approaching the object of desire, and also these sexual references, make Daniel Verbis a truly

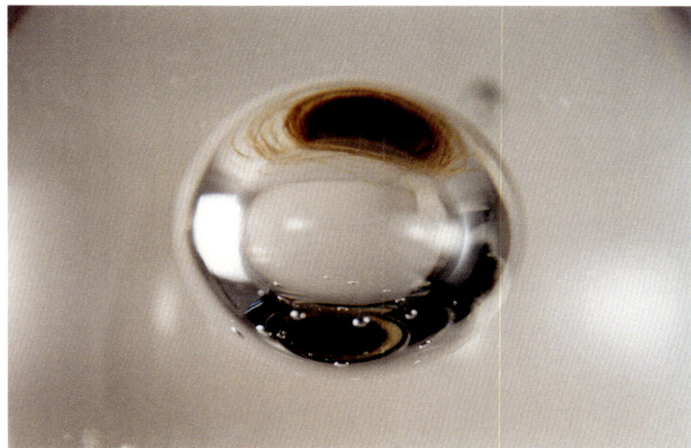

Bola, 2002. Fotografía [Photograph], 30 x 40 cm

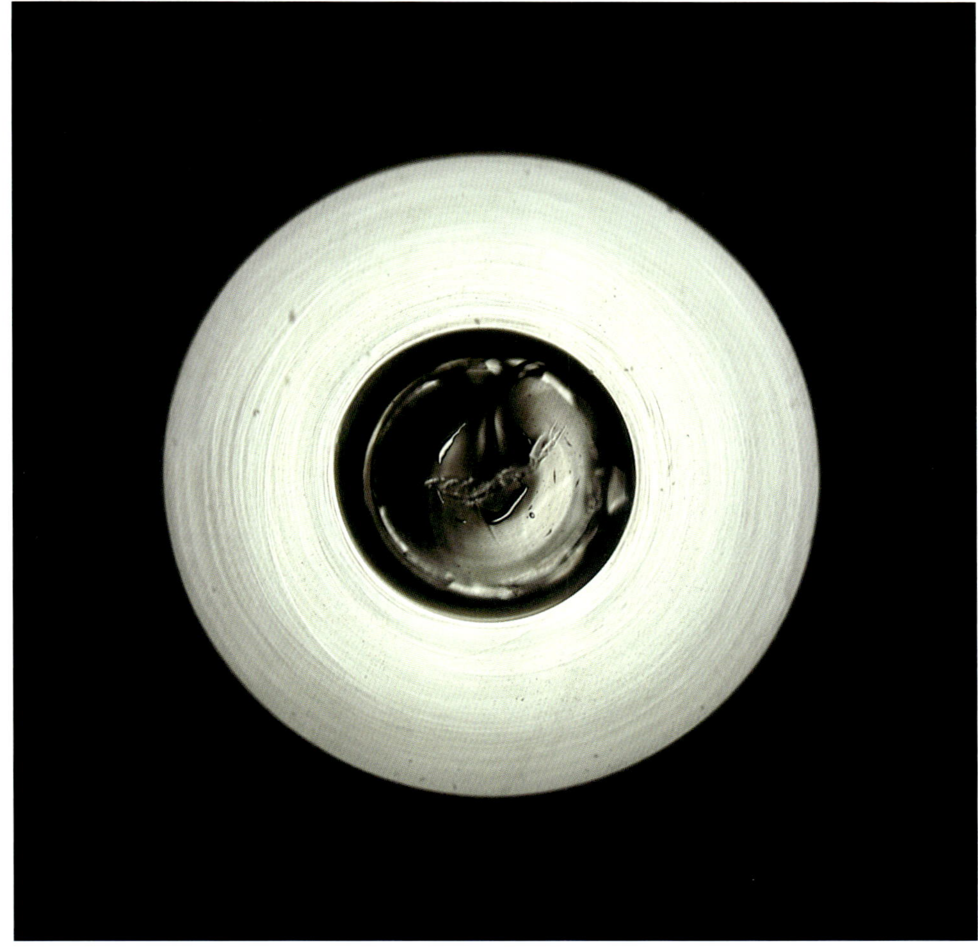

Serie *Ano lunar*, 2000. Proyección sobre la pared [Wall projection], 100–25C cm ø

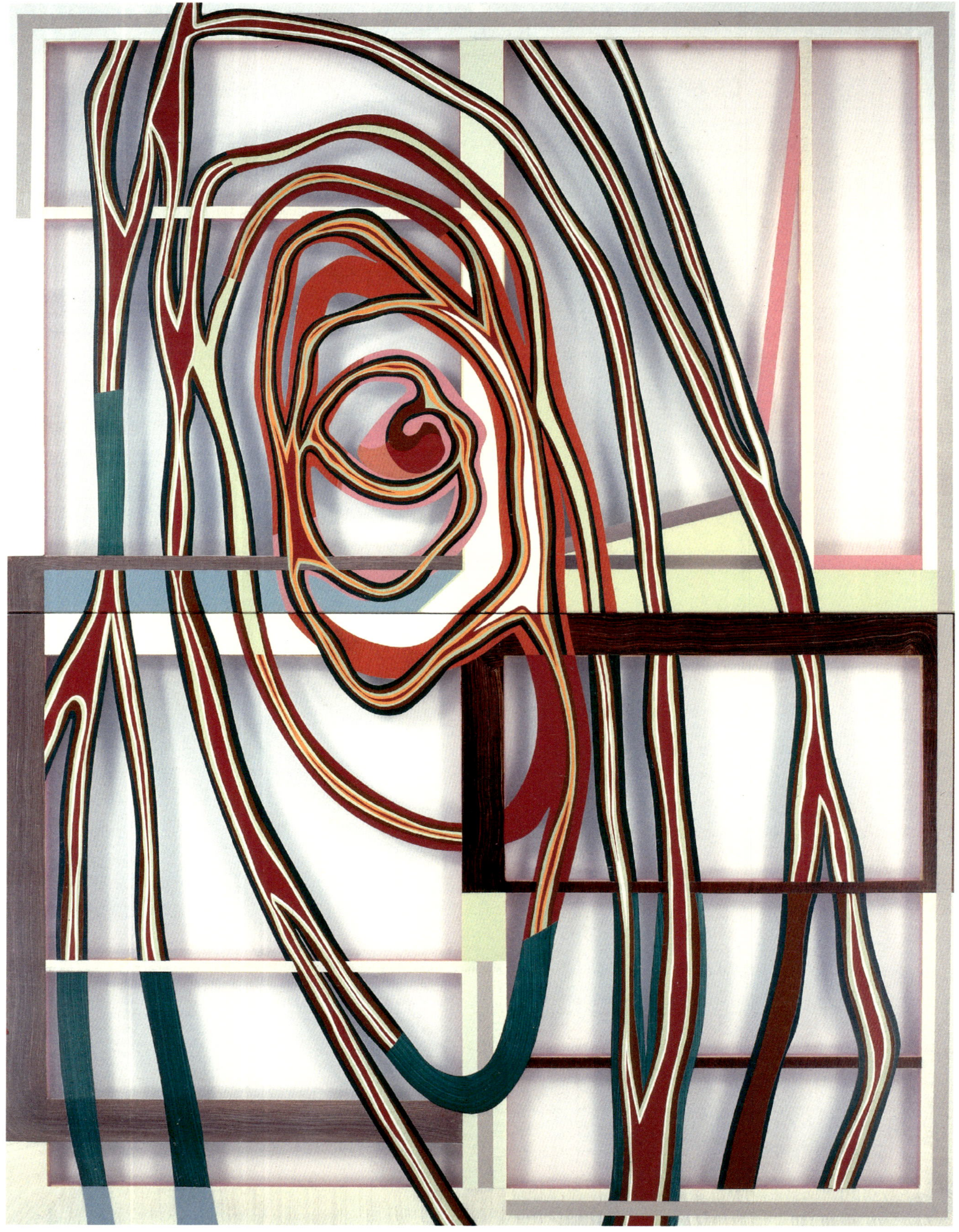

¡No hay corazón!, 2005. Acrílico sobre tela sobre metacrilato [Acrylic on fabric on plexiglass], 200 x 150 cm

de alguna de aquél; por ejemplo en *The Wedding in English* (1996), tal como demuestra Elena Vozmediano en otro de los textos de este mismo catálogo.

Los sugerentes títulos parecen prometer una obra intensamente narrativa. Y en cierta medida lo es, aunque naturalmente se trata de una narratividad particular, basada en la configuración y desarrollo de signos que, a fuer de repetirse, se convierten en estilemas personales. Casi podría hablarse en este sentido de una pintura simbólica enunciada mediante un supersigno: un peculiar círculo deformado que se halla en constante transformación, que crece, se reproduce o adquiere volumen, mostrando, y vuelvo a un apartado anterior, su sentido inequívocamente orgánico. El movimiento permanente, con frecuencia acelerado, es una de las constantes de nuestro desenvolvimiento vital. La pasión amorosa también incrementa nuestro ritmo físico y emocional. Y en este sentido las imágenes de Daniel Verbis reflejan un intenso vitalismo. Por eso si el círculo es una forma asociada secularmente a la perfección, los de este artista aparecen alterados, porque el pálpito de acción amorosa descompone el orden inmutable, la sostenibilidad del movimiento pausado. Pero también el signo tiene valor por sí mismo, con independencia de su pregnancia semántica; es, por decirlo de otra manera, el instrumento para la investigación sobre el carácter óptico de la pintura.

Retoricismo óptico de la pintura

El gran cineasta ucraniano Dziga Vertov acuñó la expresión kino-glaz (cine-ojo) para definir su particular concepción del cine documental. Para él, el cine-ojo es la cámara y al propio tiempo el montaje que mediante su ordenación da sentido a lo capturado por aquélla. Vertov pensaba que a través de la cámara se podía alcanzar una transposición directa, casi una identificación, entre realidad y cine, o sea, entre realidad y representación, porque la neutralidad de la cámara facilita dicha traslación. De manera que aunque el objetivo declarado de su teoría fílmica es la transmisión de la realidad, de manera implícita también especula en torno a los mecanismos visuales del medio cinematográfico. De hecho, su convencimiento acerca de la capacidad objetiva del medio se basa en a imparcialidad del dispositivo óptico de la cámara. Así en un texto de 1924 Vertov entiende el cine-ojo como «lo que el ojo no ve,

Duchampian artist. In some cases, the make-up of the work itself comes as a veritable rejoinder to Duchamp—for example in *The Wedding in English* (1996), as Elena Vozmediano shows in another of the texts in this same catalogue.

These suggestive titles seem to hold out the promise of intensely narrative work. And to a certain extent it is, though naturally this is a special kind of narrative, based on the shaping and development of signs which, by dint of repetition, become personal stylemes. Here, one could almost speak of symbolic painting posited by means of a supersign: a peculiar deformed circle that is constantly being transformed, that grows, reproduces or acquires volume, showing—to return to a previous section—its unequivocally organic meaning. Perpetual movement, frequently at speed, is one of the constants in our experience of life. Amorous passion also heightens our physical and emotional pace. In this sense, the images of Daniel Verbis reflect an intense vitality. Accordingly, while the circle has long been associated with perfection, this artist's circles suffer modifications, because the throbbing of loving action decomposes immutable order, the sustainability of steady motion. But the sign also has value in itself, regardless of its semantic charge; it is, to put it in another way, the instrument for investigating the optical character of painting.

The optical rhetoricis of painting

The great Ukrainian film-maker Dziga Vertov coined the expression *kino-glaz* (cinema-eye) to define his personal conception of documentary cinema. For him, the cinema-eye is the camera and also the editing that, by ordering the scenes, gives meaning to what the camera has captured. Vertov thought that the camera could be used to achieve a direct transposition, almost an identification, between reality and the cinema, i.e. between reality and representation, because the neutrality of the camera facilitates that transferral. And so, although the stated purpose in his theory of film is the transmission of reality, he also speculates implicitly on the visual mechanisms of the film medium. In fact, his conviction regarding the objective capacity of the medium is based on the impartiality of the camera's optical equipment. Thus, in a text from 1924, Vertov takes the cinema-eye to be "what the eye

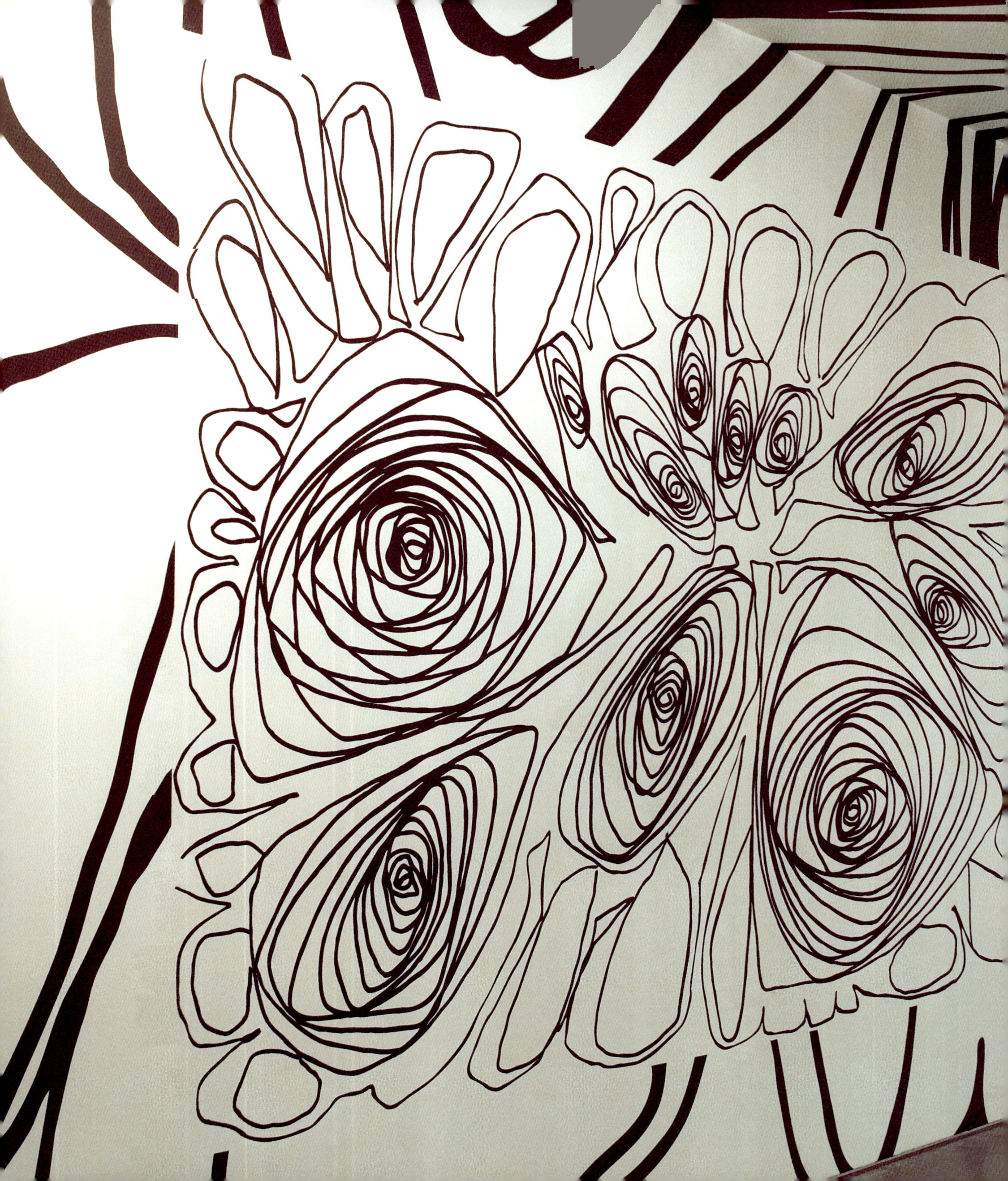

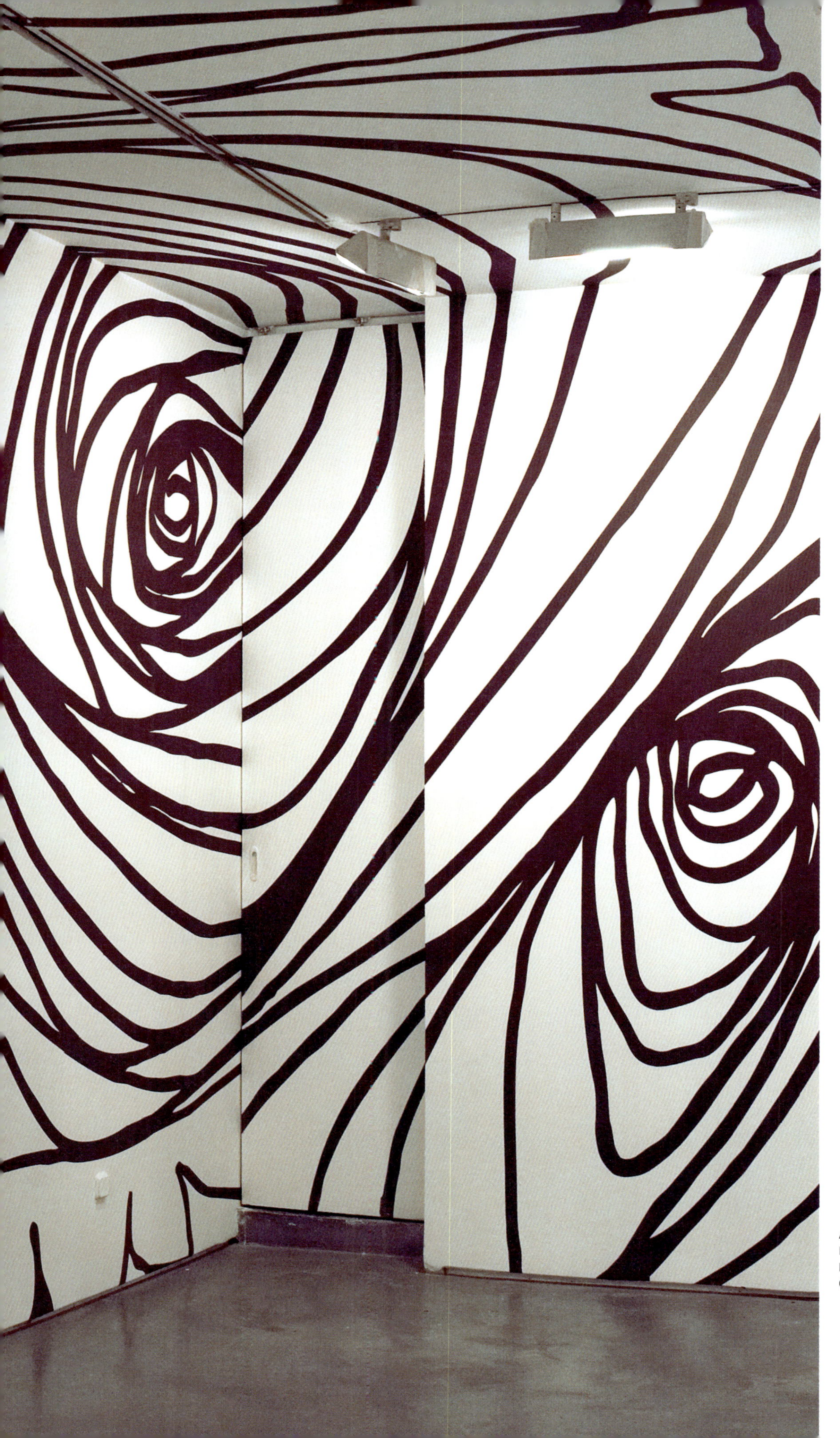

La jaula del grito, 2004.
Pintura mural [Wall painting].
Intervención en la [intervention view at]
Galería Max Estrella. Madrid

Unas cosas van abriendo otras, 2005.
Pintura mural [Wall painting], 285 x 450 x 240 cm.
Intervención en la [Intervention view at] Galería Trinta.
Santiago de Compostela.

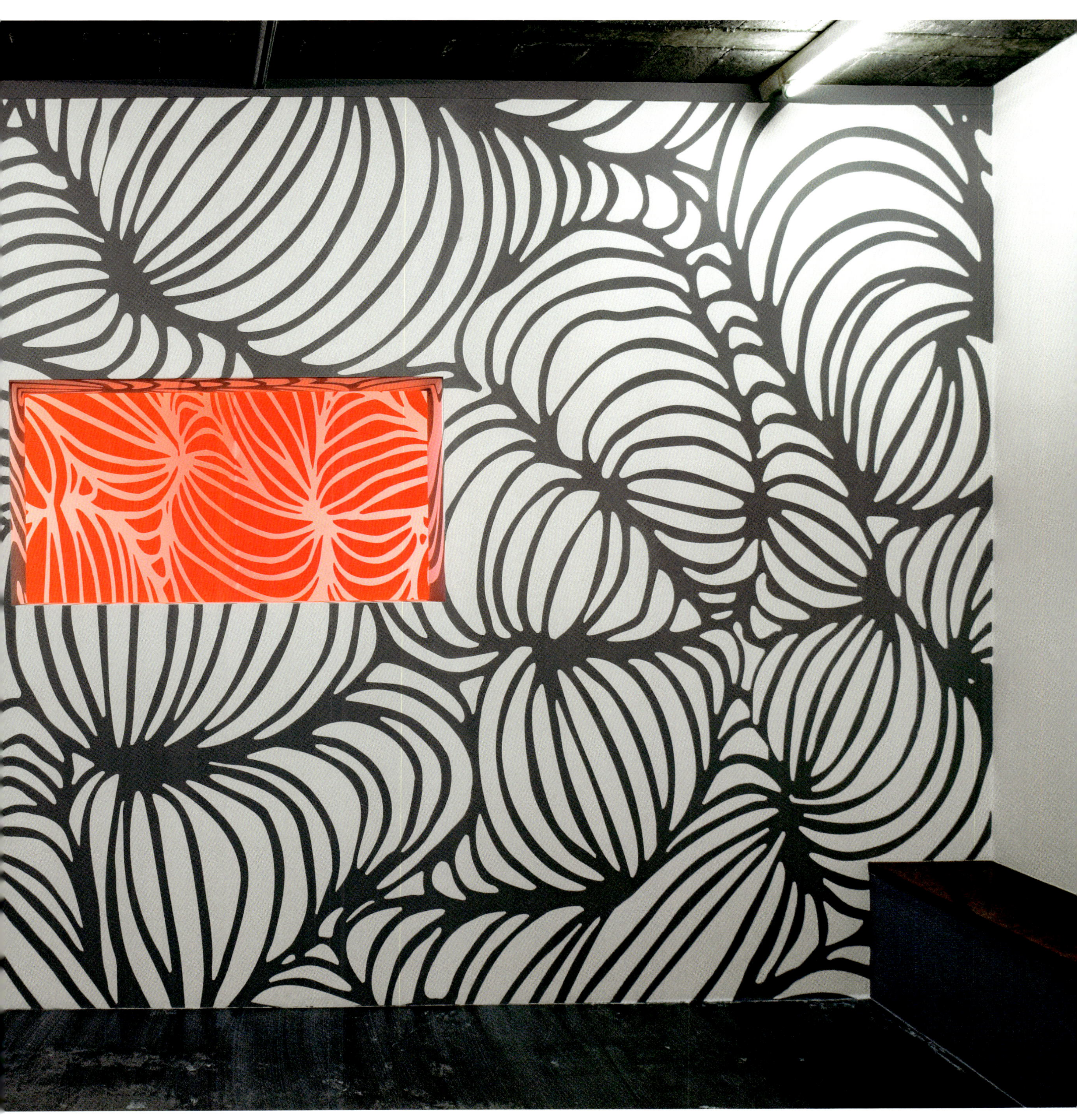

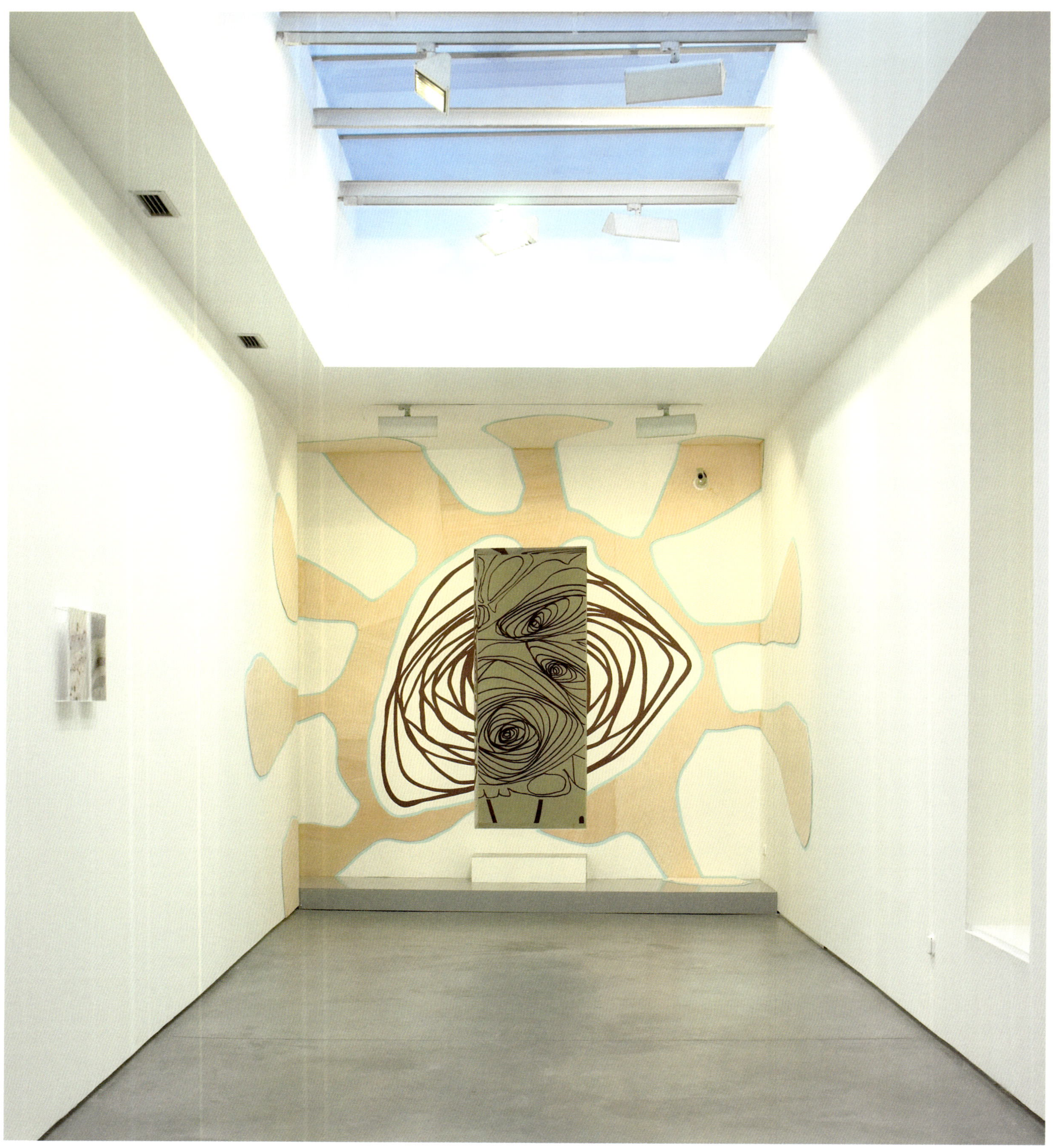

El ojo desnudo, 2004. Pintura mural y madera [Wall painting and wood]. Intervención en la [Intervention view at] Galería Max Estrella. Madrid

como el microscopio y telescopio del tiempo… como el tele-ojo, como el rayo-ojo» (tomado de Dziga Vertov, *Memorias de un cineasta bolchevique*, Labor, Barcelona, 1974, p. 180). El proyecto artístico de Daniel Verbis permite la aplicación de la expresión vertoviana: pintura-ojo en su caso, en la medida en que tanto las imágenes de sus pinturas convencionales, o sea, las desarrolladas sobre una superficie plana soportada por un bastidor, como las que cubren las paredes de contenedores espaciales, se conciben como dispositivos simbólicos de la mirada donde el espectador se ve sumido y al que debe dar una respuesta, estableciéndose de ese modo un *feedback* permanente entre el ojo del espectador y los «ojos» de los muros que de ese modo adquieren una condición visual activa. *Las paredes tienen ojos* fue precisamente el título bajo el que catalogó sus intervenciones murales más significativas de los años noventa.

En los últimos años esta posición se ha acentuado, ya que sus persistentes formas circulares parecen haberse acelerado hasta adquirir un aspecto de torbellino que es el producto del desarrollo de un trazo lineal inicial que al girar crece aunque sin perder su aspecto ocular, pues el núcleo permanece completamente visible. Como ya viene siendo habitual en sus pinturas, hay un cuestionamiento del concepto pictórico al uso, no tanto porque la materia pictórica haya quedado relegada a la anécdota frente a materiales extrapictóricos, sino por el uso reiterado de una loneta plástica traslúcida como soporte que sitúa visualmente la imagen suspendida en el espacio y que, cuando las formas son encarnadas por un material sólido, por ejemplo la madera laminada, la convierte en objetual. A excepción de las formas vegetales, muy abundantes en sus obras de los últimos años, el icono absolutamente dominante es el círculo-ojo, a veces círculo-ano, otras elipse-vagina; iconos en cualquier caso que reclaman la atracción de la mirada.

Pero sin duda es en las composiciones murales donde ese efecto de retroalimentación se hace más evidente. El artista lo construye de dos maneras. Primera, recubriendo la superficie mural completamente y ocultándola en puntos específicos, casi siempre centrados y simétricos, con una imagen suplementaria, o superponiendo otra pintura exenta; segunda, construyendo un contenedor con alguna apertura para que el espectador se aso-

does not see, like the microscope and telescope of time… like the television-eye, like the flash-eye" (from the Spanish translation of Dziga Vertov's memoirs,: *Memorias de un cineasta bolchevique*, Labor, Barcelona, 1974, p. 180). Daniel Verbis' artistic project admits the application of Vertov's expression, though it is the "painting-eye" in his case, in so far as the images found in his conventional paintings—i.e. those produced on a flat surface supported by a frame—and those that cover the walls of spatial containers are both conceived as symbolic devices of the eye in which the viewer is drawn in and made to come up with a response;, permanent feed-back thus being established between the eye of the viewer and the "eyes" of the walls that acquire an active visual state in this way. Indeed, the title under which he catalogued his most significant wall work in the 1990s was precisely *Las paredes tienen ojos (The Walls have Eyes)*.

This position has become accentuated over recent years, since his persistent circular forms seem to have accelerated to the point of acquiring the appearance of a whirlwind, this being the result of pursuing an initial linear stroke which, through turning, grows without losing its ocular look, since the nucleus remains fully visible. As we have come to expect in his paintings, there is a questioning of the usual conception of painting, not so much because the subject-matter of painting has been relegated to the anecdoteal as compared with extra-pictorial subject-matter, butas because his reiterated use of a translucent plastic sheet as his medium, which results in the image appearing to be suspended in space in visual terms and which, when the forms are embodied through a solid material such as laminated wood, makes the image object-like. With the exception of plant forms, which are plentiful in his works over the last few years, the icon that reigns supreme is the circle-eye, though sometimes the circle-anus and sometimes the ellipse-vagina; icons which, in any event, call out for the attraction of the eye.

Yet it is no doubt in his mural compositions where this feed-back effect emerges most clearly. The artist builds it up in two ways: firstly, by covering the mural surface completely and concealing it at specific points with a supplementary image, almost always centred and symmetrical, or superimposing another

me, incentivando su pulsión voyeurística. Lo primero surgió con la muestra *Hombre-l'oeil* (2001) y se continuó con las de *Piel vuelta* (2001), *Animal ciego* (2004) y *El ojo desnudo* (2004). Lo segundo se gestó en el proyecto *Doble **objeto &*** (2005). Ambos se conjugan en el presente proyecto de 2006 para el MUSAC. Bajo el título de *misojosentusojosderramándose*, se concibe como un recorrido longitudinal interrumpido constantemente tanto por las sinuosidades que el propio espacio tiene, y que el artista ha incrementado, como por los sucesivos desvíos suscitados por las obras que, a la manera de reclamos visuales, salpican el trayecto: una habitación sobre cuyo contenido no hay pistas, un vano que suscita el deseo de asomarse, de fisgonear, alguna forma tridimensional refugiada en un ángulo, diversas pinturas superpuestas al muro previamente dibujado; una forma dinámica, fruto de la expansión libre del círculo. De manera que el recinto se convierte en una caja de resonancia visual, en un ojo multiplicado hasta el infinito que se confronta con los ojos, o sea, con las miradas, de quienes transitan entre sus márgenes, en un efecto de reciprocidad, de redundancia que apunta hacia la reversibilidad de la mirada. Inserta en esta atmósfera densa, casi turbulenta, la mirada se vuelve convulsa, igualándose a las formas representadas. El ojo, como mecanismo físico de la mirada, parece identificarse con la pintura-ojo, y dado que ésta alcanza un grado retórico considerable, aquél adopta la misma condición. Así que a la postre la pintura se convierte en un dispositivo alambicado que enreda a la mirada, que juguetea con ella, que la torna esencialmente retórica.

Daniel Verbis persigue de manera implícita la persuasión de los sentidos, algo semejante a lo que llevaron a cabo con absoluta maestría los grandes pintores del barroco decorativo italiano. En el caso de estos últimos dicha persuasión tenía como objetivo más la conmoción al servicio de la propaganda espiritual que el deleite visual; y para lograrlo aplicaron un doble procedimiento: la ocupación integral de las bóvedas o cúpulas, y el desarrollo de un virtuosismo técnico fundamentado en la perspectiva, es decir, en la impulsión de esa técnica de representación configurada científicamente en el Renacimiento basada en los efectos ópticos ejercidos sobre el ojo. Así como en las bóvedas barrocas la profundidad parece casi infinita —recordemos los impresionantes frescos de Andrea del Pozzo en San Ignazio

independent painting; and secondly by building a container with an opening of some sort so that the viewers look in, thus encouraging their voyeuristic impulses. The first type appeared with the exhibition *Hombre-l'oeil* (2001) and was continued in later ones: *Piel vuelta* (2001), *Animal ciego* (2004) and *El ojo desnudo* (2004). The second type came into being in the project *Doble objeto &* (2005). Both types are interwoven in this present 2006 project for the MUSAC. Under the title *misojosentusojosderramándose (myeyesspillingintoyours)*, it is conceived as a longitudinal path constantly interrupted by the sinuous forms that are features of the building itself and that the artist has heightened, and also by the string of diversions prompted by the works dotted along the path like visual lures: a room giving no clues as to its contents, an opening arousing a desire to look in, to pry, the odd three-dimensional form in a corner, various paintings superimposed on the wall that had first been covered in his drawing; a dynamic form, born of the free expansion of the circle. Thus, the venue becomes a visual sound box, an eye multiplied to infinity that confronts the eyes, the gazes of those who move along between its borders, in an effect of reciprocity, of redundancy, that points to the irreversibility of looking. Inserted in this dense, almost turbulent atmosphere, the gaze convulses, matching the forms represented. The eye, as the physical mechanism for looking, seems to identify itself with the painting-eye, and since the latter attains a considerable rhetorical pitch, the former adopts the same state. Thus, in the end, the painting becomes a convoluted device that entangles the gaze, that plays with it, that makes it essentially rhetorical.

Daniel Verbis implicitly pursues the persuasion of the senses, which is something that the great painters of the Italian decorative baroque did with absolute mastery. In the case of those latter artists, the purpose of that persuasion was more about shocking in the service of spiritual propaganda than about visual delight; and to achieve that, they made use of a twofold technique: taking over the whole area of the vaults or domes, and pursuing a technical virtuosity grounded in perspective, i.e. in fostering that technique for representation that was shaped scientifically in the Renaissance and based on the

de Roma— en las intervenciones de Daniel Verbis el *trompe-l'oeil* se concreta en la superposición de pantallas saturadas de signos enmarañados; algo similar al conocido sistema *windows* para ordenadores. En su proyecto *El ojo desnudo* este efecto era muy evidente, pues al final de un corredor se abría una habitación en la que el espectador penetraba, superando los sucesivos trampantojos instalados a su paso. Pero además la presencia de la forma ocular en cada una de las superficies hacía que el espectador penetrase simbólicamente en un ojo, del mismo modo que los asistentes a la histórica exposición londinense de 1956, *This is Tomorrow,* lo hacían a través de la vagina de una enorme figura femenina. De esa manera el ojo humano era succionado literalmente por el ojo pictórico. Si en su *Doble objeto &* el espacio representado «se convierte en el ojo que nos mira desde el pozo al que nos asomamos» en palabras del propio autor, en *El ojo desnudo* nos atrapa. Daniel Verbis impulsa la dialéctica entre ambas miradas, insiste en la redundancia del gesto ocular casi hasta lo obsesivo. Son aspectos surgidos de su revisión del concepto de pintura basada en la explotación intensiva de sus mecanismos ópticos. Es la pintura-ojo.

optical effects at work on the eye. Just as the depth of baroque vaults seems almost infinite—we might recall the impressive frescos of Andrea del Pozzo in San Ignazio in Rome—in Daniel Verbis' projects, *trompe-l'oeil* effects take the form of superimposing screens saturated with mixed-up signs,—rather like the well-known Windows operating system for computers. This effect was very evident in his project *El ojo desnudo,* for opening up at the end of a corridor was a room which the viewers entered by getting past the successive *trompe-l'oeil* effects installed along their path. But in addition, the presence of the ocular form on each of the surfaces resulted in the viewers symbolically penetrating inside an eye, in the same way as those who went to see the historical 1956 exhibition, *This is Tomorrow,* in London, went through the vagina of an enormous female figure. In this way, the human eye was literally sucked in by the pictorial eye. While in his *Doble objeto &* the space represented "turns into the eye looking at us from the well we are peering into" as the painter himself put it, in *El ojo desnudo,* we are trapped. Daniel Verbis drives on the dialectic between those two gazes, insisting on the redundancy of the ocular gesture almost to obsessive lengths. These are aspects that arise from his revision of the concept of painting based on the intensive exploitation of its optical mechanisms. It is the painting-eye.

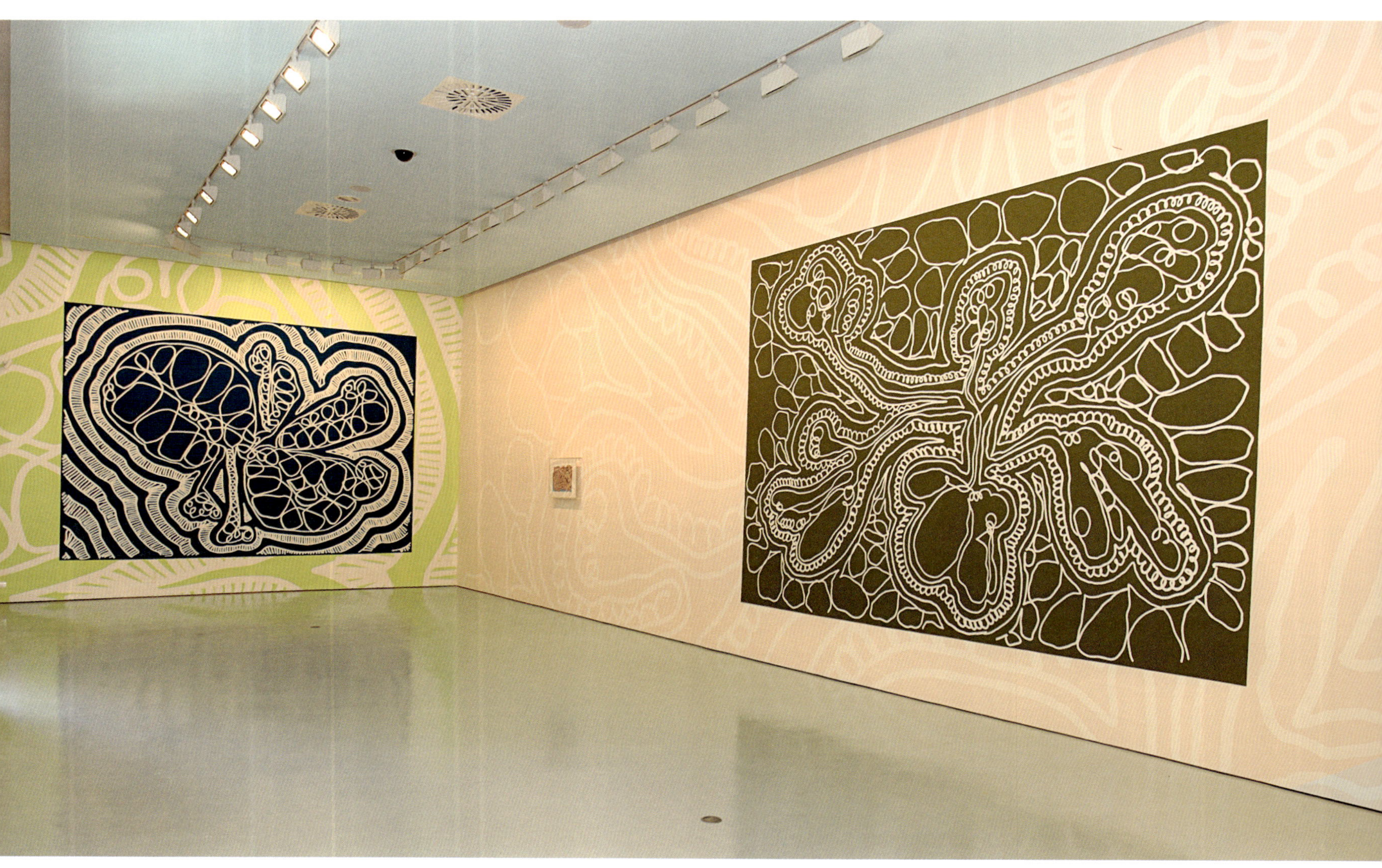

El espejo atractivo o el sujeto desenvuelto, 2004. Pintura mural [Wall painting], 3.862 x 450 cm. Intervención en el [Intervention view at] Centro de Arte Caja de Burgos CAB, Burgos.

La máscara y el laberinto

Elena Vozmediano

Los textos que siguen responden a un método de trabajo poco habitual, basado en la colaboración. Daniel Verbis me planteó intentar una mirada comprehensiva sobre su trabajo con la idea de hacer balance provisional de una producción que forzosamente se ha presentado de manera fragmentaria. No deseaba, sin embargo, hacer un recorrido estrictamente cronológico, sino estructurado según afinidades temáticas y formales entre las obras que habrían de poner de manifiesto los ejes que centran su multiforme trabajo.

Tras una visita a su estudio, preparó quince carpetas con fotografías que debían servirme de guía para otros tantos pequeños escritos. Cada una ostentaba en la portada un título principal y otros secundarios que debían funcionar como pistas sobre las derivas de cada capítulo o grupo de obras. He intentado seguir esas indicaciones, seguramente unas veces con más éxito que otras, atendiendo a la multiplicidad de significados que Verbis admite o, mejor dicho, cultiva. Pero quedan, como es lógico, muchas puertas abiertas. Nada de lo dicho es definitivo, ni se corresponde necesariamente con lo que el artista pueda pensar de su propia obra. Ésta, en cualquier caso, tiene un funcionamiento plástico independiente: «Las ideas no salvan el cuadro», según lo formula Verbis.

Querría introducir este itinerario con algunos aspectos de los que considero puntales en el conjunto de su obra. El primero se refiere a su íntima conexión con el mundo natural. No me refiero, obviamente, a nada relacionado con la pintura de paisaje o con el *land art.* Pienso en las estructuras básicas de la materia y en las leyes del Universo. Microcosmos y macrocosmos. La realidad más «abstracta». Mientras los tejidos celulares de distintos tipos le sugieren una solución a la ocupación del espacio pictórico, la astronomía le enseña cómo todos los cuerpos celestes están sometidos a un movimiento

The mask and the labyrinth

Elena Vozmediano

The texts that follow are the result of an uncommon work method, based on collaboration. Daniel Verbis proposed that I attempt a comprehensive look at his artistic work, with the idea of provisionally taking stock of his artistic production, which has unavoidably been presented in fragments. However, I did not want to create a strictly chronological summary, but rather one that, structured according to the formal and thematic connections between the works, clearly reveals the axes around which his work, in all of its many forms, revolves.

After visiting his studio, he prepared fifteen folders with photographs which were to serve as a guide for me in writing fifteen short texts. The cover of each included a main title and other secondary titles to give a clue as to the gist of each chapter or group of works. I tried to follow these indications, surely with varying degrees of success, to address the multiple meanings allowed, or rather cultivated by Verbis, but, as it is logical, many doors were left open. Nothing said here is definitive or corresponds necessarily to what the artist may think of his own work, which works independently in visual terms: "Ideas do not save the painting", as Verbis puts it.

I would like to introduce this journey with a few of what I consider to be pillars of his work as a whole. The first is his close connection with the natural world. Obviously, I am not referring to anything related to landscape painting or to *Land Art*, but rather to the basic structures of matter and the laws of the Universe. Microcosms and macrocosms. The most "abstract" reality. While the different types of cellular tissues provide him with a solution for filling the pictorial space, astronomy shows him how all heavenly bodies are subjected to expanding motion (subscribed

de expansión (que suscriben sus composiciones), y cómo, al mismo tiempo que se desplazan, todos giran, lo que determina su figura esférica (círculo, disco y globo son las formas dominantes en su obra). Orden y caos son conceptos importantes, que coexisten en algunas piezas, al igual que incluso en lo aparentemente amorfo subyace la geometría de lo natural. Hay cuerpos que emiten luz y cuerpos que la reflejan, como estrellas y planetas, nebulosas de hilos y una mecánica orbital que es al tiempo, traspasada siempre por la ironía, una mecánica «có(s)mica».

Mecanización que alcanza en primer término a las técnicas que Verbis utiliza para distanciarse de la pintura al óleo, frente a la que mantiene una actitud desconfiada, a pesar de que en alguna ocasión se mida con ella. Los originales procedimientos que inventa son los que propician su variedad de «estilos», la cual no deriva más que de la coherencia de su práctica artística. (Una coherencia que no excluye la duda, que él reivindica.) Contra el «gusto», caprichoso y movedizo, las reglas, y contra la pintura que puede destruir la vida (en el sentido romántico de la expresión), el alejamiento y las condiciones: llegar a un determinado número de obras en una serie, pintar un determinado número de horas, u obedecer unas normas en la ejecución, como no levantar el rotulador del papel (en los dibujos en los que se basan las pinturas sobre pared que hizo en el CAB de Burgos).

A Verbis el arte le cuesta la salud (nada de lo que se vaya a morir, sólo una espalda maltrecha), por lo que no es de extrañar, de un lado, que sostenga esa vieja confrontación de arte y vida y, de otra, que en sus ideas tenga tanto peso la corporalidad. Lo que le interesa de los cuerpos es cómo se relacionan con el entorno y con otros cuerpos —el deseo—, con un erotismo a la vez muy intelectualizado y muy visceral, de orificios y fluidos. Verbis es un subjetivista convencido, que comprende la realidad tanto desde sus percepciones como desde su mente consciente y desde su irracionalidad, y que defiende la comunicación emocional. Subjetivismo y afán comunicativo matizan su adscripción elemental al terreno de la abstracción, pues lo abstracto está cargado en Verbis de significados. Y esto ocurre así a posteriori, es decir, no trabaja a partir de un tema, no pretende ilustrar un argumento. Es la obra finalizada la que

to in his compositions), and how, as these bodies move, they all rotate, giving them their spherical shape (circles, disks, and globes are the dominant shapes in his work). Order and chaos are important concepts that coexist in some pieces, just as there is a natural geometry underlying even that which is apparently amorphous. There are bodies that emit light and bodies that reflect it, such as stars and planets, nebulae of threads, and a system of orbital mechanics which is at the same time, being always shot through with irony, a kind of "co(s)mic" mechanics.

Mechanization is one of the primary techniques that Verbis uses to distance himself from oil painting, which he distrusts, though he squares up to it on certain occasions. The original procedures that he invents are behind his variety of "styles", which is derived precisely from the coherence of his artistic practice. (A coherence that does not exclude doubt, but rather calls for it). Against "taste", which is capricious and shifting, his rules and against, painting, which can destroy life (in the romantic sense of the expression), distancing and the conditions: reach a certain number of works in a series, paint for a certain number of hours, or obey a series of standards in the execution of the work, such as not lifting the marker from the paper (in the drawings on which the wall paintings he did in the Burgos CAB are based).

For Verbis, art affects his health (nothing that he is going to die from, just a bad back), so it is not surprising that on the one hand, he sustains the old confrontation between art and life, and on the other, that corporality has so much weight in his ideas. What interests him about bodies is how they interact with the environment and with other bodies—desire, with an eroticism that is at the same time intellectualized and very visceral, of orifices and fluids. Verbis is a convinced subjectivist, who comprehends reality from both his perceptions as well as from his conscious mind and from his irrationality, and who defends emotional communication. Subjectivism and a desire for communication condition his elemental embracing of the field of abstraction, since the abstract in Verbis is loaded with meaning. And this happens a posteriori, in other words, he does not work from a theme, does not attempt to illustrate an argument. It is the

le pide «sentidos suplementarios». Son añadidos sin los que podría funcionar perfectamente pero que la enriquecen. Los enrevesados títulos que pone a sus obras recogen esa meditación ulterior sobre ellas y las abren a las interpretaciones. Juega con el espectador a los trabalenguas y a las adivinanzas.

El juego es, por tanto, instrumento de comunicación: entre el artista y el espectador, pero también entre el artista y la realidad. La relación con lo real no le es fácil a Verbis, por lo que recurre al juego (regido, como apuntaba, por sus particulares normas) y al azar para trasladarlo a su trabajo. Los materiales artísticos que emplea, que no son en principio pictóricos la mayor parte de las veces, le acercan a tendencias como el *arte povera* o el *Nouveau Réalisme,* y bastante más de lejos al *ready-made* de Duchamp. Esos materiales, con los que se parapeta frente a la pintura al óleo y con los que explora nuevas espacialidades, son sometidos a operaciones o disposiciones en las que el azar tiene algún protagonismo, aunque siempre dirigido por el artista. Algunas de las materias extra-artísticas de Verbis hablan muy a las claras de su aprecio por las posibilidades de lo humilde. Chinchetas, grapas, botones, hilos, papel de aluminio o plastilina conllevan además una vinculación al ámbito escolar y encarnan una concepción «democrática» del arte, la idea de que no es necesario ser muy hábil para ser un buen artista: basta con tener buenas ideas y saber desarrollarlas.

Explorar la dimensión espacial es uno de los objetivos primordiales de Verbis, que concibe esa potencialidad como vía de superación de los conflictos de la pintura como medio artístico en el siglo XXI. Y no es cuestión sólo de trabajar en ese sentido en cada obra individual, sino, muy especialmente, en el espacio expositivo. Cada exposición es un reto para él, y no imagina la obra sin una relación con la arquitectura que la sostiene o que la contiene. Sus pinturas realizadas directamente sobre la pared, o instalaciones pictóricas, son seguramente sus *opera magna,* y congrega en ellas, como manda la buena tradición de pintura mural, aspectos simbólicos y ornamentales. De Verbis (forzando un poco el significado de la palabra) se podría decir que es un pintor «realista», en cuanto en distintos proyectos ha echado mano de los materiales y los objetos que la realidad le ofrece y en cuanto ha buscado la intervención sobre la realidad

completed work that asks him for "additional feelings". They are added elements, without which his works could function perfectly well, but that enrich them. The involved titles that he gives to his works express this ulterior meditation on them and open them to interpretation. He plays with the observer using tongue twisters and riddles.

Play is therefore an instrument of communication: between the artist and the observer, but also between the artist and reality. Verbis' relationship with what is real is not easy for him, so he resorts to games (governed, as I was saying, by their own specific rules) and chance, to transfer it to his work. The artistic materials that he uses, which are not in theory pictorial most of the time, bring him closer to trends such as *arte povera* or the *Noveau Réalisme*, and more distantly from the ready-made of Duchamp. These materials, which he uses to protect himself from oil painting and with which he explores new spacialities, are subjected to operations or arrangements in which chance, though always directed by the artist, plays some role. Some of Verbis' extra-artistic subjects clearly demonstrate his appreciation for the possibilities of humble objects. Tacks, staples, buttons, thread, silver foil, or plasticine also have a connection with the school world and embody a "democratic" concept of art— the idea that one does not have to be very skilled to be a good artist: it is enough to have good ideas and know how to develop them.

Exploring the spatial dimension is one of the primordial objectives of Verbis, who conceives that potential as a way of overcoming the conflicts of painting as an artistic medium in the 21st century. And it is not only a question of working in that direction in each individual work, but also, and especially, in the exhibition space. Each exhibition is a challenge to him, and he cannot conceive the work without the relationship with the architecture that supports or contains it. His paintings done directly on walls, or pictorial installations, are surely his magnum opuses and, as dictated by the traditions of mural painting, he brings symbolic and ornamental aspects together in them. Verbis could be said to be a "realistic" painter (forcing the meaning of the word

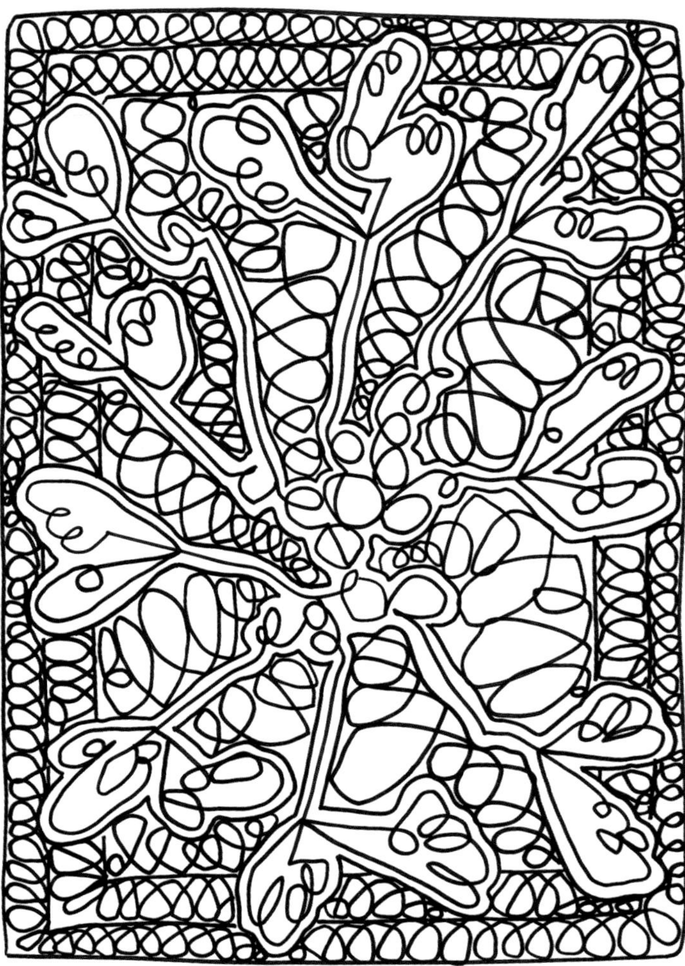

Serie. A flor de piel, 2003. Rotulador sobre papel [Felt-tip pen on paper], 30 x 21 cm.
Colección particular [Private Collection]

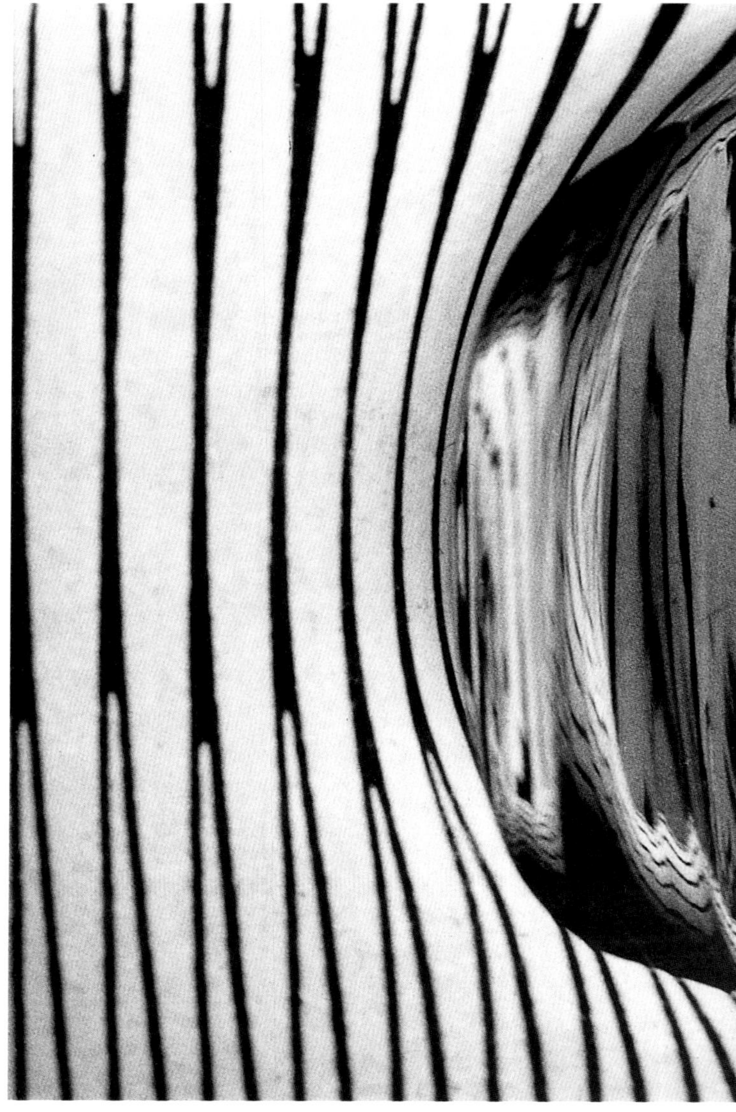

Ojo de cebra, 2003. Fotografía [Photograph], 54 x 79 cm

física, arquitectónica, escapando de la idea del cuadro como ventana, como representación de otro espacio, del ilusionismo en la acepción tradicional del término.

Y finalmente, antes de entrar en materia, debo hacer hincapié en la obsesión de Verbis por lo relacionado con la visión en el arte. Ojos, espejos, luces o deformaciones ópticas son recurrentes en su obra, y parece no compartir la idea de la mirada como fuente de placer o de información, sino casi como arma o al menos como algo problemático: las figuras mitológicas que designa para

slightly), in that in different projects he has used the materials and objects offered to him by reality, and in that he has sought intervention regarding physical, architectural reality, getting away from the idea of a picture as a window, as a representation of another space, from illusionism and the traditional acceptance of the term.

And finally, before getting down to business, I must emphasize Verbis' obsession with all that is related to vision in art. Eyes, mirrors, lights, and optical

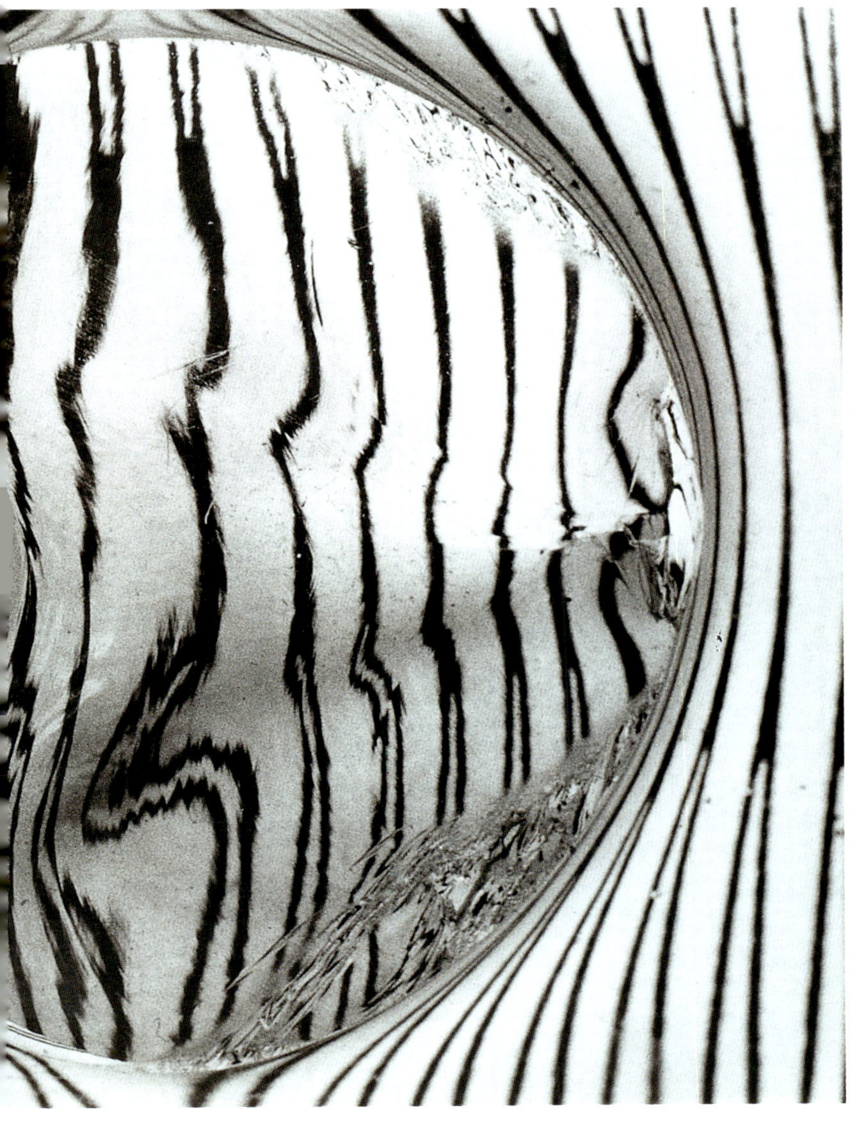

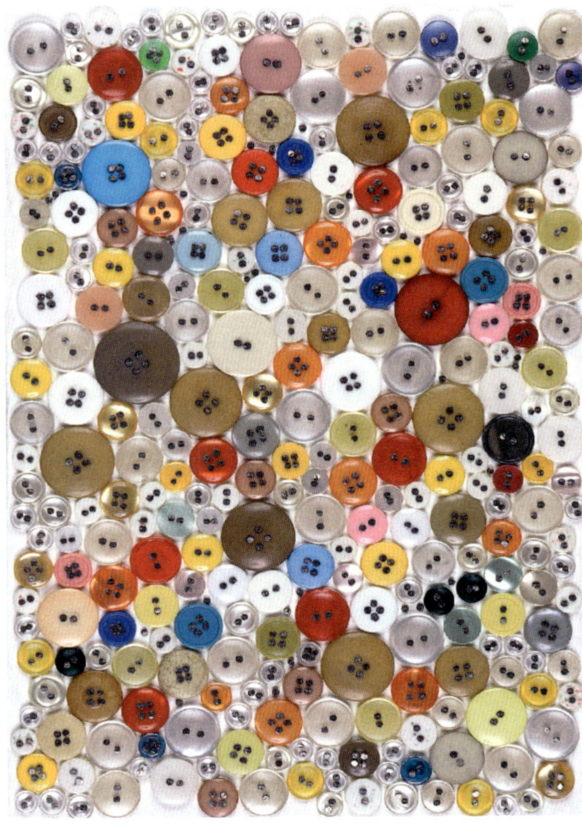

Para muestra un botón o más, 1995. Botones y puntas sobre madera [Buttons and bolts on wood], 30 x 21 cm. Colección particular [Private Collection]

encarnar algunas de las cuestiones tratadas en diferentes series tuvieron, digámoslo así, dificultades con la vista: Argos, Polifemo y Medusa. Pasen y vean.

deformations appear repeatedly in his work, and he seems not to share the idea of the gaze as a source of pleasure or information, heseeing it rather almost as a weapon or at least something problematic: the mythological figures that he designs to embody some of the questions treated in several series had, shall we say, difficulties seeing: Argos, Polyphemus, and Medusa. Come in and see.

EL TAMBOR EN LA PIEL

TAMBORES DE PAPEL / PARA TUS OJOS, PARA MIS OÍDOS / TÍMPANO / EL OBJETO DEL DAR / EL DON / DERRIDA / SOL LEWITT

Las primeras obras que Verbis muestra públicamente son sumamente cautelosas. En consonancia con desarrollos ulteriores, e incluso de manera más radical, toma distancias frente a la obra de arte. Y lo hace a través de una estética ordenada, «normativa», que evita el gesto y está fuertemente geometrizada. Esta última es quizá la característica más marcada de este conjunto inicial, que no volverá a darse en las sucesivas etapas cubiertas hasta la actualidad tan radicalmente. La ortogonalidad presente en buena parte de las obras será destruida por los círculos que ahora aparecen en el seno de estas configuraciones racionales, y las formas orgánicas invadirán la arquitectura real o la arquitectura del cuadro.

Ya en un primer momento siente la necesidad de emplear objetos como motivos pictóricos, y hace intervenir en sus dibujos sobre pared materiales no artísticos, y desde luego no pictóricos, que en ocasiones tienen una funcionalidad en la vida cotidiana. Funcionalidad que introduce matices de lectura. Sucede así en *Dibujo de base y diez discos,* con elementos circulares de papel de lija, absolutamente agresivo para el ojo, o en *Letrama,* realizado sobre una pared pintada de negro, en la que el instrumento de dibujo, las tizas, unidas por cables al soporte, cobra un irónico carácter tecnológico y maquinal.

En este grupo primero destacan, por su número y su alcance conceptual, las pinturas sobre pared realizadas mediante tampones circulares que dejan una huella irregular según la presión ejercida. El punto, dice Verbis, es un signo no subjetivo que permite un arte democrático, que teóricamente cualquiera puede hacer. Y en la realización de estas pinturas, en alto grado maquinales, el artista está a salvo.

THE DRUM ON THE SKIN

TAMBORES DE PAPEL / PARA TUS OJOS, PARA MIS OÍDOS / TÍMPANO / EL OBJETO DEL DAR / EL DON / DERRIDA / SOL LEWITT

Verbis' first publicly displayed works are extremely cautious. In keeping with later developments, and even more radically, he distances himself from the work of art. And he does this through an organized aesthetic, "regulation", that avoids gestures and is strongly geometric. The latter characteristic is perhaps the most marked in this first set, and will not be seen again as radically in the later phases covered up to the present day. The right angles seen in many of the works will be destroyed by the circles that now appear in the hearts of these rational configurations, and organic shapes will invade actual architecture or the architecture of the picture.

Early on, he felt the need to use objects as pictorial subjects, and brought non-artistic, and certainly non-pictorial materials that sometimes have a function in daily life into play in his wall drawings. Functions that introduce nuances into the reading of the works. This is the case in *Dibujo de base y diez discos*, with circular sandpaper elements that are utterly aggressive for the eye, or in *Letrama*, done on a black painted wall, in which the drawing instrument, chalk, connected to the support by cables, takes on an ironic technological or machine-like character.

Some of the paintings that stand out in this first group, due to their number and conceptual scope, are the ones Verbis painted on the wall using circular stamp pads that left irregular marks depending on the pressure applied. The period, says Verbis, is a non-subjective punctuation mark that makes democratic art, which theoretically anyone can do (though this is a fallacy, he adds), possible. And in creating these paintings, the artist remains safe due to the high level of mechanization.

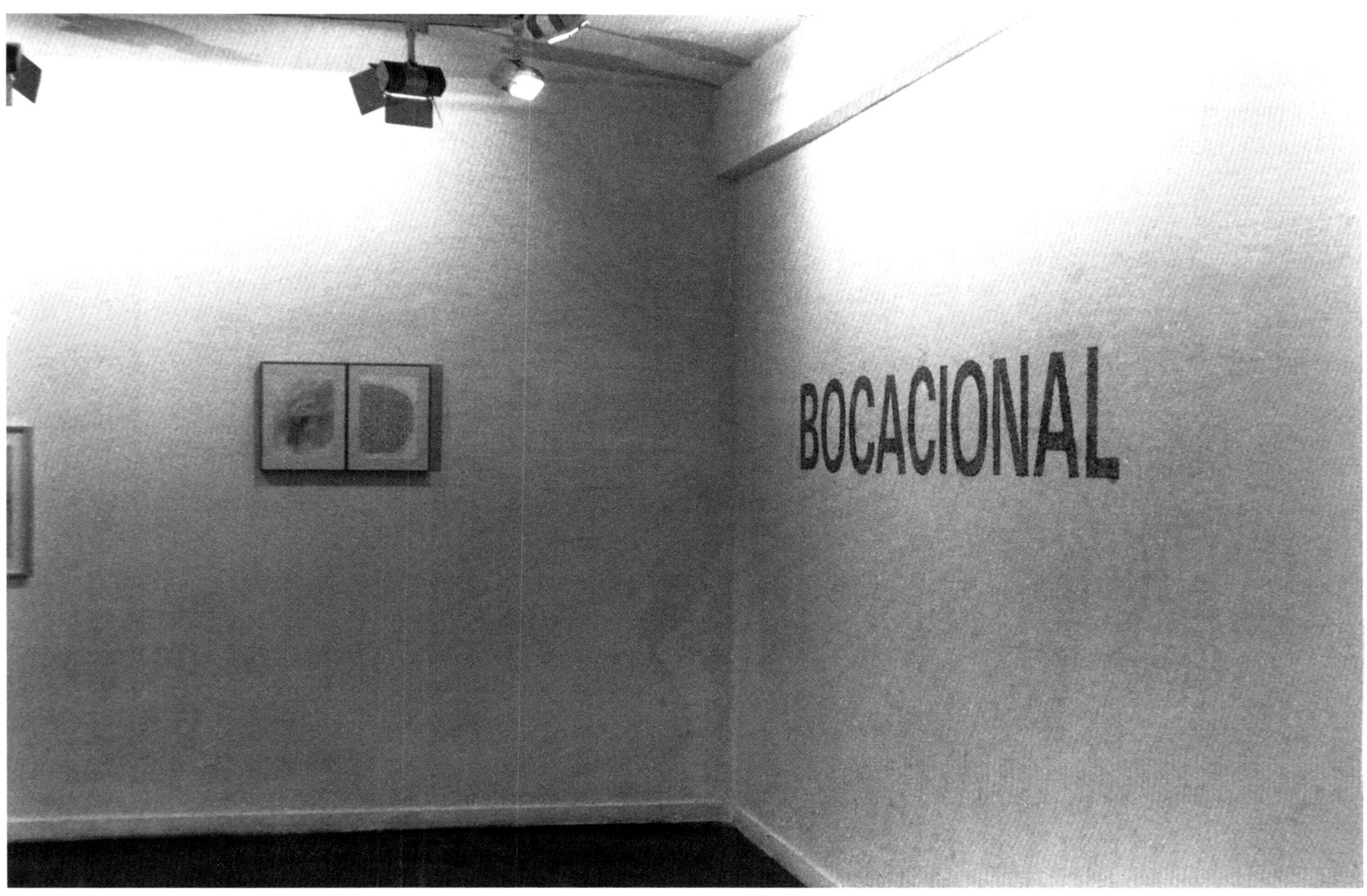

Bocacional, 1992. Tinta y parafina [Ink and paraffin], 30 x 150 cm. Intervención en la [Intervention view at] Galería Emilio Navarro. Madrid

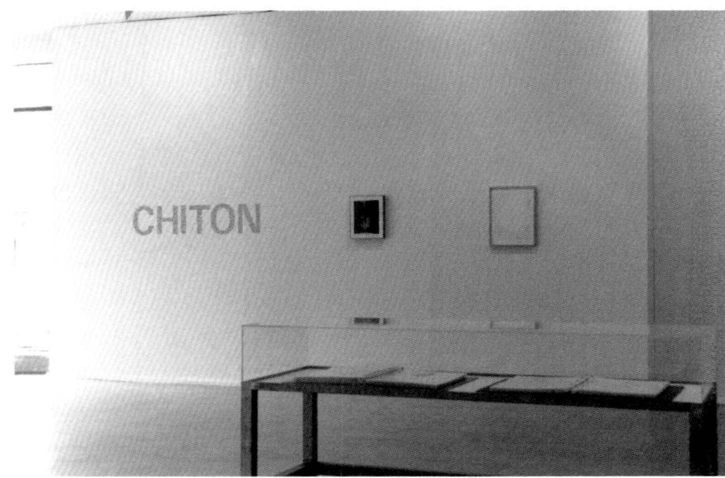

Hoido, 1992. Vista general de la intervención en el [General intervention view at] Edificio Pallarés. León

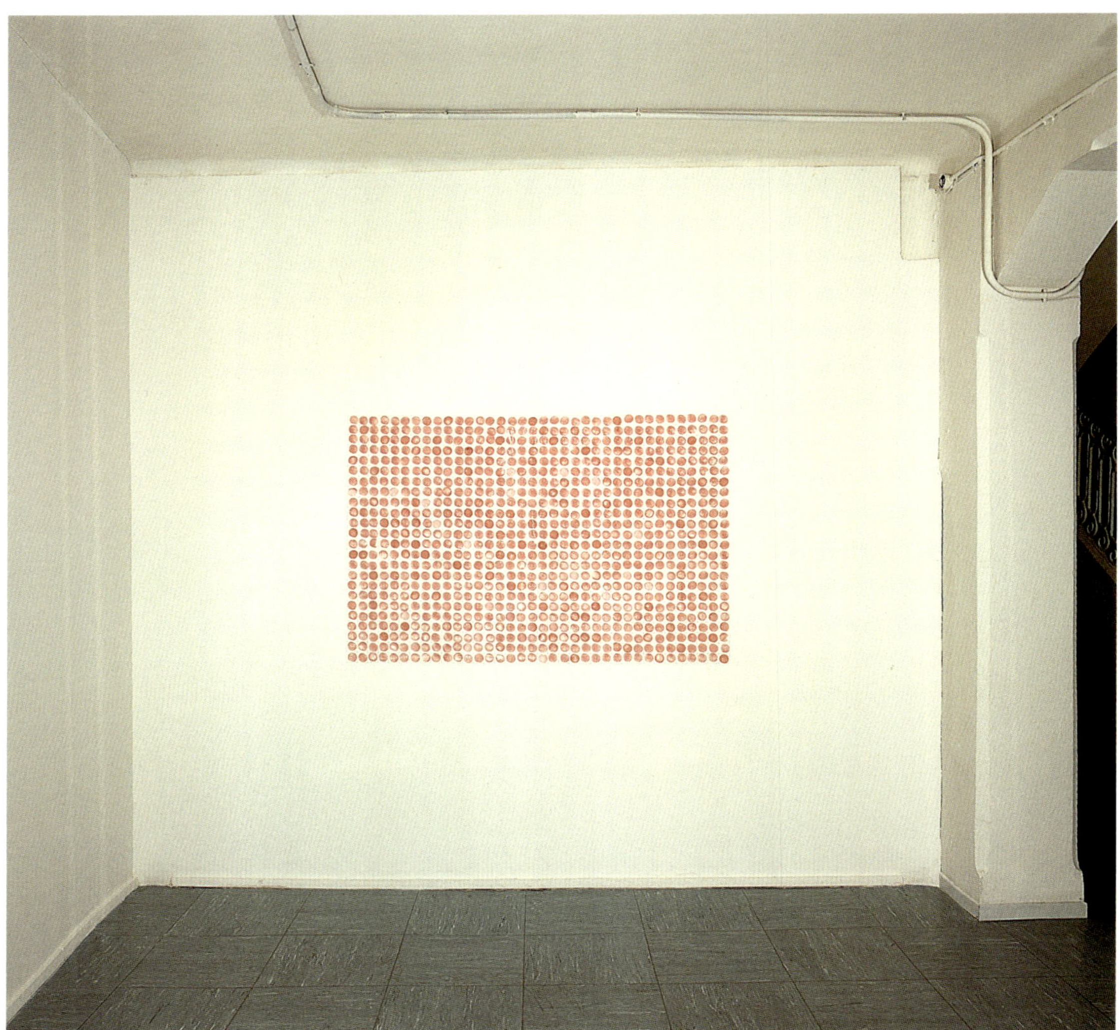

Tampografía n.° 6, 1992.
Tinta y lápiz [Ink and pencil],
120 x 180 cm. Intervención
en el [Intervention view at]
Edificio Pallarés. León

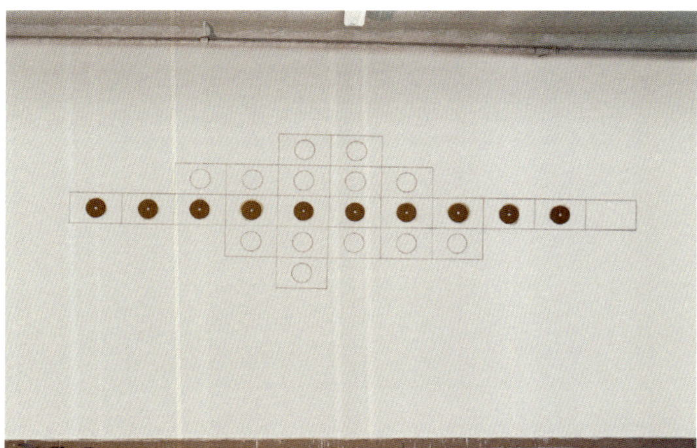

Dibujo de base y diez discos, 1990. Lápiz, papel de lija y pigmento [Pencil, sandpaper and pigment], 100 x 357 cm

Tamponar la pared es un proceso no sólo visual, sino también sonoro. Suenan tambores. ¿Llaman a qué? ¿O advierten de qué? Con esos sonidos breves y repetitivos, dibuja Verbis algunas palabras significativas en la pared o en el cristal, que en el contexto de la presentación expositiva adquieren un gran protagonismo. *BOCACIONAL,* lo que surge de la boca, también el habla. *CHITÓN.* Signos que de forma inevitable se pronuncian mentalmente y se cargan de significado, pero que siguen siendo formas gráficas, formas estrictamente visuales. La alusión a Jacques Derrida tiene sentido por

Rubber-stamping the wall is not only a visual but also an audible process. Drums sound. What are they calling? Or what warning are they sending? With those brief, repetitive sounds, Verbis draws some meaningful words on the wall or on the glass and in the context of the exhibition presentation, they take on a leading role. *BOCACIONAL*, what comes from the mouth, and also speech. *CHITÓN.* Signs that are inevitably pronounced mentally and loaded with meaning, but that are nonetheless strictly visual graphic shapes. The allusion to Jacques Derrida

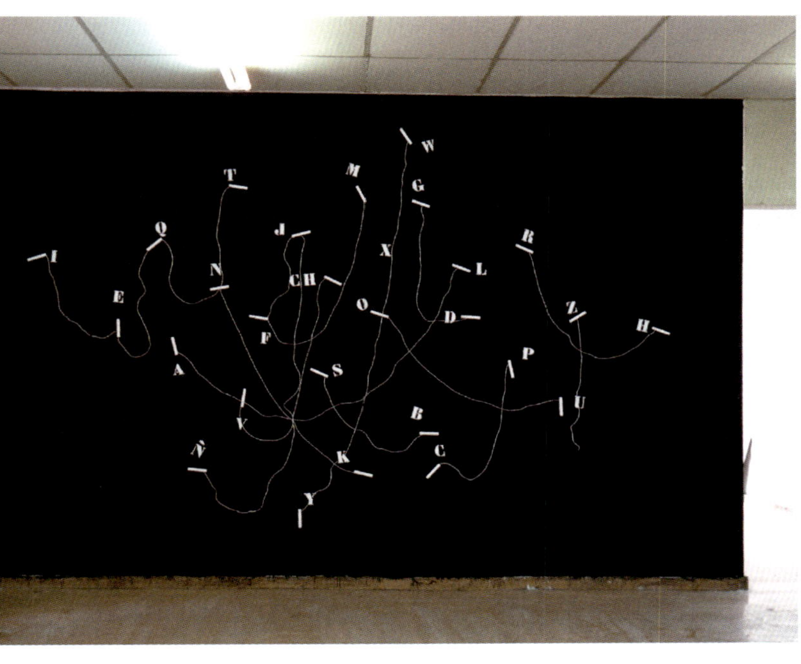

Letrama, 1991. Pintura, tiza y cable sobre pintura de pizarra [Painting, chalk and cable on blackboard painting], 270 x 420 cm

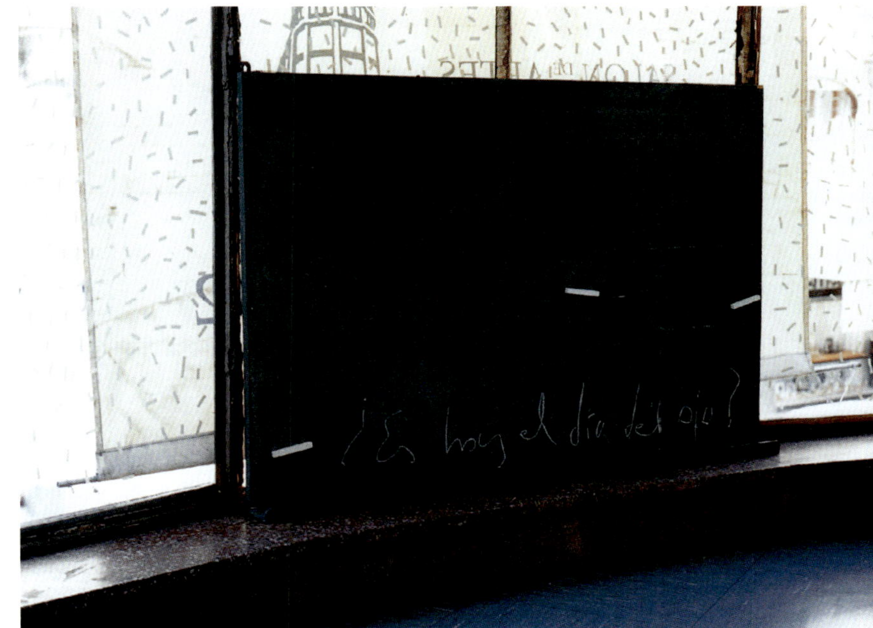

¿Es hoy el día del ojo?, 1992. Encerado y tiza [Chalk on blackboard], 110 x 170 x 10 cm

su teoría de la escritura «no lineal», que da prioridad a la traza o la grafía, más espacial que temporal, menos ligada a lo fonético, en la que hay un espaciamiento necesario de los signos, *de la puntuación, de los intervalos,* de las diferencias indispensables entre los grafemas para su función. La escritura como ocupación del espacio, en Verbis, según una estrategia en su caso modular (un módulo, el círculo, que se repite, de ahí la mención de Sol LeWitt), pero que combina sonido y dibujo. La vista no es el único sentido implicado en la pintura.

makes sense because of his theory of "non-linear" writing, which gives priority to the line or written form, more spatial than temporal, less tied to the phonetic, in which there is a necessary spacing of the signs, *of punctuation, of intervals*, of the indispensable differences between graphemes for them to function. Writing as filling space, in Verbis, follows a strategy that is modular (a module, the circle, is repeated, thus the mention of Sol LeWitt), but combines sound and drawing. Sight is not the only sense involved in the painting.

MORFOLOGÍA DE LA ESPUMA

MORPHOLOGY OF FOAM

BURBUJAS-REDES / CHARCOS / CON LA LENGUA FUERA / A PLENO PULMÓN / CERCANDO LA NADA

BURBUJAS-REDES / CHARCOS / CON LA LENGUA FUERA / A PLENO PULMÓN / CERCANDO LA NADA

Cuando el círculo plano cercano a la perfección de las tampografías se hace burbuja (figuradamente llena de aire), se organiza el desorden. Es la burbuja del charco en el que la materia orgánica se descompone y libera gas, así como la burbuja de saliva. Un mundo primigenio en el que surge la vida. Las palabras pronunciadas por esa boca babosa infantil se limitan a la onomatopeya. *WOJ. GLUB. GURG.* O hacen hincapié en la dificultad de pronunciación: *TRABALENGUAS; MIRA A VER CÓMO SUENA.* El pensamiento de Derrida sigue presente en la relación grafía-sonido-sentido.

When the almost perfect flat circles of the stamped graphics form bubbles (figuratively full of air), disorder is organized. They are the bubbles in the puddle in which organic material breaks down and releases gas, as well as bubbles of saliva. A primordial world in which life arises. The words pronounced by that drooling infantile mouth are limited to onomatopoeia. *WOJ. GLUB. GURG.* Or they emphasize the difficulty of pronunciation: *TRABALENGUAS (TONGUE TWISTER); MIRA A VER CÓMO SUENA (LOOK TO SEE HOW IT SOUNDS).* Derrida's thought is present in the writing—sound—sense relationship.

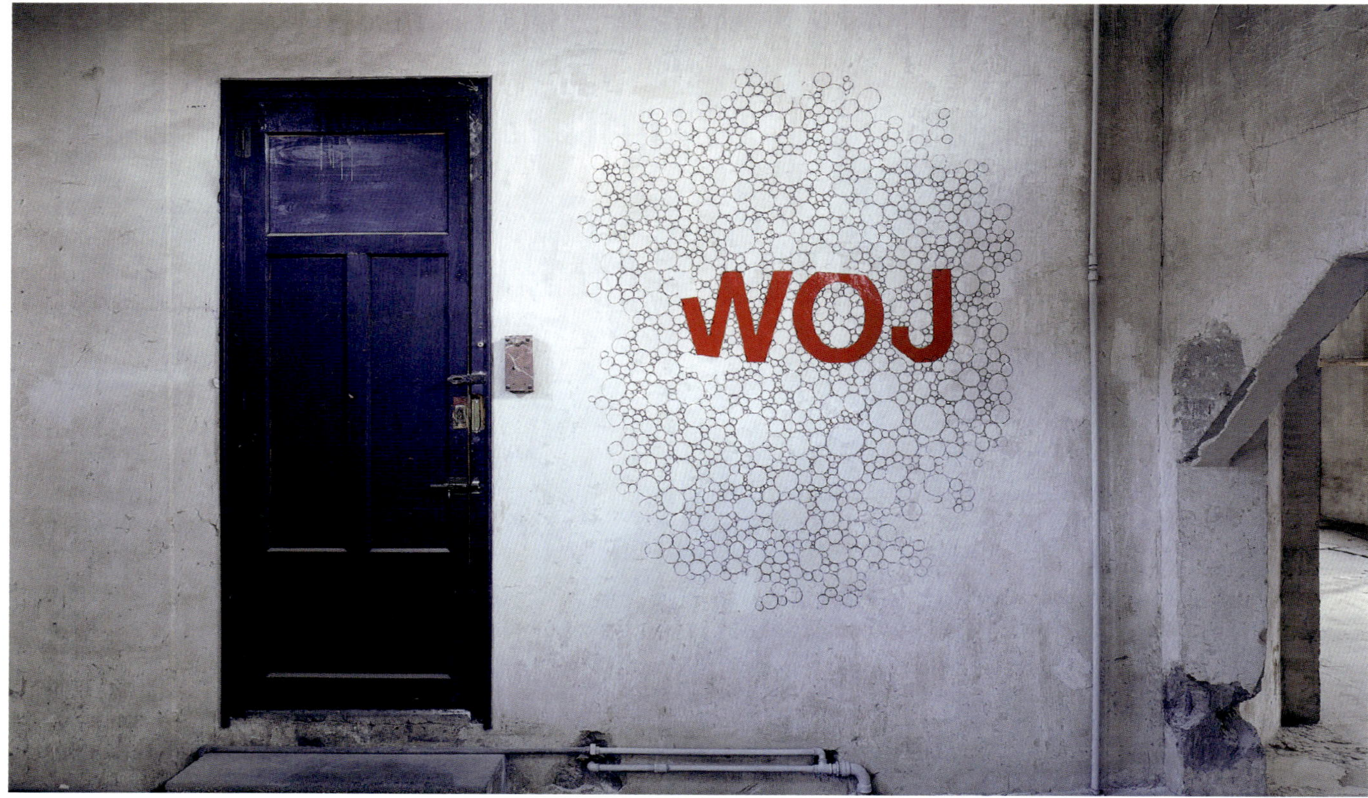

WOJ, 1992. Pintura y tinta sobre pared [Painting and ink on wall], 240 x 180 cm (aprox.)

daniel verbis

Los elementos gráficos se acercan y a la vez se expanden. Han entrado en juego diferentes fuerzas direccionales, que deforman las unidades dibujísticas. Fuerzas deformantes desarrolladas más adelante en los capítulos dedicados a las esculturas de papel de aluminio y a los cuadros de plastilinas, por ejemplo. Verbis plantea aquí «el espacio generado por la continuidad, o la continuidad como única posibilidad generadora del espacio» (No la única, como veremos después.) Y, al igual que ocurría en las tampografías, queda introducido un transcurso temporal en el trabajo, pues cada una de las unidades gráficas supone una unidad temporal añadida. Una secuencia espacio-temporal.

Se confirma en estos momentos la vocación parietal de Verbis, que recalca con su fidelidad a la pintura en la pared su aceptación, si bien problemática, de una herencia: el peso de la historia de la pintura, de la que afirma que, en cuanto técnica, apenas ha cambiado a lo largo de los siglos, desde las primeras escenas del interior de las cavernas. Es algo que le inquieta, trabajar con esa ingente herencia a las espaldas.

The graphic elements move closer together and at the same time expand. Different directional forces have come into play, deforming the drawing's units. Deforming forces, covered in more detail later in the chapters on his silver foil sculptures and plasticine pictures, for example. Here Verbis poses "the space generated by continuity, or continuity as the only possibility to generate the space". (Not the only one, as we will see later). And, as in the case of the stamp graphics, a temporal period is introduced into the work, since each one of the graphic units involves an added temporal unit. A space-time sequence.

At these times, it becomes confirmed Verbis' parietal vocation, which emphasizes, through his loyalty to wall paintings, his nevertheless problematic acceptance of a legacy: the weight of the history of painting, of which he says that in terms of technique, things have scarcely changed with the passing centuries, from the first scenes inside caves. It is something that makes him restless, working with that enormous legacy behind him.

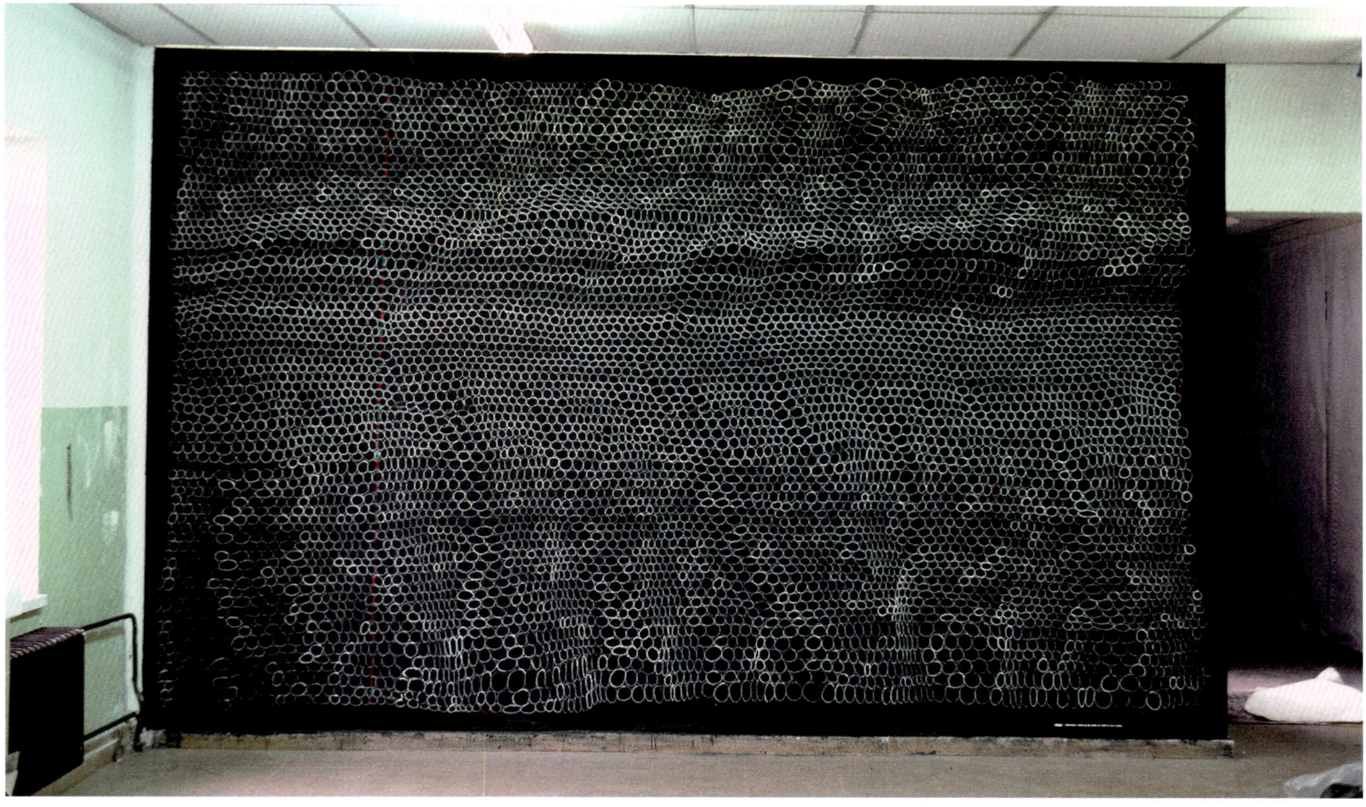

Redo n.º 1, 1991. Rotulador blanco sobre pared negra [White felt-tip pen on black wall], 270 x 420 cm

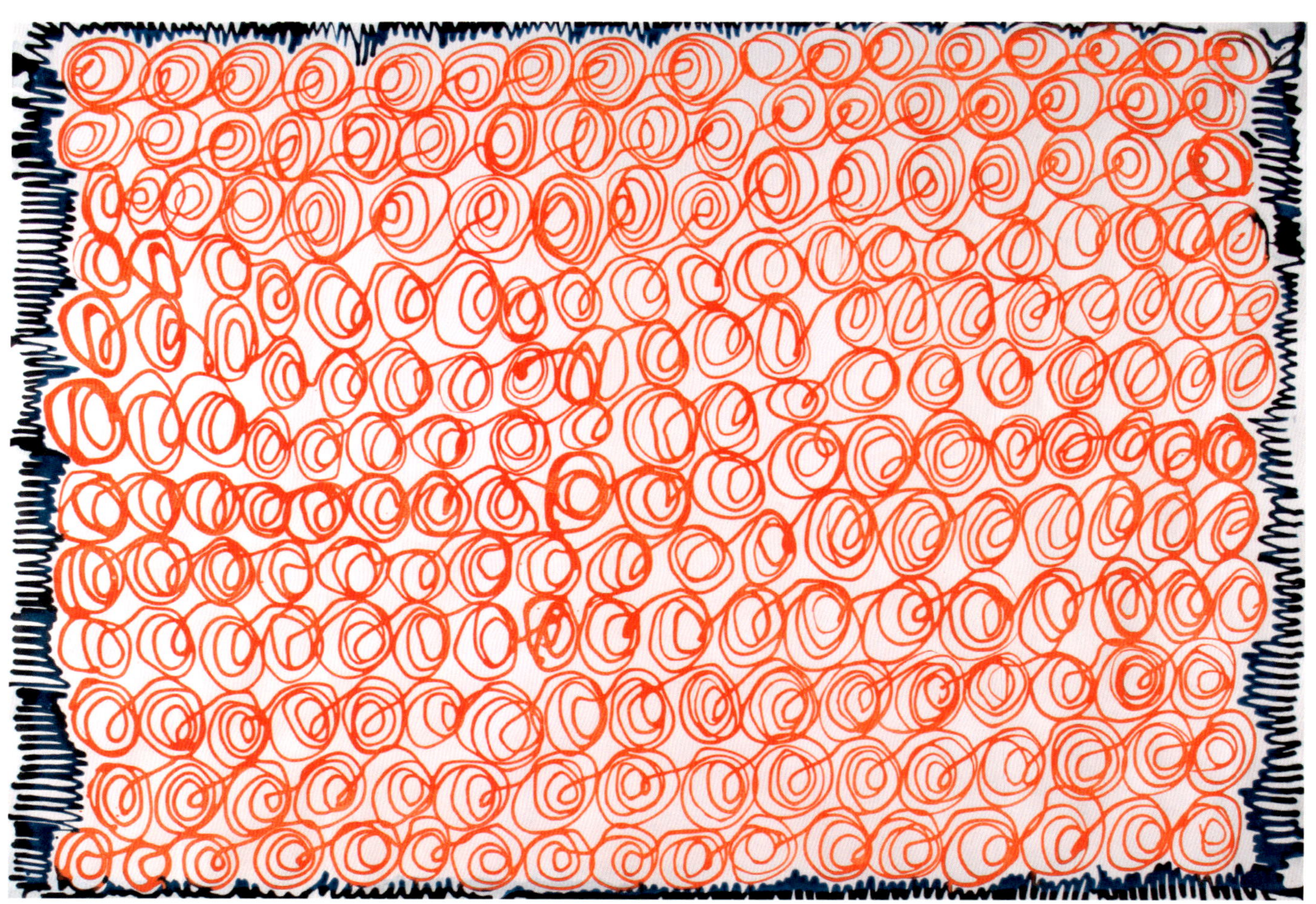

Serie *La trama del corazón*, 2005. Acrílico sobre papel [Acrylic on paper], 100 x 70 cm c. u.

Some of the best examples of these creations are those done using white (felt-tip pen, chalk) on black walls, in which waves and currents are produced. There is a sensual, seductive component in them, which, in comparison with other more rigid and conceptual works, is purely visual. Erotic, says the artist, who associates saliva—the mouth—with speech—with language—and with sex.

In another group of wall paintings, we see the "clouds", which will be developed differently later: here they represent "nothingness", surrounded by bubbles in centripetal expansive advance. Is it necessary to do away with the void?

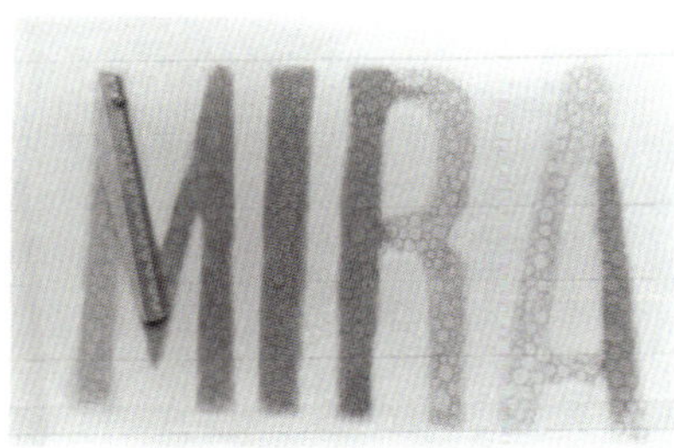

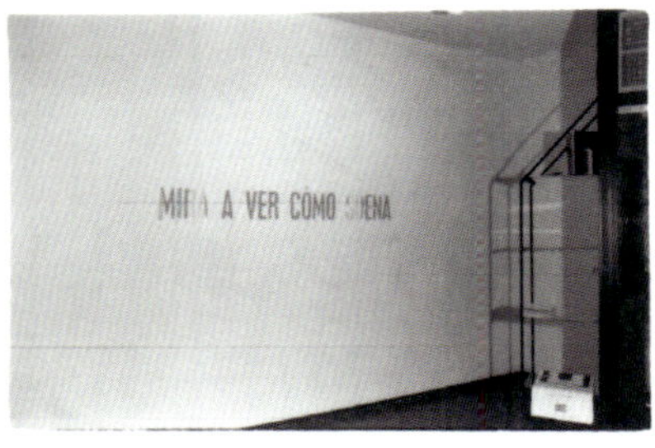

Mira a ver cómo suena, 1995. Pared lijada, lápiz y fragmento de regla [Sanded wall, pencil and a fragment of a ruler], 40 x 200 cm (aprox.). Intervención mural en la [Wall intervention at] Galería Tráfico de Arte. León

Entre estas intervenciones destacan las realizadas en blanco (rotulador, tiza) sobre muros negros, en las que se producen ondulaciones y corrientes. Hay en ellas un componente sensual, seductor, que, frente a otras obras más rígidas y conceptuales, es puramente visual. Erótico, dice el artista, que asocia saliva —la boca— con habla —con lenguaje— y con sexo.

En otro grupo de pinturas sobre la pared, aparecen las «nubes», que tendrán luego un desarrollo distinto: aquí representan la «nada», cercada por las burbujas en avance expansivo centrípeto. ¿Hay que terminar con el vacío?

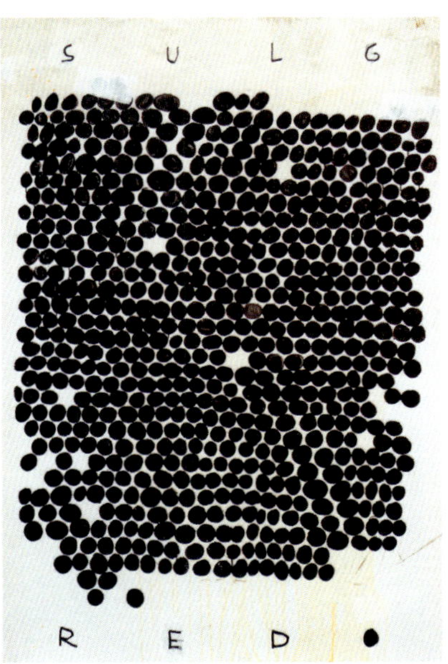

Sulg-redo, 1992. Acrílico sobre lona [Acrylic on sailcloth], 195 x 130 cm. Colección Instituto de la Juventud INJUVE [Collection]. Madrid

LA LUZ Y EL AMOR SE DISEMINAN

LUZEROS / REDES QUE SE LLENAN / QUERENCIA PERCEPTIVA / RECUPERAR LA PINTURA

Los elementos primordiales, los círculos, se han condensado y se solapan. Sobre todo, dejan de estar llenos de aire, se densifican y adquieren color. Repentinamente, Verbis ha tenido un arranque de coraje y se ha lanzado de cabeza a la pintura. En la serie *Luzeros* pinta

LIGHT AND LOVE SPREAD

LUZEROS / REDES QUE SE LLENAN / QUERENCIA PERCEPTIVA / RECUPERAR LA PINTURA

The primordial elements, circles, have condensed and overlap. Above all, they are no longer filled with air; they become denser and take on color. Suddenly, Verbis has turned courageous and dives into painting. In the series *Luzeros*, he paints in oil on canvas, and

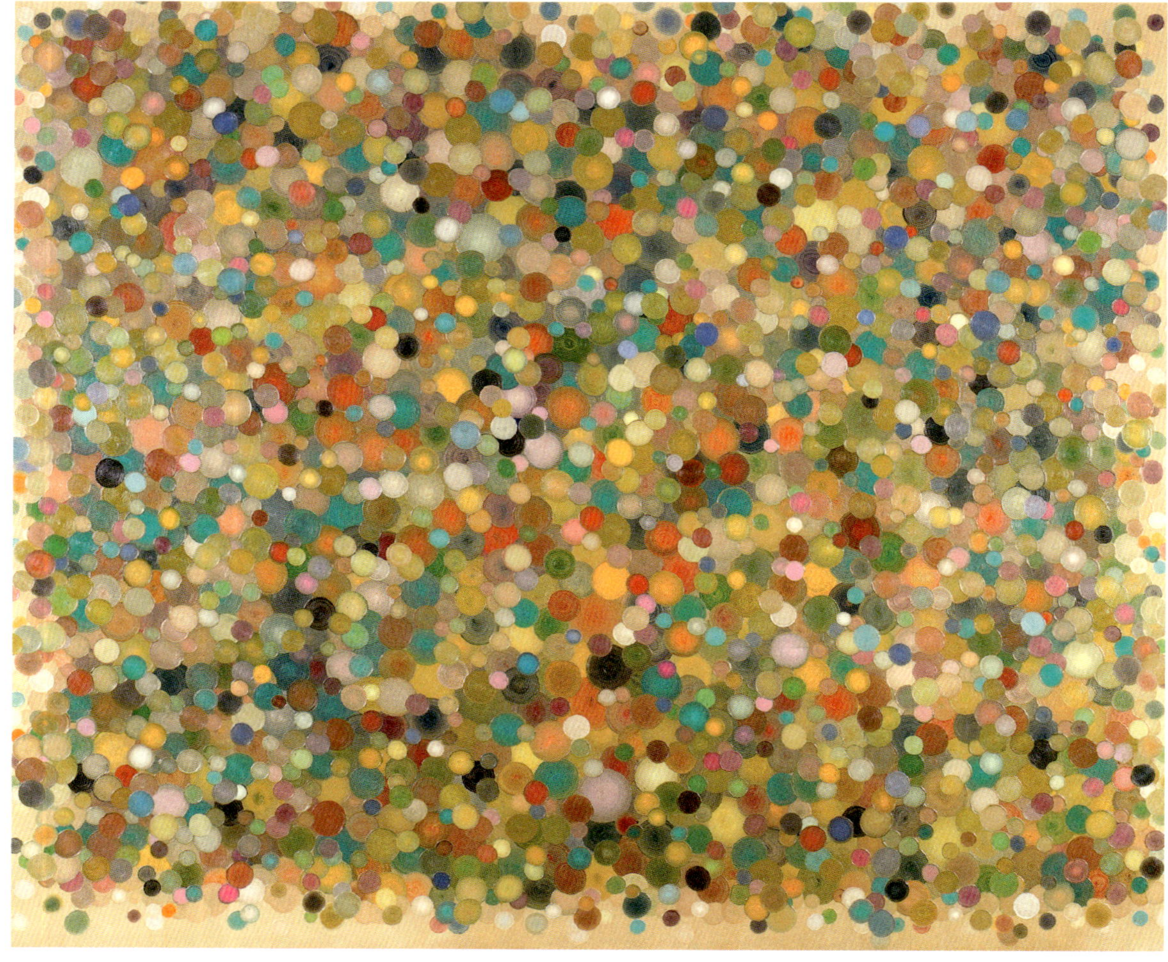

Serie *Luzeros n.º 3*, 1995. Óleo sobre lienzo [Oil on canvas], 190 x 230 cm. Colección particular [Private Collection]

en óleo sobre tela y hasta deja que la pintura chorree sobre la superficie: inusual momento de desahogo. O permite que la materia pictórica tenga algún relieve, y que el color tenga matices, no sea plano: momentáneo rendimiento a los aspectos más placenteros de la pintura en alguien que no suele darse tregua.

Simultáneamente trabaja en un grupo de obras en las que las unidades circulares pictóricas son sustituidas por botones, que no son cosidos sino clavados. Es curiosa la vinculación de Verbis con elementos propios de la costura, asociada generalmente en el arte contemporáneo a una estética femenina o feminista, que arranca de estos botones y regresará después en las cajas de hilos y, más industrial que doméstica, en los cuadros de lonas plásticas cosidas y remachadas. Ignoro cuál puede ser el antecedente familiar o cultural del artista en ese ámbito, pero supongo que habrá tenido en cuenta que un traje puede ser un *álter ego*. Y, si aceptaramos ese paralelismo, se podría proponer la interpretación de los botones como «ojos», no sólo en consonancia con la práctica de Verbis (que después dedicaría series a esta obsesión ocular) sino en recuerdo de los muñecos de trapo que veían el mundo a través de ellos. Querencia perceptiva de lo inanimado.

«Luz-eros». «La luz y el amor se diseminan», sentencia Verbis. Diseminar, etimológicamente, es esparcir semillas. «Sem-» es la raíz latina de *semen, seminis* (semilla), de la que derivan las palabras castellanas semen, semental, sementera, sembrar, simiente, diseminar, inseminar... Alegre dispersión de principios vitales, vegetales o animales. Y, naturalmente, diseminación en el sentido de extensión de elementos a la conquista del espacio y al ataque contra el vacío.

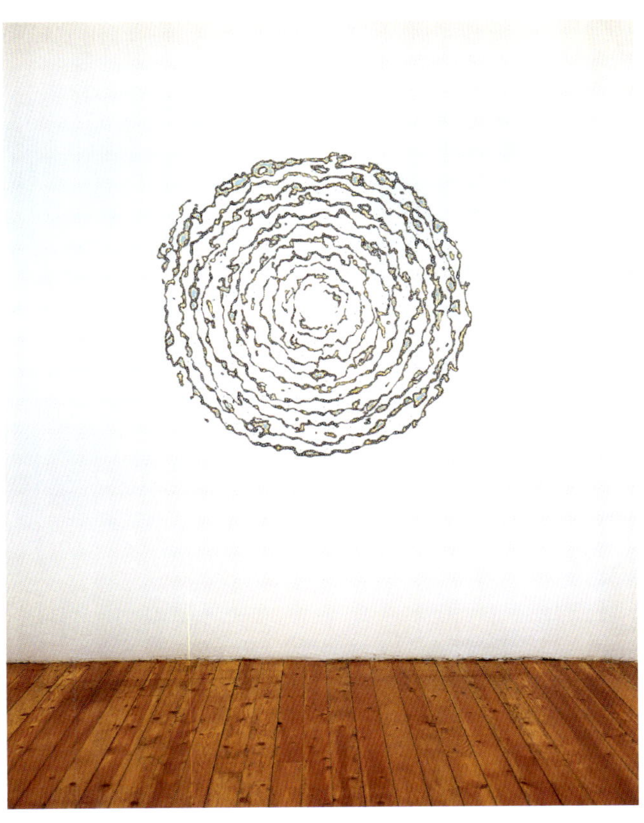

Pizca cómica-pizca lírica, 1999. Pintura, perforaciones en la pared y puntas [Painting, wall holes and bolts], 150 cm ø (aprox.)

even allows the paint to trickle on the surface: an unusual moment of release. And he allows the pictorial subject to have some relief, and the color to have shades and not be flat, as in *Fondo o pintura de fondo para una máscara:* a momentary surrender to the most pleasurable aspects of painting by one who does not normally give himself any quarter.

He works simultaneously on a group of works in which the circular pictorial units are replaced by buttons, which are not sewn, but nailed. There is a curious link between Verbis and sewing items— generally associated in contemporary art with a feminine or feminist aesthetic—a link that starts with those buttons and later returns in sewing boxes, and, in a more industrial than domestic sense, in the pictures made of sewn and riveted plastic canvases. I do not know what the relationship is—perhaps familiar— between the artist and this area, but I suppose that he must have kept in mind that a dress could be an alter ego. And if we accept this parallel, the buttons could be interpreted as "eyes", not only in keeping with Verbis' practice (who later devoted a series to this obsession with the eye), but also as a reminder of the rag dolls who saw the world through them. The longing for perception of inanimate objects.

"Luz-eros". "La luz y el amor se diseminan"—"Light and love spread", declares Verbis. Dissemination, etymologically, is to scatter seeds. "Sem-" is the Latin root of *semen, seminis* (seed), from which the Spanish words *semen, semental, sementera, sembrar, simiente, diseminar, inseminar,* etc. are derived. Happy dispersion of the beginnings of vegetable or animal life. And

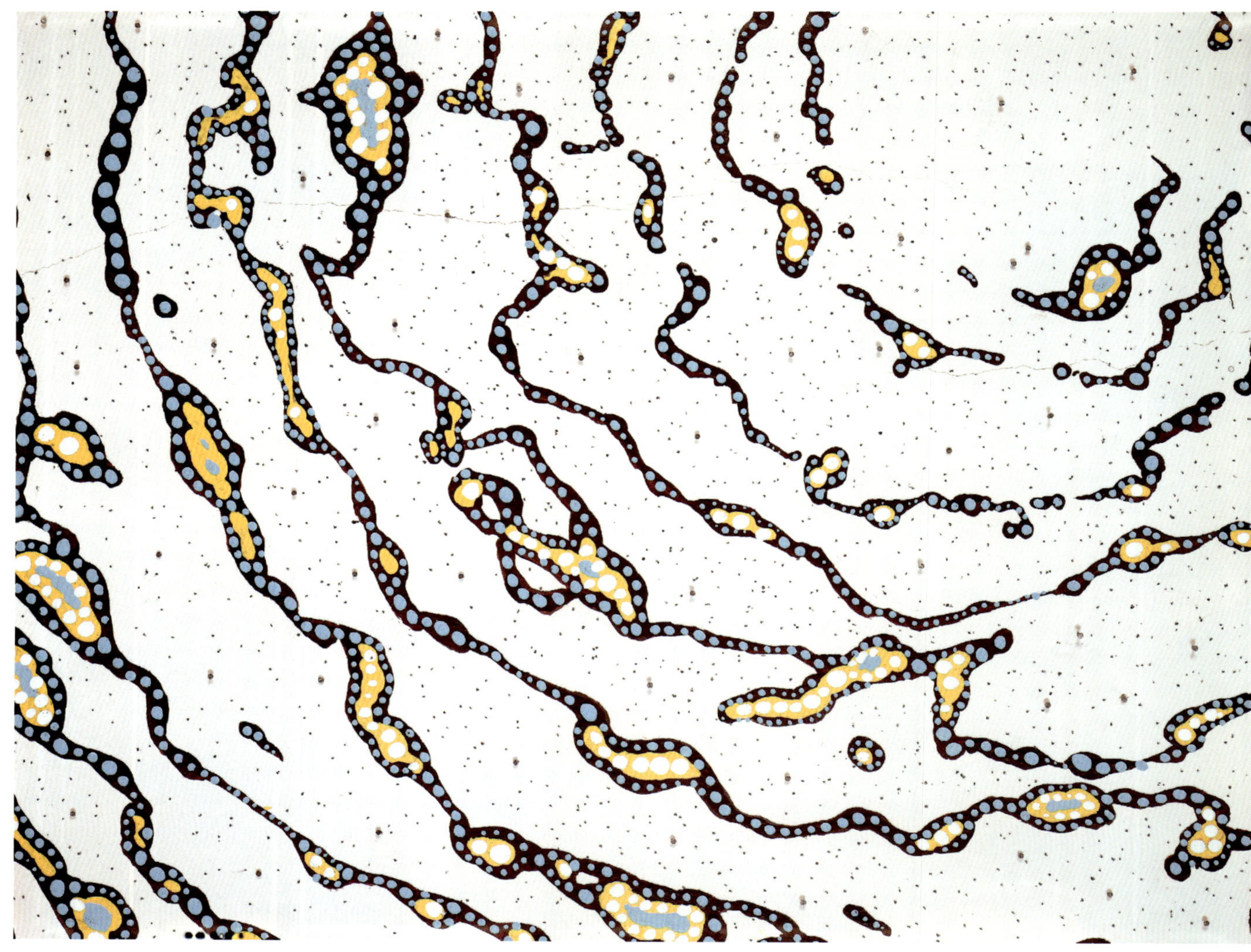

Pizca cómica - Pizca lírica, 1999 (detalle) [detail]. Pintura, perforaciones en la pared y puntas [Painting, wall holes and bolts], 150 cm ø (aprox.)

Incluso en la tercera dimensión, pues en los óleos incluidos en este grupo hay una superposición de círculos que implica una cierta profundidad, una «representación» de espacio volumétrico: otra rara concesión, ahora al ilusionismo, en las obras de este momento.

naturally, dissemination in the sense of the extension of elements to the conquest of space and the attack on the void. Even in the third dimension, since in the oil paintings included in this group there is an overlaying of circles that involves a certain degree of depth, a "representation" of volumetric space: another rare concession, this time to illusionism, in his works from this time.

daniel verbis

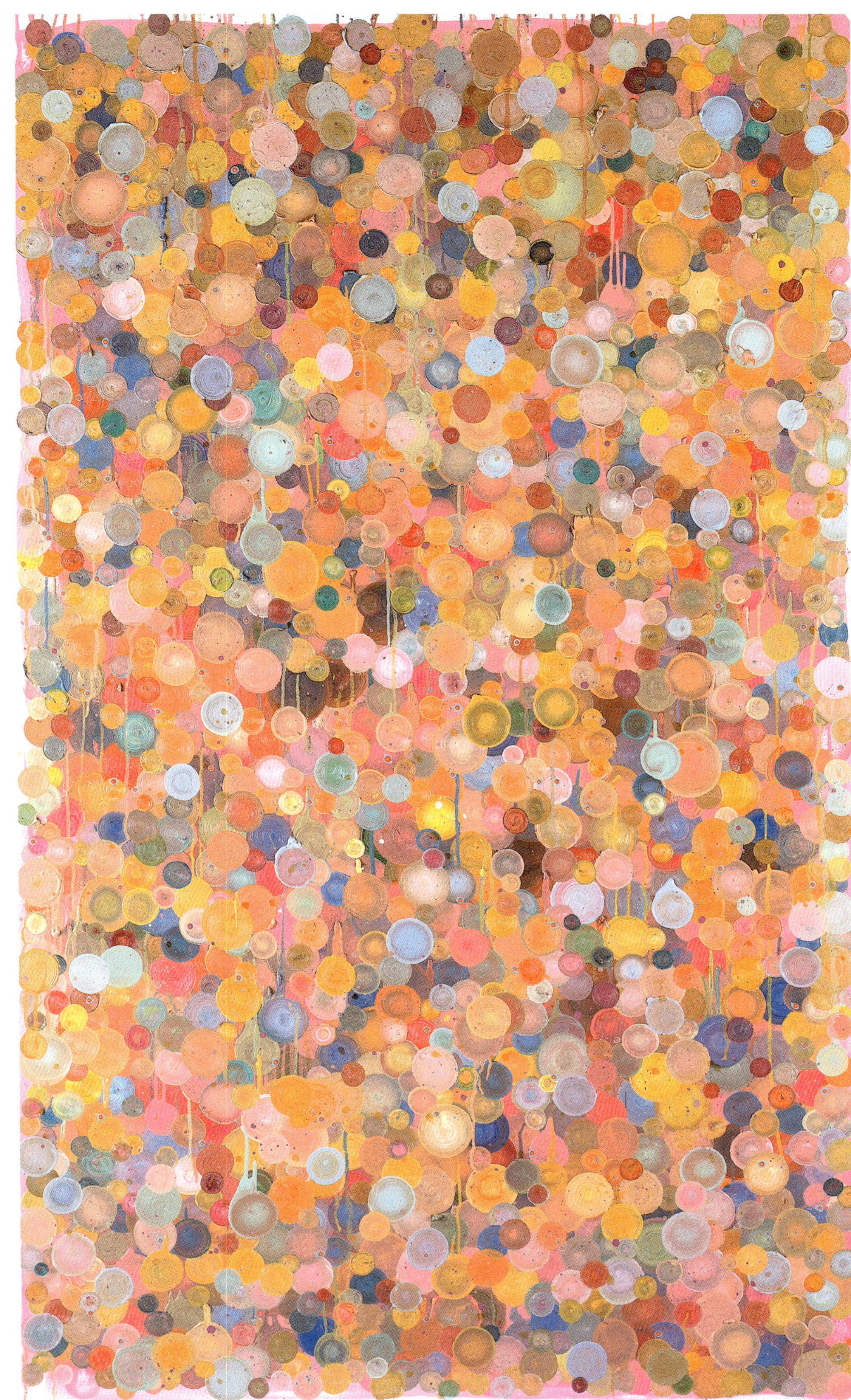

Serie *Luzeros (28-C)*, 1995.
Óleo sobre lienzo
[Oil on canvas], 195 x 114
cm. Colección particular
[Private Collection]

ANO LUNAR

4.

ANO LUNAR

SOL DE CARA-SOL ENFERMO / LA PUPILA CONDESCENDIENTE / EL OJO HUNDIDO / EL OJO CIEGO / CÍCLOPE / OJO-ESPEJO LÍQUIDO / CUANDO LO VES TODO TE CONVIERTES EN UNA ESFERA / DELEUZE / BATAILLE

SOL DE CARA – SOL ENFERMO / LA PUPILA CONDESCENDIENTE / EL OJO HUNDIDO / EL OJO CIEGO / CÍCLOPE / OJO – ESPEJO LÍQUIDO / CUANDO LO VES TODO TE CONVIERTES EN UNA ESFERA / DELEUZE / BATAILLE

«Cuando lo ves todo te conviertes en una esfera» y, según Plotino, «el ojo no podría ver el sol si no fuese en cierto modo un sol». Hablando de soles y planetas, Marcel Duchamp tiene sobre la concepción del arte de Verbis un gran «ascendiente». A pesar de que, formalmente, no

"When you see everything, you become a sphere", and, according to Plotinus, "the eye could not see the sun if it were not, in some way, a sun". Speaking of suns and planets, Marcel Duchamp has great "ascendance" in Verbis' concept of art. Although

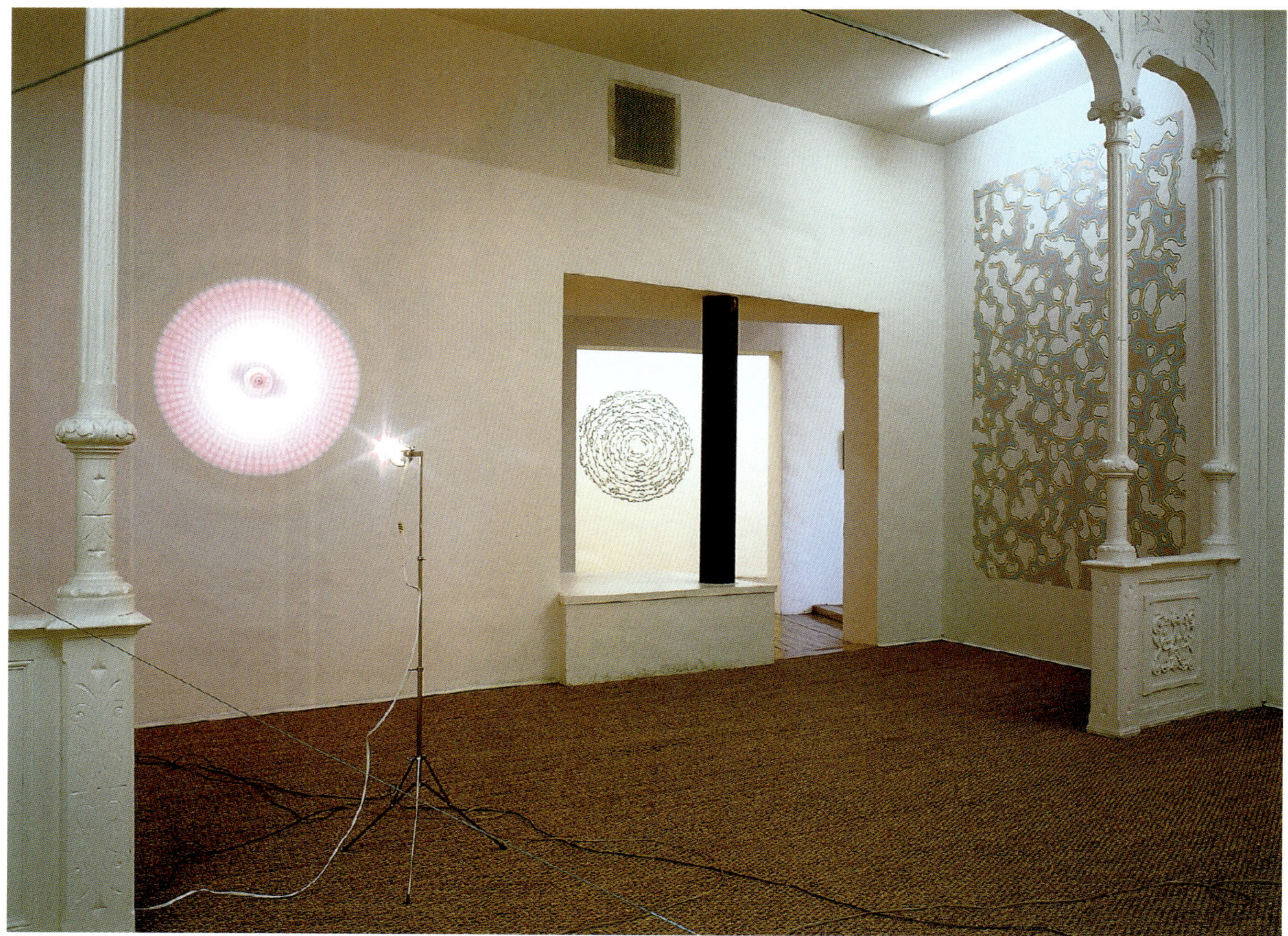

Dime cielo (detalle) [detail] y [and] *Amagrama*, 1999. Luz y pintura [Light and painting], 110 cm ø y [and] 268 x 170 cm. Intervención en la [Intervention view at] Galería Caracol. Valladolid

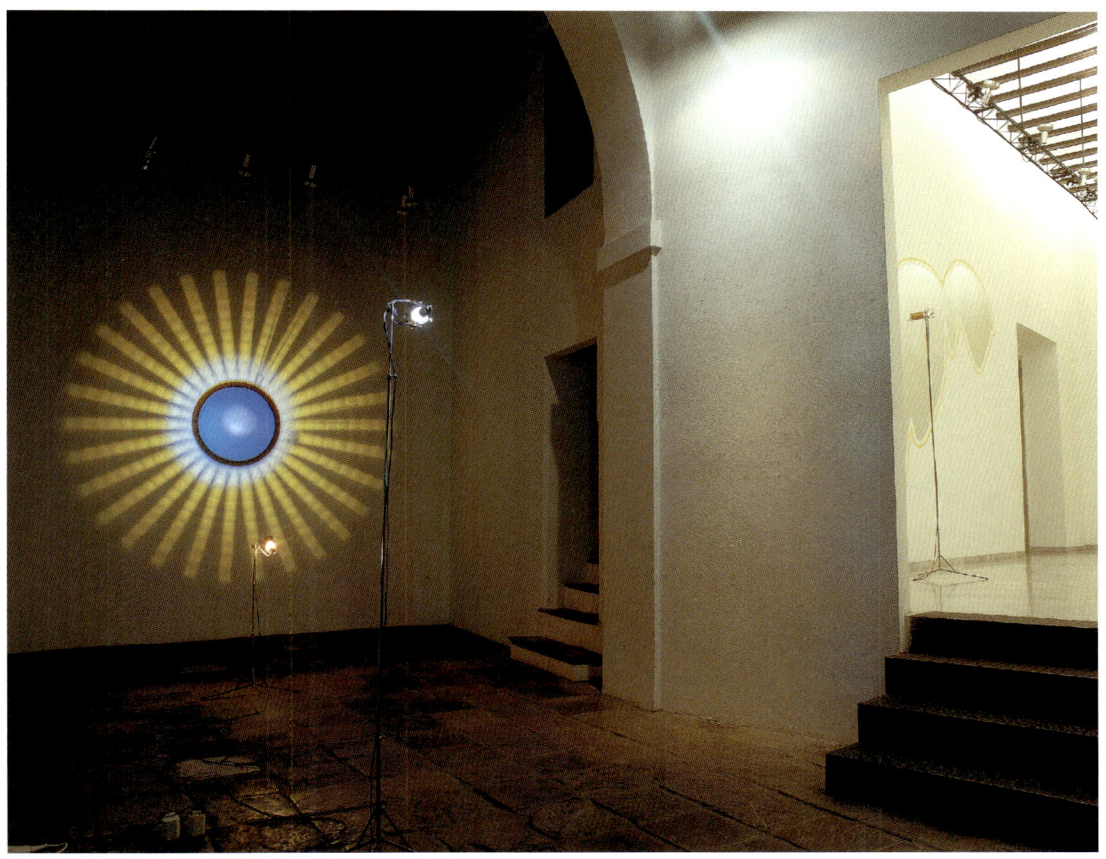

Oculista (de *«La chica **oculista** y dos luceros en una bala de plata o al revés»*), 2000. Rueda dentada y luz [Cogged wheel and light], 200 cm ø (aprox.). Instalación en la [Instalation view at] Galería Rafael Ortiz, Sevilla.

encontremos más que algún homenaje fragmentario al autor de *Le Grand Verre,* sí es habitual detectar ecos de sus escritos y, en particular, de las ideas asociadas a esta obra mayor. La pluralidad de significados posibles y la ambigüedad resultante, los juegos de palabras, el interés por los mecanismos de la visión, el distanciamiento con que se contempla el acto amoroso o la frialdad con que se analizan determinados comportamientos irracionales, los tintes freudianos, la ironía, el deseo de superación de la pintura tradicional al óleo, la importancia del azar en la ejecución de la obra... son piedras angulares en los cimientos del arte de Verbis. No son exclusivos de Duchamp, por supuesto, pero se concitan en él. Las obras de Verbis relacionadas con el ojo podrían entenderse como comentarios a los «Testigos oculistas» de *El gran vidrio,* cuya misión es dar resplandor a la elipse de gas licuado (que Duchamp no llegó a realizar) y transmitir especularmente su imagen a través de un sistema óptico. Según Duchamp (que fabricó algunos inventos relacionados con la espiral y la rotación,

formally we do not find more than a fragmentary homage to the author of *Le Grand Verre*, echoes of his writings, and in particular, of the ideas associated with this magnum opus, can often be detected. The plurality of possible meanings and the resulting ambiguity, the plays on words, the interest in the mechanisms of sight, the distance from which the act of love is contemplated, or the coldness with which certain irrational behaviors are analyzed, the Freudian overtones, irony, the desire to overcome traditional oil painting, the importance of chance in the execution of the work… these are the cornerstones of the foundation of Verbis' art. They are not exclusively Duchamp's, of course, but they are provoked by him. Verbis himself catalogs the works relating to the eye as comments on the "oculist witnesses" of *The Large Glass*, whose mission is to give brilliance to the liquefied-gas ellipse (which Duchamp had not managed to do) and spectacularly transmit its image through an optical system that "makes it possible to

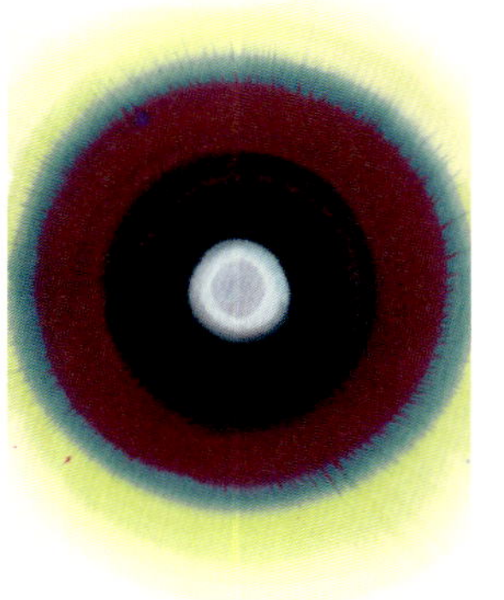 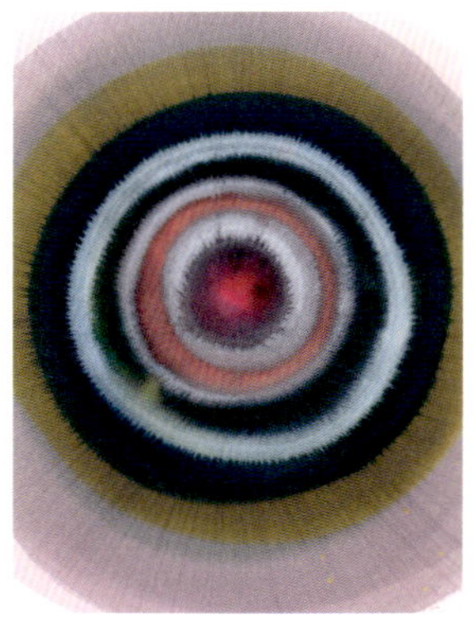 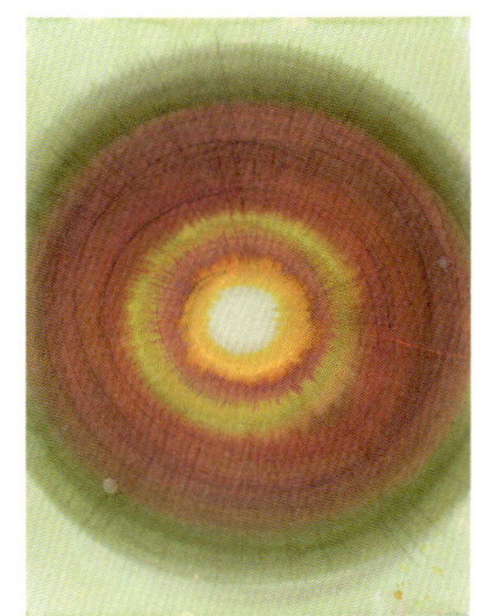 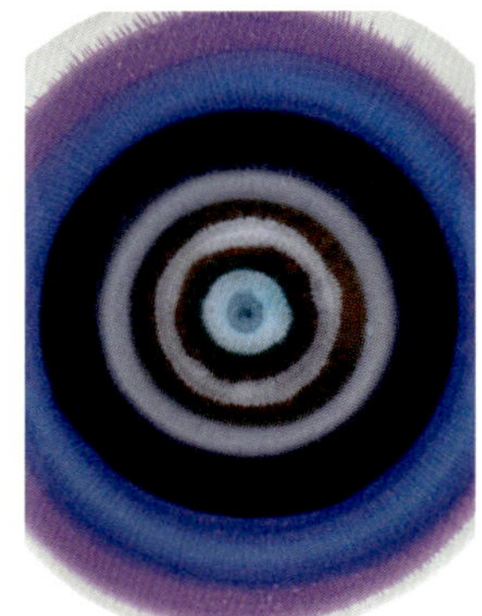

Serie *Mi boca en tus ojos*, 2004. Acuarela [Watercolour], 70 x 50 cm

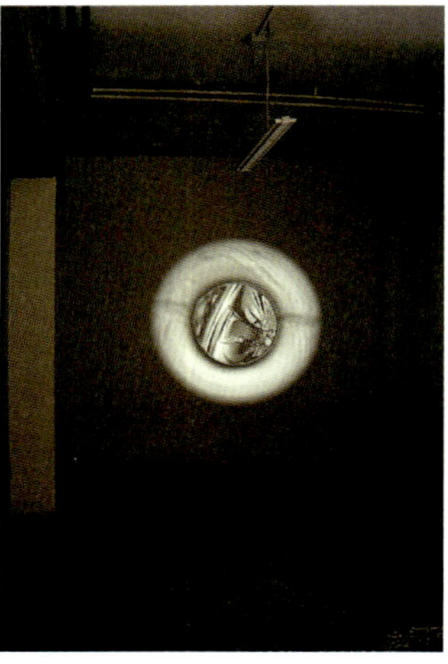 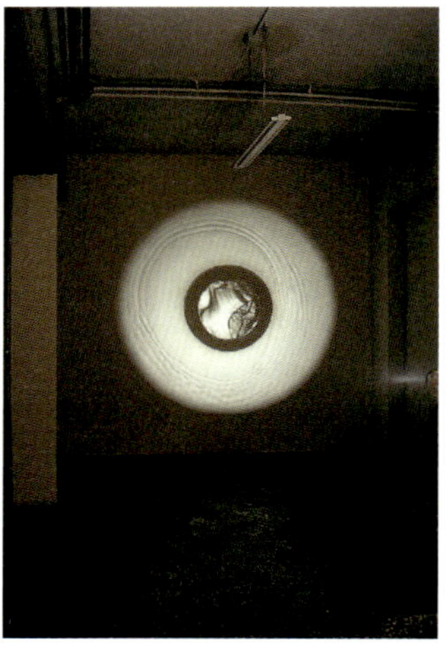 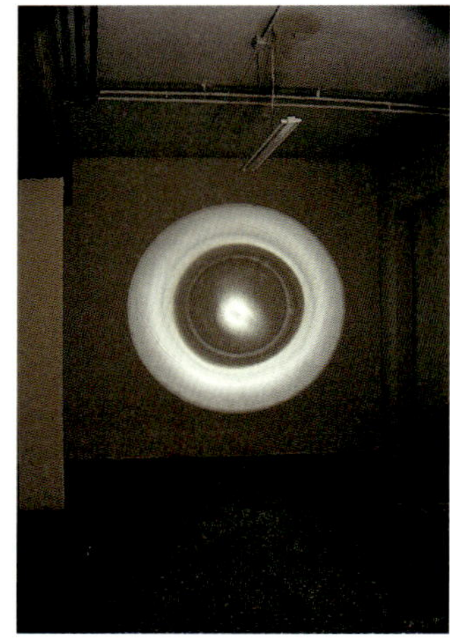 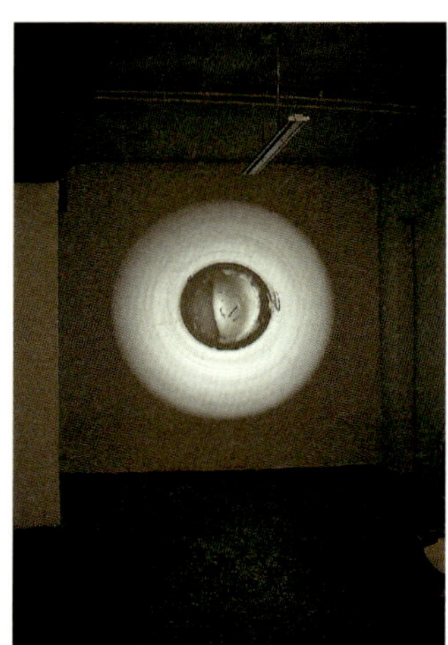

Serie *Ano lunar*, 2000. Proyección sobre la pared [Wall projection], 100–250 cm ø

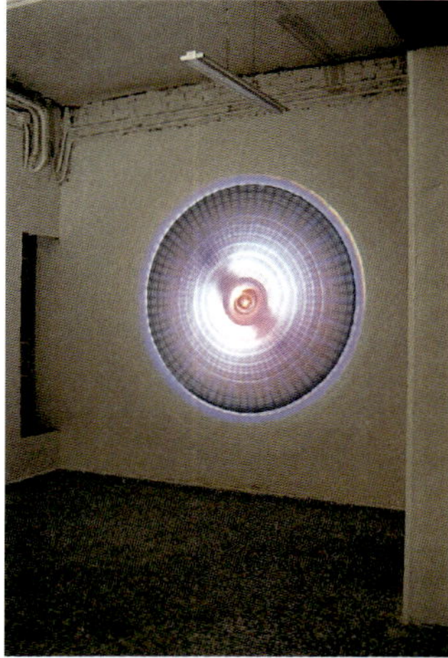 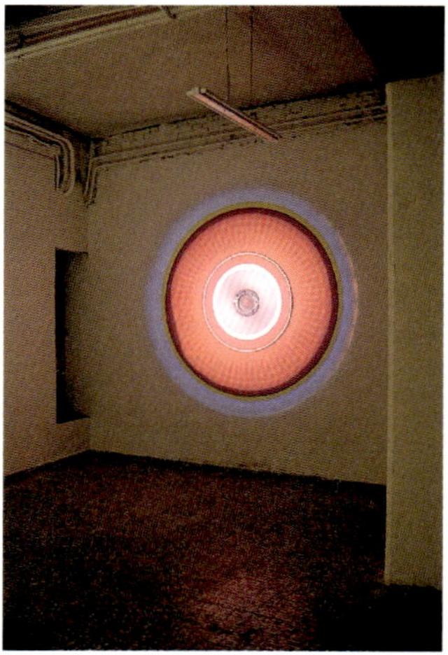 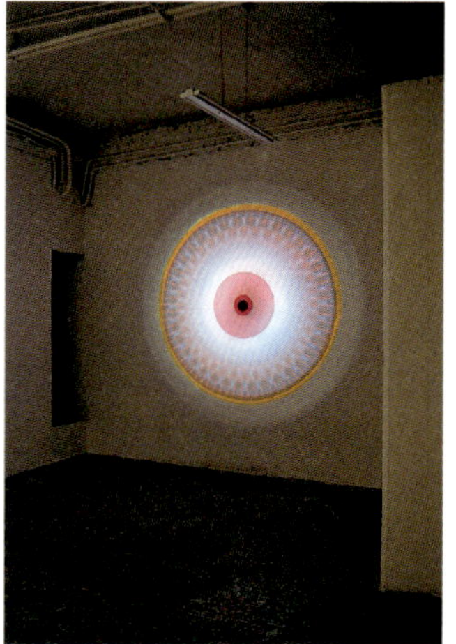 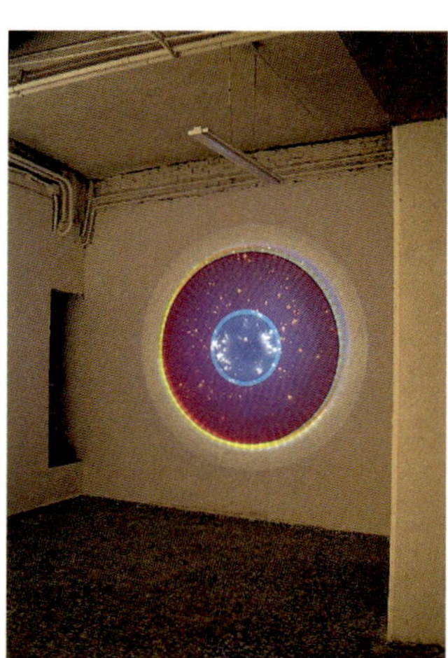

Serie *Lupa-lupa*, 2000. Proyección sobre la pared, pintura y objetos metálicos [Wall projection, painting and metallic objects], 215 cm ø

con efectos *op),* los «Testigos» emulaban los diagramas circulares que los oculistas utilizaban para evaluar la vista.

No se trata tanto de la vista como de la mirada. Y la manera más eficiente para el arte de captar la mirada es la luz. Desde la modesta llama de una vela a las grandes proyecciones que se ven hoy en las salas de exposiciones, la luz encandila. Sería largo reflexionar sobre por qué y cómo se iluminan las obras en museos y galerías, o sobre el atractivo de las fotografías en cajas de luz, e incluso sobre las modernas restauraciones que aclaran en demasía las viejas pinturas. Verbis se ha limitado al problema básico: el foco. La obra como fuente de luz y la luz como materia artística que «pinta» (un poco a lo Dan Flavin). Una pintura desmaterializada y mecanizada que tiene como instrumentos pequeños focos que proyectan superposiciones de lentes, fotografías de botones o pies de copas. Y también aquí se hace intervenir al espacio, ya que, en algunas obras, fija piezas metálicas a la pared o taladra el muro.

Los tornillos y arandelas, incrustados en el gran ojo de luz, remiten en Verbis al cíclope Polifemo, cegado al clavarle Ulises una estaca en su único ojo tras emborracharle y dormirle. Mala cosa abandonar la vigilancia (la misma falta que le costaría la vida a Argos).

El catálogo de hermosos óculos, de estrellas, es menos ideal de lo que podría parecer, ya que Verbis tiene muy en cuenta a Bataille en obras como *Ano lunar,* y coliga ojo, ano, mirada y reflejo especular. Y es de suponer que la mención de Deleuze remite a su idea del «tercer ojo», experiencia táctil propia de la vista, o háptica. El ojo que toca.

see two different images, though superimposed… towards the bride's space." According to Duchamp (who manufactured some inventions related to the spiral and rotation, with *op* effects) the "Witnesses" emulated the circular diagrams that ophthalmologists used for eye tests.

Verbis has stated that he is basically a painter "in the sense that my gaze is that of a painter". And though opposed to retina painting, it follows from his words that art is a question of gazing. The most efficient way for art to capture the gaze is through light. From the modest candle flame to great projector displays that are seen nowadays in exhibition halls, light dazzles. It would take a long time to reflect on why and how works in museums and galleries are lighted, or on the attractiveness of photographs in light boxes, and even on the modern restorations that over-lighten old paintings. Verbis has limited himself to the basic problem: the point source. The work as a source of light and light as an artistic material that "paints" (a little along the lines of Dan Flavin). A dematerialized and mechanized painting that uses as its instruments small spotlights that project superimposed lenses, photographs of buttons, or bases of glasses, "glass pupils" (the moon is an opaque body that emits reflected light, the same mechanism as in these works). And here too he puts space to work since in some of his works he attaches metal pieces to the wall, or drills the wall.

The screws and washers, encrusted in the great eye of light, in Verbis hark back to the cyclops Polyphemus, blinded when Ulysses plunges a stake into his one eye after getting him drunk and putting him to sleep. It is bad to let down your guard (the same mistake would cost Argos his life).

The catalog of beautiful eyes, of stars, is less ideal than it may seem, since Verbis keeps Bataille very much in mind in works such as *Ano lunar*, and joins together the eye, anus, gaze, and mirror reflection. And it can be supposed that the mention of Deleuze refers to his idea of the "third eye", a tactile, or haptic experience of sight. The eye that touches.

LA PALABRA ES LA MÁQUINA

VERBIS EX-MACHINA / FALISMO CIRCULAR / LA AGUJA Y EL GLOBO / TERRENO MINADO / FALISMO ÓPTICO / FALISMO OCULAR

El maquinismo, como ya se ha indicado, es una de las constantes en la obra de Daniel Verbis. Desde el inicio vemos aparecer «piezas» que son —o podrían perfectamente ser— componentes de mecanismos, como los cilindros o los discos de sus obras más «minimalistas» de principios de los noventa. O constatamos que el artis-

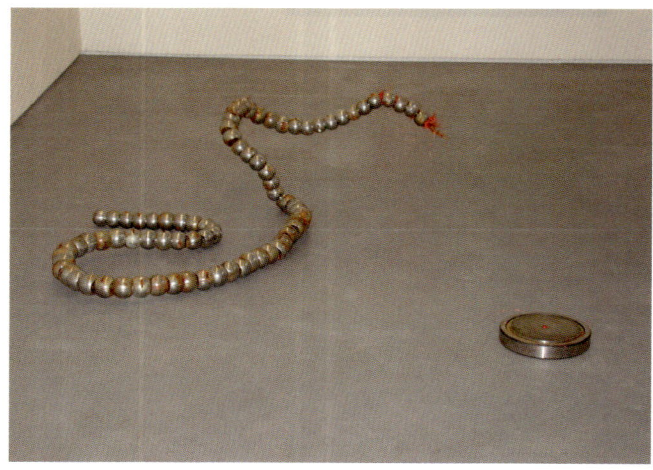

Dí que me quieres, 2001. Acero y cobre [Steel and copper], 40 x 200 x 200 cm

ta utiliza medios de producción mecánicos —es cierto que, como veremos, casi siempre con mecanismos bastante artesanales—. Pero esta tendencia se manifiesta plenamente a partir de *La boda,* de 1996, y en un grupo de esculturas e instalaciones fechadas entre 1999 y 2002. La imagen de la máquina se extiende al mismo tiempo que la idea de vanguardia, en los años 1911-1912, como señala Marc Le Bot en su clásico ensayo *Pintura y maquinismo,* Cátedra, Madrid, 1979. No es, sin embargo una imagen unívoca. No es éste el lugar para recordar las posiciones de la cultura contemporánea sobre la

THE WORD IS THE MACHINE

VERBIS EX-MACHINA / FALISMO CIRCULAR / LA AGUJA Y EL GLOBO / TERRENO MINADO / FALISMO ÓPTICO / FALISMO OCULAR

Mechanization, as indicated earlier, is one of the constants in Daniel Verbis' work. From the start, we see "pieces" that are—or could perfectly well be—components of mechanisms, such as the cylinders or disks in his most "minimalist" works from the early nineties. Or we see how the artist uses mechanical

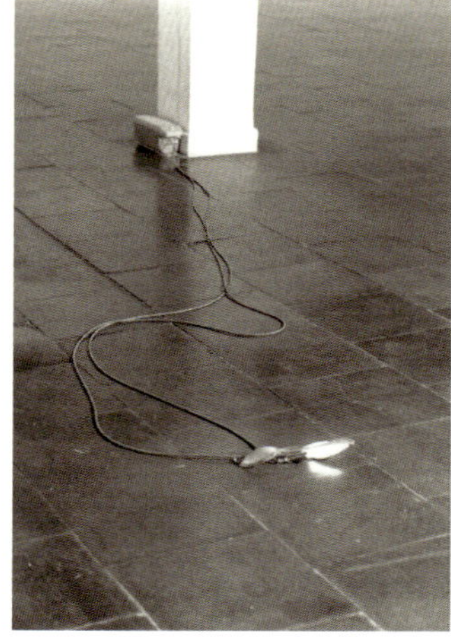

Si tú me escucharas, 1992. Dos cucharas, neón, cable, transformador [Two spoons, neon, cable, transformer], medidas variables [variable dimensions]

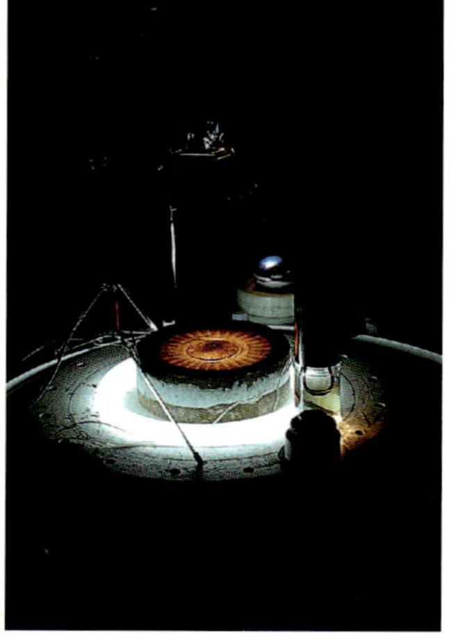

Mecánica cómica, 2000. Piezas cilíndricas de diversos materiales, trípode, fluorescente, cable... [Cylindrical elements of diverse material, tripod, fluorescent, cable...], medidas variables [variable dimensions]

means of production,—though it is true, as we will see, that the mechanisms are almost always rather handmade. But this trend manifests itself fully as from *La boda* in 1996, and in a group of sculptures and installations dated between 1999 and 2002. The image of the machine is extended at the same time as the idea of avant-garde, in the years 1911-1912, as indicated by Marc Le Bot in his classic essay *Pintura y maquinismo*, cátedra, Madrid, 1979 (*Peinture et Machinisme,* Paris, Klincksiek, 1973). It is not, however, a univocal image. This is not the place to recollect contemporary culture's

máquina, pero sí es conveniente puntualizar que si hemos de buscar antecedentes a las máquinas de Verbis tendremos que hacerlo en la maquinaria irónica, disfuncional y simbólica de los aledaños al dadaísmo. De nuevo el homenaje a Marcel Duchamp: el conflicto erótico planteado en la *Mariée mise à un par ses célibataires, même (El gran vidrio)* es ventilado por Verbis en su celebratoria *La boda.* Él mismo ha definido esta obra, que ha estado en su cabeza durante mucho tiempo y que es un compendio de motivos diseminados en otros trabajos, como «comentario espacial *El gran vidrio*» En *La boda,* los fondos (en el suelo, piezas metálicas macizas y circulares que cierran las tuberías) equivaldrían a los «moldes málicos»; los trípodes que sostienen los focos, al soporte de tres patas que sustenta el «molinillo de cho-

positions on the machine, but it is helpful to specify that if we are to look for the precursors to Verbis' machines, we will have to do so in the ironic, dysfunctional, and symbolic machinery that surrounds Dadaism. Once again, homage to Marcel Duchamp: the erotic conflict discussed in *Mariée mise à nue par ses célibataires, même (The Large Glass)* is sorted out by Verbis in his celebratory *La boda.* He himself has defined this work, which was in his head for a long time and is a compilation of motives disseminated in other works, as "spatial commentary of *The Large Glass*". In *La boda*, the background (on the ground, solid metal and circular pieces that close the pipes) would correspond to the "malic molds"; the tripods that support the spotlights, to the three-legged support

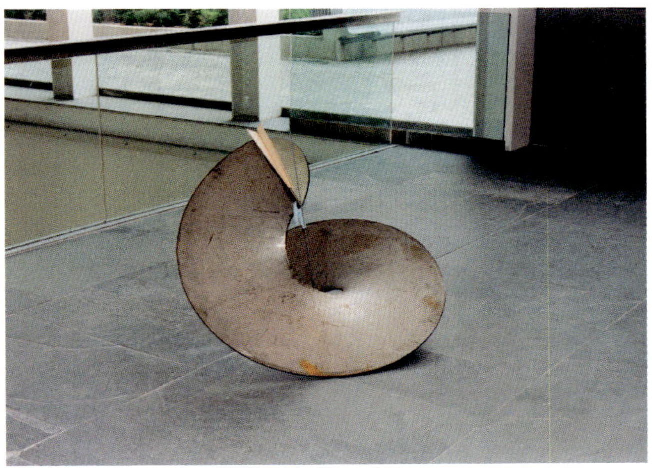

Rezando el rizo, 2002. Acero, madera, espejo, pinzas, varilla... [Steel, wood, mirror, tweezers, metal bars...], 100 x 150 x 150 cm

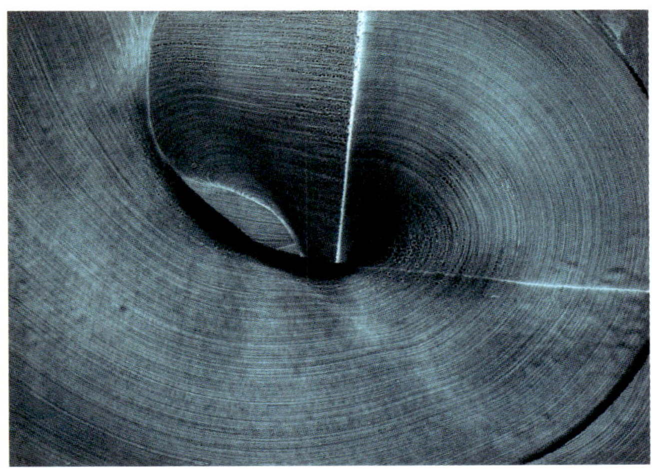

Serie *Copa,* 2001-2002. Acrílico sobre papel [Acrylic on paper], 52 x 70 cm. Colección particular [Private Collection]

colate»; las proyecciones lumínicas radiales a los «Testigos oculistas» y, sobre uno de los fondos, al «molino de agua»; las líneas blancas sobre el cristal (en el Círculo de Bellas Artes, con el logo circular —rosetón de catedral— que desencadenó las asociaciones) a la «salpicadura» y al arroz (zorra) para la ceremonia; los cables y los transformadores, a la vista, a los «nexos eléctricos» de los que habla Duchamp; las pequeñas piezas de cobre, a la «región de los nueve tiros». Finalmente, en el montaje que hizo de esta pieza en 1997, en Miami, incluyó a «la novia», un estilizado ramaje de puntos articulado por arandelas y tornillos.

of the "chocolate grinder"; the radial light projections, to the "oculist witnesses", and on one of the backgrounds, to the "water mill"; the white lines on the glass (at the Círculo de Bellas Artes, with the circular logo—cathedral wheel window—that triggered the associations) to the "splash", and the rice (which read backwards in Spanish comes out as "fox") for the ceremony; the cables and the transformers, to the view, to the "electrical connections" that Duchamp talks about; the small copper pieces, to the "region of the nine shots". Finally, in the installation of this piece in 1997, in Miami, it included "the bride", a stylized foliage of points jointed with metal rings and bolts.

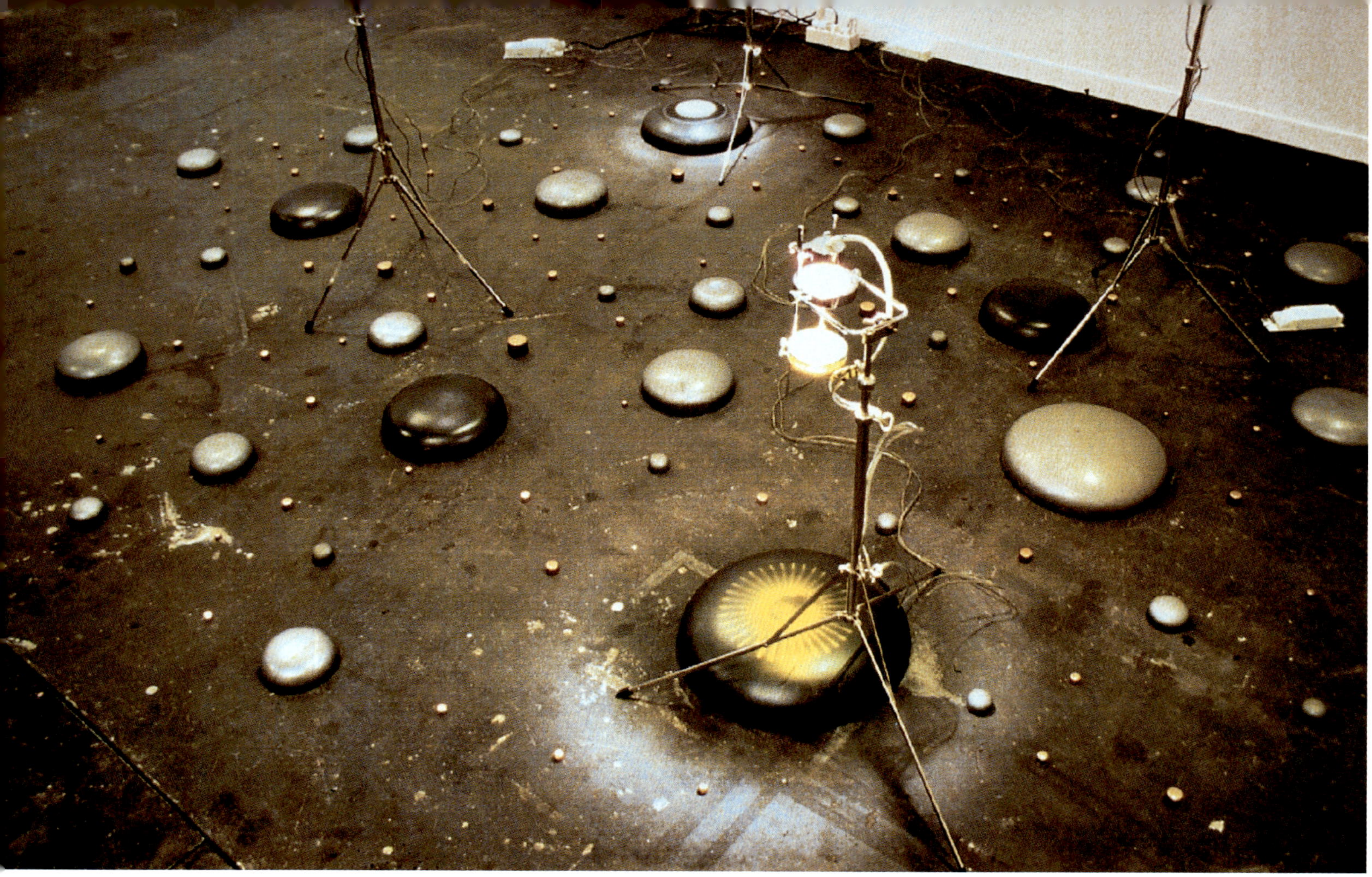

La boda, 1996 (detalle) [detail]. Hierro, cobre, trípodes, focos, proyecciones de luz... [Iron, copper, tripods, spotlights, light projections...], medidas variables [variable dimensions]. Colección MUSAC [Collection]. León

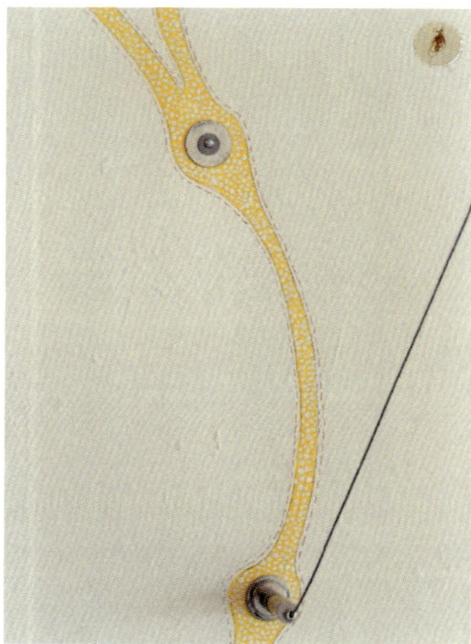

La novia, 1997 (detalle) [detail]. Pintura, tornillos, cable y aros de goma sobre pared [Painting, bolts, cable and rubber rings on wall], medidas variables [variable dimensions]

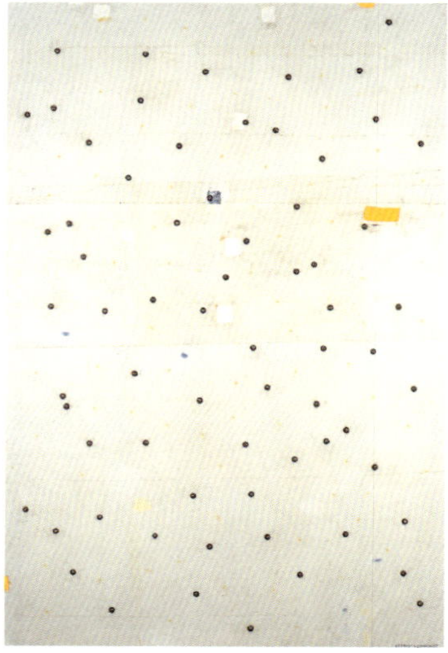

68 tiros, 1997. Pintura y tornillos sobre lona [Painting and bolts on sailcloth], 195 x 130 cm

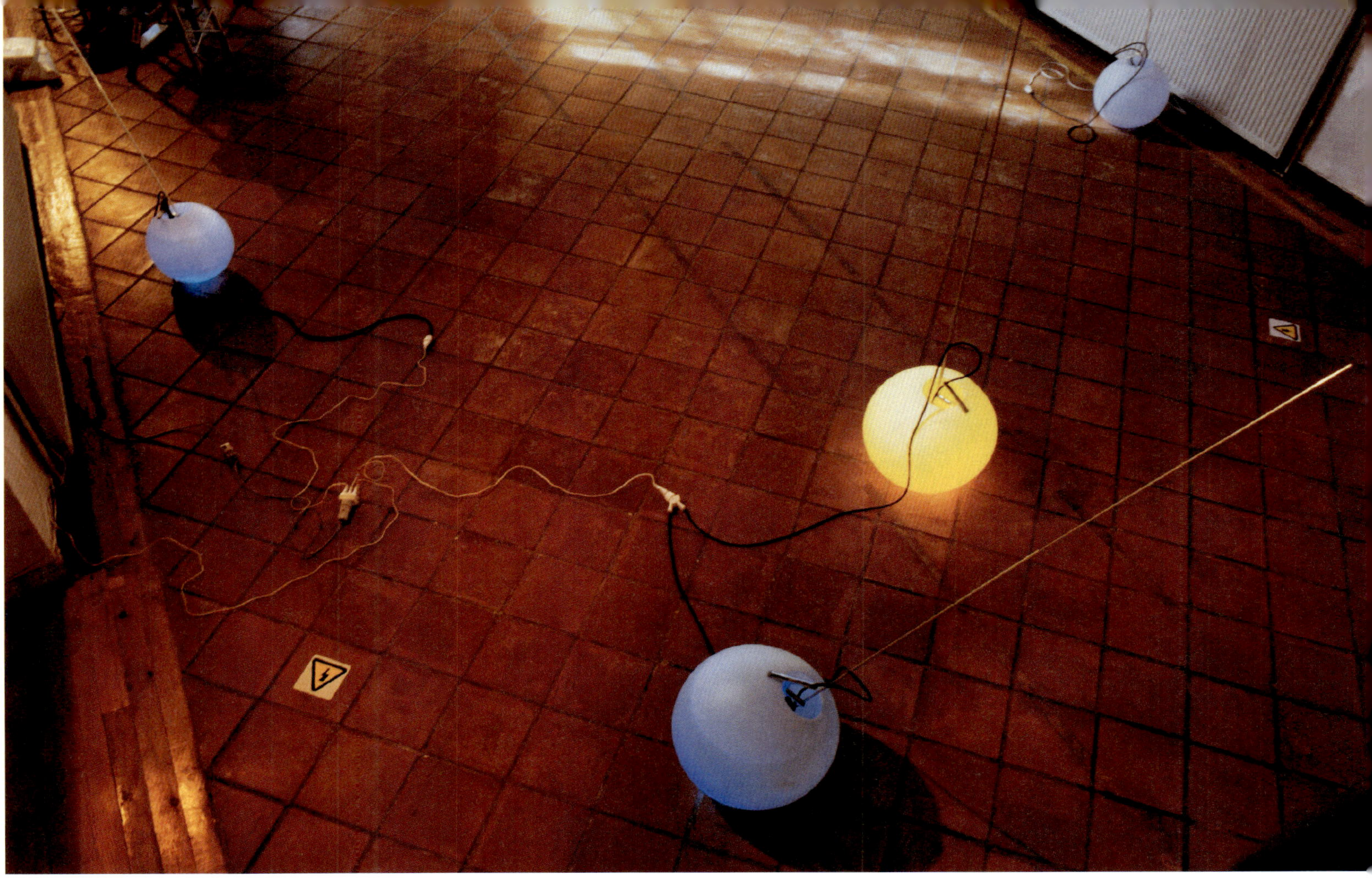

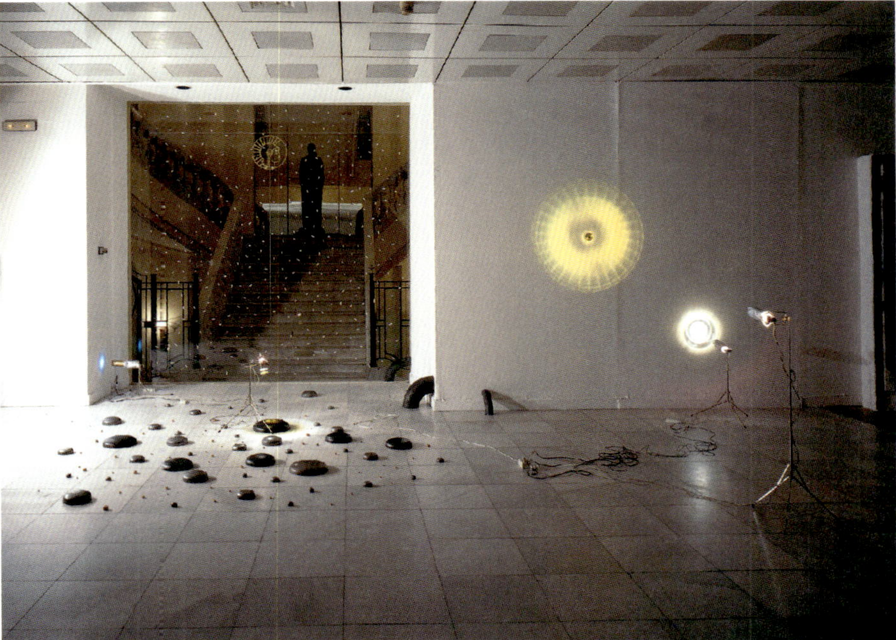

A–y–o–b, 1999. Difusores, luz, agua, pinzas, varillas metálicas... [Diffuser, light, water, tweezers, metal bars...], medidas variables [variable dimensions]

La boda, 1996. Hierrc, cobre, trípodes, focos, proyecciones de luz...[Iron, copper, trípods, spotlights, light projections...], medidas variables [variable dimensions]. Colección MUSAC [Collection]. León. Instalación en el [Installation view at], Círculo de Bellas Artes. XVI Salón de los 16. Madrid

Y no olvidemos, en la estirpe duchampiana, las piezas cilíndricas aunque inmóviles de *Mecánica cómica* (con título muy expresivo de las intenciones del artista), en la que la forma vertical central más alta es propuesta por Verbis como *lingam* hinduista, «falismo circular». También onanista. O la hélice con espejo de *Rezando el rizo,* los *68 tiros...*

Se trata por tanto de un grupo de obras con gran importancia significativa en el trabajo de Verbis, pero también suponen un gran salto formal, espacial. No obstante, atendiendo a su adjetivación del conjunto de su obra como «pictórica», podríamos contemplar al menos una parte de estas esculturas e instalaciones como una variación de la dialéctica entre soporte y materia «pictórica». En algunas de ellas interviene la proyección de luz: ya se ha comentado que funciona en su caso como imagen y no como iluminación de la imagen o del objeto; pero también podríamos acercarnos a otras instalaciones como «dibujos en el espacio», en un sentido más abierto que el que la expresión tiene en la historia de la escultura moderna. Ocurre así especialmente en las obras con cables, que a menudo no sujetan nada y no sirven, aparte de su función simbólica, más que para trazar líneas en el aire.

E igualmente habría que relacionar este paso a la tridimensionalidad con su idea del espacio expositivo como espacio a ocupar artísticamente por medio de la disposición de las piezas, así como con la conquista del muro como plano (articulado) para la pintura. En ese plano articulado en el que en otras ocasiones ha dibujado formas planas es posible dibujar con formas tridimensionales, con objetos (de la misma manera que ha pintado con objetos en sus cuadros).

And let us not forget, in the Duchampian line, the cylindrical pieces, though immobile in *Mecánica cómica* (with a title that expresses clearly the artist's intentions), in which the highest central vertical shape is proposed by Verbis as Hinduist *lingam*, "circular phallism". Also onanistic. Or the propeller with mirror of *Rezando el rizo, los 68 tiros…*

This is therefore a group of works with great significance in Verbis' work, but it also represents a large formal, spatial leap. However, in regard to his use of the adjective "pictorial" to describe his works as a whole, we could see at least part of these sculptures and installations as a variation of the dialectic between "pictorial" material and supports. Some of them involve the projection of light: as commented earlier, this functions as image and not to illuminate the image or the object; but we could also approach other installations as "drawings in space", in a more open sense than that held by the expression in the history of modern sculpture. This is especially true in his works with cables, which often support nothing and apart from their symbolic function, serve only to trace lines in the air.

And this step to three-dimensionality would also have to be related to his idea of the exhibition space as a space to be occupied artistically by means of the arrangement of the pieces, as well as with the conquest of the wall as an (articulated) plane for painting. On this articulated plane on which on other occasions he drew flat shapes, it is possible to draw with three dimensional shapes, with objects (in the same way that he painted with objects in his paintings).

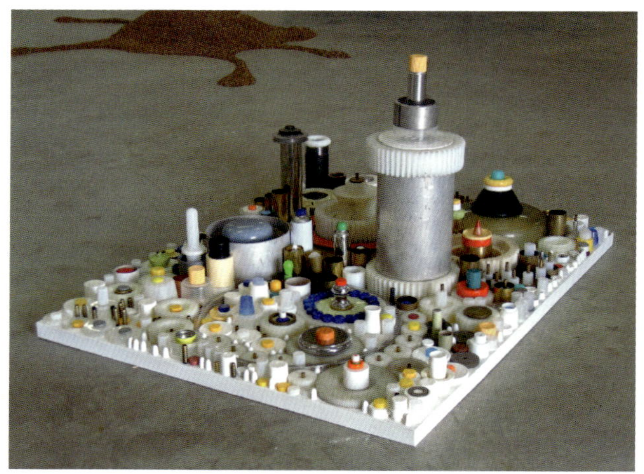

Óptica corriente y moliente, 2006. Elementos cilíndricos de diversos materiales [Cylindrical elements of diverse material], 120 x 150 x 80 cm

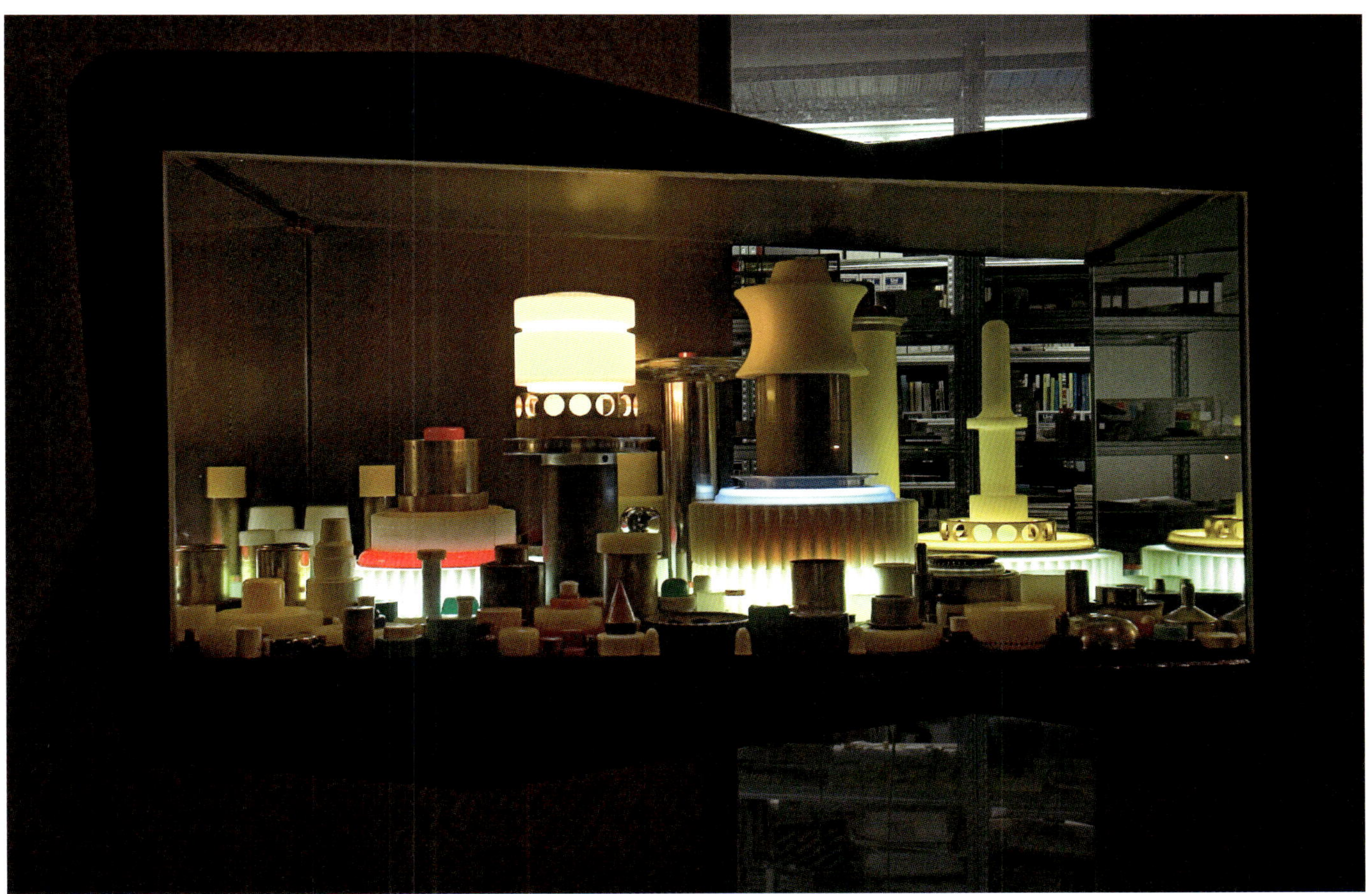

Campo-óptico, 2006. Elementos cilíndricos de diversos materiales en vitrina [Cylindrical elements of diverse material on showcase], 50 x100 x 50 cm. Galería La Naval. Cartagena

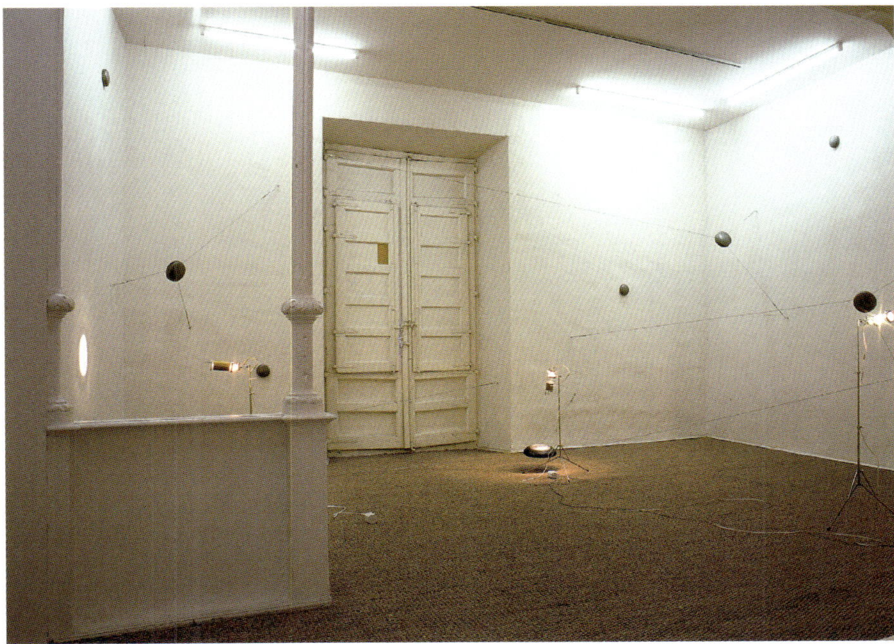

Dime cielo, 1999. Fondos de hierro, cable, tensores, trípodes, focos, luz... [Iron background, cable, struts, tripods, spotlights, light...], medidas variables [variable dimensions]. Intervención en la [Intervention view at] Galería Caracol. Valladolid

UNA IDEA QUE CRECE

TUAMOR / CRECIMIENTO-EXTENSIVIDAD-CONTINUIDAD / MINIMALISMO
ORNAMENTADO / AZAR / PIEL DE CAMALEÓN

En las burbujas y las obras cenagosas de «Morfología de la espuma» se comenzaba a imponer una dinámica orgánica que desarrolla en TUaMOR su potencialidad destructora. La proliferación celular mata, a través del mismo mecanismo que crea organismos completos a partir de la fecundación, del amor. Es sólo una hiperactividad celular descontrolada. Descontrol y azar son los conceptos clave de estas obras en las que la pintura es tratada como una materia viviente, que padece a causa de su propia vitalidad.

El pensamiento de Verbis es complejo y poco sistemático. Su defensa de la duda y de la posibilidad de la contradicción explica las paradojas detectables en su propia idea de la pintura. De un lado, es un artista muy contemporáneo en cuanto a su puesta en cuestión de muchos de los tópicos y los métodos tradicionales. Pero, al mismo tiempo, es capaz de manifestar un «miedo» a la pintura que no es sólo precaución ante sus trampas sino, podría pensarse, veneración romántica por su fuerza vital, su capacidad de absorción devastadora. Verbis asume hasta cierto punto la vieja disyuntiva entre el arte y la vida que está en la base de muchas novelas y leyendas sobre los artistas geniales, «poseídos» por el entusiasmo de la creación. Consumidos —es el verbo que Verbis ha utilizado alguna vez— por la pintura. Y en esas obras «tumorales» traslada su idea de un «amor que mata» y de una «pintura que mata». Una de las características fisiológicas que definen al tumor es su crecimiento, y lo que aquí hace Verbis es no oponerse a esa cualidad que quiere ver también en la pintura. Su estrategia es dejar que la mancha se haga a sí misma, que la obra se haga a sí misma. Entre otras cosas, para evitar entrar en contacto directo con esa fuerza perturbadora y tal vez hasta amenazante. El azar como lo inconsciente en lo orgánico y como escudo frente a la «afectación» que el artista detesta.

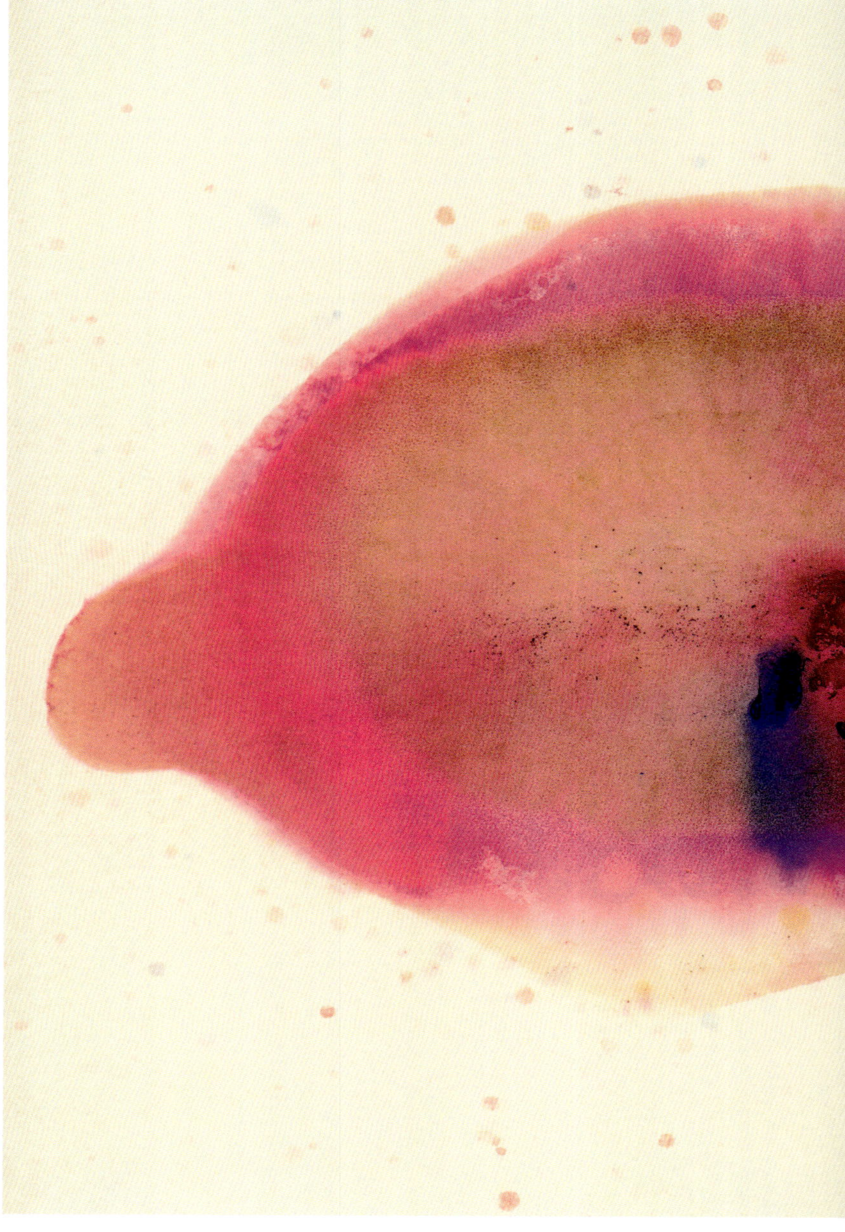

Guiñando rosa, 1992. Tinta sobre papel [Ink on paper], 21 x 30 cm

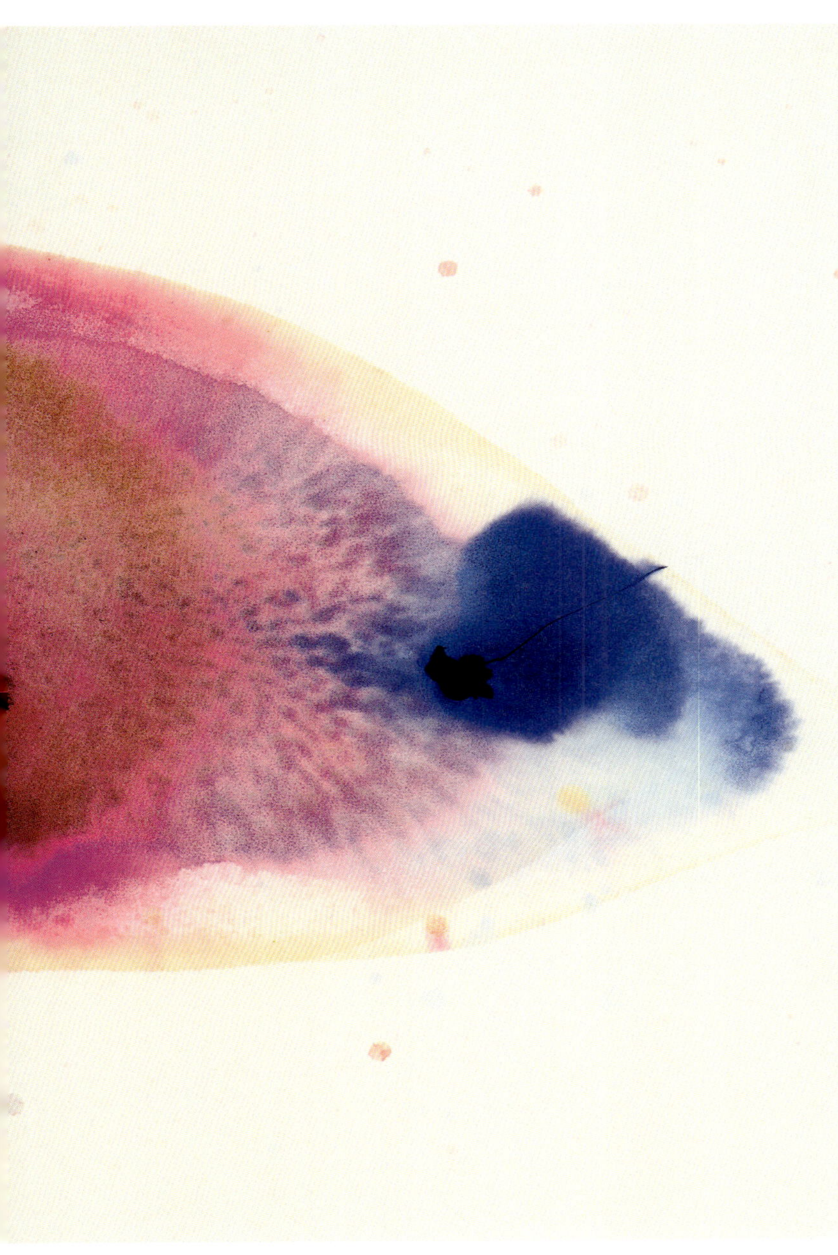

A GROWING IDEA

In the bubbles and the marshy works of "Morphology of foam", an organic dynamic began to impose itself, and developed its destructive potential in TUaMOR. The proliferation of cells kills, using the same mechanism that creates complete organisms out of fertilization, out of love. It is only uncontrolled cellular hyperactivity. Lack of control and chance are key concepts in this group of works in which painting is treated as a living subject that suffers from its own vitality.

Verbis' thought is complex and not very systematic. His defense of doubt and the possibility of contradiction explains the paradoxes that can be detected in his own idea of painting. On one hand, he is a very contemporary artist in that he brings into question many of the traditional methods and topics. But at the same time, he is able to manifest a "fear" of painting that is not only a precaution against its traps, but also, one could think, romantic veneration for its vital strength, its devastating capacity for absorption. Verbis accepts to a certain degree the old dilemma between art and life that is the base for many novels and legends of artist geniuses, "possessed" by the enthusiasm for creation. Consumed—that is the verb that Verbis sometimes used—by painting. And in these "tumor" works, he transfers his idea of a "love that kills" and of a "painting that kills". One of the physiological characteristics that define the tumor is its growth, and what Verbis does here is not oppose that quality that he also wants to see in the painting. His strategy is to allow the stain to create itself, allow the work to create itself. Among other things, to avoid coming into direct contact with that disturbing and perhaps even threatening force. Chance as an unconscious element in the organic and as a shield against the "affectation" that the artist detests.

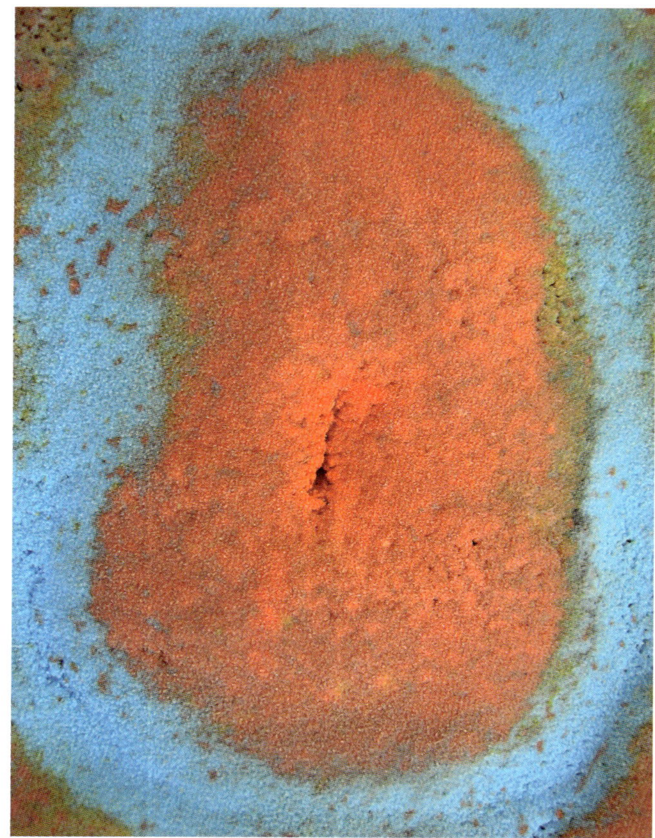

Criaderos, 2005. Fotografía digital [Digital photograph], 106 x 81 cm

In some cases, he uses organic materials, such as oil and coffee, which spread themselves naturally and take on, in the configuration induced by the artist, the appearance of a great membranous sack off cells or of a sample examined under a microscope. In others, he moves to three-dimensionality, filling a balloon with expanding foam and allowing it to spill outside of the balloon (and then perforating it with nails that emulate cellular proliferation). The operation is exceedingly simple, and, in fact, Verbis talks about it as "ornamented minimalism". But, in any case, it is the task of the artist to act as a "triggering" agent for the process, while not ceasing to hold a certain role as demiurge.

En unos casos, utiliza materiales orgánicos, como el aceite y el café, que se extienden de forma natural y adquieren, en la configuración inducida por el artista, aspecto de gran saco membranoso de células o de muestra examinada a través de un microscopio. En otros, pasa a la tridimensionalidad introduciendo espuma expansiva en un globo y permitiendo que se vierta fuera de él (y perforándola después con clavos que emulan la proliferación celular). La operación es sumamente sencilla, y de hecho Verbis habla a propósito de ella de «minimalismo ornamentado». Pero, en cualquier caso, es tarea del artista actuar como agente «desencadenador» del proceso, y no deja de atribuirse una cierta condición de demiurgo.

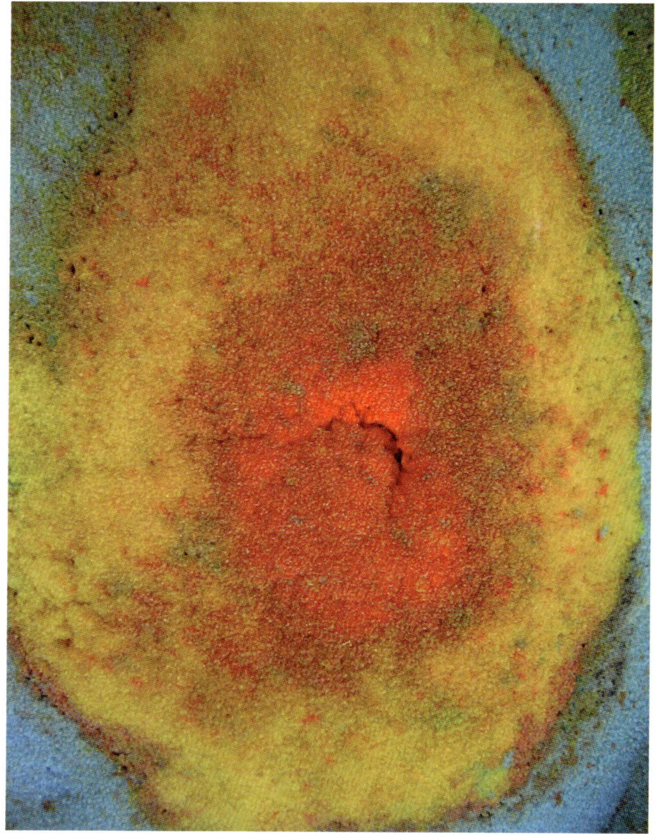

Criaderos, 2005. Fotografía digital [Digital photograph], 106 x 81 cm

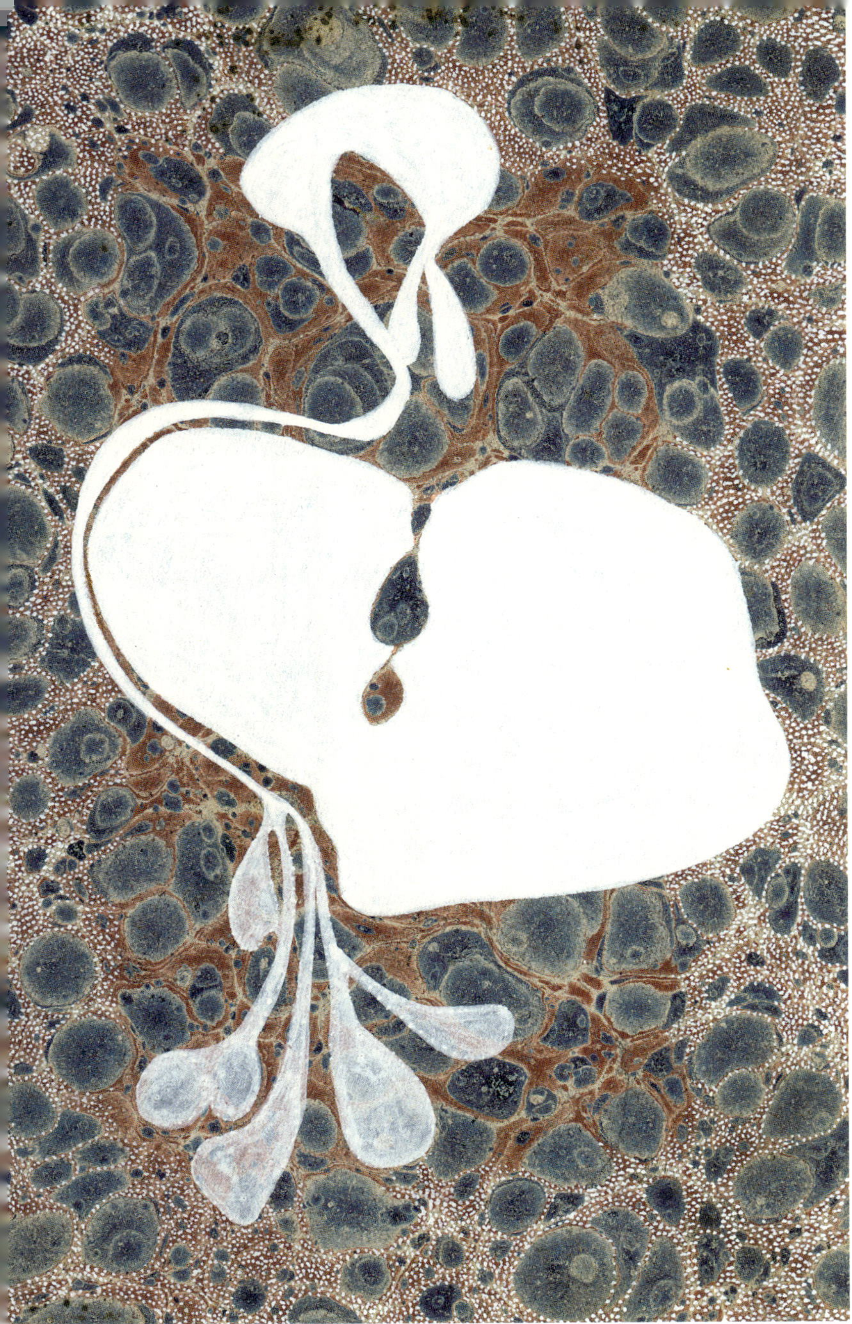

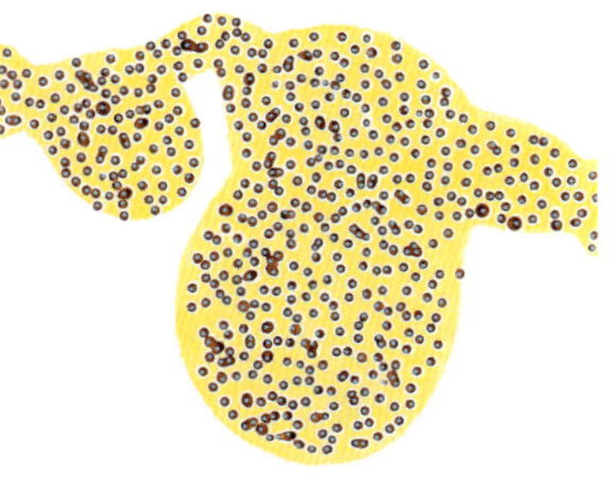

Amarillorón (Serie *TUaMOR*), 1999. Aceite, lápiz y café [Oil, pencil and coffee], 70 x 52 cm

Inflación fantasmal, 2005. Impresión digital en papel de poliéster [Digital print on polyester paper], 109 x 70 cm

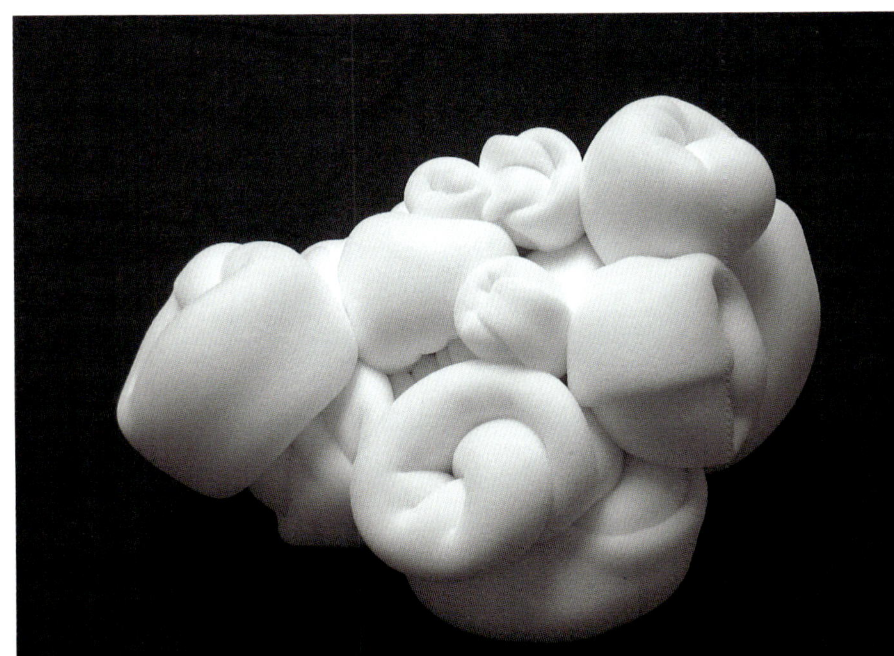

R-amo (escultura esponjosa n.º 3), 2006. Resina del mármol [Marbel resin], 40 x 30 x 30 cm

LA REGIÓN
DE LOS CIEN OJOS

OJOS-OJETES / TÍMPANOS / HIMEN / VELO / ESPACIO-LUZ / OJOS CIEGOS /
ENTRADA Y SALIDA / ARGOS

Argos tenía cien ojos, de los que cincuenta velaban y cincuenta dormían, y actuaba, por cierto, como vigilante de la no consumación de la pasión de Júpiter por Ío. Muerto por Mercurio tras conseguir dormirle a base de cuentos (recuérdese a Polifemo), Juno tomó sus ojos y los distribuyó en la cola del pavo real, animal que además de simbolizar la vanidad y, en el cristianismo, la inmortalidad, es emblema en la *Ars Symbolica* de Boschius de «la unión de todos los colores» y de la totalidad (como anota Cirlot). Cosas pertinentes a la pintura.

Con este grupo de obras se abre, en el año 2001, una etapa pictórica que aún continúa hoy: la de los cuadros hechos con lonas plásticas, que le han valido a Verbis galardones y cuota de mercado. Con ellos se abren numerosas perspectivas conceptuales y formales, que en ocasiones no hacen sino desarrollar aspectos anteriormente apuntados.

Es, de nuevo, una pintura maquinal. Los recortes de estas lonas plásticas, de utilización industrial, deben ser unidos con calor, lo que es excusa perfecta para ingeniar un método de trabajo «distanciado»: Verbis dibuja plantillas que envía a la fábrica, donde son recortadas en lona y, si procede, cosidas y remachadas; una vez montadas en el bastidor, las corrige e interviene pictóricamente con acrílico sobre ellas. Reaparece la costura, que se insinuaba en las obras realizadas con botones. Las plantillas vienen a ser patrones, con los que otra vez trae a colación a Duchamp en su representación de los moldes málicos, que son algo así como patrones de uniformes. El recuerdo de *El gran vidrio* se podría buscar además en la fragmentación de la superficie en líneas irregularmente paralelas de este primer grupo de cuadros de lonas, y especialmente en obras como *Playgirl y les mâlics automatiques,* en la que las líneas de

7.

THE REGION OF THE ONE
HUNDRED EYES

OJOS-OJETES / TÍMPANOS / HIMEN / VELO / ESPACIO-LUZ / OJOS CIEGOS /
ENTRADA Y SALIDA / ARGOS

Argos had a hundred eyes, fifty of whichfifty remained watchful while the other fifty slept, and he acted, incidentally, as the guard to prevent the consummation of Jupiter's passion for Io. Killed by Mercury, who managed to put him to sleep using stories (recall Polyphemus), Juno took his eyes and distributed them on the tail of the peacock, an animal which, in addition to symbolizing vanity, and in Christianity, immortality, is an emblem in the *Ars Symbolica* of Boschius of "the union of all colors" and totality (as noted by Cirlot). Things belonging to painting.

This group of works from 2001, opens a pictorial phase that continues today: paintings done using plastic canvases, which have brought Verbis accolades and market share. With them, he opens multiple formal and conceptual perspectives, which at times develop the aforementioned aspects.

It is, once again, mechanical painting. The clippings of these plastic sheets, which are used in industry, must be joined with heat, which is the perfect excuse to devicse a "distanced" work method: Verbis draws templates that he sends to the factory, where they are cut into the sheet, and, if necessary, sewn and riveted; once mounted on the frame, he corrects them and pictorially acts on them with acrylic. Seams, which were insinuated in the works with buttons, reappear. The templates are patterns, which he uses once again to bring references to Duchamp into his representation of the malic molds, which are something like patterns for uniforms. The memory of *The Large Glass* could also be sought in the fragmentation of the surface into irregularly parallel lines of this first group of plastic-sheet paintings, and especially in works like *Playgirl* and *les mâlics*

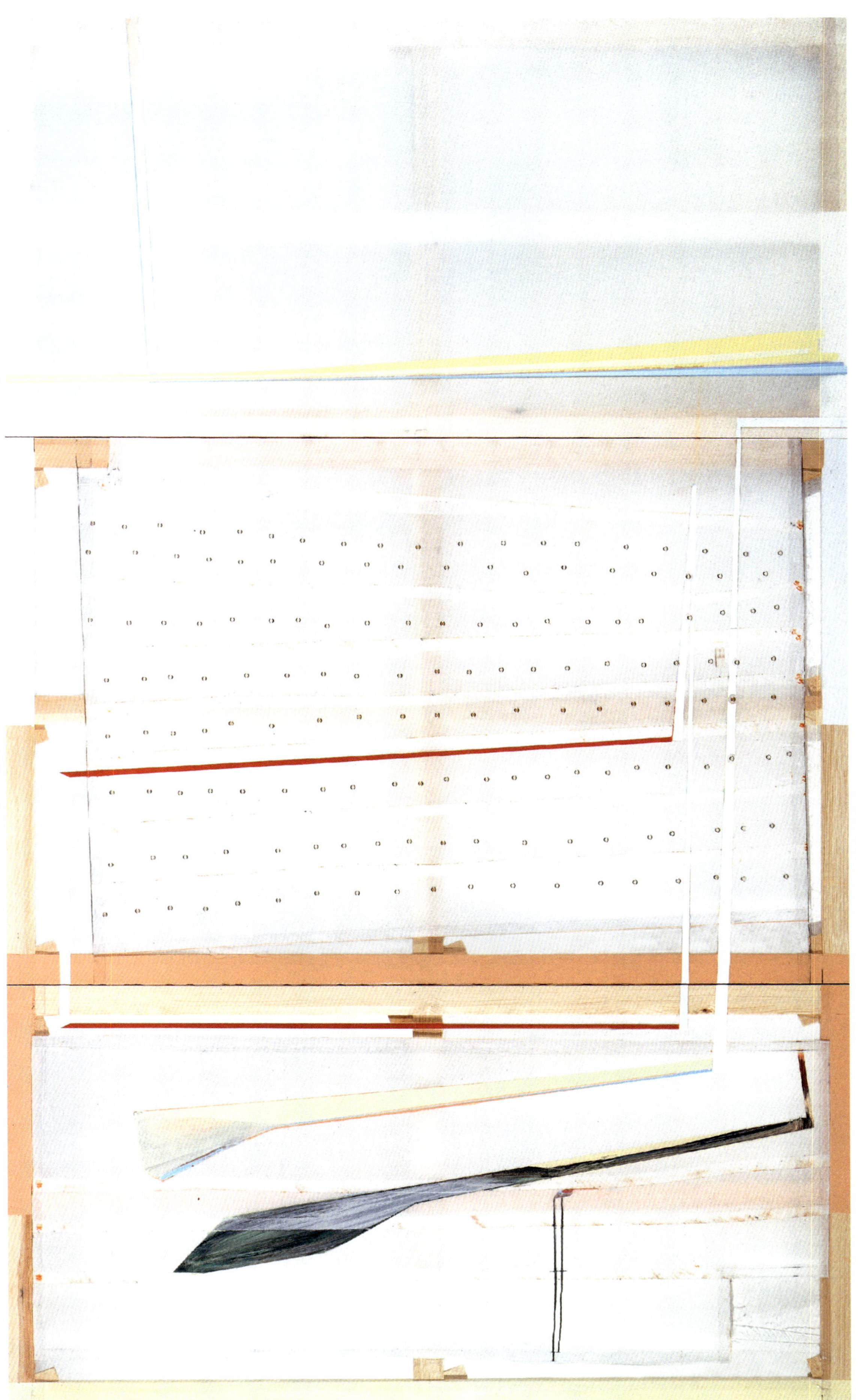

Si das, si buceas, si mueles el amor..., 2002.
Acrílico, lona plástica y ojetes metálicos [Acrylic,
plastic sailcloth and metal rings], 330 x 195 cm.
Colección Museo Nacional Centro de Arte Reina
Sofía [Collection], Madrid

sutura de la lona traslúcida imitan el efecto de las líneas de ruptura de un cristal golpeado. Aunque a veces utiliza lonas de color para introducir ya en la base del trabajo el cromatismo, casi siempre hay una parte de la superficie (o la totalidad) que es traslúcida o transpa-

automatiques, in which the suture lines on the translucent plastic sheet imitate the effect of the breakage lines of glass that has been struck. Although he sometimes uses colored sheets to add chromatism to the base of the work, there is almost always a part

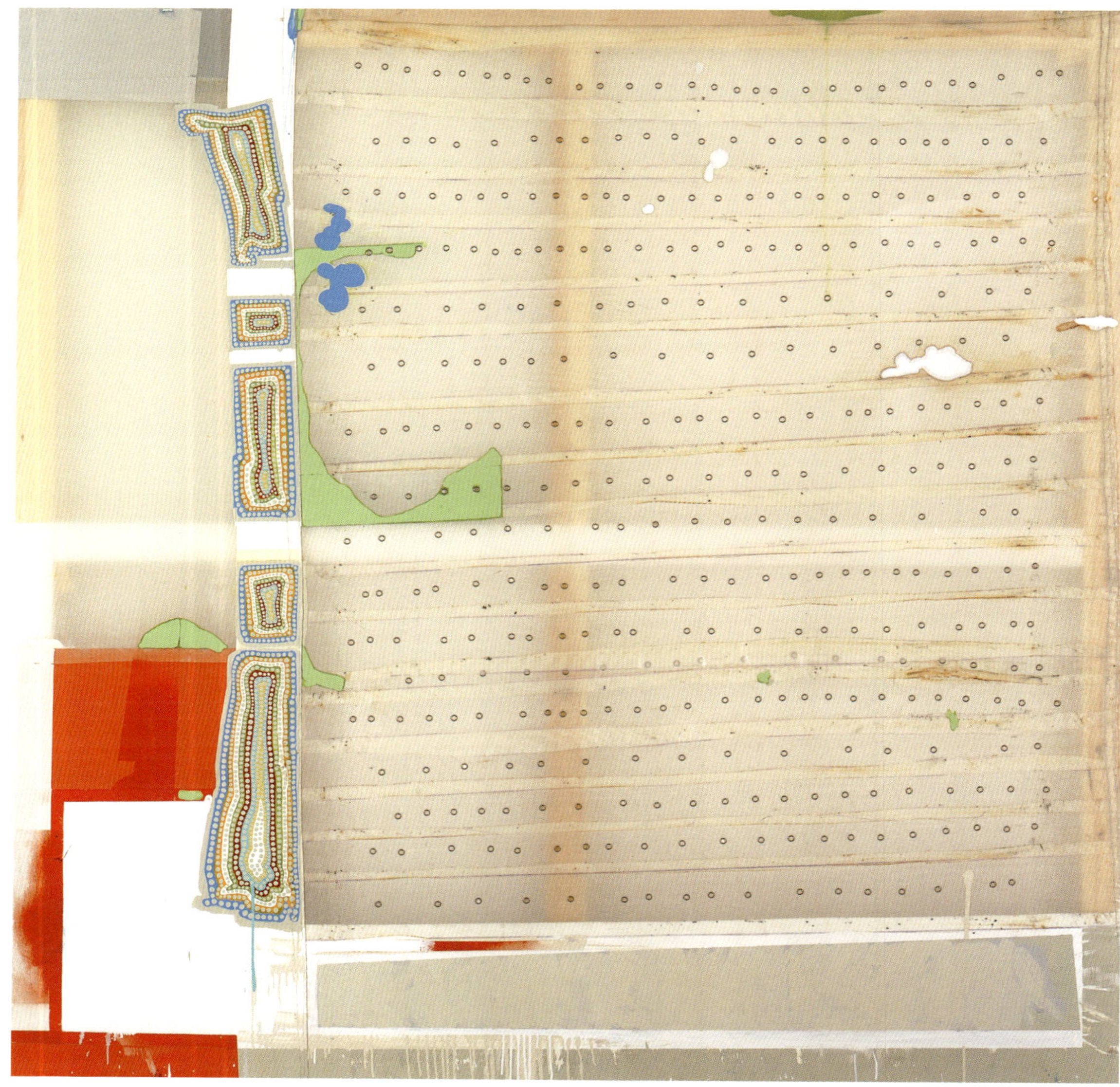

Pijo, hijo, ojo de vecino, 1998. Acrílico, lona plástica y ojetes metálicos [Acrylic, plastic sailcloth and metal rings], 195 x 195 cm. Colección L´Oréal [Collection]

rente. Opta, así, por la levedad visual, que no se corresponde con una levedad física, ya que estas obras, con su acumulación de marcos y sólido bastidor, pesan muchísimo.

of the surface (or all of it) that is transparent or translucent. With this, he opts for visual levity, which does not correspond to physical levity, since these works, with their accumulation of frames and solid frameworks, are very heavy.

La transparencia destruye la ilusión de la «ventana» albertiana, y deja ver el muro detrás del cuadro, es decir, el espacio real, lo cual no es en absoluto casual o caprichoso sino que obedece a una particular idea sobre el espacio en la pintura. Estos cuadros de Verbis (también sería aplicable a otras obras) tienen una presencia escultórica sobre la pared, pero su voluntad artística es otra: que veamos el espacio real como pintura. «El cazador cazado», dice. Valiéndose de los hábitos perceptuales y mentales que todos hemos adquirido al mirar la pintura tradicional, asumiendo que un marco contiene otro espacio (sea representado figurativamente o, en la abstracción, sugerido visualmente), nos sitúa ante maderas, plásticos y atisbos de pared y nos hace verlos como brochazos que construyen también un espacio, que es espacio real pero es también espacio del arte. El marco en Verbis no es separación sino enlace entre esas dos dimensiones.

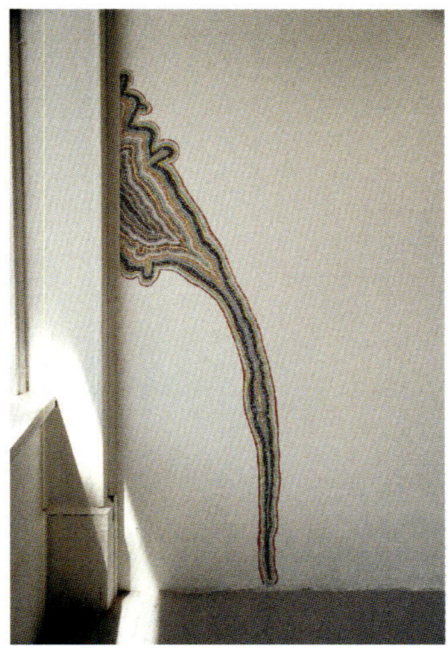

Desliz, 1997. Pintura acrílica sobre pared [Acrylic on wall], 120 x 50 cm (aprox.). Intervención en la [Intevention view at] Galería Emilio Navarro. Miami

Todas las digresiones psicológicas, simbólicas o meta-artísticas que se puedan aplicar a la obra de este artista parten no de aspectos representativos, sino de aspectos morfológicos de las obras. En este capítulo, son dos los hilos formales-argumentales principales que se vislumbran: la multiplicidad de ojos (Argos) y «el cuadro dentro del cuadro». Los ojos-ojetes, alineados en «calles» en estas obras, funcionan en el ámbito de la «puesta en cuestión» de la pintura como perforaciones que destruyen la uniformidad y sobre todo la «no-traspasabilidad» del plano pictórico, que suele ser percibida como un límite. Aquí es permeable y da paso al espacio real, nos permite acceder visualmente al muro. Y si ha utilizado la palabra «himen» a propósito de este grupo, hemos de suponer que hace alusión a esta «violación» de la membrana que cierra. Metafóricamente, Verbis se ha referido a las piezas agujereadas como «cedazos» o «tamices» o «coladores». Coladores de aire. A través de esos

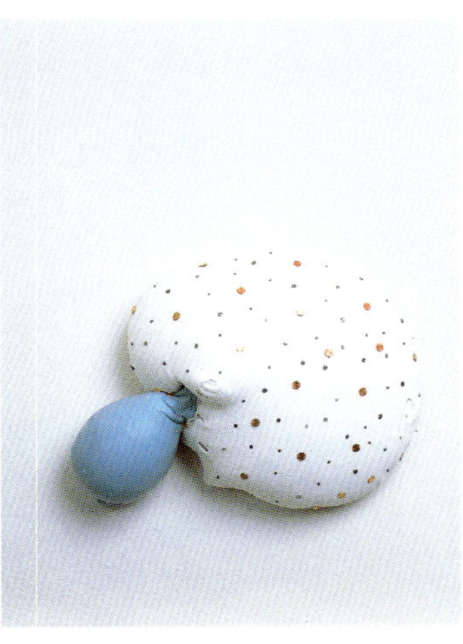

Ganga dos, tres y... (detalle) [detail], 1999. Espuma expansiva, temple, globo y clavos [Expansive foam, temper, baloon and nails], medidas variables [variable dimensions]

The transparency destroys the illusion of the Albertian "window" and allows a glimpse of the wall behind the painting, in other words, the real space which is absolutelynot absolutely accidental or capricious, but rather stems from a particular idea of space in the painting. These paintings of Verbis (this would also be applicable to other works) have a sculptural presence on the wall, but they have a different artistic intent: to get us to see the real space as painting. "The hunter hunted", it says. Making use of mental and perceptual habits that we have all acquired by looking at traditional painting, and accepting that a framework contains another space (whether represented figuratively, or, in the abstract, visually suggested), puts us before wood, plastics, and glimpses of the wall, and makes us see them as brush strokes that also construct a space, which is a real space, but is also an art space. The frame in Verbis is not separation but rather the link between those two dimensions.

All of the psychological, symbolic, or meta-artistic digressions that can apply to the work of this artist begin not with representative aspects, but rather with the morphological aspects of the works. In this chapter, there are two main formal-plot lines that can be made out: multiplicity of eyes (Argos) and "the picture within the picture". The eyes-eyelets, aligned in "streets" in these works, function at the level of the "bringing into question" of painting as perforations that destroy the uniformity and above all the "non-crossability" of the pictorial plane, which is usually perceived as a limit. Here it is permeable and gives way to real space, allowing us to visually connect with the wall. And if he used the word "hymen" in regard to this group, we must assume that he is referring to this "violation" of the membrane that closes it off. Metaphorically, Verbis has referred to these pieces as "screens", "sieves" or

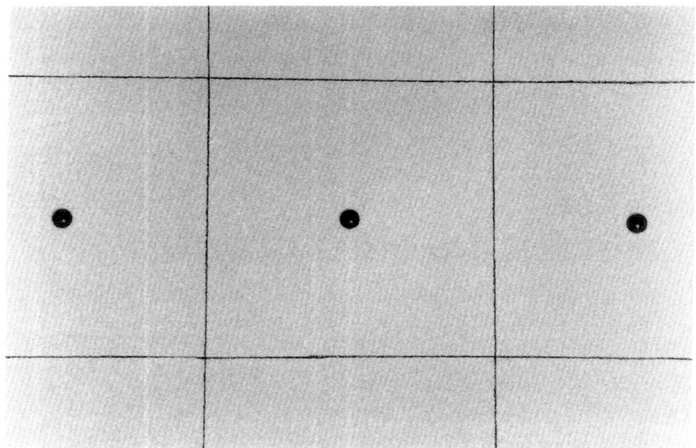

agujeros, que son ojos y oídos, se establece una comunicación figurada del cuadro con el entorno, y la luz circula a su través.

De otro lado, en algunos de los cuadros aparecen recuadros individualizados inscritos dentro del plano pictórico, como en *Luz, acción y decepción de dar,* donde ese fragmento está sujetado al conjunto por un inflexible «sargento». Verbis ironiza sobre la tradición del «cuadro dentro del cuadro», que aparece muy pronto en la pintura como medio de introducir otros personajes a través de retratos, de abrir más amplias perspectivas, de reflejar en un espejo lo que está fuera de la composición... en general haciendo ostentación de las habilidades del pintor. En las obras de Verbis no se trata, naturalmente, de una complicación en la representación, sino de una complejidad en la configuración del objeto-cuadro que incide en el cuestionamiento de la ilusión pictórica.

"strainers". Air strainers. Through these holes, which are eyes and ears, a figurative communication is established between the painting and the surroundings, and light that circulates through them. On the other hand, some of the paintings have individualized boxes inscribed inside the pictorial plane, as in *Luz, acción, y decepción de dar*, where that fragment is subjected to the whole by an unbending "sergeant". Verbis speaks ironically about the tradition of the "painting within the painting", which appears very early on as a means of introducing other characters using portraits, of opening broader perspectives, of reflecting what is outside of the composition in a mirror… in general, showing off the painter's abilities. In Verbis' works, naturally this is not a complication in the representation, but rather a complexity in the configuration of the object-painting that affects the questioning of the pictorial illusion.

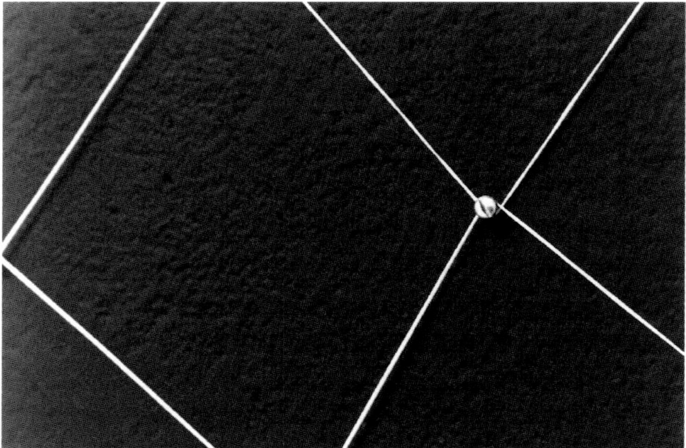

Damero (detalle) [detail], 1991. Lápiz, tornillos y arandelas [Pencil, bolts and metal rings], medidas variables [variable dimensions]

Mallal (detalle) [detail], 1991. Tornillos y gomas sobre pared pintada en negro [Bolts and elastic bands on black wall], medidas variables [variable dimensions]

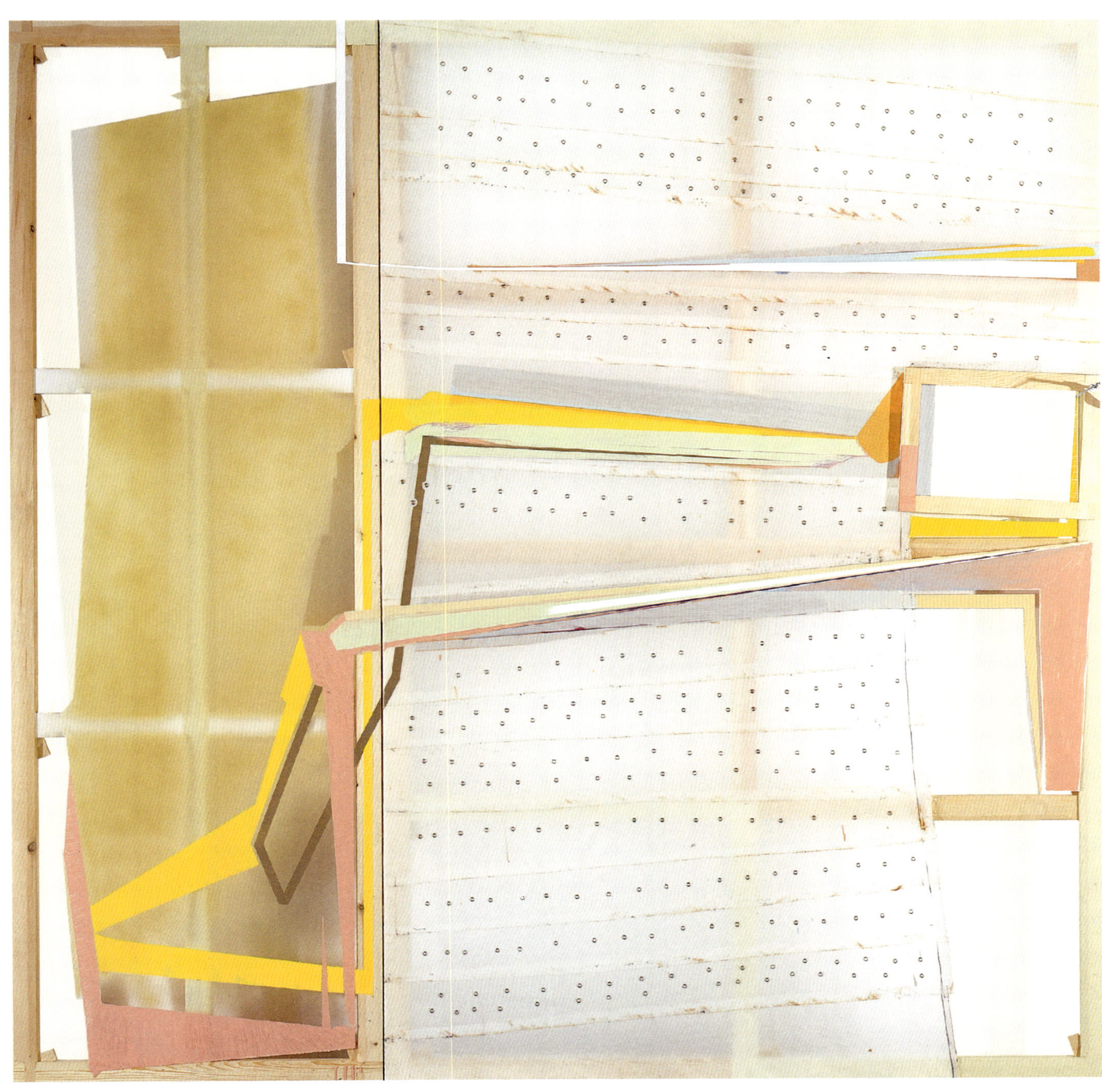

Luz, acción y decepción de dar, 2002. Acrílico, lona plástica, madera, ojetes metálicos y sargento [Acrylic, plastic sailcloth, wood, metal rings and bracket], 295 x 295 cm. Colección Museo Patio Herreriano [Collection]. Valladolid

8.

ALUMINOSIS ÓPTICA

HABLANDO EN PLATA / RABO DE NUBE / PLOF / CONTORNO F(R)A(C)TAL /
PANTONE ESCOLAR

8.

OPTICAL ALUMINOSIS

HABLANDO EN PLATA / RABO DE NUBE / CONTORNO F(R)A(C)TAL /
PANTONE ESCOLAR

Los metales fueron en el arte de la Edad Media una materia pictórica que cumplía dos funciones fundamentales: alabar a Dios a través de los materiales más ricos y representar un espacio sagrado en el que el oro o la plata emitían esa luz sobrenatural diferente a la luz terrenal. No pretendo atribuirle a Verbis delirios místicos, pero creo que podría ser revelador tener en mente las representaciones medievales a la hora de abarcar la «Aluminosis

In the Middle Ages, metals were a pictorial material that served two basic functions: praising God using the richest materials, and representing a sacred space in which gold and silver emitted that supernatural light different from the earthly light. I am not trying to attribute mystical delirium to Verbis, but I think that it could be revealing to keep the medieval representations in mind when approaching "Aluminosis óptica". It is

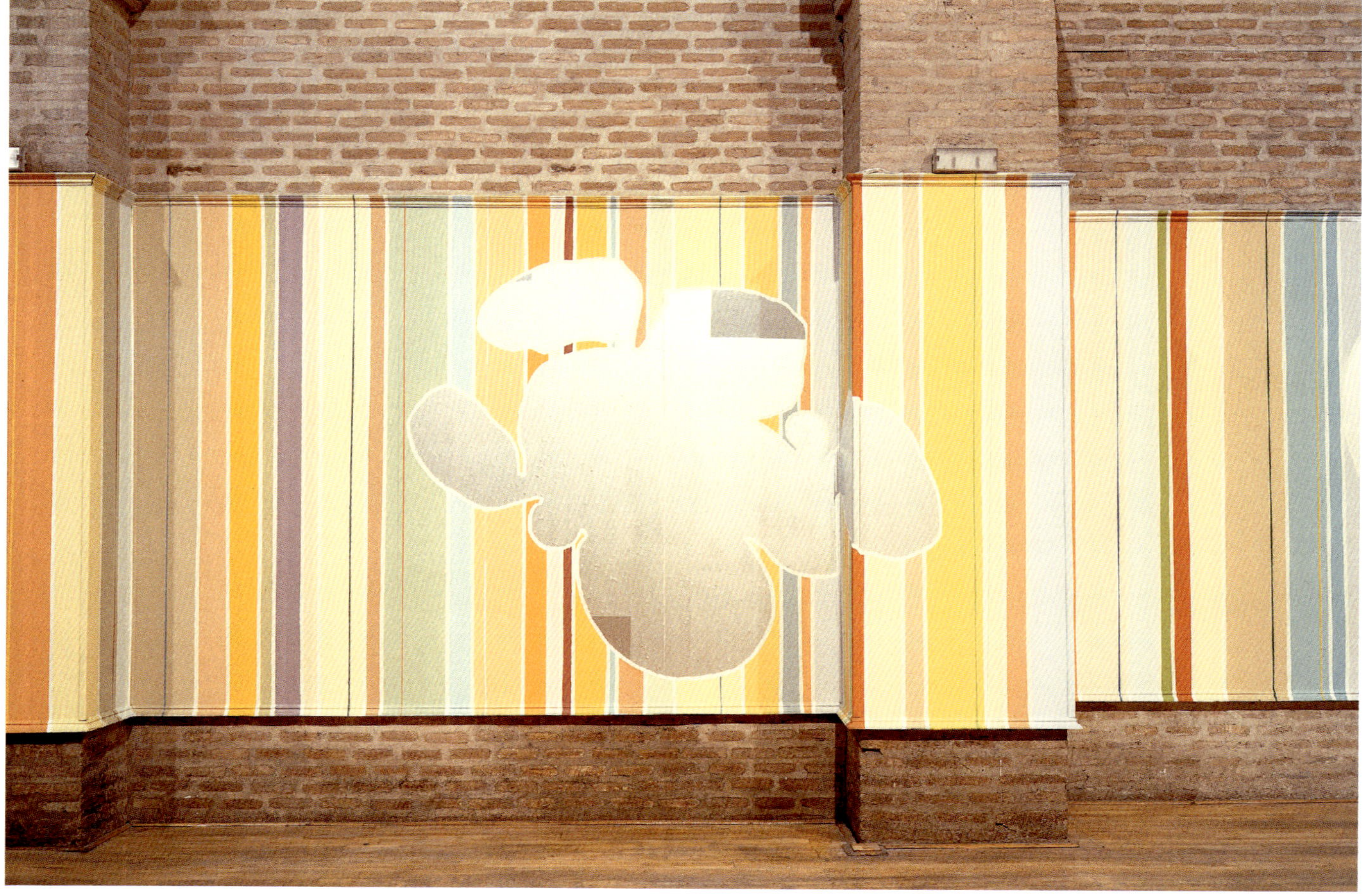

Op-op-pop, 2000. Pintura y papel de aluminio [Painting and silver foil], medidas variables [variable dimensions]. Intervención en la [Intervention view at] Iglesia de San Vicente. Toledo

óptica». Es evidente que la luz en la pintura es un problema que le interesa. Obviamente en su trabajo con proyecciones de luz eléctrica, pero también, más veladamen-
te, en otros grupos de obras. Las propiedades reflectantes
del papel de aluminio —material mucho menos noble y
mucho más barato que los mencionados metales pre-
ciosos— le sirven al artista para incluir en la composición de otra manera la luz, provenga ésta del exterior de
la sala (del sol), del interior (eléctrica) o de focos directamente proyectados sobre la pintura, como en *Dos luceros en una bala de plata n.º 1* (de *Otra constelación no
tan nueva)*. Pero, además, la superficie tan trabajosamen-
te cubierta de aluminio y alisada, refleja, aunque de forma borrosa, el entorno. Es otra manera de ampliar el espacio pictórico sin recurrir a la ficción de perspectiva o de
profundidad, que se enmarca en la ya comentada preo-
cupación del artista.

clear that light in the paintings is a problem that
interests him. This is obvious in his work with projected
electrical light, but also more surreptitiously in other
groups of work. The reflective properties of the
aluminum foil—a material that is much less noble and
much cheaper than the precious metals mentioned
before—allow the artist to include light in the
composition in another way, whether it comes from
outside the room (from the sun) or inside it (electrical
light) or from spotlights projected directly on the
painting, as in *Dos luceros en una bala de plata no. 1* (from
Otra constelación no tan nueva). But the surface so
carefully covered with aluminum and smoothed, though
blurry, also reflects the surroundings. This is another
way to expand the pictorial space without resorting to
the fiction of perspective or depth, which falls within
the scope of the artist's concerns mentioned before.

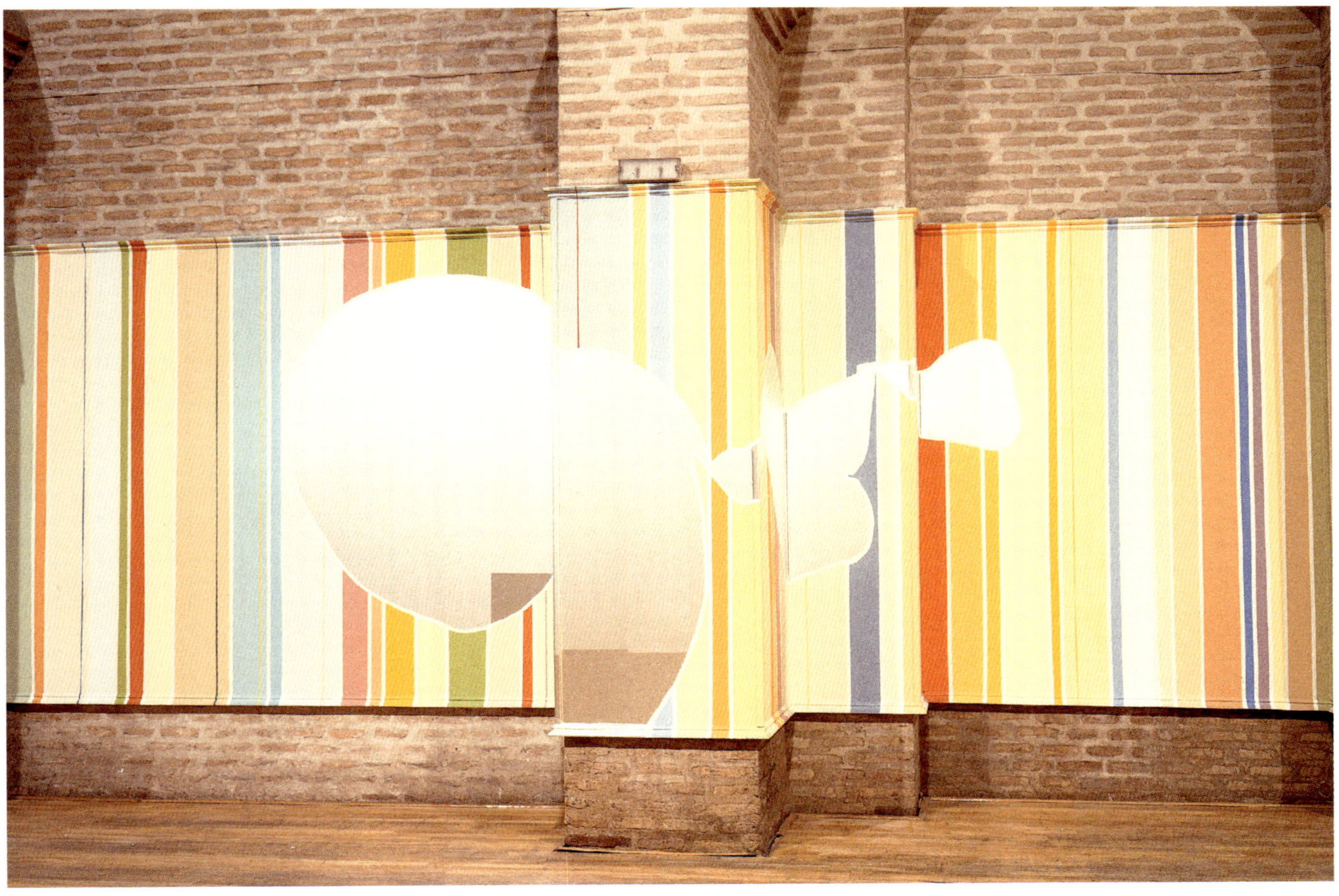

Op-op-pop, 2000. Pintura y papel de aluminio [Painting and silver foil], medidas variables [variable dimensions]. Intervención en la [Intervention view at] Iglesia de San Vicente.
Toledo

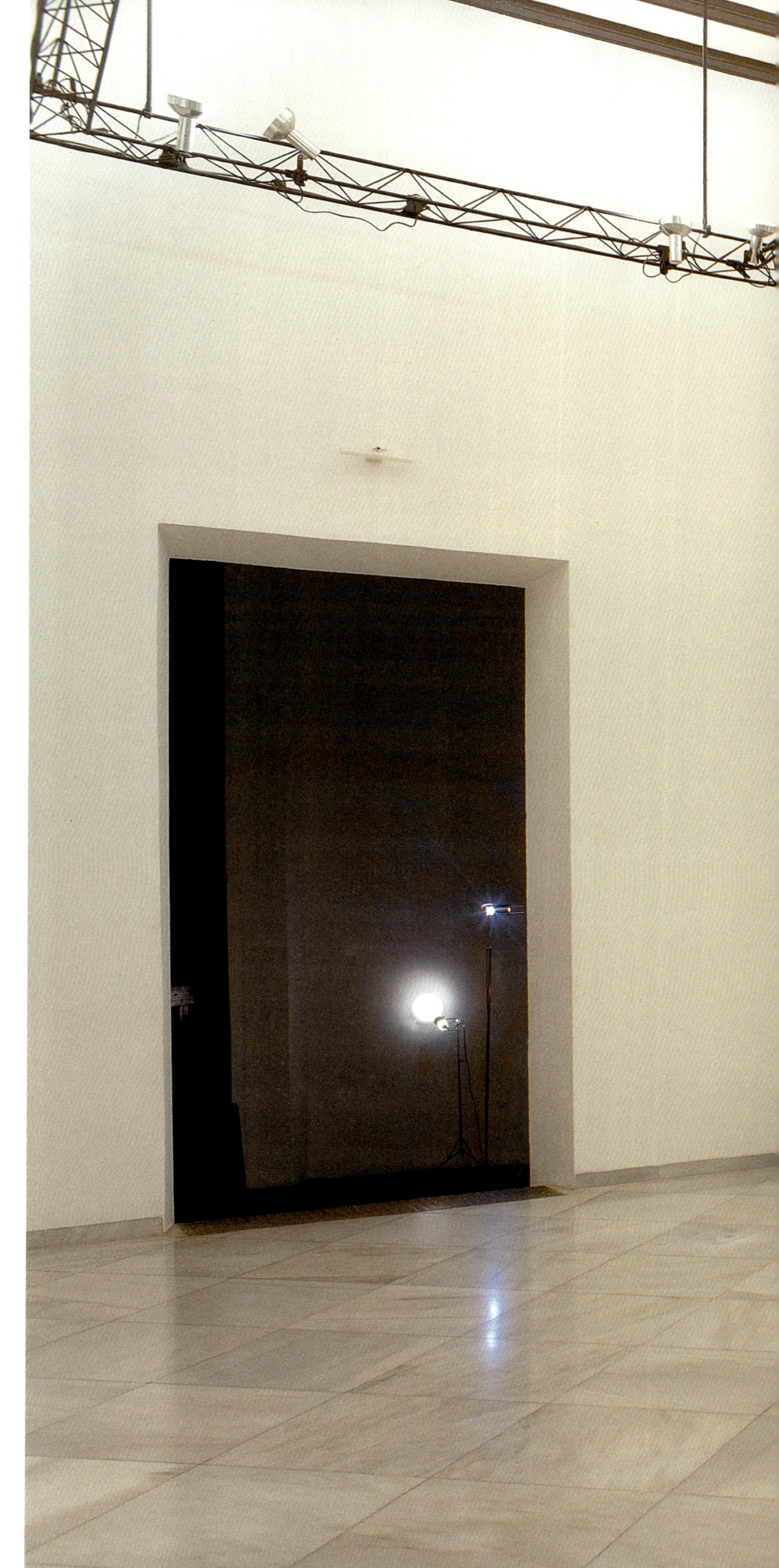

Dos luceros en una bala de plata n.º 1 (de Otra constelación no tan nueva), 2000. Pintura, papel de aluminio, trípodes, focos, arandelas, transformadores, cable, proyección [Painting, silver foil, tripods, spotlights, rings, cable, projection], 300 x 500 cm. Instalación en la [Installation view at] Galería Rafael Ortíz. Sevilla

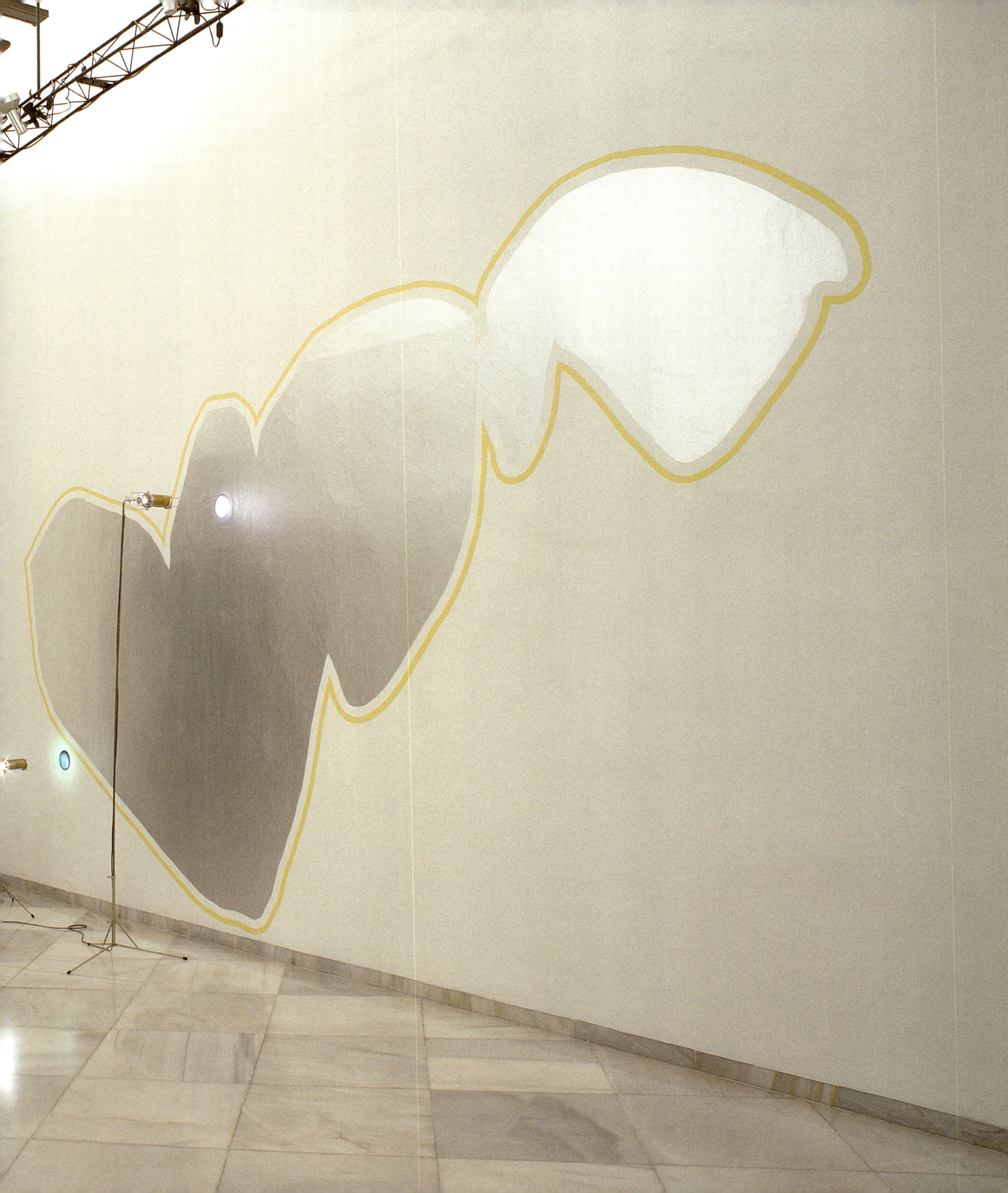

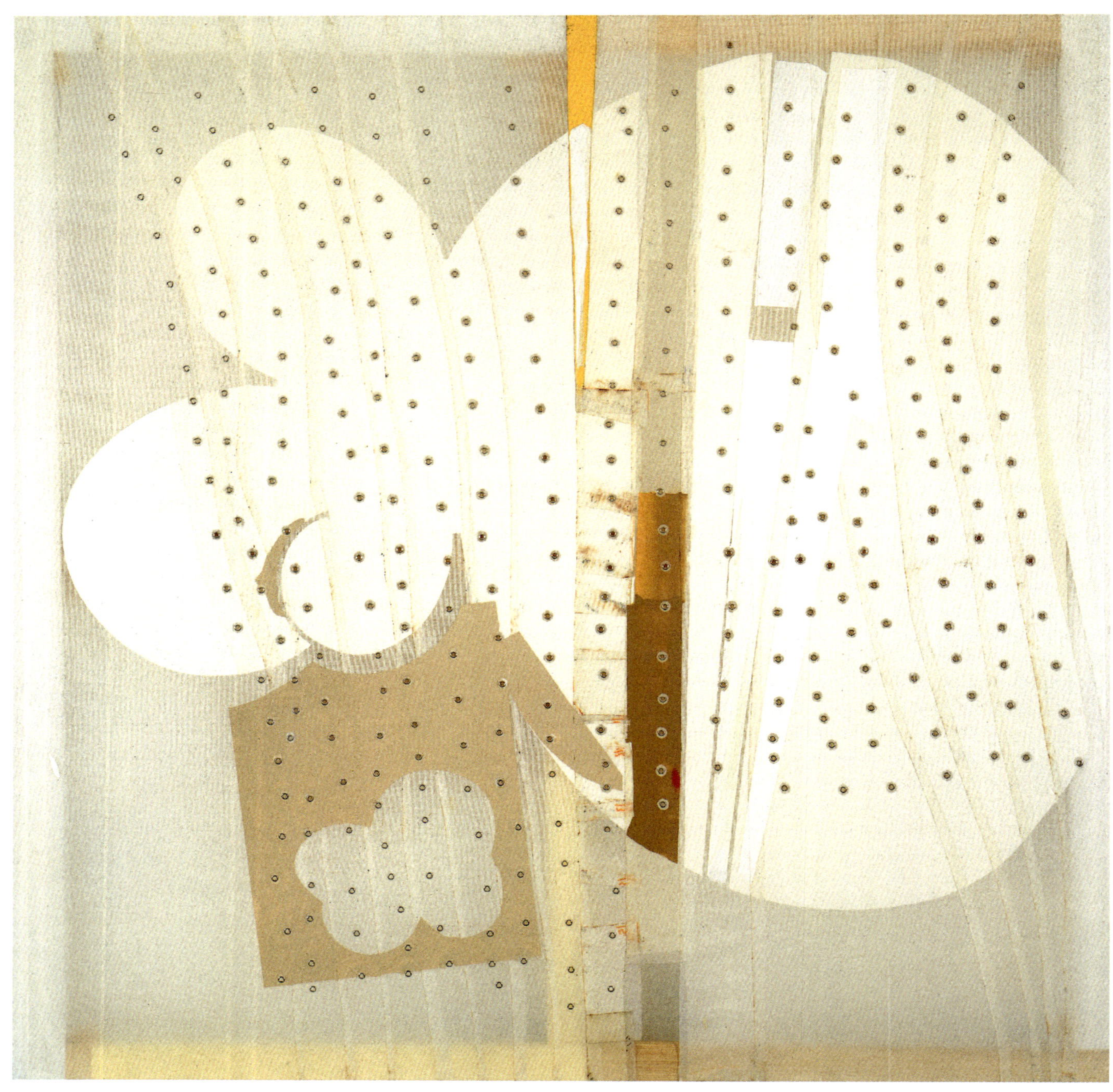

Un globo blanco en mis palabras, 2001. Acrílico sobre lona plástica y ojetes metálicos [Acrylic on plastic sailcloth and metal rings], 195 x 195 cm. Colección Centro Galego de Arte Contemporánea CGAC [Collection]. Santiago de Compostela

Todas estas formas de aluminio son nebulosas que parecen evolucionar a partir de las «membranas» contenedoras de células «tu(a)morales». Serían, por tanto, formas «expansivas» que tienen como base siempre el espacio real de la sala de exposición, sobre sus muros. La instalación pictórica mayor es, sin duda, *Op-op-pop,* realizada en la iglesia de San Vicente en Toledo, en el año 2000, y con un esquema repetido con variantes en su individual en la galería Max Estrella de Madrid en 2001, con el título de *Hombre-l'oeil.* En Toledo, la base de bandas verticales de colores surgió en parte como solución al problema que para la intervención pictórica suponía el panelado quebrado y pintado de blanco que ocultaba las columnas de la nave. Las bandas amortiguaban los ángulos, aprovechados en algunos puntos para favorecer los reflejos en las superficies metálicas. Si quisiéramos buscar los antecedentes de esa pintura plana en bandas habría que pensar en la pintura geométrica y minimalista de Sol LeWitt y compañía, pero podríamos también tirar del paralelismo medieval y remitirla a esos fondos de bandas (aunque horizontales) de colores planos que articulaban el espacio en las miniaturas de los *Beatos,* o (igualmente sobre el muro) en las de algunas representaciones celestiales en los ábsides románicos de las iglesias de Tahull. Y de articulación del espacio se trata, pues en Madrid, asimilada ya la experiencia del muro quebrado toledano, buscó las esquinas y los ángulos para extender sobre ellos las bandas y las «nubes» de plata.

Hablando de nubes. En la historia de la pintura las encontramos a menudo en dos contextos: el paisaje y las representaciones del Cielo, de la Gloria. El título de la instalación en Max Estrella nos lleva a este último dominio. *Hombre-l'oeil* es hombre-ojo, hombre supeditado a su órgano de visión, pero jugando a las palabras, «ombre» es en francés sombra, que remite a luz; y la expresión completa, como apuntaba Miguel Cereceda en su presentación, a *trompe-l'oeil,* es decir, trampantojo. Los trampantojos podían ser arquitecturas fingidas, perspectivas a paisajes simulados o, frecuentemente, en los techos de palacios o iglesias, aperturas a un celaje en el que los personajes mitológicos o sagrados («rompimientos de Gloria») se asomaban entre las NUBES. Rompimiento de muros, de superficie pictórica.

All of these aluminum shapes are nebulous, and seem to evolve from the containing "membranes" of "tu(a)moral" cells. They would therefore be "expansive" shapes that are always based on the real space of the exhibition hall, on its walls. The largest pictorial installation is undoubtedly *Op-op-pop,* done in the San Vicente church in Toledo in the year 2000, with a repeated scheme with variations in his individual exhibition in the Max Estrella gallery in Madrid in 2001, titled *Hombre-l'oeil.* In Toledo, the base of vertical bands of color came about partly as a solution to the problem posed to the pictorial activity by the broken white painted paneling that hid the columns of the nave. The bands soften the angles, used at some points to favor the reflections on the metal surfaces. To search for the precursors of that flat painting on strips, one must think back to the geometric and minimalist painting of Sol LeWitt and company, but parallels could also be drawn with the medieval age and hark back to the striped backgrounds (though horizontal) of flat colors that defined the space in the miniatures of the Saints, or (also on the wall) to some heavenly depictions in Romanesque apses of the Taüll churches. And it is about defining space, since in Madrid, with the experience of the broken wall in Toledo already assimilated, he searched for the corners and the angles to extend the stripes and silver clouds on them.

Speaking of clouds. In the history of painting, we often find them in two contexts: in landscapes and in representations of Heaven and Glory. The title of the installation at Max Estrella brings us to the domain of the latter. *Hombre-l'oeil* is man-eye, man subordinated by his organ of sight, but playing with words, "ombre" is shadow in French, which is a cross-reference to light; and the complete expression, according to Miguel Cereceda in his presentation, brings us to *trompe-l'oeil,* in other words, optical tricks or illusions. These optical tricks could be faked architecture, perspectives of simulated landscapes, or frequently, on the ceilings of palaces or churches, openings to a cloudscape in which the mythological or holy characters ("Openings onto Glory") showed through the CLOUDS. Openings in walls, in pictorial surfaces.

ESPECULAR-HINCHAR-PINTAR

EL OJO DOMESTICADO / EL GLOBO OCULAR Y EL VERBO ESPECULAR /
LLENAR Y LUEGO CORTAR / CORTAR / SEPARAR Y LUEGO MIRAR

En las representaciones fantásticas, se llaman ojos heterotópicos los que han quedado desplazados desde su lugar natural a otras partes del cuerpo, y suelen indicar clarividencia. ¿Qué significan estos ojos asombrados y fuera de lugar que Verbis ha calado en sus cuadros? En la gran pintura antigua de figuras, en el gran retrato, fascina la mirada de los personajes representados, que sigue al espectador en su movimiento en torno al cuadro y que parece restituir la vida a quienes no son ya más que polvo. En la literatura y en el cine fantástico hay casos de obras pictóricas o escultóricas que cobran vida, y la transformación empieza casi siempre por una mirada más intensa de la cuenta. Y no es inhabitual, en películas de clase B o cómicas, que algún conspirador haya taladrado los ojos de un cuadro para poder espiar, asomando los suyos a esos agujeros, lo que ocurre en una habitación. En este capítulo tragicómico nos «miran» unos ojos que en unas ocasiones son asimismo taladrados, con grandes remaches, y en otras son piezas de aspecto mecánico añadidas.

Estos son de alguna manera también cuadros de figuras, en el sentido de que hay una forma principal que domina la composición, alguna vez en diálogo con otra u otras secundarias: *conversation pieces.* Estas «figuras» son todas curvas, resultantes de la intersección de círculos, y Verbis se refiere a ellas como «globos». El círculo, dice, es la manera más sencilla y contundente de llenar el espacio. La naturaleza, recuerda, crece acumulando unidades circulares. «Por otro lado el círculo, cuando se presenta aislado, es una especie de presencia suspendida en el espacio que nos sitúa siempre como espectadores y refleja un individuo que, cuando ve, se sabe exterioridad. Cuando ya no vemos los límites de ese círculo podríamos hablar de una visión desde la interioridad.»

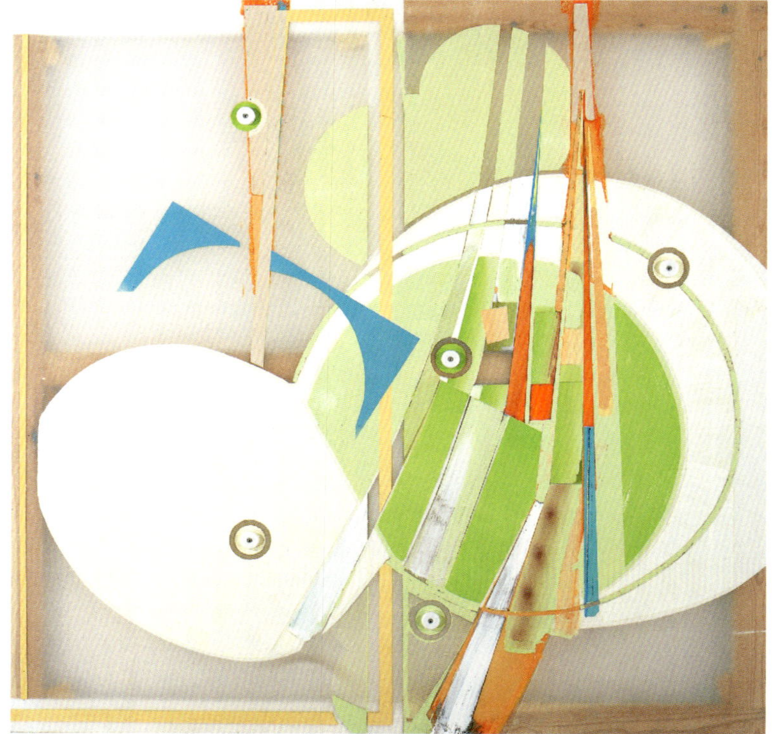

Igual que la luz atraviesa el cristal, 2001. Acrílico sobre lona plástica [Acrylic on plastic sailcloth], 150 X 150 cm. Colección particular [Private Collection]

SPECULATE-SWELL-PAINT

*EL OJO DOMESTICADO / EL GLOBO OCULAR Y EL VERBO ESPECULAR /
LLENAR Y LUEGO CORTAR / CORTAR / SEPARAR Y LUEGO MIRAR*

In depictions of fantasy, eyes that have been moved from their natural position to other parts of the body are called heterotopic eyes and normally indicate clairvoyance. What do these surprised and out-of-place eyes that Verbis has inserted into his paintings mean? In the great figure painting of old, in the great portrait, the gaze of the figures depicted is fascinating, following the viewer as he moves around the painting, and seemingly bringing back to life those who are now nothing more than dust. In fantastic film and literature, there are cases of pictorial or sculptural works that take on life, and the transformation almost always begins with a look that is more intense than normal. And it is not uncommon in B-movies or comics for a conspirator to drill out the eyes of a painting to spy on the events in a room by placing his eyes on the holes. In this tragicomical chapter, eyes—in some cases also drilled, with large rivets, and in others added pieces with a mechanical appearance—"look" at us.

These are in some way also pictures of figures, in the sense that there is a main shape that dominates the composition, sometimes in dialogue with one or more secondary shapes: *conversation pieces*. These "figures" are all curves, resulting from the intersection of circles, and Verbis refers to them as "balloons". The circle, he says, is the simplest and most forceful way to fill space. And since we are talking about eyes and circles, the idea of the eyeball takes precedence. In these works, unlike the "screens"—the pictures perforated by a multitude of small aligned rivets—the painting with acrylic is much more extensive, and shows a more sensual approach to the painting in its tactile qualities and in the less harshly flat treatment of the acrylic (in some areas colors are mixed or superimposed, and he allows the brushstroke to leave marks). The idea of a template returns in the clean

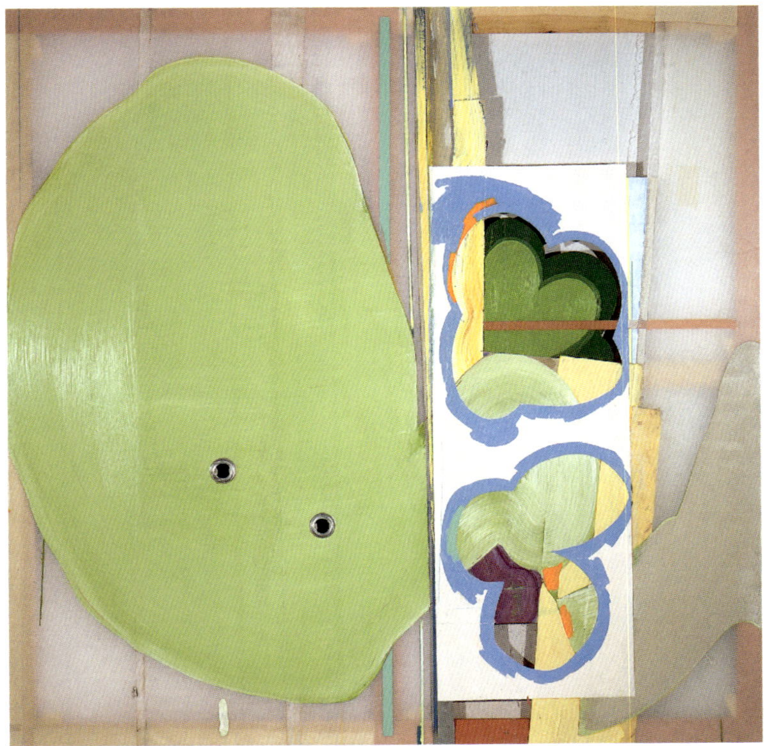

Dos tiempos del camaleón, 2000. Acrílico sobre lona plástica [Acrylic on plastic sailcloth], 195 x 195 cm.
Colección Ayuntamiento de Oviedo [Collection]. Oviedo

Y como de ojos y de círculos hablamos, se impone la idea de globo ocular. En estas obras, a diferencia de los «cedazos» —los cuadros perforados por multitud de pequeños remaches alineados—, la intervención con acrílico es mucho más extensa, y demuestra en cualidades táctiles y en el tratamiento no tan duramente plano del acrílico (en algunas zonas se mezclan o se superponen los colores, y permite que la pincelada deje rastro) una aproximación más sensual a la pintura. La idea de plantilla retorna en los limpios perfiles de los «globos», pero sobre todo en los rectángulos que contienen formas «en negativo», ausentes. Hay un juego lleno-vacío, y una tensión curva-recta, que aparece en forma de estrechos rectángulos o largas «cuñas» que fragmentan el plano pictórico (algún recuerdo, todavía, *El gran vidrio,* del que por otra parte, nos dice Verbis, se comenta en estas obras la «Región de los nueve tiros», bajo el halo de la «Mariée»). Los «ojos» de estos cuadros hacen también referencia a los orificios corporales (machihembrado de los remaches) y a accidentes de la piel, como lunares o pecas, o pezones, en los que inconscientemente la mirada se detiene: serían vías de comunicación con el exterior e hitos formales en la composición. O mirillas. O camuflaje: hay ojos fingidos, los ocelos, en las alas de los pájaros y de las mariposas, como estrategia defensiva. Hay ojos en las alas de los ángeles.

Y una vez más, contribuyen a objetualizar el cuadro. Lo abre al espacio.

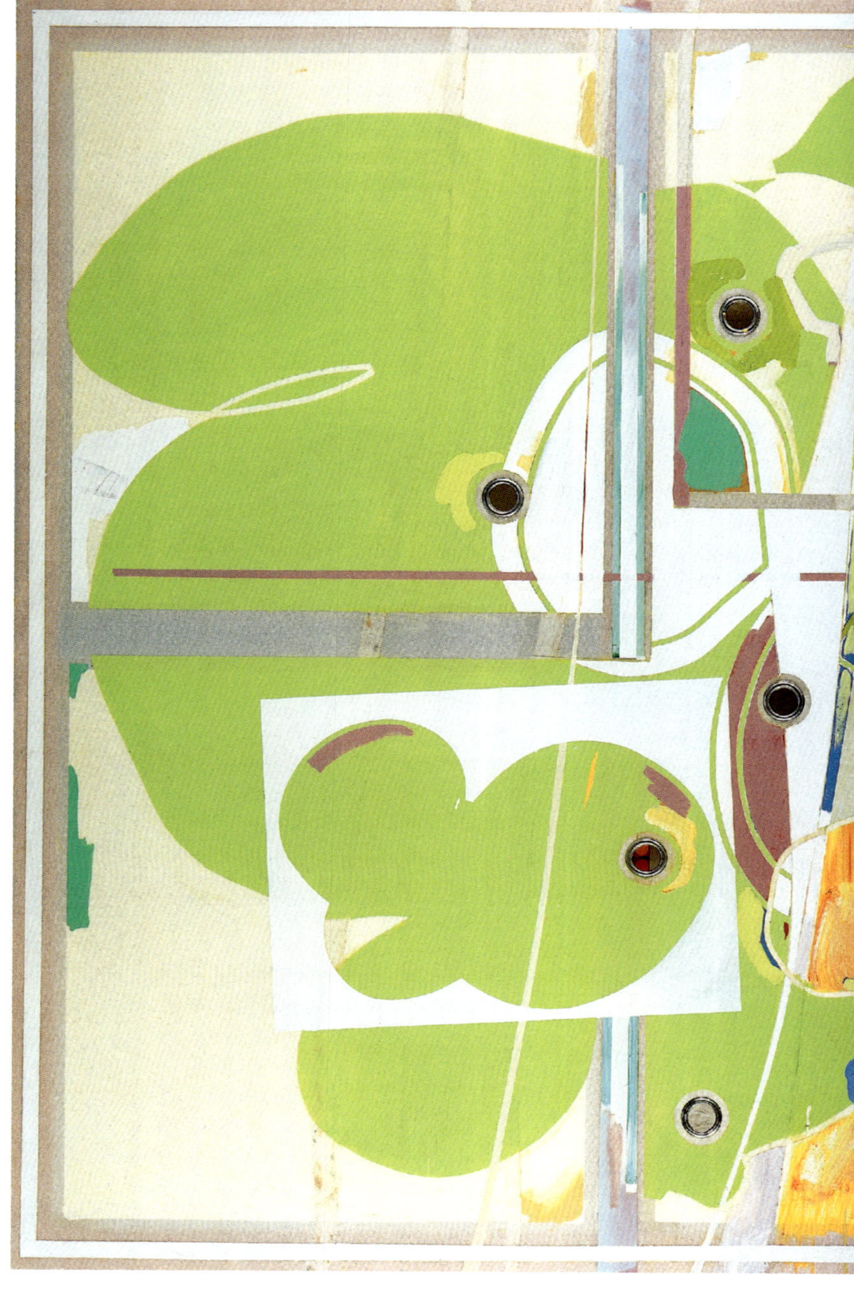

Desnudamiento en verde, 2001. Acrílico sobre lona plástica y ojetes de metal [Acrylic on plastic sailcloth and met

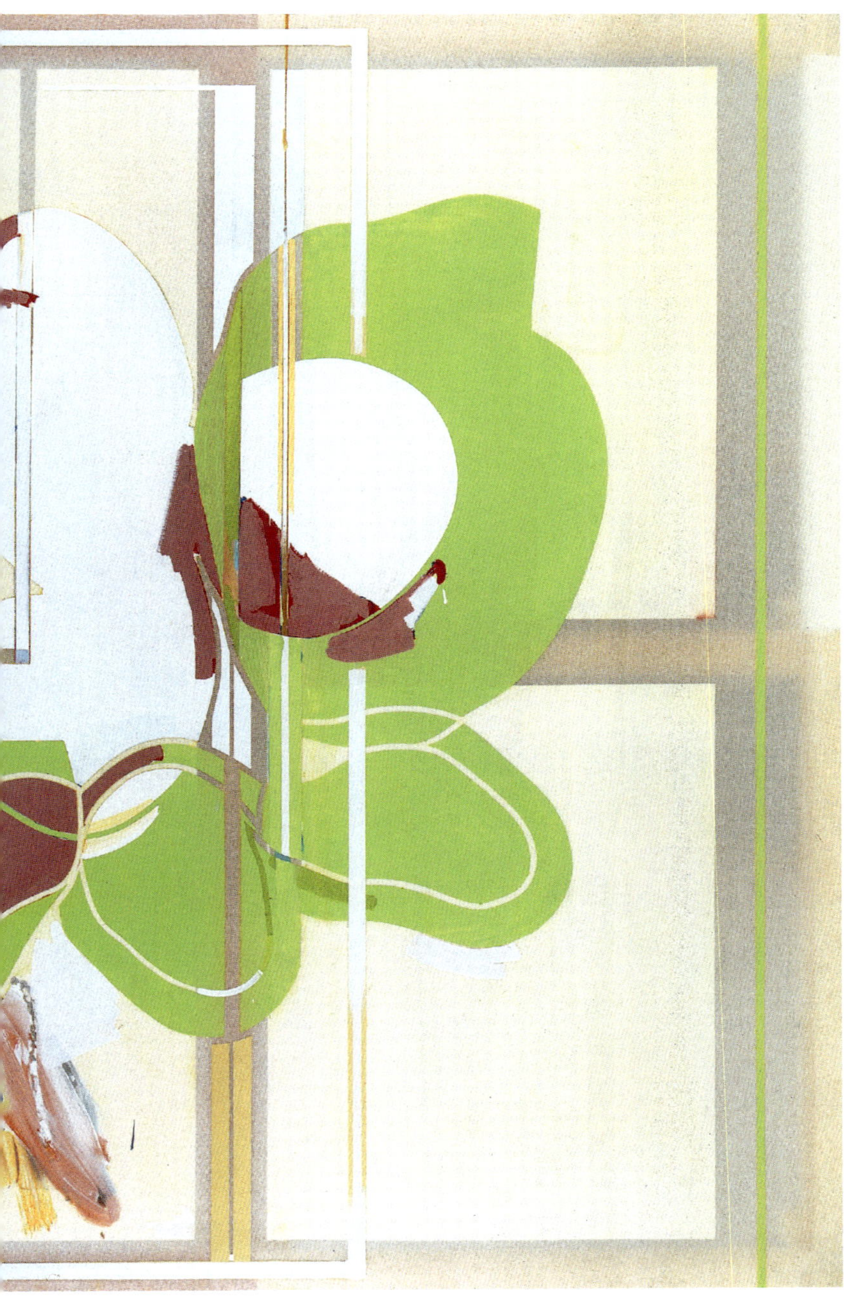

outlines of the "balloons" but above all in the rectangles that contain "negative", absent shapes. There is a play on full-empty, and a curved-straight tension, that appears in the form of narrow rectangles or long "wedges" that break up the pictorial plane (a reference, yet again, to *The Large Glass*, regarding which, Verbis tells us, these works comment on the "Region of the nine shots", under the halo of the "Mariée"). The "eyes" of these pictures also make reference to bodily orifices (tongue-and-groove of the rivets) and accidents of the skin, such as moles or freckles, or nipples, on which the gaze unconsciously rests: they would be a means of communication with the outside and formal milestones in the composition. Or peepholes. Or camouflage: there are ocelli, false eye markings on the wings of birds and butterflies as a defensive strategy. There are eyes on the wings of the angels.

And once again, they contribute to objectify the picture. They open it to space.

La cueva fue el primer soporte de la pintura. Ya se ha recordado que cuando Verbis habla de la escasa evolución de la pintura a lo largo de los siglos se refiere a ese arte rupestre. Algunas interpretaciones de la pintura paleolítica dicen que la distribución de las figuras en las diversas partes de las cuevas, así como las agrupaciones de los motivos, obedecen a una clasificación de todo ello en género masculino o femenino y que, en general, la cueva es un seno materno. Una significación freudiana que no le va mal a Verbis. En Platón *(Fedón, o de la inmortalidad del alma)* la caverna es el mundo subterráneo de las apariencias, donde no llegan más que los «sedimentos» del mundo superior, de las ideas. Pero Verbis se burla un poco de *Platón* y de su pretensión de que en esa Tierra feliz del mundo superior abundan «el oro, la plata y otros metales que, distribuidos con abundancia en todas partes, proyectan de todos lados un brillo que deleita la vista». El latón es una aleación pobre, como el aluminio con el que fabrica sus esculturas «informales». Cuevas llenas de destellos metálicos que tal vez podrían asociarse, con mayor propiedad, con Alí Babá. Y si antes señalaba la función del papel de aluminio en las «nubes» murales de «Aluminosis óptica» como introductor de una luz real, no representada y no proyectada en la pintura, algo parecido cabe decir de estas esculturas, que emiten la luz reflejada.

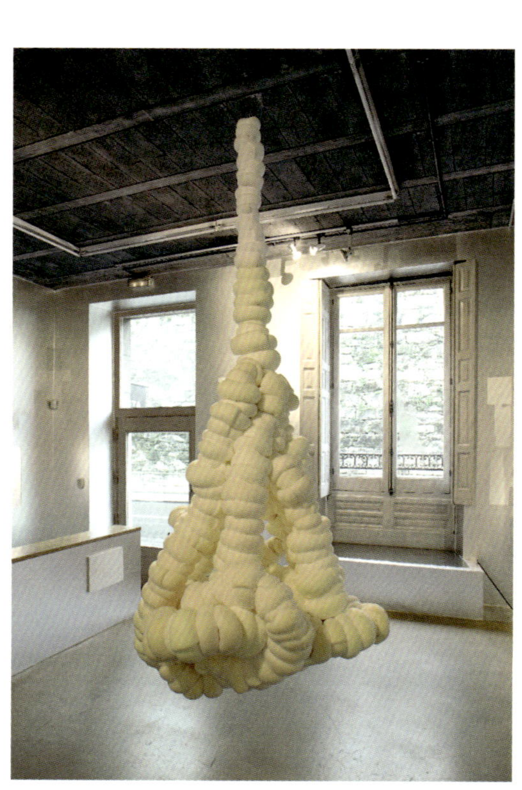

Amor muerto, 2005. Escultura de espuma y espacio forrado con papel de aluminio [Foam sculpture and silver foil covered space], medidas variables [variable dimensions]. Instalación en la [Installation view at] Galería Trinta. Santiago de Compostela

The cave wall was the first painting surface. As we have already recalled, when Verbis speaks of the scant evolution of painting over the centuries, he is referring to this cave art. Some interpretations of Paleolithic painting say that the distribution of the figures in the different parts of the caves, as well as the grouping of the motifs, indicates a classification of everything into male and female genders, and that, in general, the cave is a maternal bosom. This Freudian meaning works well for Verbis. In Plato *(Phaedo, or regarding the immortality of the soul)*, the cave is an underground world of appearances in which only the "sediments" or ideas reach from the world above. But Verbis mocks *P-lato* a little bit (by playing on his Spanish name, *Platón*, to highlight *'latón'*, the word for brass—*P-latón)* and his pretension that in that happy Earth of the world above, there was abundant "gold, silver, and other metals, distributed in abundance everywhere, that project a brilliance from all sides that delights the eyes". Brass is a poor alloy, like the aluminum with which he makes his "informal" sculptures. Caves filled with metallic sparkles that might, perhaps, be more appropriately associated with Ali Baba. And as I said before, the function of the aluminum foil in the mural "clouds" of "Aluminosis óptica" is to introduce real

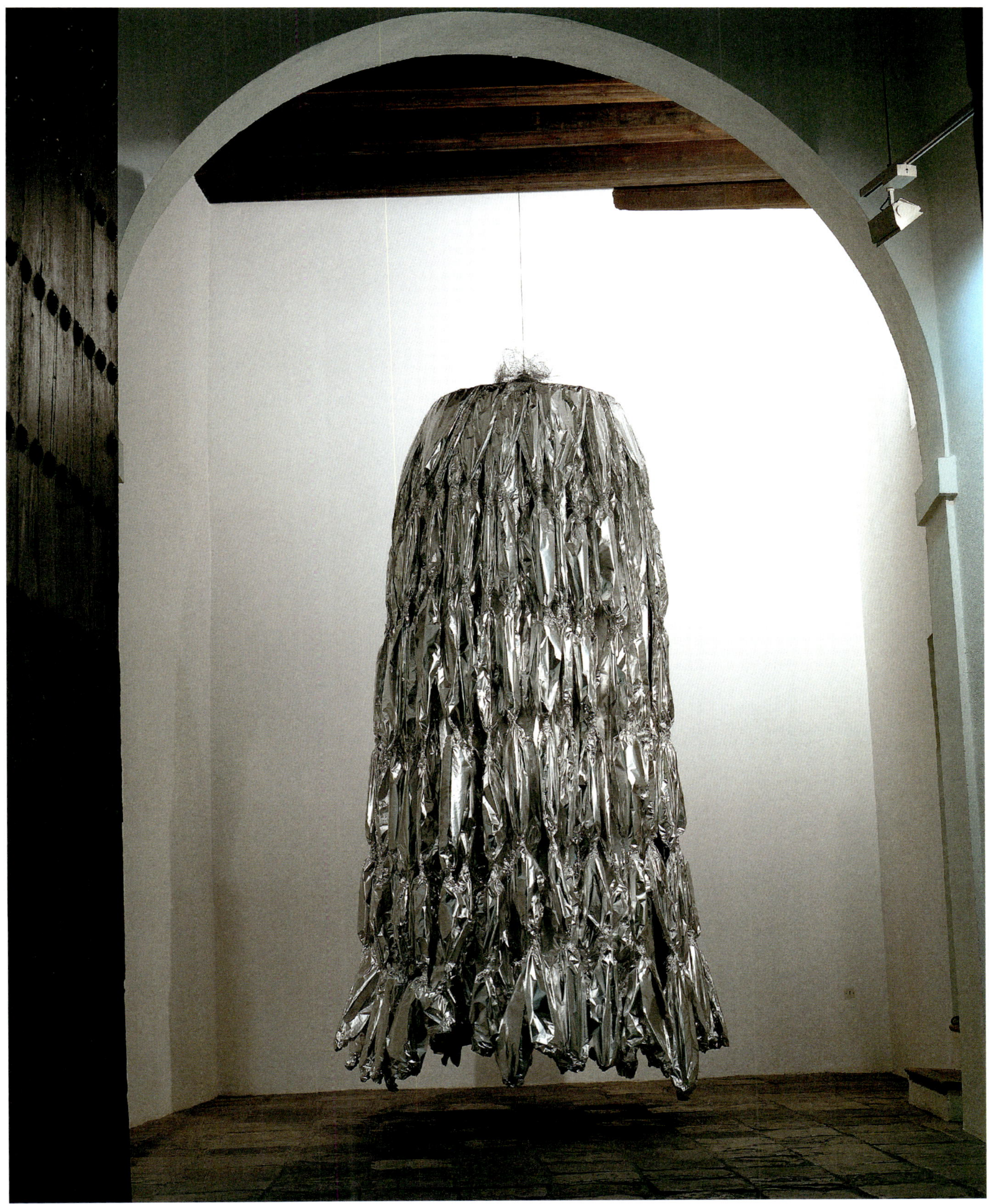

Mala fe, 2002. Papel de aluminio [Silver foil], 300 x 200 cm ø. Instalación en la [Instalation view at] Galería Rafael Ortiz. Sevilla

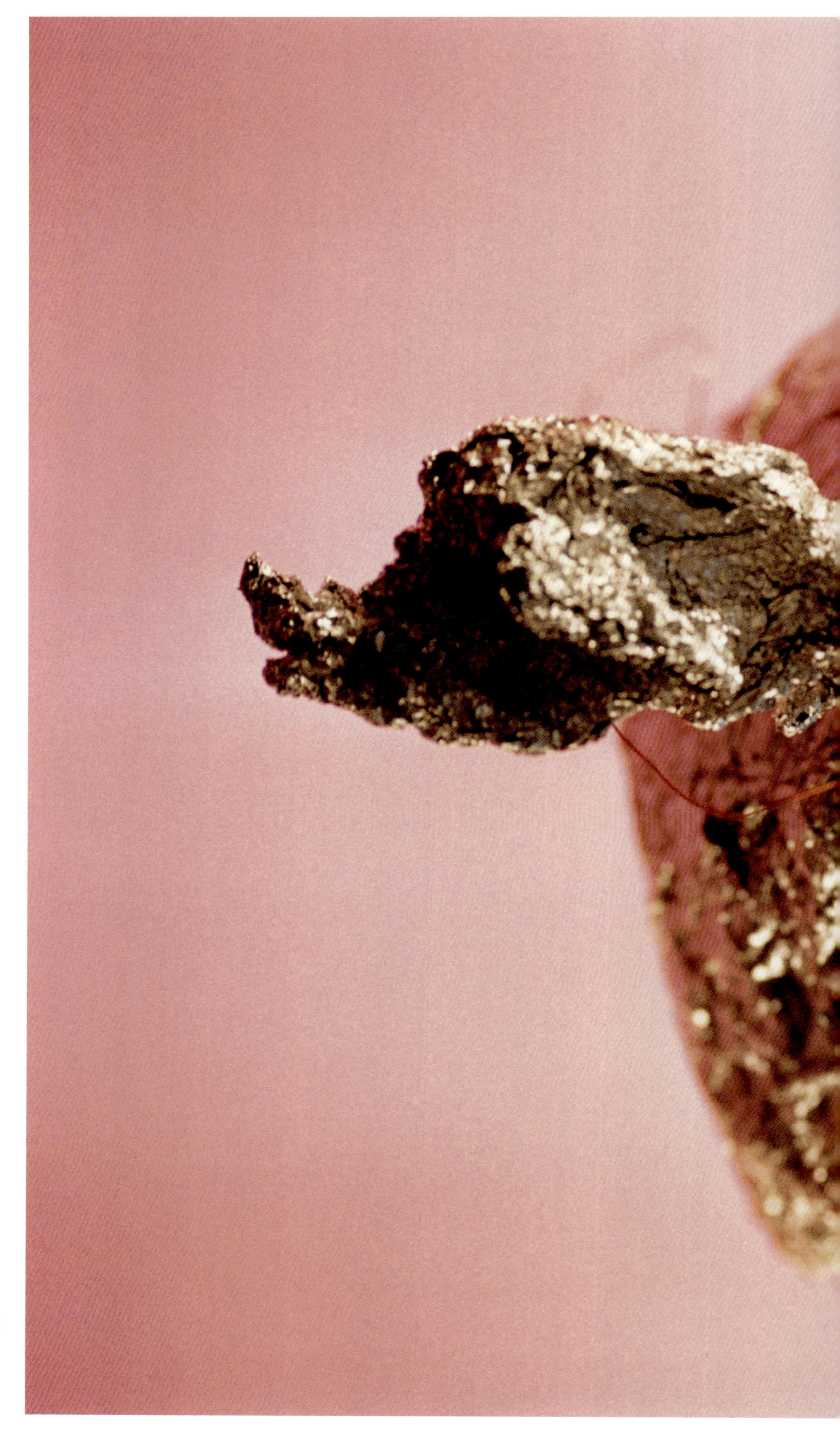

Colgajo, 2002 (detalle) [detail]. Papel de aluminio y
cobre [Silver foil and copper], 70 x 40 x 40 cm (aprox.)

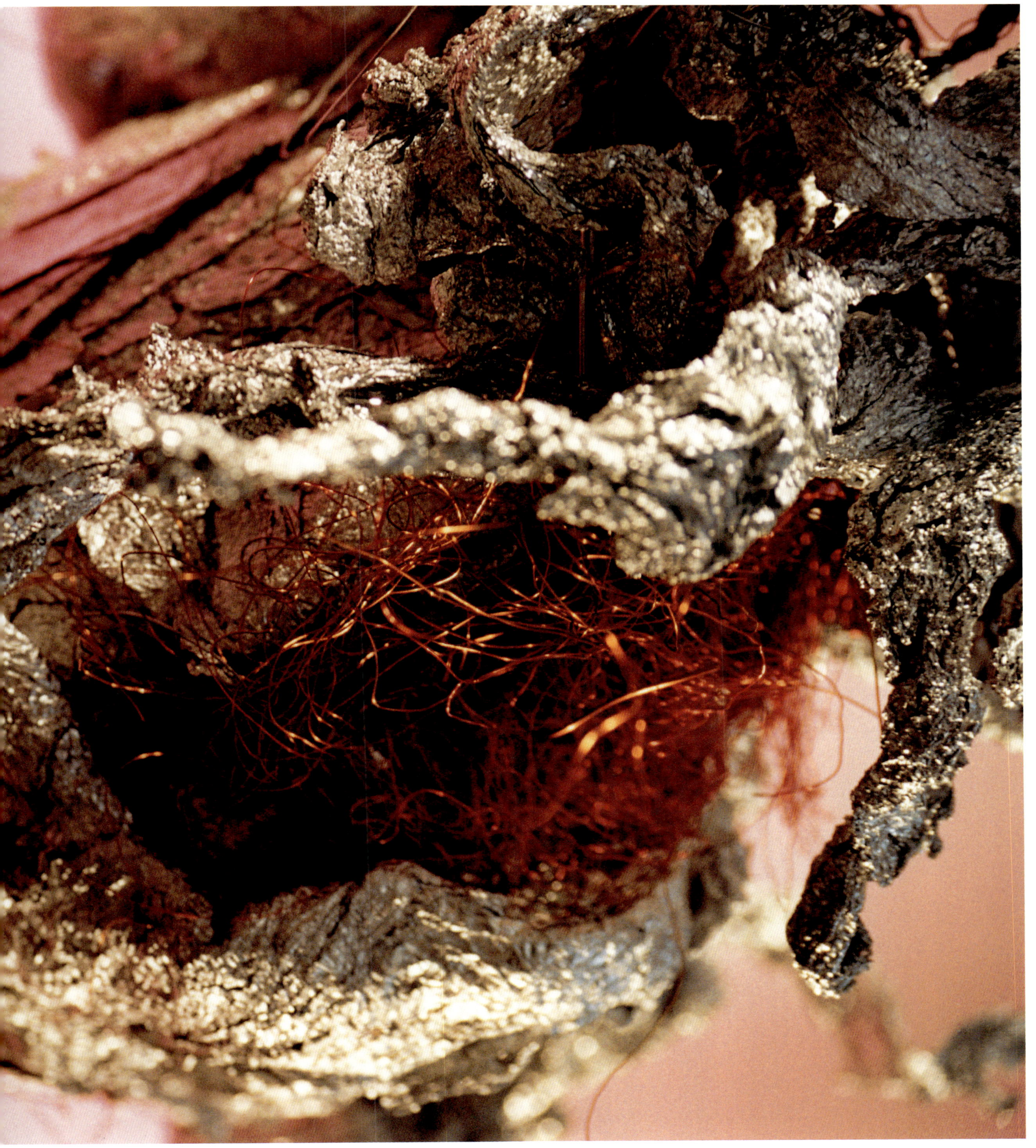

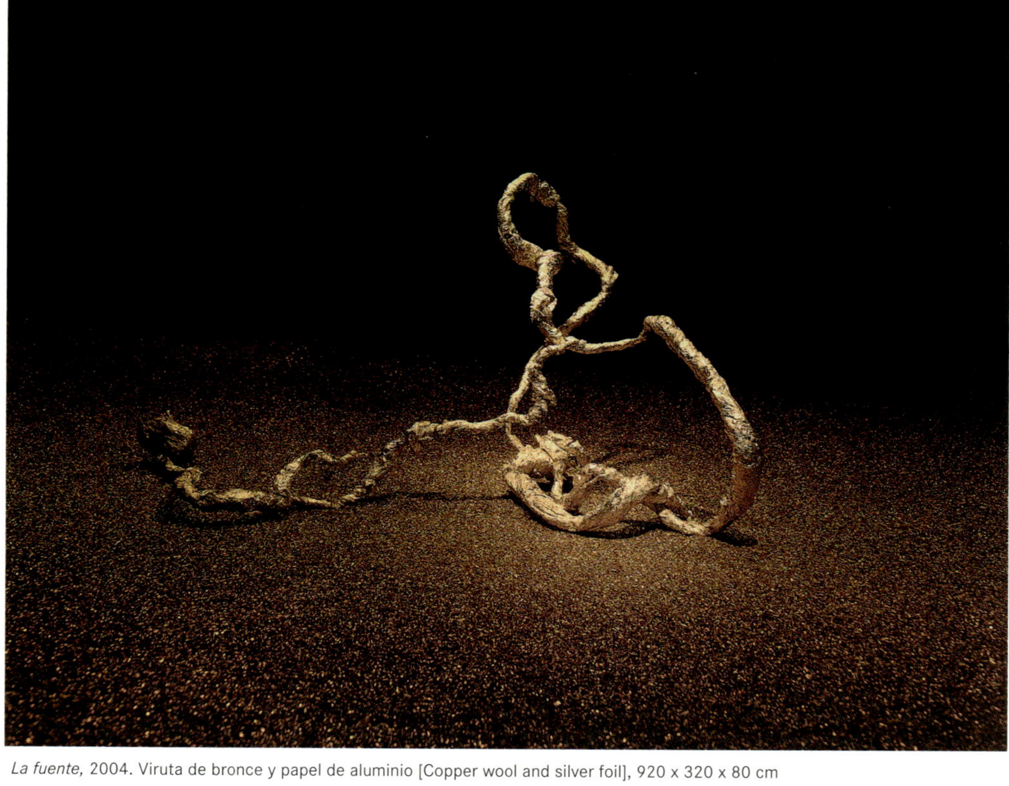

La fuente, 2004. Viruta de bronce y papel de aluminio [Copper wool and silver foil], 920 x 320 x 80 cm

Ha presentado en el Escaparate de La Fábrica, en Madrid *(La medusa),* así como en el Museo Valenciano de la Ilustración y la Modernidad, la Galería Rafael Ortiz de Sevilla *(Mala fe) y* el CAB, Centro de Arte Caja de Burgos *(La fuente),* obras acabadas. Pero este tipo de trabajo ha tenido un mayor desarrollo en el estudio, como obra procesual, que se va modificando y se va fotografiando en sus diversos estadios. Pude ver la obra de Valencia y experimentar unas propiedades no advertibles en las reproducciones fotográficas: el movimiento y el sonido que se producen al pasar junto a ella, causados por la ligereza de la obra, que es activada por la mera agitación del aire que la rodea. Allí, *Mala fe* tenía como subtítulo *Abrigo de sirenas.* No eran las sirenas de cola plateada buena compañía en tiempos de Ulises: con su canto atraían a los navegantes a las aguas profundas, donde ellas, por cierto, vivían en cuevas. El canto de las sirenas es remedado por el frufrú de las tiras de papel de aluminio: una manera de introducir en la obra de arte su vocación de seducción.

light—not represented light or light projected onto the painting—and a similar comment could apply to these sculptures, which emit reflected light.

He has presented finished works in the Escaparate de La Fábrica, in Madrid (*La medusa*), the Museo Valenciano de la Ilustración y la Modernidad, and the Galería Rafael Ortiz, in Sevilla (*Mala fe*). But this type of work has been developed more in the studio, as a process work, which is modified and photographed in its different states. I managed to see the work in Valencia, and experienced a series of properties that are not noticeable in the photographic reproductions; the movement and sound that are produced when you pass near it, caused by the lightness of the work, which is activated by the mere agitation of the air that surrounds it. There, *Mala fe* was subtitled *Abrigo de sirenas* ('coat/shelter for mermaids'). They were not the companionable mermaids with silvered tails in the times of Ulysses: with their song they drew sailors into the deep

Pero la referencia mitológica es doble. Colgada del techo por un cable, la «marioneta ciega» agita vanidosamente su melena, a punto de ser convertida en «Medusa». La historia de Medusa va de reflejos y de miradas que matan. La gorgona era tan horrorosa que volvía de piedra a quienes se cruzaban con ella. Perseo, asesino a sueldo, pudo cortarle la cabeza al encontrarla dormida (otra vez la ausencia de vigilancia) y protegiéndose de mirarla con su escudo de metal bruñido que actuaba como espejo. La escultura de Verbis «despierta» al acercarse el espectador y le devuelve reflejos.

Resulta un tanto extraña la dimensión informalista de estos trabajos en un artista casi siempre tan pulcro en las formas. Algún precedente aislado hay en su trayectoria, pero no es en absoluto habitual. Quizá podría entenderse como una concesión a lo amorfo y hasta cierto punto descontrolado que es también parte de lo natural. De hecho, algunas de sus esculturas de papel de aluminio recuerdan el aspecto de la «plata nativa», nombre con el que se conoce las formaciones de este metal cuando se encuentra en bruto en la tierra. (En La Fábrica, la escultura era presentada como una alhaja de gran valor en el escaparate de una joyería). Algo así como un recuerdo de la naturaleza primigenia, magmática. O, como dice él, «un refugio hecho del material que se usa en el ámbito doméstico para aislar y proteger».

waters, where incidentally they lived in caves. The song of the mermaids is mimicked by the sound of the strips of aluminum foil: a way of introducing his vocation for seduction into the work of art.

But the mythological reference is twofold. Hanging from the ceiling by a cable, the vain "blind marionette" conceitedly shakes her hair, about to be converted into "Medusa". The story of Medusa is about reflections and looks that kill. The gorgon is so horrific that she turns all those that see her to stone. Perseus, a hired killer, was able to cut off her head when he came upon her while she was sleeping (once again the absence of watchfulness) and protected himself from looking at her using the his polished metal shield, which acted as a mirror. Verbis' sculpture "wakes up" and returns reflections when the viewer approaches.

The informal dimension of these works is somewhat strange in an artist who is almost always so tidy in his methods. There are isolated precedents in his career, but it is not at all common. This could perhaps be understood as a concession to amorphousness and to a certain point, a lack of control, which is also part of what is natural. In fact, some of his aluminum foil sculptures bring to mind the appearance of the "native silver", the name given to the formations of this metal when it is found in its unprocessed form in the earth. (At La Fábrica, the sculpture was presented as a jewel of great value in the display window of a jewelry store). Something of a reminder of the primordial, magmatic nature. And a refuge, says the artist (of a material that is used in the home to insulate and protect food). Or a game, since what child has not made figures with the foil from candy or a sandwich?

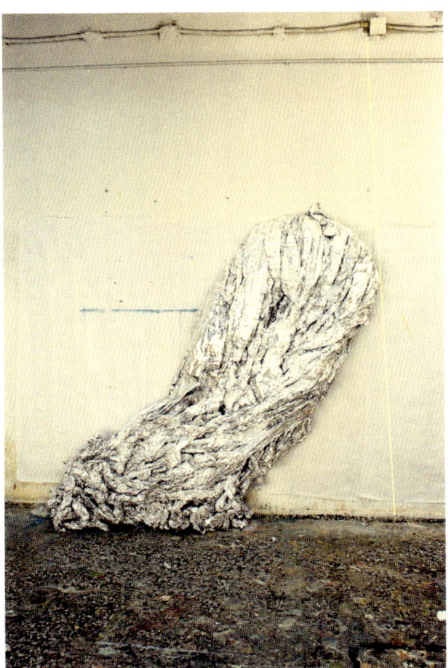

Trabajando por la plata, 2002. Papel de aluminio [Silver foil], medidas variables [variable dimensions]

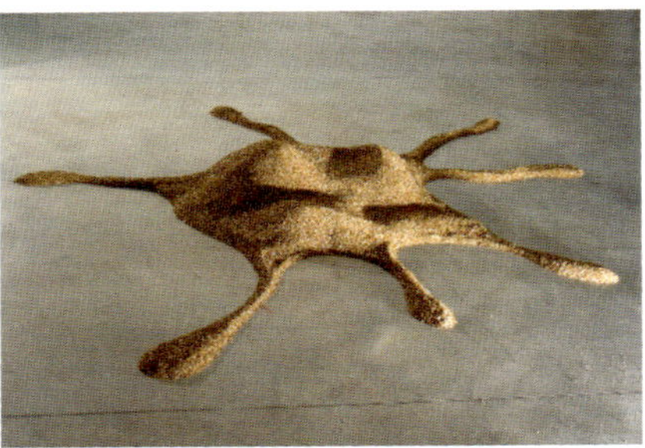

Emergencia animal, 2006. Viruta de bronce [Copper wool], medidas variables [variable dimensions]

LA MIRADA LÍQUIDA

COMO LA SEDA / PÁRPADO-PARPADEO / EL FANTASMA / ESCÁNER / VELO /
ESPEJO LÍQUIDO-OJO / SEDA-DARSE

En el estudio de Verbis en Ciudad Real pude ver las monumentales escobas de esponja sintética que ha utilizado para «barrer» la pintura. Ejecutar una pintura con espuma por alguien tan atento a la capacidad de expansión de las unidades formales y de la materia («Morfología de la espuma», «TUaMOR») tiene su gracia. Se trata de una serie comenzada en 2002, al tiempo que hacía cuadros con lonas plásticas. A veces, el soporte sobre el que están trabajadas es una tela fina (un «velo») con una imprimación incolora que el propio artista aplica y que produce un resultado visual similar al de las lonas, dejando transparentar, cuando así se desea, los bastidores. Y a pesar de que su aspecto sea tan distinto al de otras series, mantiene algunas constantes como la técnica maquinal o la composición basada en líneas más o menos paralelas.

La herramienta se parecería a una de esas escobillas de espuma para limpiar cristales (con una banda de goma que retira el jabón en el otro lado) agigantada, de cerca de dos metros de largo. No se trata, sin embargo, de limpiar, sino de «manchar» el lienzo, de depositar el acrílico diluido sobre su superficie a base de barridos entrecortados. La técnica, que Verbis asocia metafóricamente con el «escaneado» informático, hace pensar también en la serigrafía, en el paso de la rasqueta por la malla a través de la cual se aplica el color sobre el papel. Y lo desigual de las cantidades de acrílico extendido en el lienzo, en tonalidades únicas, algo recuerda a otra técnica de «impresión»: las decalcomanías de Óscar Domínguez o de Ernst, en especial en el espectacular cuadro titulado *Un golpe en el corazón,* en el que se han empleado, como hacían los surrealistas en estos dibujos azarosos, plantillas.

Ya sabemos qué significa que algo salga «como la seda». Si dejamos de lado la imaginable dificultad de manejo de esas escobas larguísimas que utiliza, intui-

11.

THE LIQUID GAZE

COMO LA SEDA / PÁRPADO-PARPADEO / EL FANTASMA / ESCÁNER / VELO /
ESPEJO LÍQUIDO-OJO / SEDA-DARSE

In Verbis' studio in Ciudad Real, I was able to see the monumental broom brushes made of synthetic sponge that he used to "sweep" the paint. The creation of a painting with foam by someone who pays so much attention to the expansion capacity of formal units and the material ("Morfología de la espuma", "TUaMOR") is funny in a way. This is a series begun in 2002, when he was doing paintings with plastic sheets. The support used in them is a thin cloth (a "veil") with a colorless primer applied by the artist, that produces a visual result similar to canvas, and allows the frame to show through, when desired. And despite the fact that their appearance is so different from paintings in other series, he does maintain some constants such as the mechanized technique or the composition based on more or less parallel lines.

The tool looks like one of those foam brushes for cleaning windows (with a rubber strip to remove the soap on the other side), giant-sized, almost two meters long. However, the idea is not to clean, but to "dirty" the canvas, placing the diluted acrylic paint on its surface using discontinuous sweeps. The technique, which Verbis associates metaphorically with computer "scanning", also brings to mind silk-screening, in the passing of the squeegee blade over the screen through which the color is applied to the paper. And the unevenness of the amounts of acrylic paint extended on the canvas, in single tones, whichvaguely brings to mind another "printing" technique: The décalcomanie transfers by Óscar Domínguez or Ernst, especially in the spectacular painting titled *Un golpe en el corazón,* which used templates, as in the case of the surrealists in these eventful drawings.

We already know what it means when something goes "smooth as silk". Putting aside the imaginable difficulty of handling those extremely long brushes

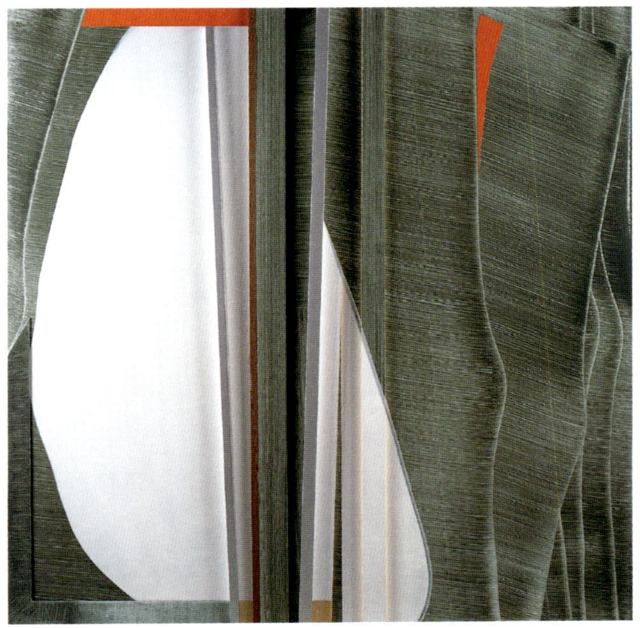

Yo borro tus ojos - tú borras mis ideas, 2002. Acrílico, madera y aluminio sobre lienzo sobre madera [Acrylic, wood and aluminum on canvas on wood], 150 x 150 cm. Colección particular [Private Collection]

mos que el proceso de estos cuadros debe ser bastante placentero. Y el resultado es hermoso y sensual. Muy pictórico: y esta cualidad parece quedar confirmada por el cromatismo elegido: no los colores intensos e industriales de la mayoría de sus cuadros sobre lonas, sino colores clásicos en la historia de la pintura, como el rojo carmín, el verde esmeralda, unos pardos cálidos, azules como de aguas de Patinir, elegantes y sobrios grises... Si hubiera que pensar en algún género de la pintura para ubicar estas pinturas, obviamente abstractas, ¿habría que designarlas como paisajes? Un «fantasma» de paisaje, o un fantasma de pintura, que se vislumbra en un «parpadeo». El párpado como telón (como tela, lienzo) que impide la visión.

No obstante, Verbis no olvida tampoco aquí su insistencia en la objetualización del cuadro quizá para oponerse a esta cualidad tan pictórica y grata a la vista que la técnica utilizada propicia, rompe de nuevo el plano con elementos escultóricos, fundamentalmente listones de madera y perfiles de aluminio, que sobresalen. A menudo, un listón vertical ocupa el centro de la composición, como si se hubiera querido dar la vuelta al cuadro, quedando el bastidor en primer término.

that he uses, we get the sense that the process of these paintings must have been quite enjoyable. And the result is beautiful and sensual. Very pictorial: and this quality seems to be confirmed by the color selection: not the intense, industrial colors of most of his paintings on sheets, but rather classic colors in the history of painting, such as crimson, emerald green, warm browns, blues like the waters of Patinir, elegant and somber grays… If these obviously abstract paintings had to be assigned to a genre, Ccould they be called landscapes? A "ghost" of a landscape, or a ghost of painting, that is glimpsed in "the blink of an eye". The eyelid as the curtain (like fabric, canvas) that blocks vision.

However, Verbis does not forget his insistence on the objectification of the painting, perhaps to oppose this pictorial quality that is so pleasing to the eye that is created by the technique that he used, and once again breaks the plain with sculptural elements, mainly wooden strips and aluminum sections that stick out. The center of the composition is often occupied by a vertical strip, as if he had wanted to flip the painting over, leaving the framework in the foreground.

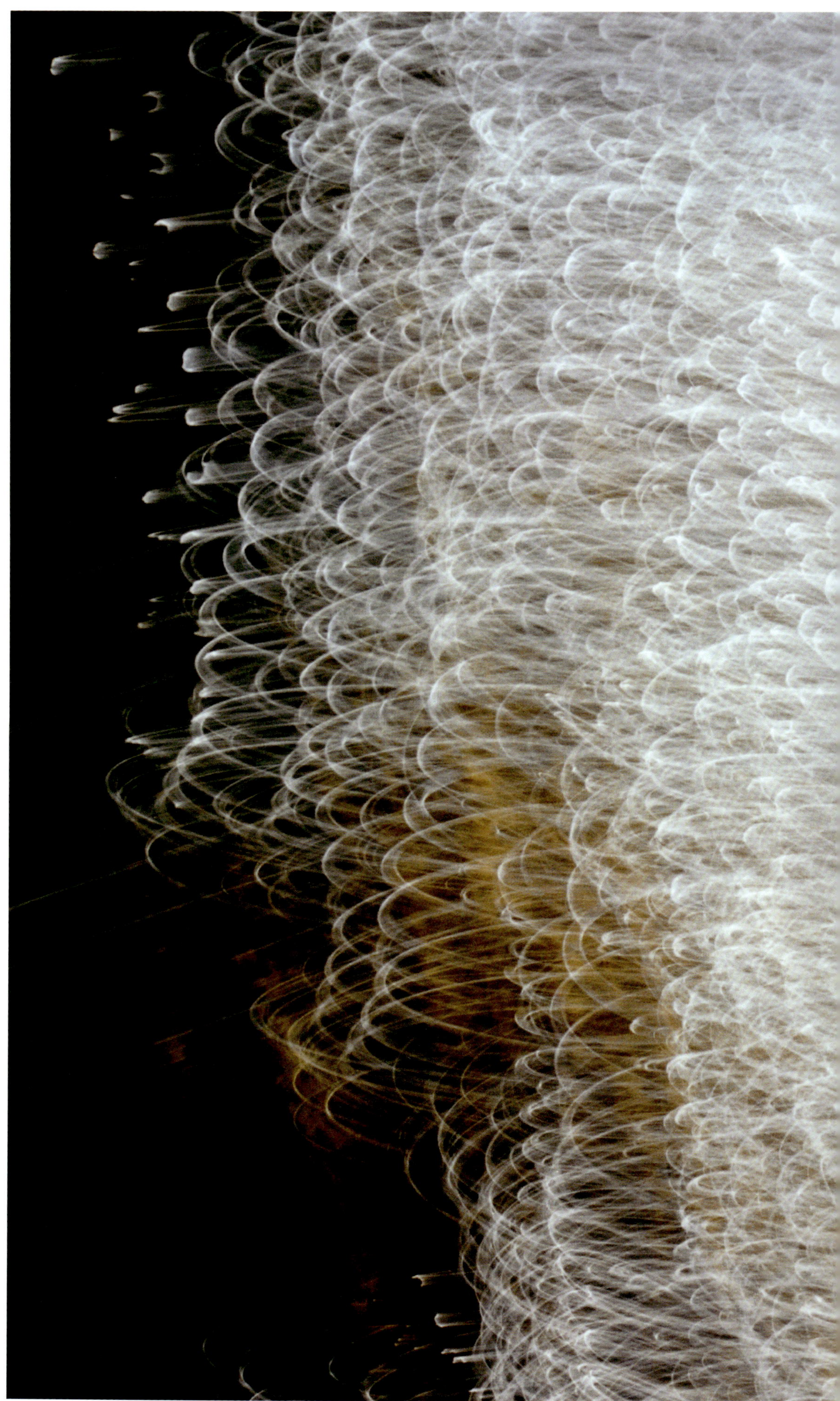

La felicidad barrida, 2004.
Fotografía [Photograph], 28 x 40 cm

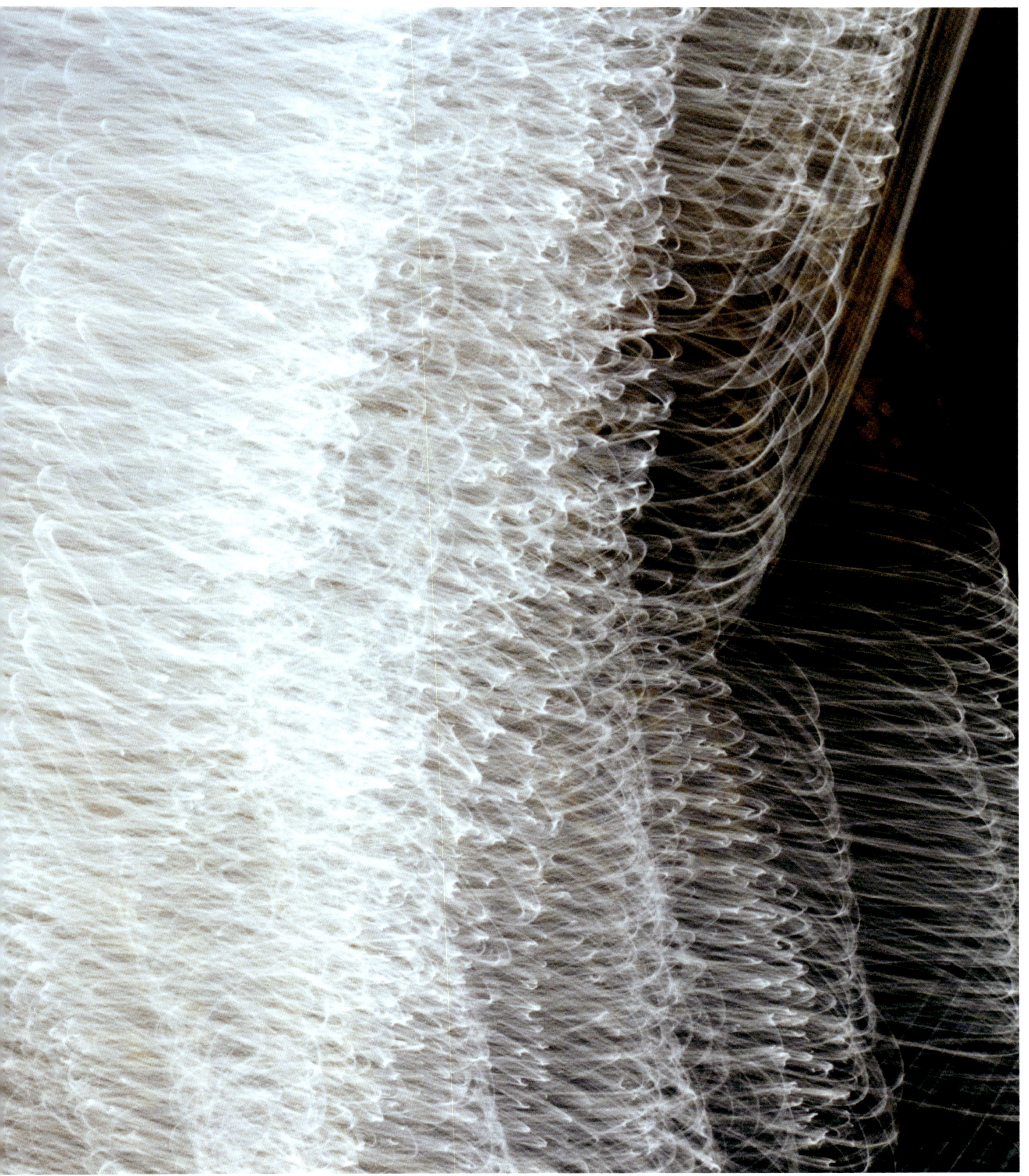

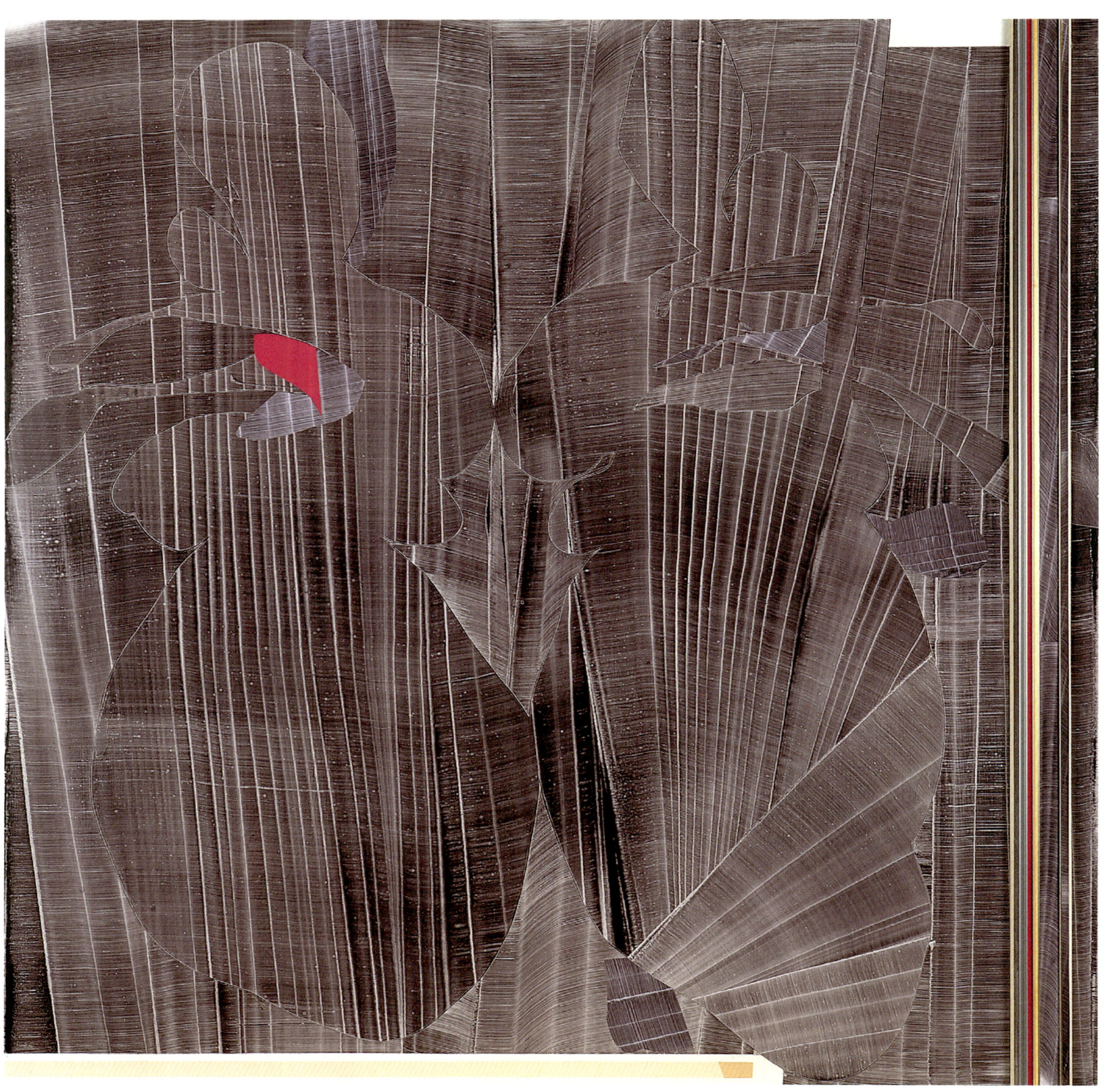

Un golpe en el corazón, 2002. Acrílico, madera y aluminio sobre lienzo [Acrylic, wood and aluminum on canvas], 170 X 170 cm. Colección Galería Max Estrella [Collection]. Madrid

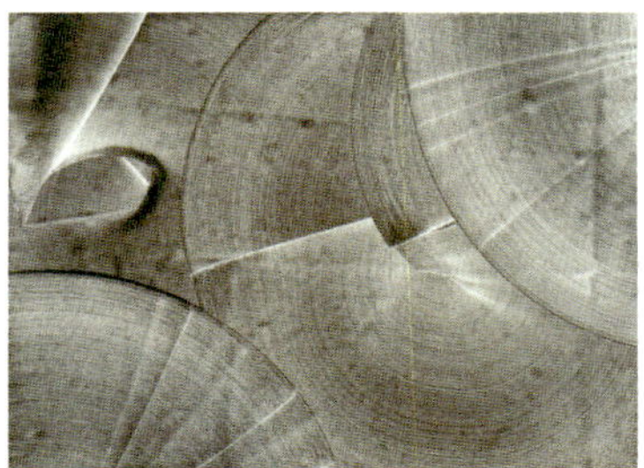

Serie *Copa*, 2001-2002. Acrílico sobre papel
[Acrylic on paper], 52 x 70 cm

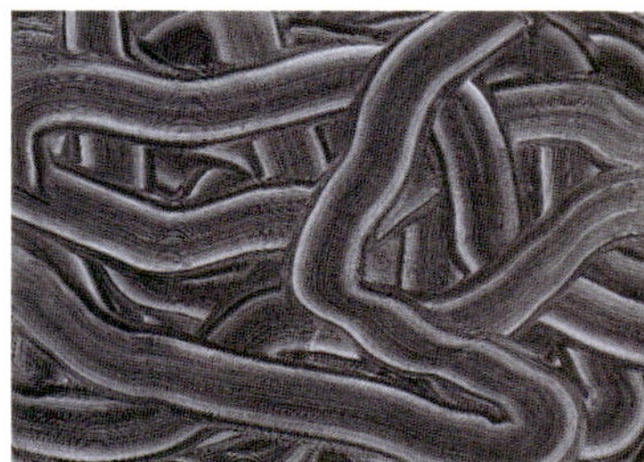

Serie *Copa*, 2001-2002. Acrílico sobre papel
[Acrylic on paper], 52 x 70 cm

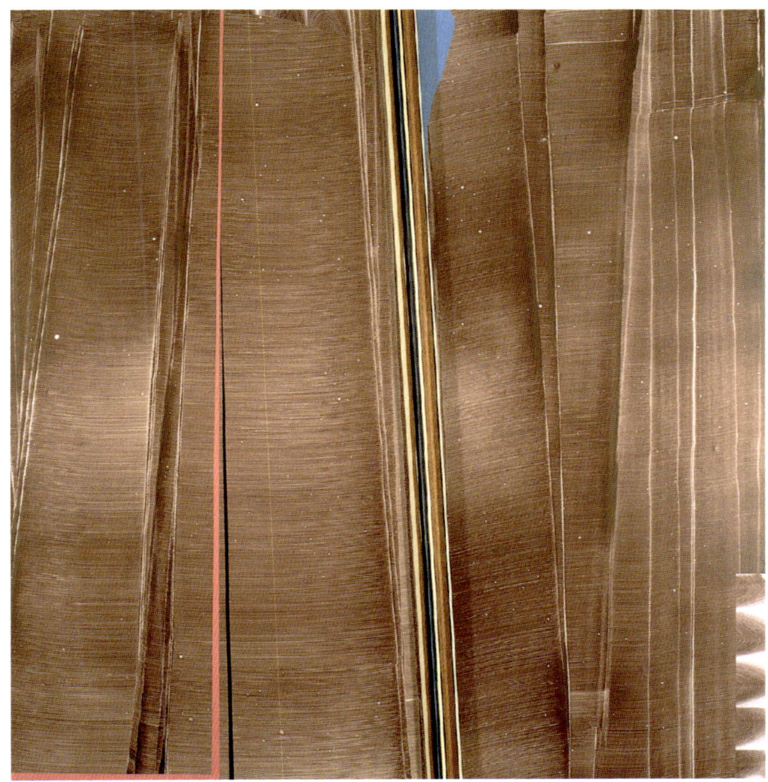

Lo que ha de pasar, lo que he de decir, 2002. Serie *(El deseo de la madre n.° 1)*. Acrílico, madera y
aluminio sobre lienzo [Acrylic, wood and aluminum on canvas], 195 x 195 cm. Colección particular
[Private Collection]

Colgar de un hilo es estar en gran peligro de caída. ¿Es la «pintura colgada» una pintura ajusticiada, o una pintura adicta a sustancias psicotrópicas? Juegos de palabras para referirse a estos vistosos cuadros hechos con hilos. El soporte es una caja de metacrilato, esta vez. La caja de los hilos, donde los carretes se van desenrollando hasta que se forma una madeja enredada que cuesta mucho deshacer. Materia para la costura. Para hilvanar ideas.

Luis Gordillo, en la conversación con Verbis publicada en el catálogo de la exposición conjunta en el MUVIM, le dice a éste que entiende su pacto con los objetos como un pacto con el demonio. Ese pacto es corporal, comprende algo más que el sentido de la vista. Se enfatiza, tanto aquí como en las obras con plastilinas, el placer que puede obtenerse de la materia, un placer «anal», dice él, en un estado «protoartístico». Al echar mano de los hilos incorpora un componente muy táctil pero, paradójicamente, interpone a ese deseo natural de tocar (y a la evidencia de que la obra se ha realizando manejando los materiales) la barrera de un aséptico metacrilato, que pone coto a un estado caótico, lo aísla. En estos cuadros, en relación con el proceso de elaboración, ocurre una curiosa inversión espacio-temporal: normalmente, la capa más superficial de la pintura, la que está más cerca del espectador, es la que el artista dispuso en último lugar; aquí ocurre lo contrario: lo que vemos en la superficie es la «primera capa», los primeros hilos que se introdujeron en la caja. Es éste un ir y venir entre el fondo y la superficie de la pintura que interesa a Verbis y que muestra, por ejemplo, en esos «traslados» visuales de los bastidores.

El propio artista propone una serie de ideas como derivaciones mentales de las «manchas» (término pictórico) que surgen de la acumulación de hilos. Para «dar

To hang from a thread is to be in great danger of falling. Is the "hung painting" a painting that has been executed, or a painting that is "hooked on" psychotropic substances? Plays on words to refer to these eye-catching paintings made with threads. The support this time is a methacrylate box. The sewing box, where the spools unwind until they form a tangled skein that is difficult to untangle. Sewing materials. To string ideas together.

Luis Gordillo, in a conversation with Verbis published in the catalog of the joint exhibition in the MUVIM, told him that he understood his pact with objects as a pact with the devil. This pact is corporeal, involving something more than the sense of sight. Here, as in the works with plasticine, the pleasure that can be obtained from the material, an "anal" pleasure, is emphasized, he says, in a "proto-artistic" state. By using threads, he incorporates a very tactile component, but that paradoxically interjects the barrier of an aseptic methacrylate into that natural desire to touch (and into the obvious fact that the work was created by handling the materials), which puts a limit on, insulates, a chaotic state. In these paintings, in relation with the creation process, there is a curious space-time inversion: normally, the uppermost layer of the painting, which is the one closest to the spectator, is the one that the artist applied last; here, it is the other way around: What we see on the surface is the "first layer", the first threads that were put into the box. It is this movement back and forth between the background and surface of the painting that interests Verbis and that shows, for example, in those visual "movements" of the frames.

The artist himself proposes a series of ideas as mental offshoots of the "stains" (pictorial term) that

Rabo de dicha, 1999. Pintura y chinchetas sobre pared [Painting and drawing pins on wall], 300 x 150 cm

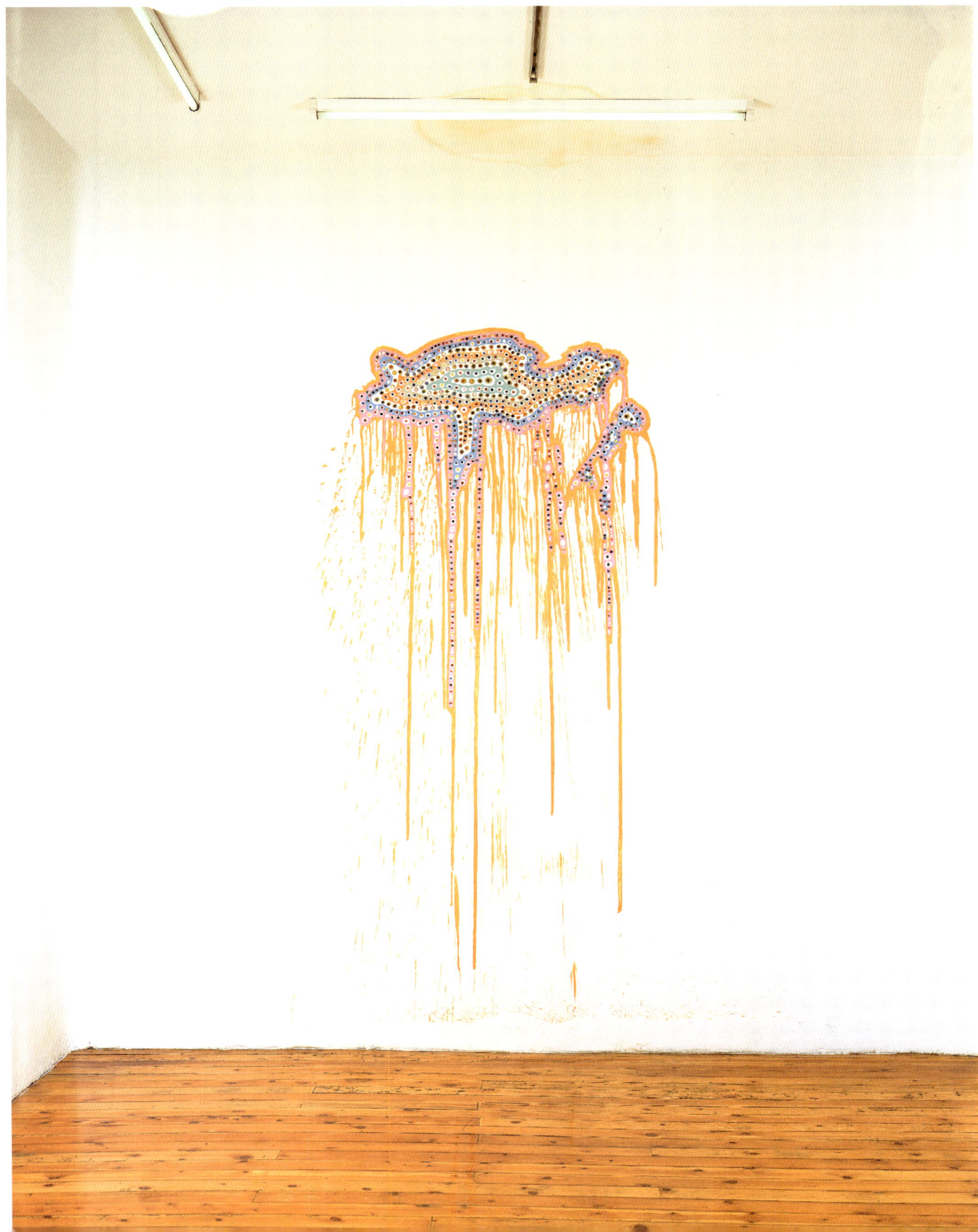

contenido a la mancha» imagina realidades más bien dramáticas y relacionadas con la Naturaleza. Una naturaleza primigenia y lávica, como la asociada a las esculturas de papel de aluminio. Islas y ríos de lava, cartografías, abismos, lodos, cascadas y cuerpos maltratados. Drama que identifica también en los «piélagos» de plastilina en la pared, con lo que manifiesta la posibilidad de migración de ejes temático-morfológicos entre métodos de trabajo diferentes. Todas estas manchas, al igual que otras configuraciones en otras series, parecen funcionar para el artista un poco como el test de Rorschach, imágenes abstractas a partir de las cuales el sujeto estudiado debe proyectar y dar a conocer sus pensamientos ocultos, sus obsesiones.

Cosas liosas. *Hila hilo, lía lío, hila lío, lía hilo.*

result from the accumulation of threads. To "give content to the stain", he imagines realities that are rather dramatic and related to nature. A primordial and lava-like nature, like the one associated with the aluminum foil sculptures. Islands and rivers of lava, maps, abysses, mud, waterfalls, and beaten bodies. A drama that is also identified in the "pelagos" of plasticine on the wall, with which he demonstrates the possibility of migrating thematic-morphological axes between different work methods. All of these stains, as with other configurations in other series, appear to function for the artist a little like a Rorschach test, abstract images based on which, the subject studied must project and reveal hidden thoughts and obsessions.

Entangling things. *Tthreading thread, tangling tangles, threading tangles, tangling threads.*

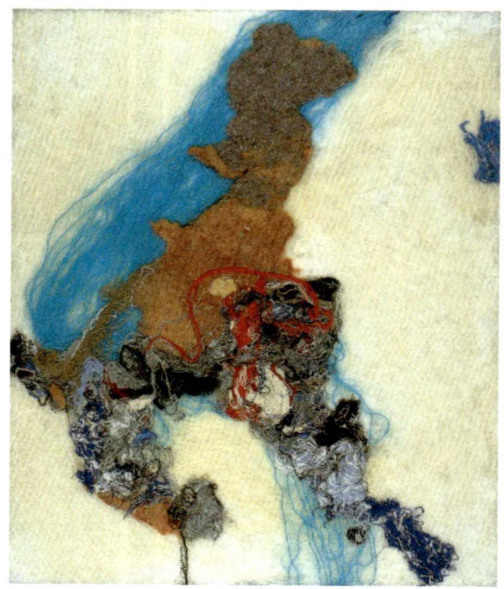

Serie *Mohair*, 2002. Hilos en caja de metacrilato [Threads on plexiglass box], 46 x 38 cm.
Colección Galería Max Estrella [Collection]. Madrid

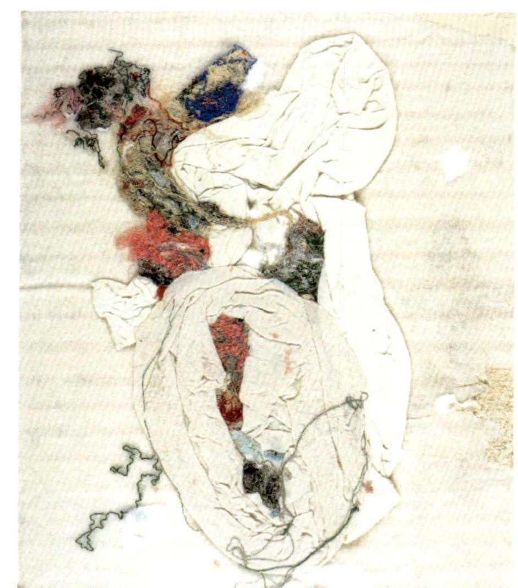

Serie *Atrapo*, 2000. Trapos, hilos, algodón en caja de metacrilato [Cloths, threads, cotton on plexiglass box], 74 X 62 cm. Colección particular [Private Collection]

Fruta prohibida, 2005. Pintura y madera [Painting and wood], 200 x 300 cm (aprox.) (Mural en Casa de las Artes. Laguna de Duero)

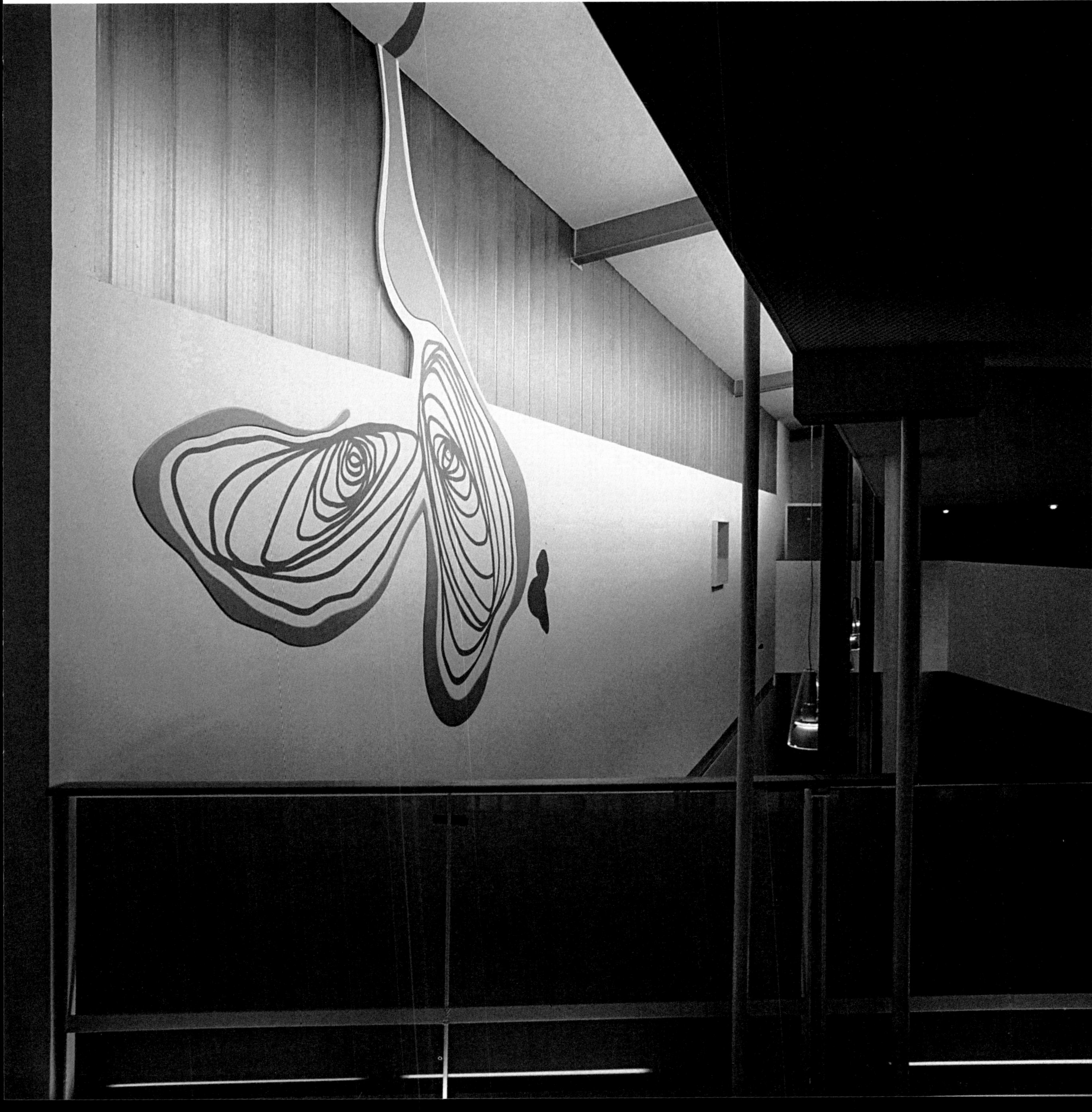

CECO-GRAFÍAS / DOMINIO NATURAL / HERMENÉUTICA DE LA CONTINUIDAD / PIEL DE CEBRA, PASO DE CEBRA-LEOPARDO-ARGOS / MORFOGÉNESIS Y RECURSIVIDAD / EL ARTISTA CAMUFLADO / PIEL ANIMAL

CECO-GRAFÍAS / DOMINIO NATURAL / HERMENÉUTICA DE LA CONTINUIDAD /PIEL DE CEBRA, PASO DE CEBRA – LEOPARDO – ARGOS / MORFOGÉNESIS Y RECURSIVIDAD / EL ARTISTA CAMUFLADO / PIEL ANIMAL

Si bien la primera apariencia es la de un sensual juego de diseño, de emulación de los fascinantes papeles de agua que se utilizan todavía en las encuadernaciones artesanales, en las obras relacionadas con *El artista camuflado* se da también una resonancia natural muy fuerte. Reaparecen las islas (*I-s-l-a-n-d-s,* una de sus más hermosas pinturas parietales), y hasta cierto punto la estructura celular de otras series previas, entre las que es pertinente recordar, especialmente, las redes empujadas por fuerzas deformantes de la etapa «charco». La geogenia es cuestión de fuerzas deformantes: algo poderoso, que metamorfosea la materia, la sustancia misma de las rocas, y da forma al relieve. Este tipo de empuje se correspondería imaginariamente con las obras hechas con plastilinas, en las que el artista actúa como demiurgo que presiona la acumulación de materia para que la deformación la compacte y dibuje. (La dibuje o la escriba, en una operación más táctil que visual, «cecografía».) Pero hay otro tipo de distorsión aquí implicado, aplicable al grupo de pinturas de pared en torno a 1998-1999, que no es física, matérica, sino visual. El proceso de estas pinturas parte de unos dibujos que Verbis hace en papel, fotografiados después y proyectados sobre la pared a través de cristales deformantes, con aguas o relieves que modifican el dibujo original hasta hacerlo casi irreconocible.

En estos trabajos Verbis se abandona a lo ornamental, en el sentido de organizaciones formales que maneja Alois Riegl, y en este aspecto hay que destacar que en todas estas obras se podría hablar de patrones repetitivos, de unidades decorativas que se repiten, con esa capacidad de la ornamentación de extenderse infinitamente, por estar concebida, en el caso de la decoración

Although the first glance gives the impression of a sensual play of design, of emulation of fascinating water papers that are still used in bookbinding done by hand, there is also a very strong natural resonance in the works related with *El artista camuflado*. Islands reappear (*I-s-l-a-n-d-s*, one of his most beautiful parietal paintings), and even to a certain degree, the cellular structure of other earlier series, among which we should especially remember, especially, the nets pushed by deforming forces in the "puddle" stage. Geogenics is a question of deforming forces: something powerful, that transforms matter, the very substance of rocks, and shapes the relief. This type of thrust would correspond in the imagination to the works done with plasticine, in which the artist acts as a demiurge who presses the accumulated matter in order for deformation to compact and trace it. (Draw or write it, in an operation that is more tactile than visual, "Braille".). But there is another type of distortion involved here, which applies to the group of wall paintings done around 1998-1999, which is not physical or material, but visual. The process of these paintings begins with a series of drawings that Verbis did on paper, which were then photographed and projected on the wall through deforming glass, with waves or reliefs that modify the original drawing, making it unrecognizable.

In these works, Verbis gives himself over to ornamentation, in the sense of formal organizations applied by Alois Riegl, and in this regard, we must note that in all of these works, we could talk about repetitive patterns, decorative units that repeat, with the capability of ornamentation to extend itself

Serie El artista camuflado, 2001-2003. Plastilina sobre madera en caja de metacrilato [Clay on wood on plexiglass box], 47 x 37 cm. Cibachrome montado en metacrilato [Cibachrome on plexiglass], 150 x 125 cm. Colección particular [Private Collection]

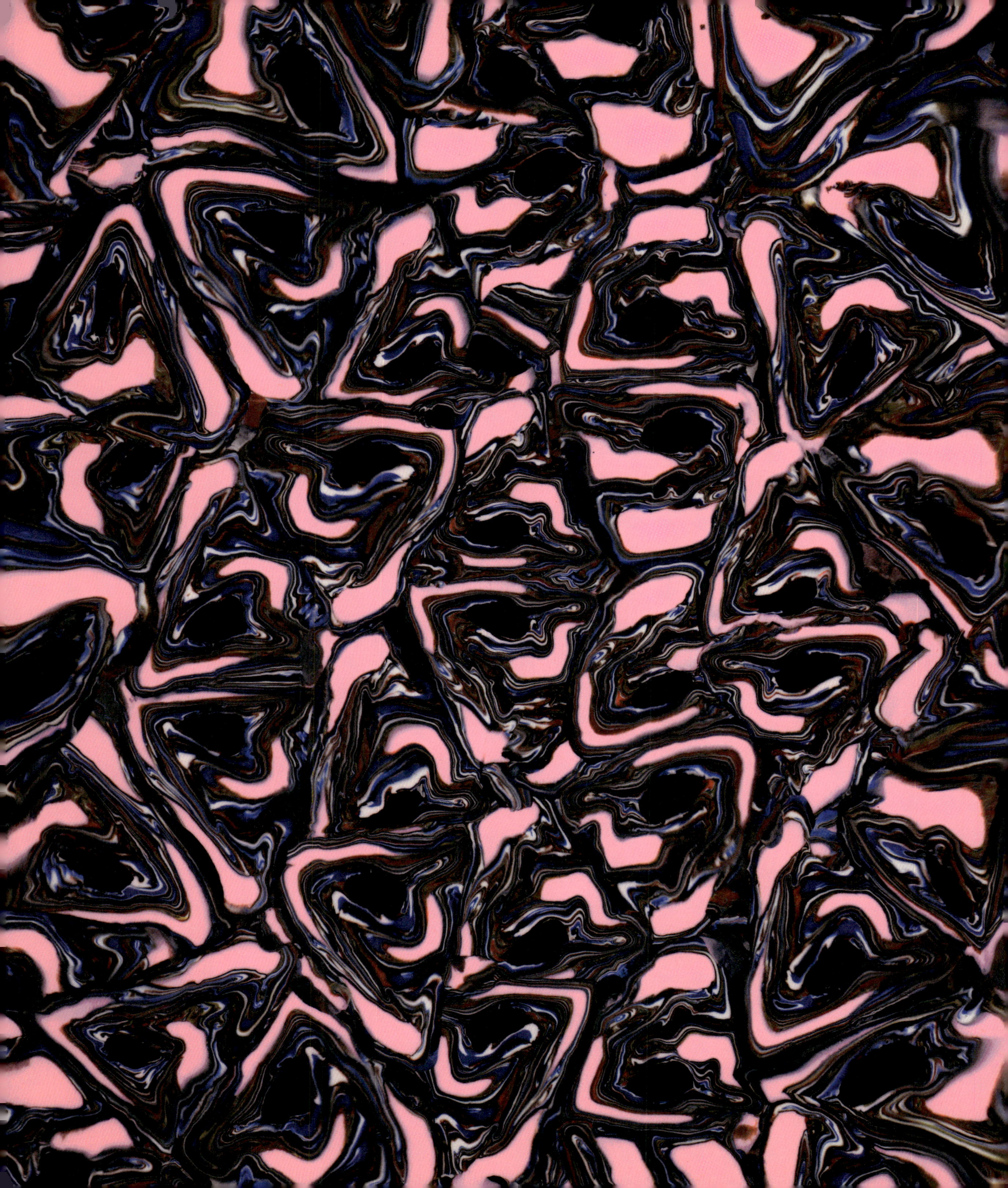

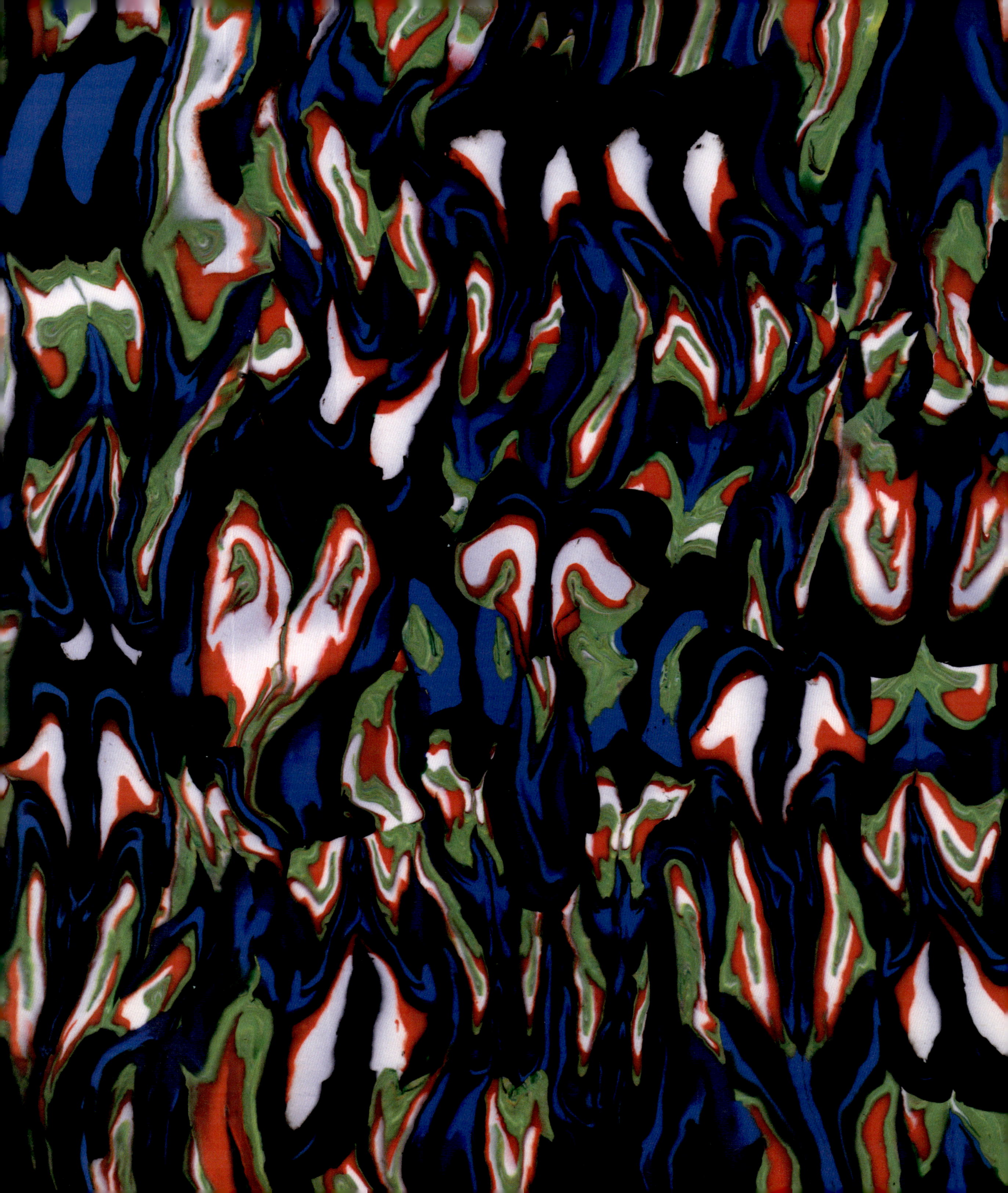

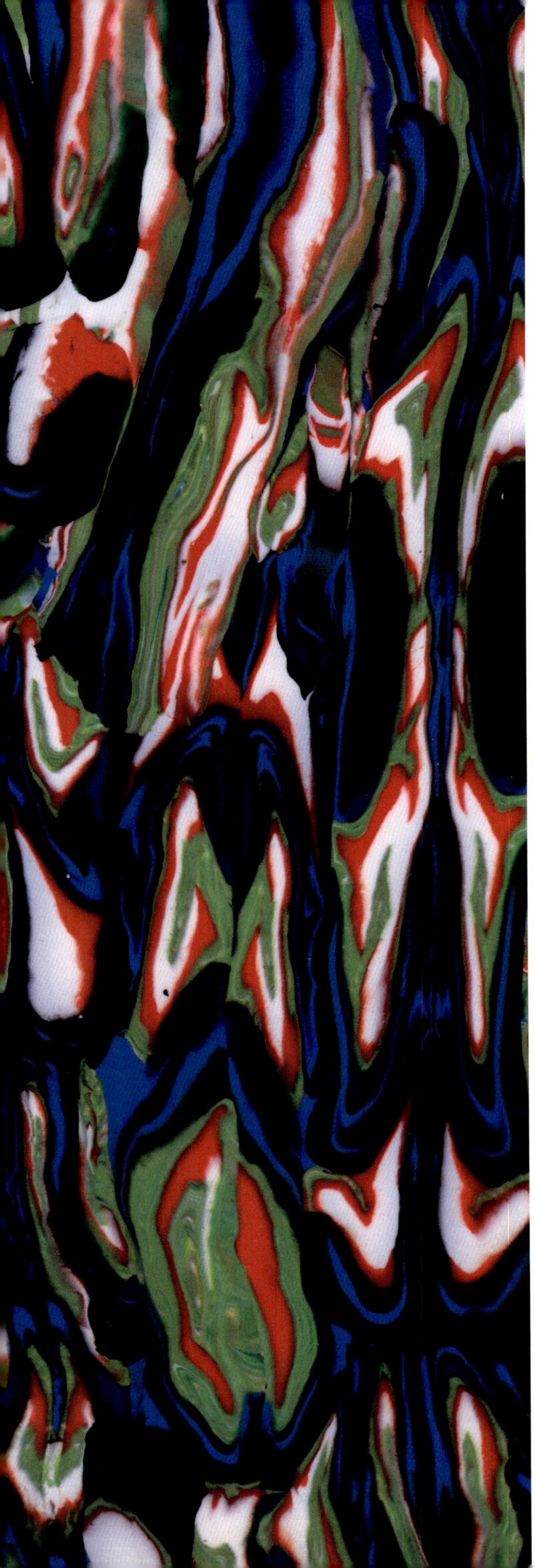

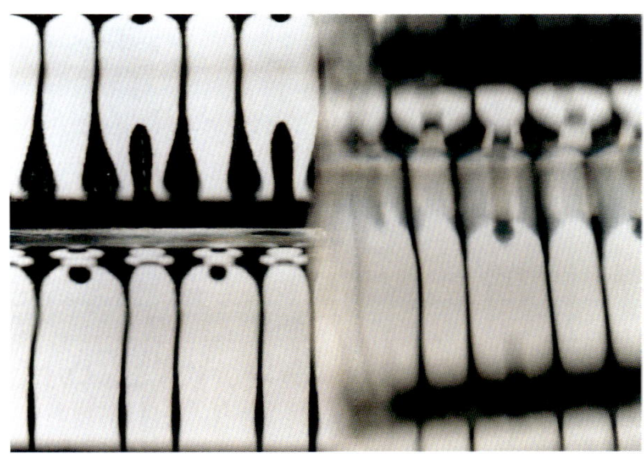

S/t, 2001. Cibachrome [Cibachrome], 40 x 30 cm.
Colección Ediciones Archeles [Collection]

Serie El artista camuflado, 2001-2003. Plastilina sobre madera en caja de metacrilato
[Clay on wood on plexiglass box], 47 x 37 cm. Cibachrome montado en metacrilato [Cibachrome on
plexiglass], 150 x125 cm. Colección particular [Private Collection]

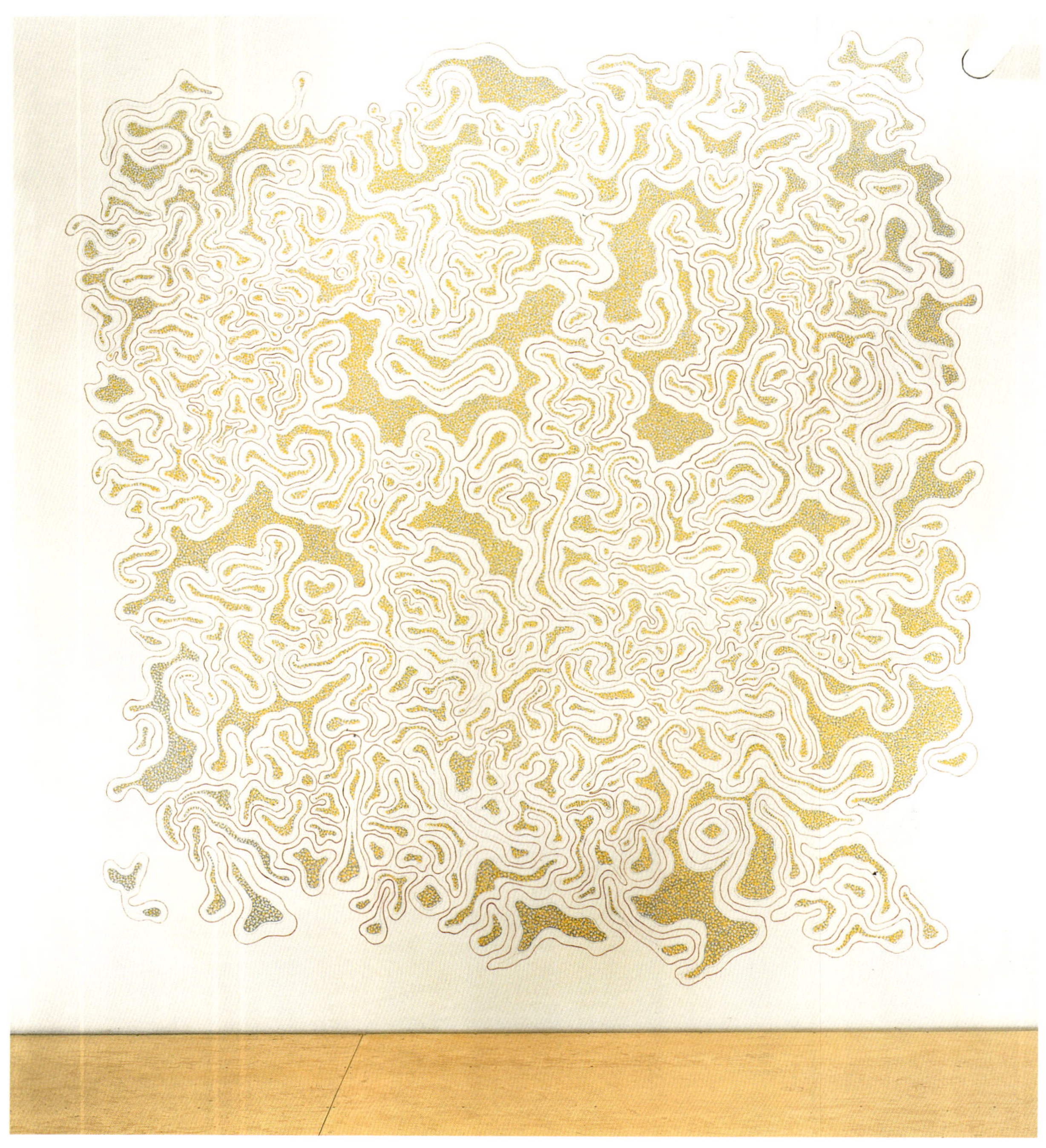

I-s-l-a-n-d-s, 1997. Lápiz y pintura sobre la pared [Painting and pencil on wall], 400 x 350 cm. Intervención en el [Intervention view at] Drawing Center. New York

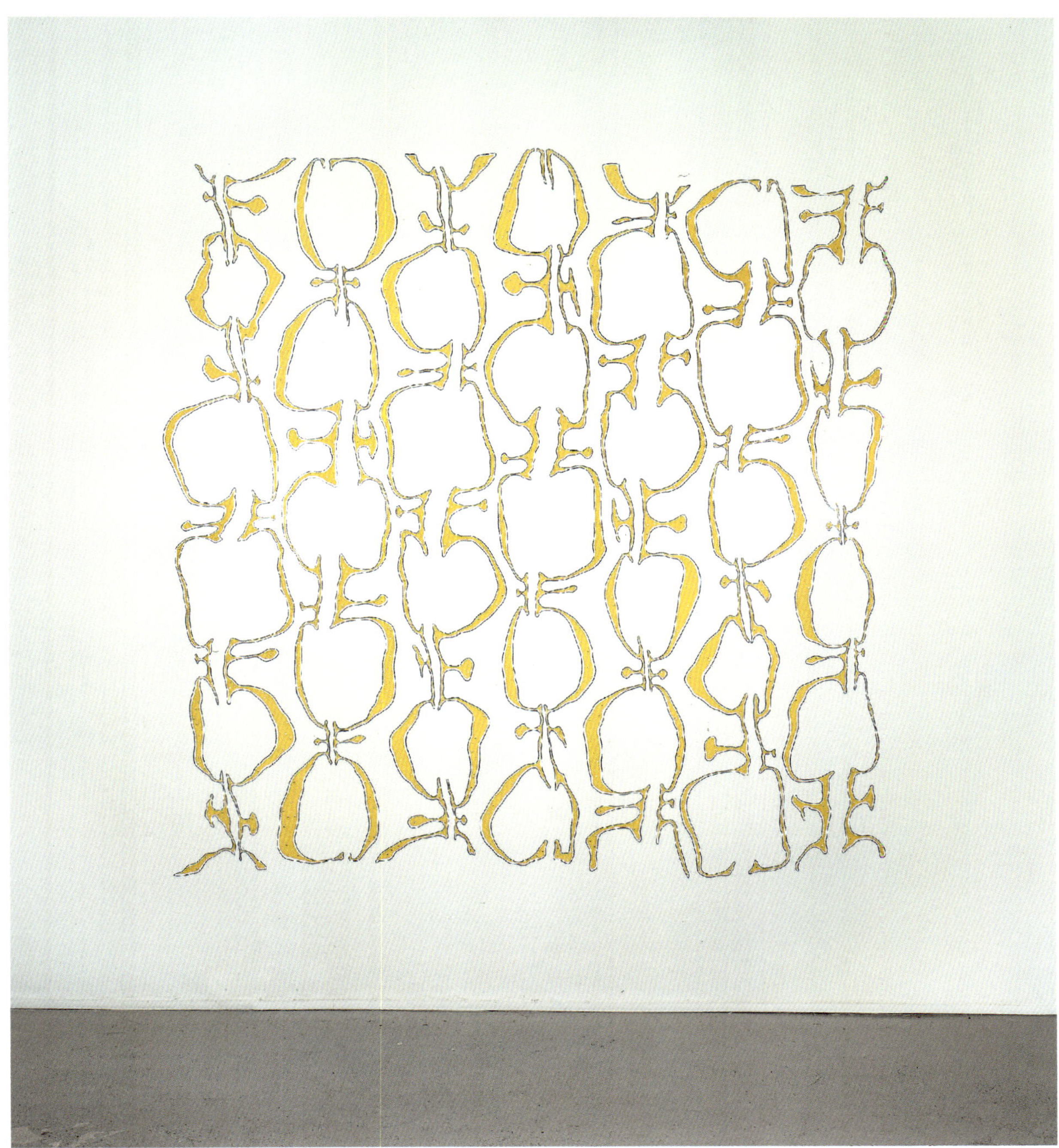

Escuchimizado, 1998. Lápiz, pintura y puntas [Pencil, painting and bolts], 300 x 300 cm (aprox.)

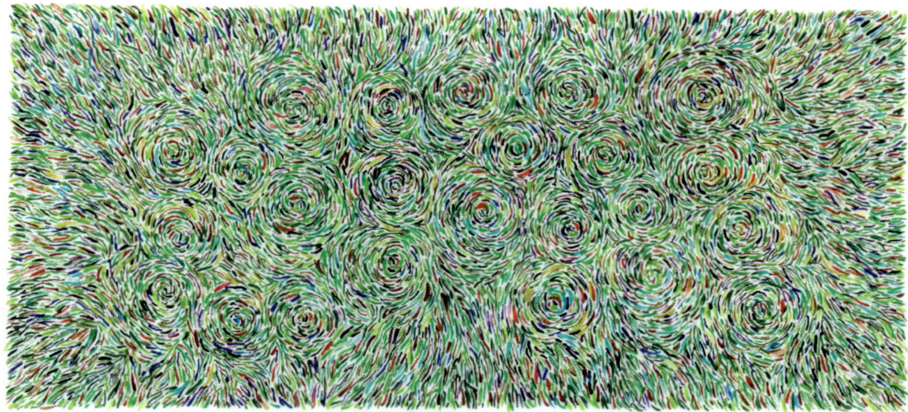

Serie *Detalle animal*, 2005-2006. Acuarela y acrílico sobre papel de poliéster [Watercolour and acrilyc on polyester paper], 60 x 121 cm. Colección particular [Private Collection]

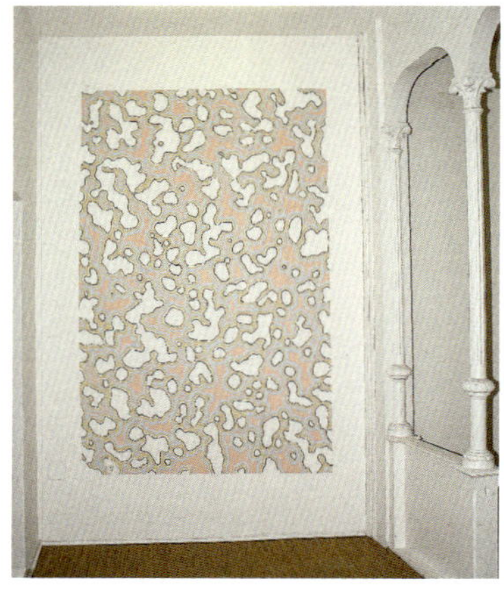

I-s-l-a-n-d-s, 1997. Lápiz y pintura sobre la pared [Pencil and painting on wall], 400 x 350 cm. Intervención en la [Intervention view at] Galería Caracol. Valladolid

arquitectónica (estucos, cerámicas, papeles pintados), para cubrir paramentos enteros. Igual ocurre en los diseños para telas, en piezas continuas. Verbis habla de un tejido visual. Que él interrumpe, pues presenta un fragmento de esa estructura extensible.

Ya antes mencioné, a propósito de los «ojos» en los cuadros de Verbis, los ocelos, manchas defensivas. Y a colación de estas obras «ornamentales» el propio artista sugiere la idea de camuflaje. El dibujo de la piel de determinados animales busca disimular su presencia en el medio natural en el que se mueve, sea para atacar o para escapar del ataque. El artista camuflado ¿ataca o se defiende? Lo cierto es que interpone siempre mediaciones frente a lo real, que le «asusta», al igual que interpone, como de costumbre, mediaciones frente a la pintura (material, la plastilina, que dibuja por sí mismo; cristal que decide cómo será la pintura mural). Verbis se acusa a sí mismo de «rebuscado», o, más piadosamente, de «sofisticado», condición que sería consecuencia de sus complejas negociaciones con el mundo exterior, no sólo de las formas sino también de los acontecimientos y de las sensaciones.

infinitely, since, in the case of architectural decoration (stucco, ceramics, wallpaper), it is conceived to cover entire walls. This is also the case for designs for fabric in continuous pieces. Verbis talks about a visual fabric. That which he interrupts, because it displays a fragment of that extendable structure.

Earlier, in regard to the "eyes" in Verbis' paintings, I mentioned ocelli, defensive markings. And in comparison with these "ornamental" works, the artist himself suggests the idea of camouflage. The patterns on the hides of certain animals seek to disguise their presence in the natural environments in which they move, either to attack or to escape from the attack. Is the camouflaged artist attacking or defending himself? What is true is that he always interposes mediators between what is real, what "frightens" him, in the same way that he interposes mediators as usual between himself and his painting (material, plasticine, which draws itself; glass, which decides what a mural painting will be like). Verbis accuses himself of being "affected", or more nicely, of being "sophisticated", which could be a result of his complex negotiations with the outside world, not only of shapes, but also of events and sensations.

daniel verbis

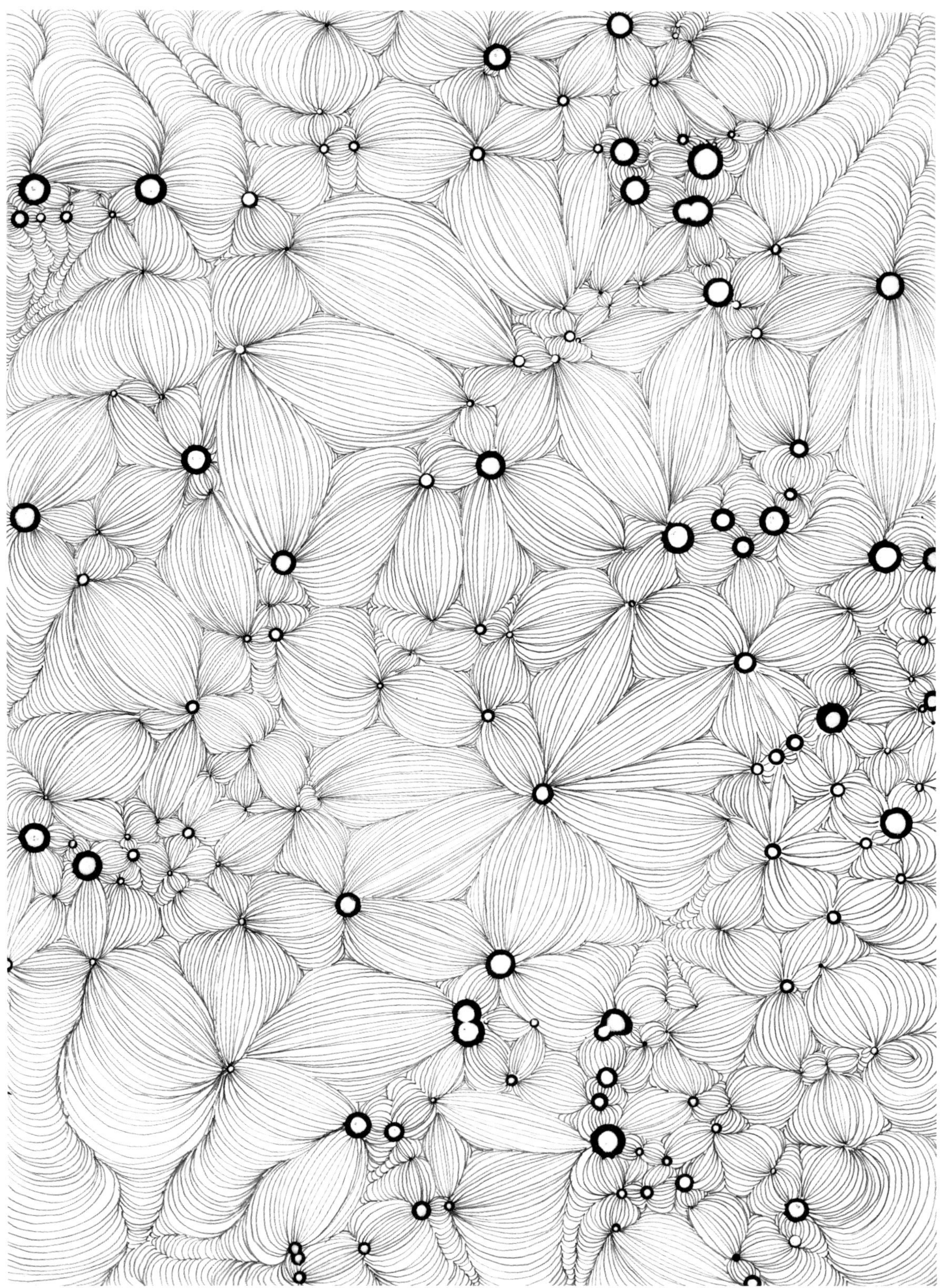

Los músculos del sueño, 2004. Lápiz [Pencil], 30 x 21 cm

EL ABRAZO ENGAÑOSO/
EL ESPEJO VEGETAL

BULBOS / EL AS DE BASTOS / LA DECORACIÓN Y LOS GRUTESCOS /
CREACIÓN POR DESENVOLVIMIENTO

THE DECEPTIVE EMBRACE /
THE VEGETABLE MIRROR

BULBOS / EL AS DE BASTOS / LA DECORACIÓN Y LOS GRUTESCOS /
CREACIÓN POR DESENVOLVIMIENTO

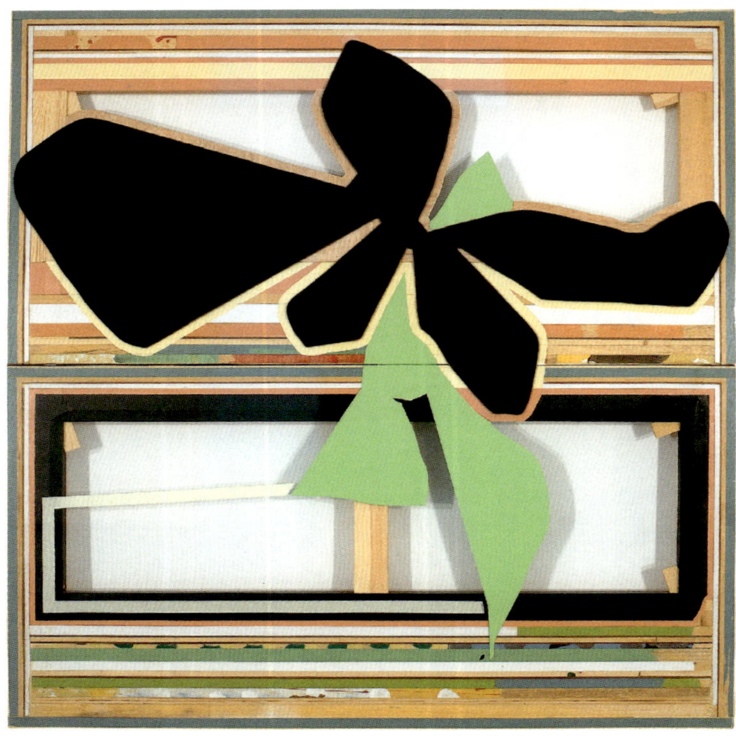

Pota noir, 2003. Acrílico y madera sobre lona plástica [Acrylic and wood on plastic sailcloth], 150 x 150 cm. Colección particular [Private Collection]

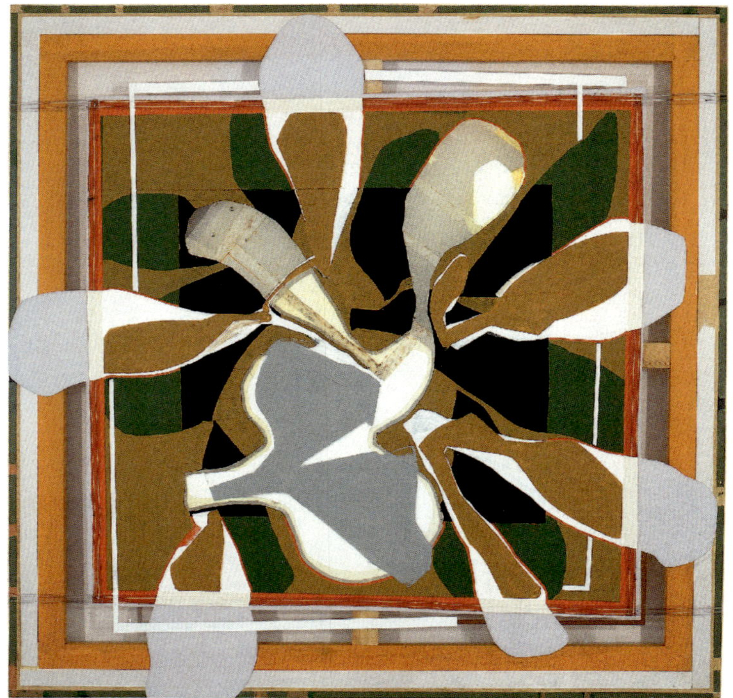

Pulpa, 2003. Acrílico sobre lona plástica [Acrylic on plastic sailcloth], 170 x 170 cm. Colección particular [Private Collection]

Son algo así como plantas, o flores. Pero flores prehistóricas que se pueden zampar todo lo que les caiga cerca. Nada que ver con el subgénero pictórico del bodegón floral, a lo Ramírez de Arellano, y ni siquiera a lo Van Gogh. Por sus dimensiones podrían equipararse a las lujosas rosas rojas de Robert Longo, o a las amapolas cerúleas gigantes de Sicilia (dos artistas con los que Verbis poco tiene que ver). Los aficionados a la jardinería sabrán que las flores que dan los grandes bulbos figuran entre las más apreciadas por su belleza, su carnosidad, su tamaño y, a veces, por su perfume. Suelen florecer sólo una vez al año y lo hacen de manera esplendorosa.

They are somewhat like plants, or flowers. But prehistoric flowers that gobble up anything that comes near them. Not at all like the pictorial subgenre of the floral still-life, along the lines of Ramírez de Arellano, and not even along the lines of Van Gogh. Because of their dimensions, they could be compared with the luxurious roses of Robert Longo, or the gigantic azure poppies of Sicilia (two artists with whom Verbis has little connection). Gardening aficionados know that flowers that give large bulbs are among the most prized for their beauty, their fleshiness, their size, and sometimes for

O son algo así como estrellas. En cualquier caso, configuraciones radiales-orgánicas (potencialmente giratorias) que son asociadas a lo femenino y a lo erótico.

Las formas radiales de Verbis son grandes acontecimientos visuales, y tienen ese mismo carácter único, en un sentido compositivo. La ocupación del espacio se había producido en la mayor parte de sus trabajos por multiplicación de unidades, por extensión o «reproduc-

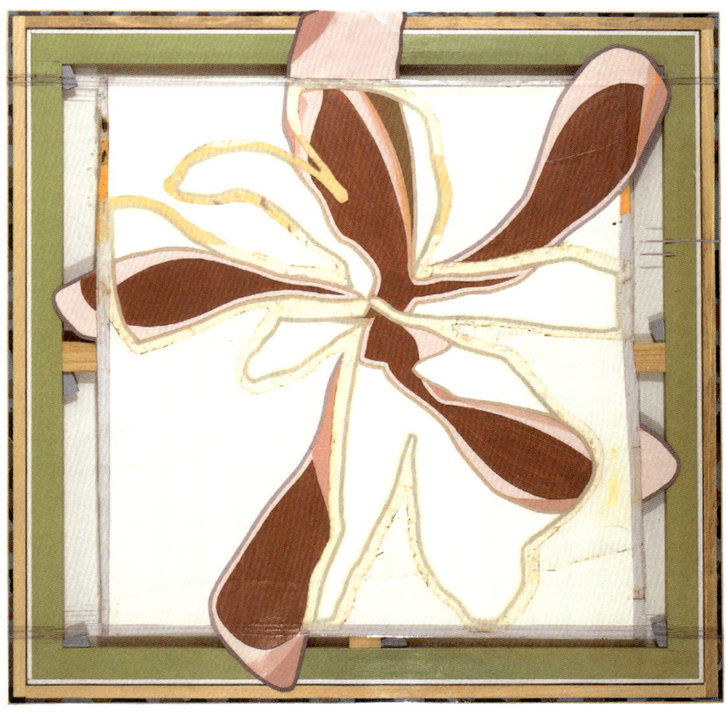

Devoradora, 2003. Acrílico sobre lona plástica [Acrylic on plastic sailcloth], 158 x 158 cm. Colección particular [Private Collection]

ción celular». En los cuadros de «nubes» o en los de «ojos» ya planteaba una forma diferente de crear espacio sobre el plano pictórico: una forma única expansiva y más o menos centralizada. A través de sus «pétalos» estas formas se «desenvuelven» bidimensionalmente, estableciendo dificultosas relaciones con el marco.

Ya en otras obras realizadas con lonas plásticas había Verbis comenzado a complicar el componente visual-escultórico del bastidor que, al transparentarse, forma parte de la composición y actúa en ella como marco. En estos cuadros, y en los aludidos en

their aroma. They generally flower just once a year, and do so splendorously.

Or they are somewhat something like stars. In any case, radial-organic configurations (potentially revolving) with feminine and erotic associations.

Verbis' radial shapes are great visual events, and they have that same unique character in a

El abrazo engañoso n.º 2, 2003. Acrílico sobre lona plástica [Acrylic on plastic sailcloth], 162 x 162 cm. Colección particular [Private Collection]

compositional sense. In most of his works, the space had been occupied by the multiplication of units, by extension, or "cellular reproduction". In the "cloud" or "eye" paintings, he was already proposing a different method of creating a space on the pictorial plane: a single, more or less centralized expanding shape. Through their "petals", these shapes "open up" two-dimensionally, establishing complicated relations with the frame.

In other works done using plastic sheets, Verbis had already begun to complicate the visual-sculptural

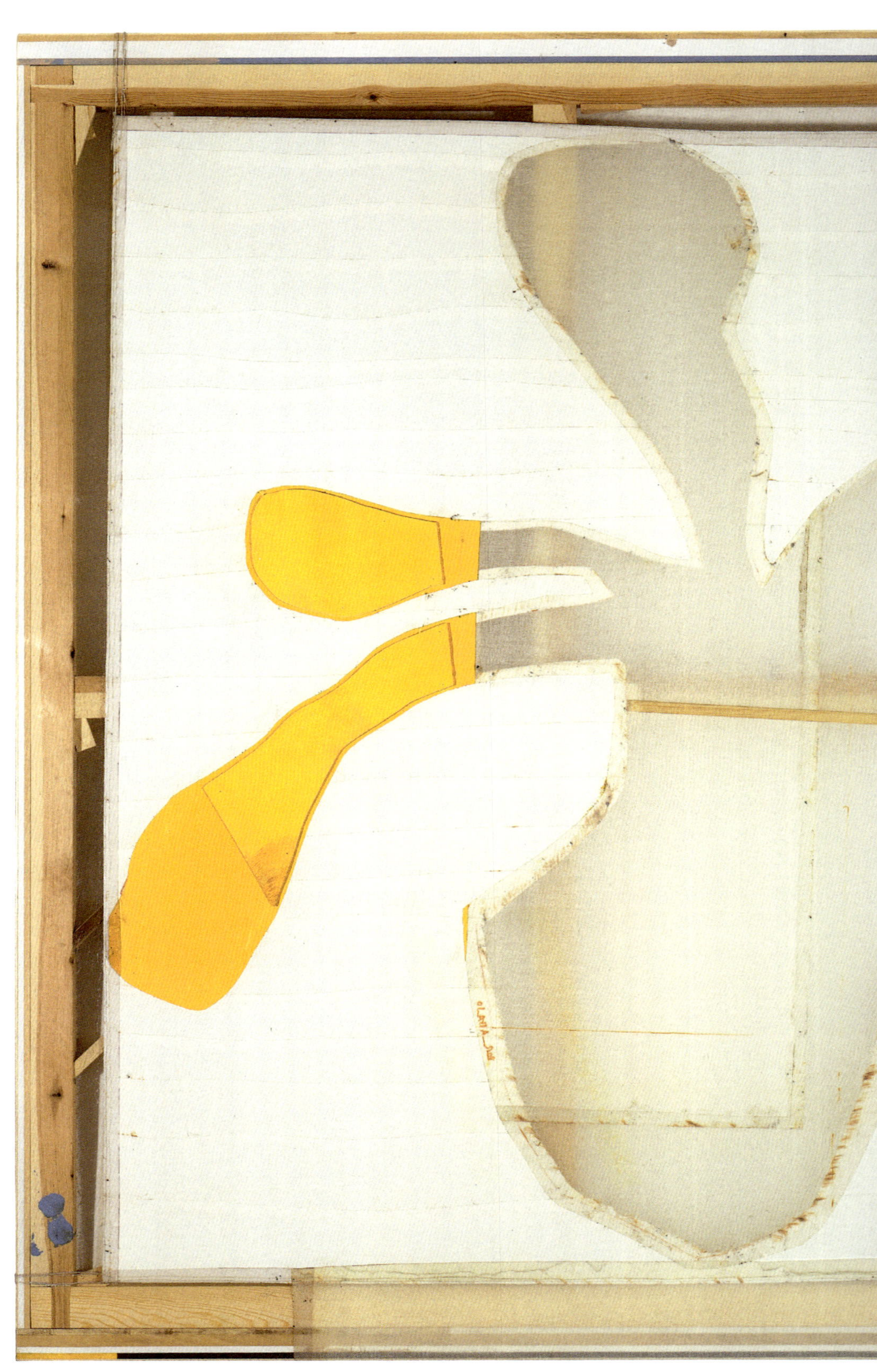

Púgil de lonas, lanas, lunas..., de nada, 2003.
Acrílico sobre lona y madera [Acrylic on sailcloth
and wood], 220 x 360 cm. Colección particular
[Private Collection]

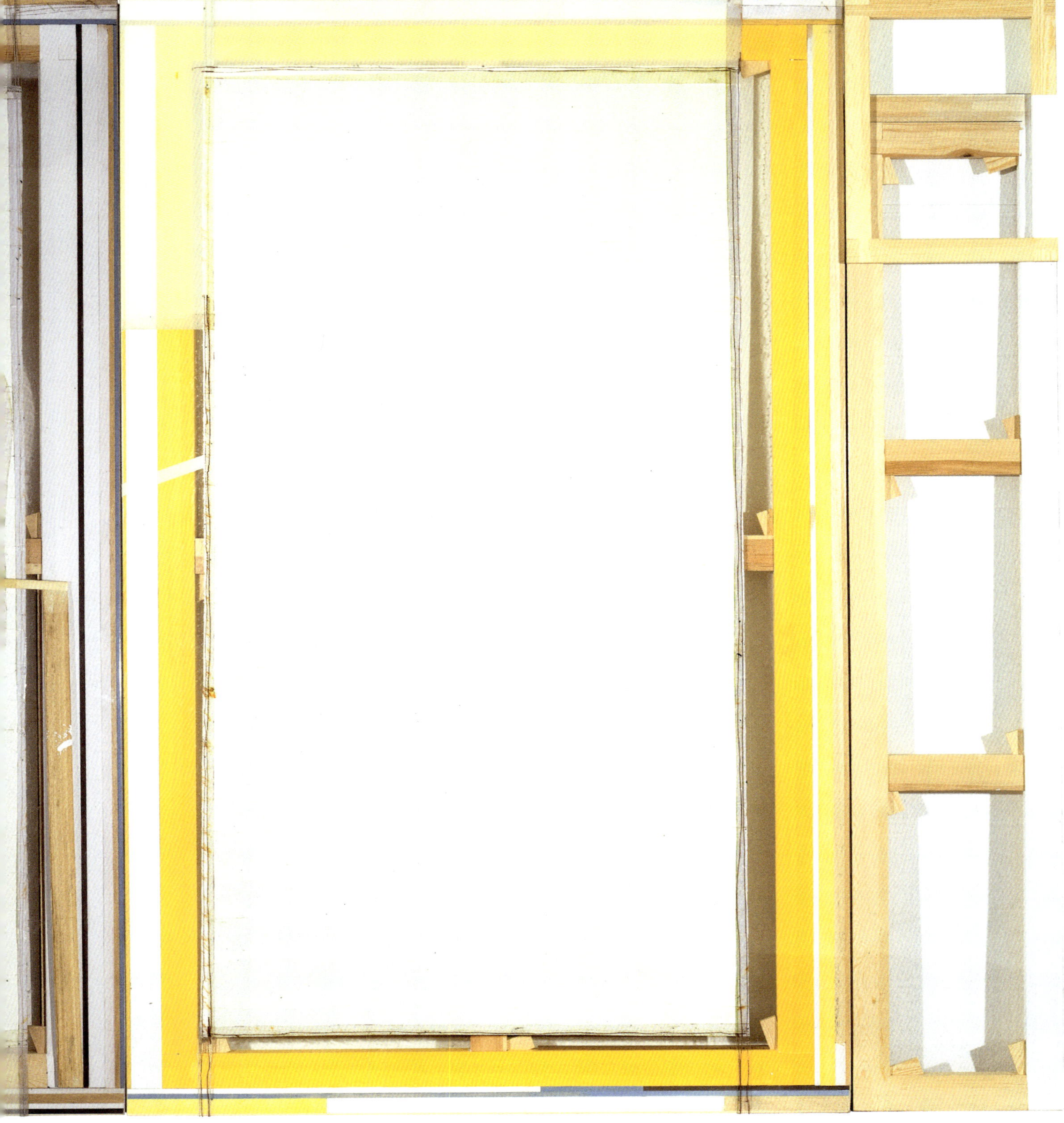

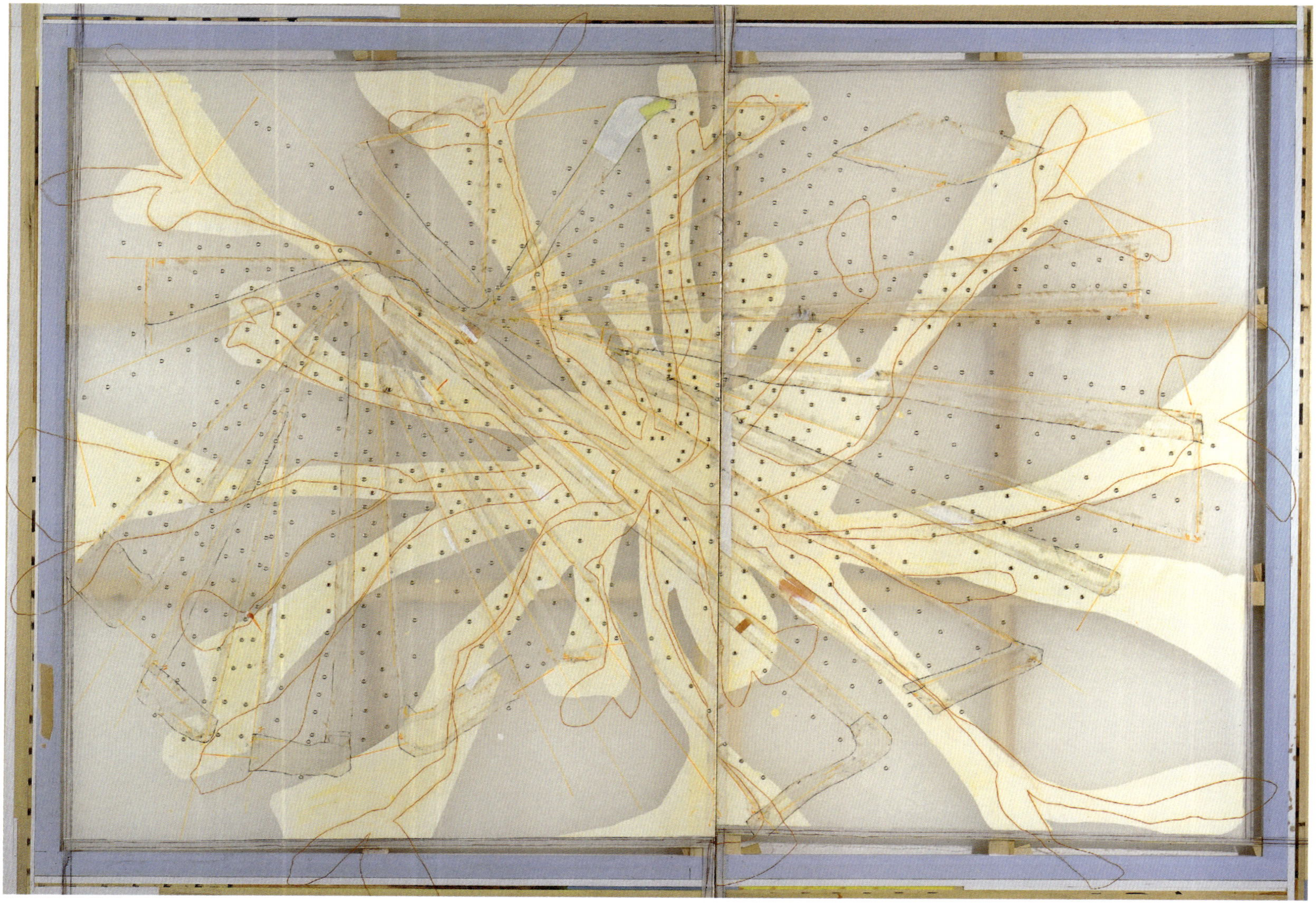

Vida láctea, 2003. Acrílico sobre lona plástica [Acrylic on plastic sailcloth], 257 x 366 cm. Colección Artium [Collection]. Vitoria

el siguiente capítulo y en el último, la yuxtaposición de marcos «internos» es llevada al extremo, con la acumulación de listones más o menos gruesos y pintados (en ocasiones también las cuñas de los bastidores) de distintos colores. Sobre estas estructuras geométricas (que dibujan caminos, vasos comunicantes a la manera de Peter Halley, dice el artista), las formas radiales crecen hacia los márgenes y se encuentran unas veces con barreras visuales que les cierran el paso y frenan su extensión; otras con el propio borde del cuadro, que ha sido sobrepasado; son modificadas en su cromatismo al contacto con nuevos campos espaciales; o incluso logran deformar

component of the supporting frame, which by showing through, forms part of the composition and acts as a picture frame. In these paintings, in those grouped in the next and final chapter, the juxtaposition of "internal" frames is taken to the extreme, with the accumulation of more or less heavy wood pieces (sometimes also the wedges of the supporting frame) painted with different colors. On this geometrical structure (along the lines of Peter Halley, says the artist), the radial shapes grow towards the edges and sometimes encounter visual barriers that block their way and stop their extension; others run into the edge of the painting itself, which has

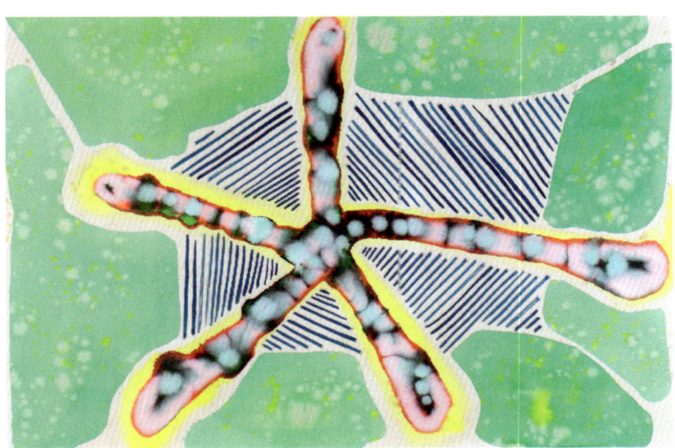

Miembros de una idea vamos caminando al encuentro, 2004. Acuarela [Watercolour], 100 x 70 cm

líneas que en otras obras parecen inamovibles, como ocurre en *El abrazo engañoso n.º 1*. Verbis llama la atención sobre la violencia que el marco ha supuesto siempre para la pintura, cortando la realidad y constriñendo lo representado. Se podría decir que estos son marcos invasores, que avanzan hacia el centro amenazando la figura, que se defiende a mamporrazos («bastos»). El clásico problema fondo-figura se transforma, dada la inexistencia de representación y la objetualización del cuadro, en un problema de «espacio disponible» figura, así como de geometría-forma orgánica.

La relación marco-figura tiene relación también con el aspecto decorativo que introducíamos en el capítulo anterior (cómo los motivos conquistan las superficies), y Verbis la nombra aquí como «grutescos», combinaciones ornamentales de formas vegetales, animales y fantásticas adaptados a marcos arquitectónicos. Palabra que deriva en «grotescos».

been surpassed; their colors are modified when they come into contact with new spatial fields, or even manage to deform lines that in other works seem to be immobile, as in the case of *El abrazo engañoso no. 1*. Verbis calls attention to the violence that the frame has always involved for painting, cutting off reality and constricting what is represented. These could be said to be invasive frames, that advance towards the center, threatening the figure, which defends itself with blows ("clubs"). The classic background-figure problem is transformed, due to the inexistence of representation and the objectification of the painting, into an "available space"-figure problem, as well as a problem of organic form-geometry.

The frame-figure relationship is also related to the decorative aspect introduced in the previous chapter (how motifs conquer surfaces), and Verbis here calls it "grotesque", ornamental combinations of vegetable, animal and fantastic shapes adapted to architectural frameworks. A word that turns into "grotescos" (grotesques).

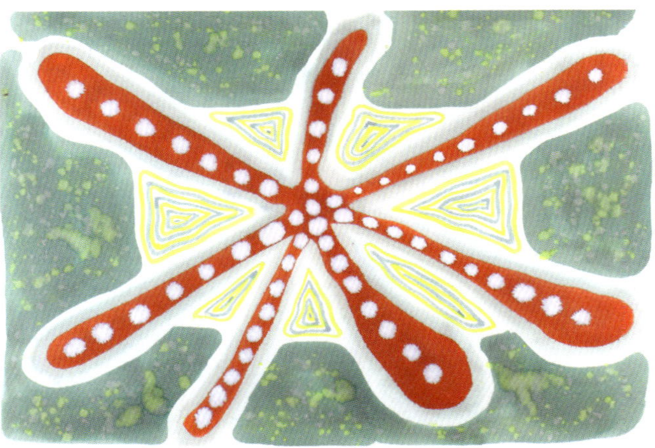

Miembros de una idea vamos caminando al encuentro, 2004. Acuarela [Watercolour], 100 x 70 cm

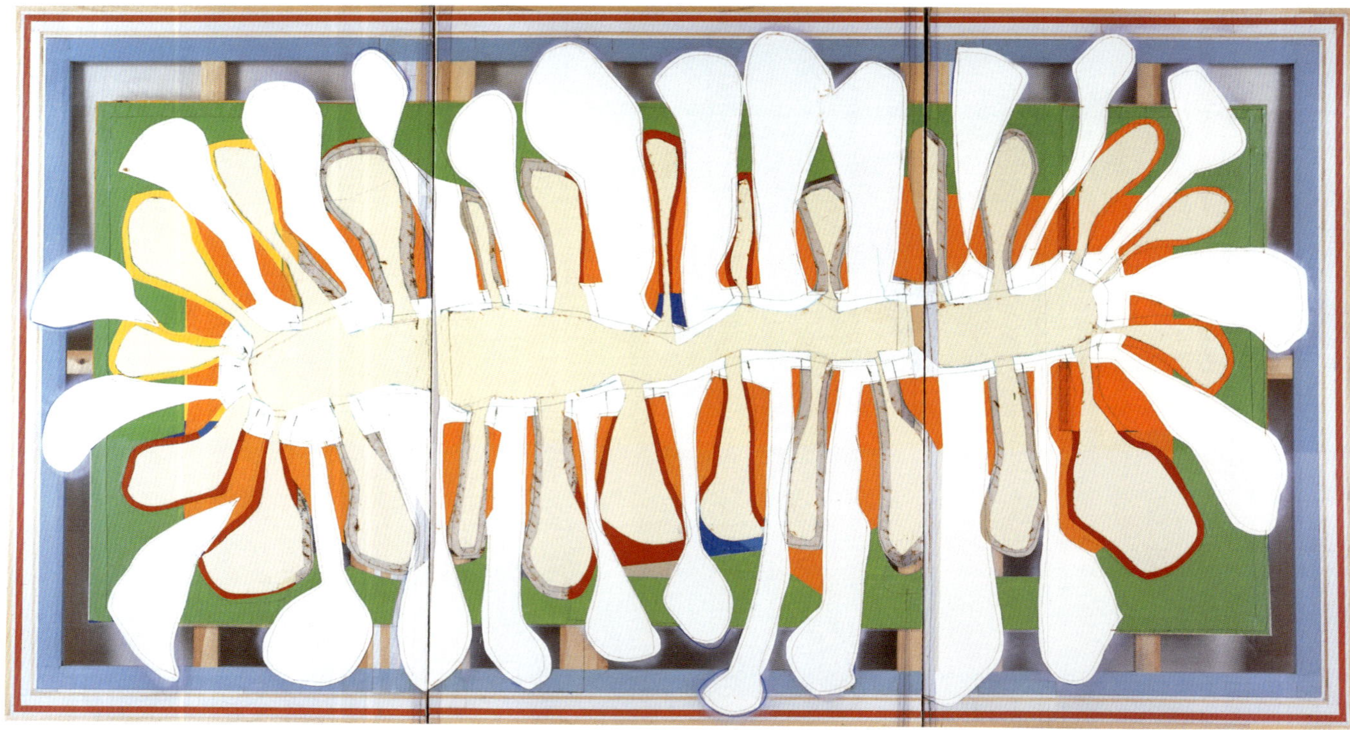

Bababobabosa, 2004. Acrílico sobre lona plástica [Acrylic on plastic sailcloth], 218 x 392 cm. Colección Museo Patio Herreriano [Collection]. Valladolid

15.

EL SUJETO DESENVUELTO

EGOCENTRISMO-ANTROPOCENTRISMO / EL LAZO-MOVIMIENTO DE LA
EXISTENCIA EN BUSCA DE ESPACIOS DONDE DESARROLLARSE /
LABERINTO ORGÁNICO / ESPEJO ANIMAL / BABOSA-GERMEN MASCULINO-
SALIDA DE LA OSCURIDAD A LA LUZ / MIEMBROS DE UNA MISMA IDEA
VAMOS CAMINANDO AL ENCUENTRO

15.

THE SUBJECT UNWRAPPED

EGOCENTRISMO-ANTROPOCENTRISMO / EL LAZO-MOVIMIENTO DE LA
EXISTENCIA EN BUSCA DE ESPACIOS DONDE DESARROLLARSE /
LABERINTO ORGÁNICO / ESPEJO ANIMAL / BABOSA-GERMEN MASCULINO-
SALIDA DE LA OSCURIDAD A LA LUZ / MIEMBROS DE UNA MISMA IDEA
VAMOS CAMINANDO AL ENCUENTRO

Los pétalos (hojas) se convierten aquí en blandas patas: miembros para el movimiento animal («caminando al encuentro ¿de...?»). La composición centralizada es interpretada como «egocentrismo» y como «antropocentrismo». Pero el título de «espejo animal» (en los otros cuadros era «espejo vegetal») remite a una identificación con quién sabe qué dimensiones de los que antes se llamaban reinos de la naturaleza... Si lo pensamos, el reino mineral, que abre la tríada, quedaba expresado en las «cuevas», las esculturas de papel de aluminio; y aquí

The petals (leaves) of the previous group here become soft paws: limbs for animal movement ("caminando al encuentro de...?"). The centralized composition is interpreted as "egocentrism" and "anthropocentrism". But the title of "espejo animal" or *animal mirror* (in the other pictures it was "espejo vegetal" or *"vegetal mirror"*) harks back to an identification with who knows what dimensions of what before were called kingdoms of nature… If we think about it, the mineral kingdom, which opens the triad, is expressed in the

daniel verbis

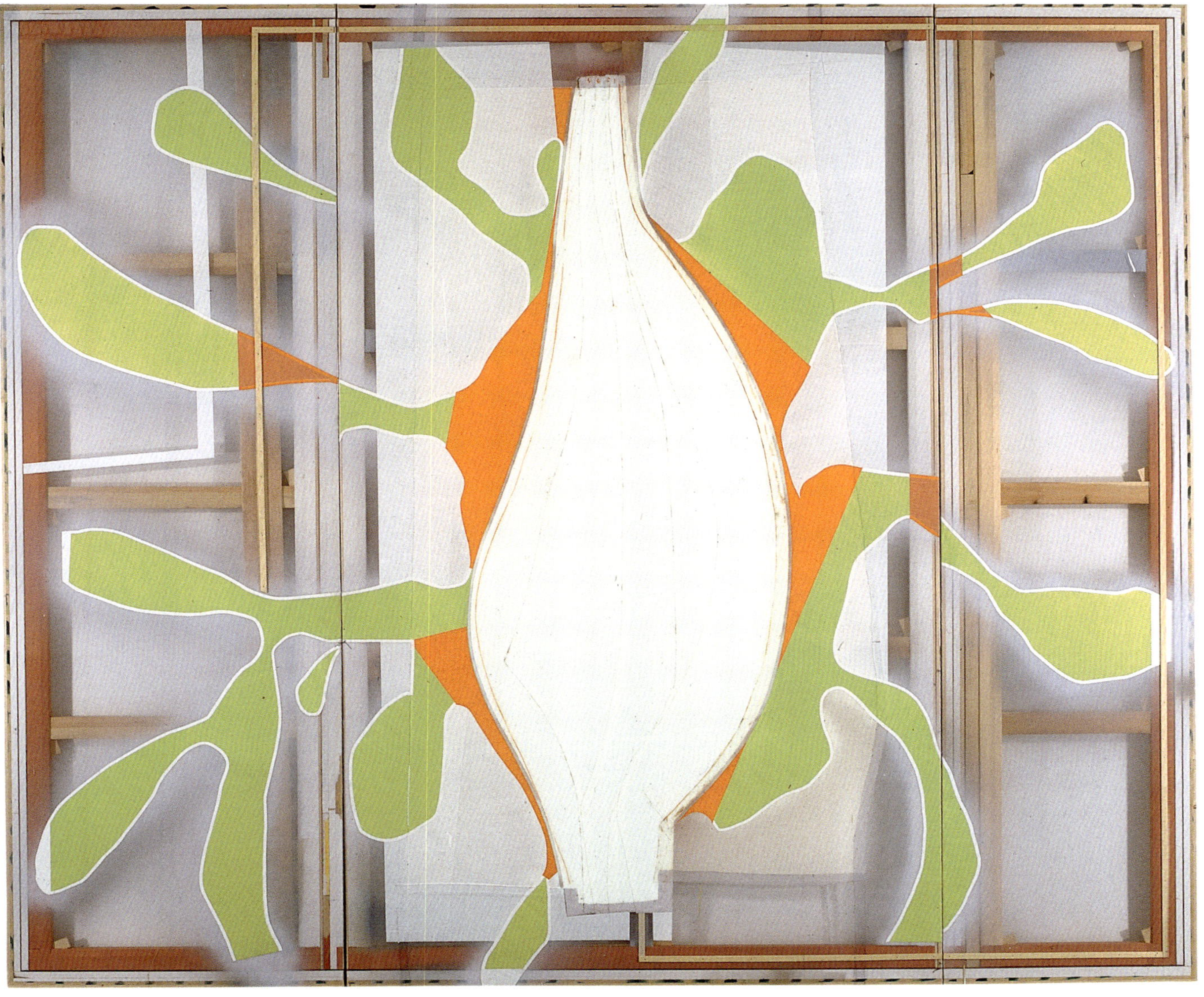

Ábrete, 2003. Acrílico sobre lona plástica [Acrylic on plastic sailcloth], 311 x 365 cm. Colección MUSAC [Collection]. León

tenemos el animal, tras el vegetal. El artista se refleja en ellos, de manera similar a como exponía esa ceremonia especular William Blake, que reelaboraba con las siguientes palabras precisamente el mito platónico de la caverna, que Verbis aplica a su particular «informalismo»: «El mundo de la imaginación es el mundo de la eternidad... En el mundo eterno percibimos las eternas realidades de todas las cosas y vemos sus reflejos en ese *espejo vegetal* que es la Naturaleza».

"caves", the silver foil sculptures; and here we have the animal, following the vegetable. The artist is reflected in them, similar to how William Blake described that specular ceremony, who re-elaborated the Platonic myth of the cave, which Verbis applies to his particular "informalism", in the following words: "The world of imagination is the world of eternity. … There exists in that eternal world the eternal realities of everything which we see reflected in this vegetable glass of Nature."

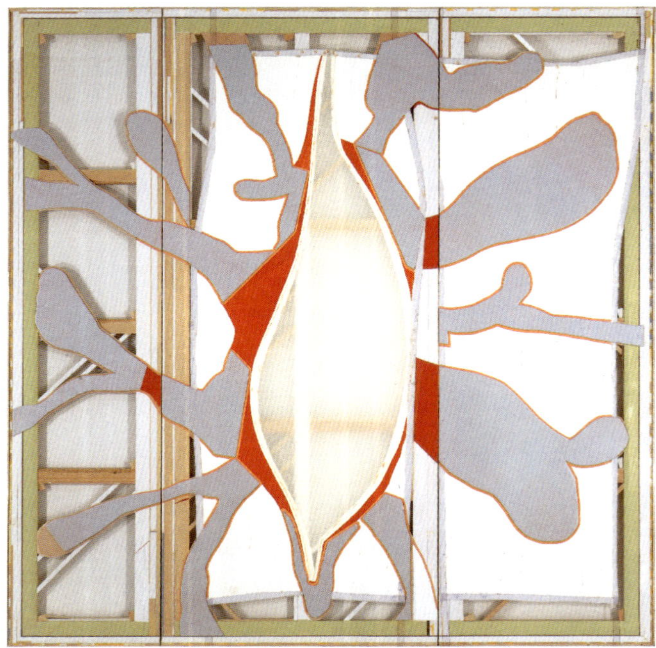

Boca de riego: amor ciego, 2003. Acrílico sobre lona plástica [Acrylic on plastic sailcloth], 310 x 306 cm. Colección Centro de Arte Caja de Burgos CAB [Collection], Burgos

It is possible that the mention of the mirror in the titles is not due just to intended significance. There are also formal traits that would justify it, like the transparency of the plastic sheets that would be the equivalent of the glass, the presence of the frame, which visually distinguishes the reflection of reality by containing it, or the flatness to which the real volumetric world is reduced in both paintings as well as in the mirror. Without forgetting, obviously, that the painting in these works is also a "wall sculpture". A sculpture of impressive size at times, and made up of two or three pieces through which the drawing generally continues, but that nevertheless is interrupted at times, creating confusion, which is especially evident in *Cangrejos rotos, espejos rotos, amores rotos ('Broken crabs, broken mirrors, broken loves'),*—an eloquent title in this. Size is important in the interpretation of the works, or at least to contextualize them. The most monumental of these paintings are, because of their dimensions, suitable for museums, with the ambition of the enormous paintings that not long ago came out of churches, where they occupied privileged spots on altars and altarpieces (and they share the compartmentalization of the painting with those works).

Sexually, these paintings are predominantly masculine—says Verbis—but in some of them, enormous vaginas open in their centers: an hermaphroditism that was not uncommon in the prehistoric times evoked by these primordial "worms" that seek the light. Some of the works, in relation to their masculine connotations, remind me, as *Vida láctea* does, of several of the more disheveled *Crucifixiones* of Antonio Saura (or of the *Ecorchés*), with that proliferation of exaggerated limbs (arms, legs, penises, noses). An artist, incidentally, in whom other surely unintentional formal similarities can be found, as in the *Multitudes*, which continues the same pattern of composition and spatial relation as some of Verbis' "cellular" works, and especially certain plasticine works.

Es posible que la mención del espejo en los títulos
no obedezca sólo a una intención significativa. Existen además rasgos formales que la justificarían, como
la transparencia de los plásticos que equivaldría al cristal, la presencia del marco, que diferencia visualmente el reflejo, al contenerlo, de la realidad, o la planitud
a la que queda reducido el mundo volumétrico real tanto en cuadros como en el espejo. Sin olvidar, claro está,
que también en estas obras el cuadro es una «escultura para pared». Una escultura a veces de tamaño impre-
sionante, y formada por dos o tres piezas a través de las
cuales generalmente se continúa el dibujo que, no obstante, en alguna ocasión se interrumpe, creando confusión, lo cual es especialmente evidente en *Cangrejos
rotos, espejos rotos, amores rotos,* de elocuente título a este respecto. El tamaño importa para la interpretación de las obras, o al menos para su contextualización.
Los más monumentales de estos cuadros son, por
sus dimensiones, museables, con la ambición del cuadro enorme, que no hace tanto que salió de las iglesias, donde ocupaba lugares privilegiados en altares
y retablos (y con éstos comparten la compartimenta-
ción de la obra).

Sexualmente, estos cuadros son de manera pre-
dominante —nos dice Verbis— masculinos, pero en algunos de ellos se abren en su centro enormes vaginas: un
hermafroditismo no inhabitual en los tiempos prehistó-
ricos que evocan estos «gusanos» primarios que bus-
can la luz. Algunas de las obras, en relación con su vinculación a lo masculino, me recuerdan, como *Vida láctea,*
a varias de las *Crucifixiones* más desmelenadas de Antonio Saura (o de sus *Ecorchés),* con esa proliferación de
extremidades (brazos, piernas, penes, narices) exage-
radas. Artista, por cierto, en quien se encuentran otras
seguramente casuales afinidades formales, como en
las *Multitudes,* que siguen el mismo patrón compositivo y de relación espacial que algunas obras «celulares» de Verbis, y en especial que ciertas plastilinas.

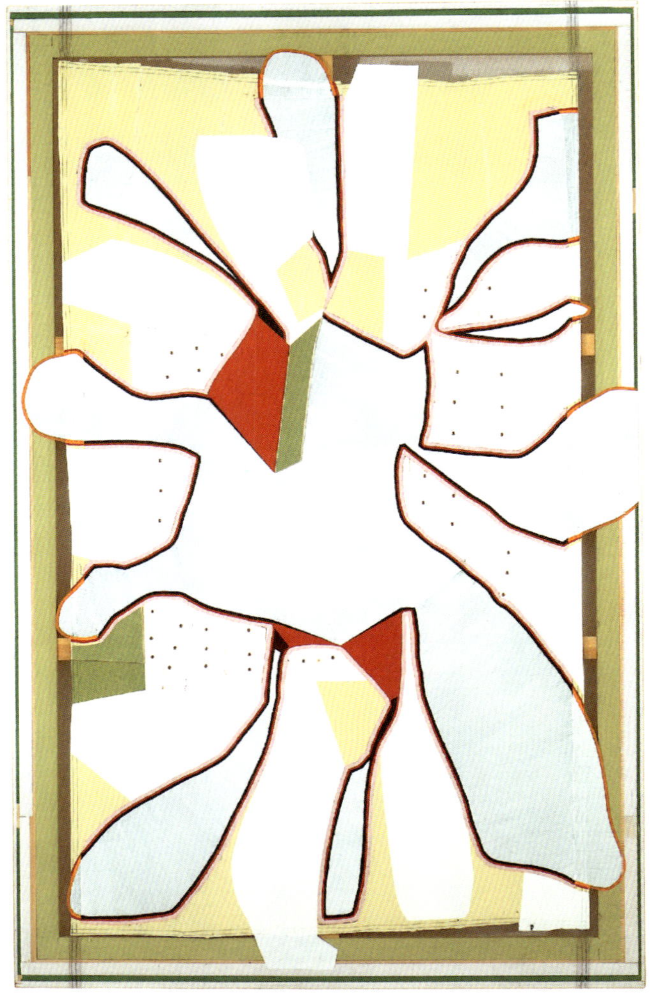

El acróbata de papel n.º 2, 2003. Acrílico sobre lona plástica [Acrylic on plastic
sailcloth], 314 x 195 cm. Colección particular [Private Collection]

DEVENIR ANIMAL

En algunos momentos, el tono habitualmente irónico, lúdico y hasta humorístico de Verbis se torna sombrío. La mención que hace Verbis en sus escritos del ritornelo como origen de lo musical, que toma Deleuze —quien lo toma a su vez de Dominique Fernández—, le interesa menos al pintor como hipótesis histórica que como metáfora de su propia actitud. En Deleuze, el ritornelo es el tarareo que el niño se canta a sí mismo en un agujero negro para tranquilizarse. En Verbis, el juego de palabras, la caja de colores, las marañas, el frenesí expansivo podrían interpretarse como la respuesta al miedo a la imagen reconocible. Son formas de resistencia a una figura ignota, de formas cambiantes, que quiere abrirse paso en la pintura. Es de suponer que esa figura no será, si alguna vez llega a revelarse, algo agradable a la vista. Probablemente sea un «interior» de figura, que el artista nos ha ido dejando entrever por partes, sometidas a distintas estilizaciones.

Todo el discurso de Verbis se centra en la pulsión escópica del ojo fálico, en la mirada como deseo. Mirar no es lo mismo que ver, como señalaba Lacan, para quien mientras el sujeto ve, no mira, y cuando mira, no ve. La teoría psicoanalítica establece que la visión del cuerpo de los otros es siempre fragmentaria, y la pulsión escópica aísla partes en las que se concentra el deseo. Una idea que encaja en el «sistema artístico» de Verbis, que, como apuntábamos, cuando mira, mira a las partes (casi siempre a los orificios).

En algunos cuadros recientes han emergido a la superficie unas extrañas vísceras. Son tubos de escape, a veces pintados, que cuelgan como estómagos, como intestinos, de algún borde interior, de alguna herida. Grotesco. Creo que a Verbis le gustaría un chiste mexicano que incide en las diferencias de significado de la palabra «coger» en España y en diversos países

ANIMAL DEVELOPMENT

At times, Verbis' habitually ironic, playful or even humorous tone darkens. His reference in his writings to the ritornello as the origin of all things musical—carrying on from Deleuze, who took it up in his turn from Dominique Fernández—interests him as a metaphor for this own attitude rather than as a historical hypothesis. In Deleuze, the ritornello is the tra-la-laing that the child hums to himself in a black hole to reassure himself. In Verbis, the word plays, the colored boxes, the tangles, the expansive frenzy could all be interpreted as a response to his fear of the recognizable image. They are all ways of resisting and unknown figure of changing forms that is seeking to make its way into the painting. It can be assumed that if it ever reveals itself, this figure will not be pleasant to behold. It will probably be a figure "interior" of which the artist has been giving us partial glimpses, subjected to various stylizations.

In Verbis, this entire discourse centers on the scopic urge of the phallic eye, on the gaze as desire. Looking is not the same as seeing, as Lacan pointed out: for Lacan, when the subject is seeing, he is not looking, and when he is looking, he does not see. Psychoanalytic theory holds that our vision of the body of others is always fragmentary, and the scopic urge isolates the parts upon which desire is concentrated,—an idea that fits well in Verbis' "artistic system" since, when he looks, as we noted, he looks at the parts (nearly always the orifices).

In certain recent paintings, strange viscera have emerged onto the surface. They are exhaust pipes, sometimes painted ones, that hang down like stomachs, like intestines, from some inner edge, some wound. Grotesque. I think Verbis would like a Mexican joke that impinges on the varying meanings

latinoamericanos (allí es una forma ordinaria de referirse al sexo): si un español llega al aeropuerto de Ciudad de México y pregunta «¿Por dónde puedo coger un taxi?», no será raro que le contesten: «Por el escape».

Se insinúa la condición mecánica de los cuerpos. Le Corbusier había afirmado que «La juventud de hoy tiene un motor en el estómago y un aeroplano en el corazón». Cualquier motor ha de tener una salida de humos. No hablamos de cyborgs de alta tecnología, sino de básicas máquinas. Son sarcásticas piezas «blandas», disfuncionales hoy como los relojes dalinianos.

of "coger" in Spain (where it just means "take" or "get") and in various Latin-American countries (where it is a common way of referring to having sex): if a Spaniard arrives at Mexico-City airport and asks where he can get a taxi by asking "Por dónde puedo coger un taxi?", the answer he is likely to get is "Up the exhaust pipe" ("Por el escape").

The mechanical status of bodies is hinted at. Le Corbusier had said that "Young people today have an engine in their stomachs and an airplane in their hearts". Every engine must have an exhaust pipe. We are dealing with basic machines, not hi-tech cyborgs. These are sarcastic "soft" pieces, dysfunctional today, like Dalí's clocks.

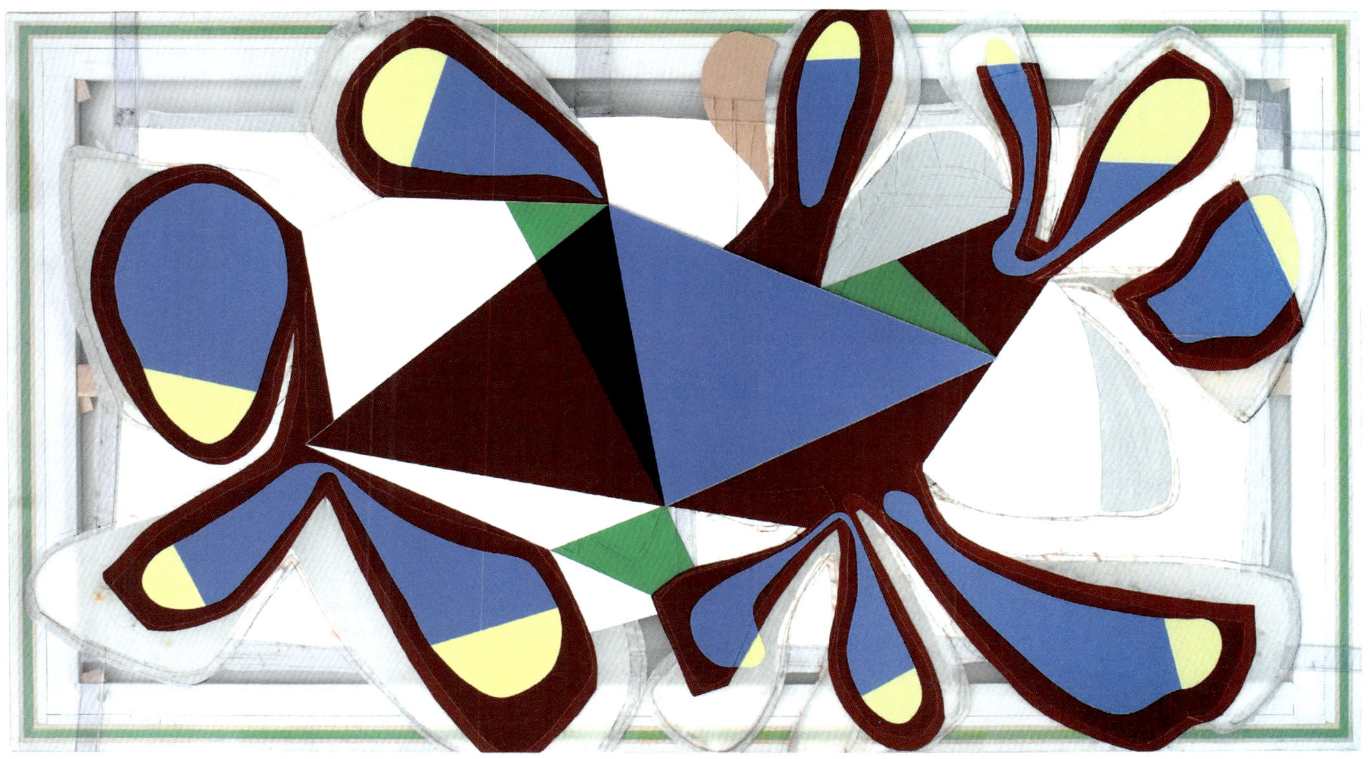

Loca loca loca, 2004. Acrílico y lona plástica [Acrylic and plastic sailcloth], 161 x 290 cm

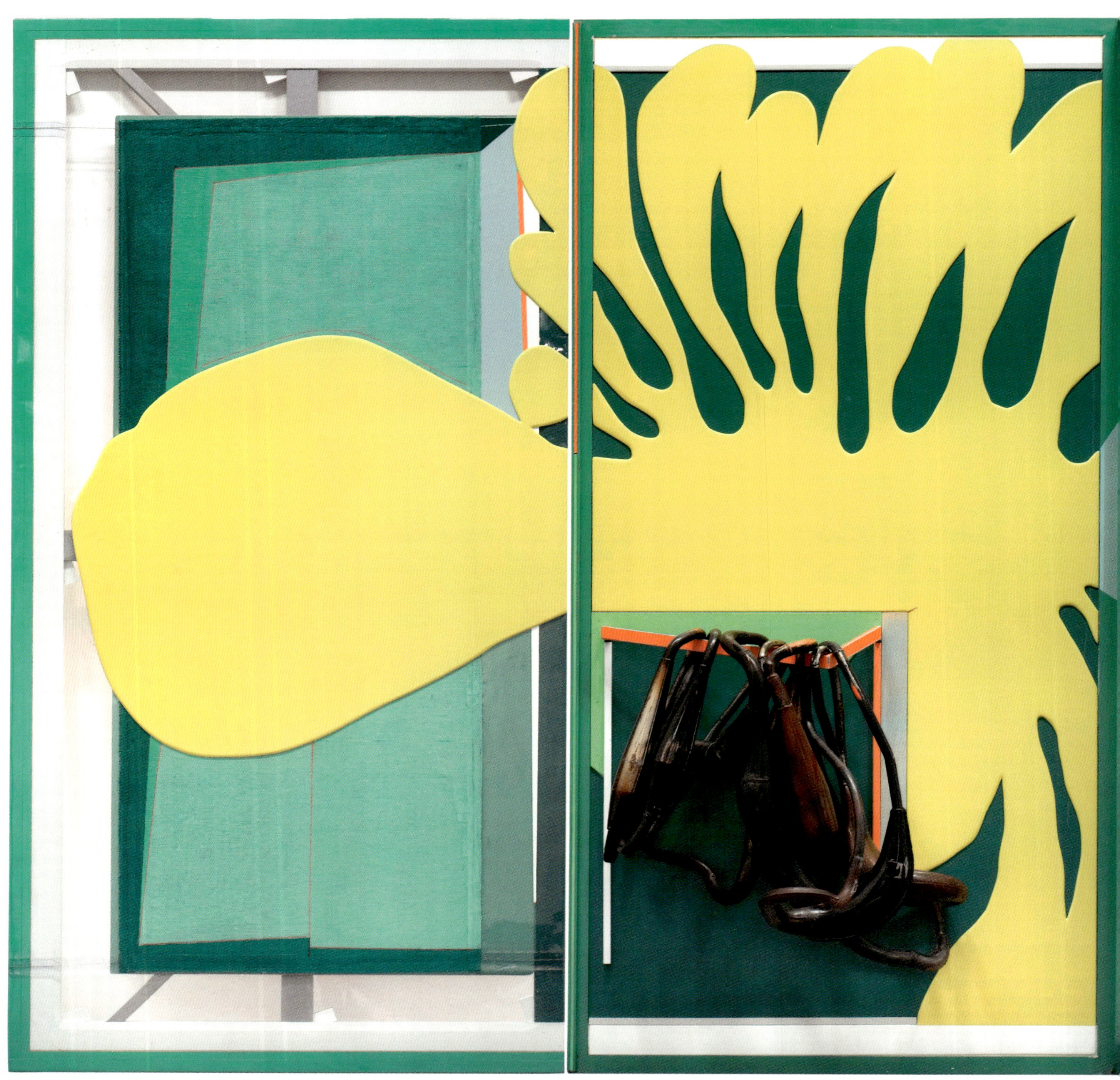

El artista destripacorazones abre las puertas y se da consuelo, 2004–2005. Acrílico, lona plástica, madera, hierro [Acrylic, plastic sailcloth, wood, iron], 250 x 382 x 50 cm

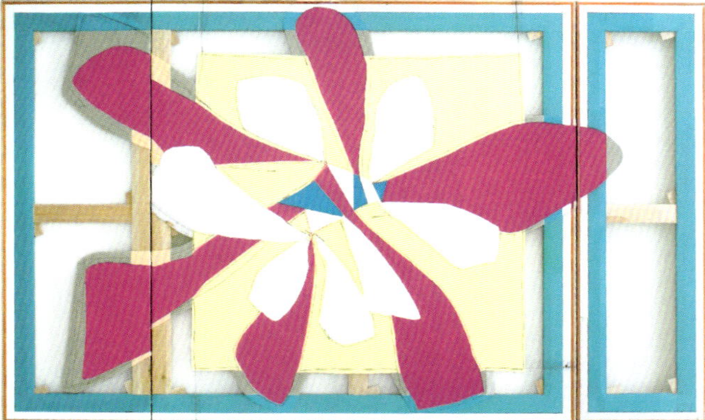

Campana sobre campana y sobre campana una, 2004. Acrílico y lona plástica [Acrylic and plastic sailcloth], 160 x 259 cm. Colección particular [Private Collection]

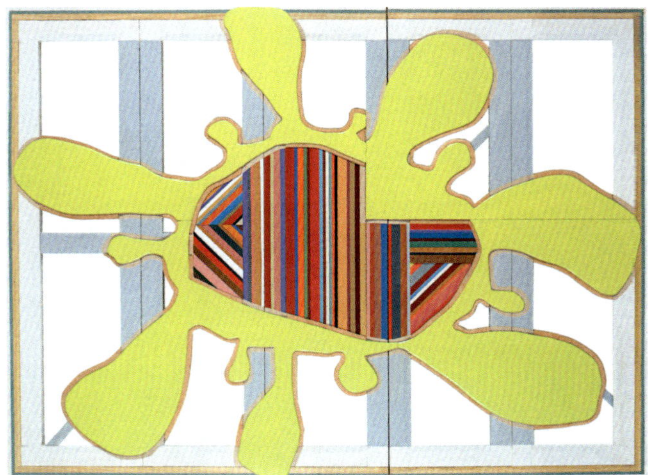

Geometría de la abstinencia n.° 1, 2004. Acrílico, madera, plástico [Acrilyc, wood, plastic], 160 x 211 cm

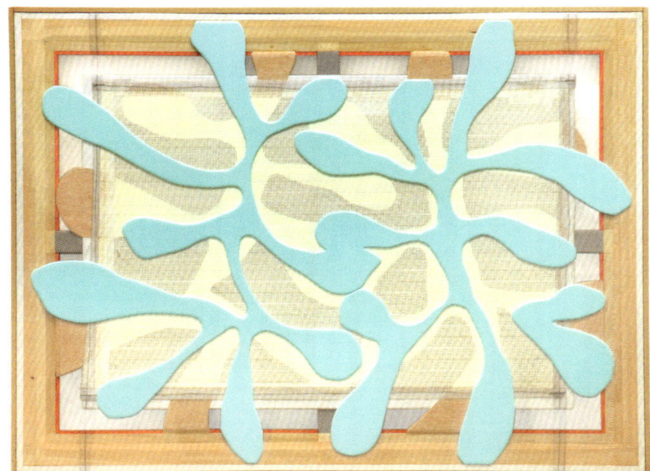

Las gramáticas de la piel n.° 1, 2004. Acrílico, madera, lona plástica [Acrylic, wood, plastic sailcloth], 160 X 215 cm. Colección particular [Private Collection]

Las grandes composiciones murales de Verbis parten de dibujos previos. Pero incluso en sus garabatos se imponen las normas distanciadoras que hemos mencionado en otros capítulos. Ahora: no levantar el rotulador del papel hasta no haber finalizado el dibujo. «Esaformadedibujoquesehacesinlevantardelpapellapuntadellápiz». Se trata, cómo no, de ocupar la superficie, el espacio disponible en el rectángulo de papel blanco. Y de decidir sobre la marcha, sin permiso para detenerse y pensar, por dónde va la línea en cada momento. Tienen, por tanto, algo de espontaneidad y algo de rígida disciplina, y como ocurriera en otras series, la propia técnica produce un estilo, diferente en su sinuosidad a lo antes hecho. Este estilo, por el *horror vacui,* que es uno de sus mandamientos, por su obsesividad y por su grafismo, hace pensar en algunas obras de Cy Twombly, pero también se acerca a ciertos dibujos de Picasso a mediados de los sesenta (con líneas continuas y «enrolladas» en madejas), así como a algunos artistas marginales, del *Art Brut,* que hicieron su obra en los establecimientos psiquiátricos, y en particular a los dibujos del extraordinario Adolf Wölfli, y de Madge Gill, Aloïse Corbaz o Edmund Monsiel.

En *Arte y percepción visual,* Rudolf Arnheim dice: «Los primeros garabatos del niño no pretenden representar nada: son una forma de la delectable actividad motora con que el niño ejercita sus miembros, con el placer adicional de que la vigorosa acción de los brazos hacia delante y hacia atrás deje rastros visibles. Hacer visible algo que no estaba ahí es una experiencia emocionante. Este interés por el producto en sí se observa incluso en los chimpancés, cuando blanquean su jaula con terrones de arcilla blanca y manejan una brocha». Curiosa esta mención de los monos, a quienes, en su *Elogio del garabato,* Orlando González Esteva, poeta

Verbis' large mural compositions are based on drawings done beforehand. Even in his doodles, however, the distancing rules referred to in previously in other chapters still apply. Now it is Do not lift the marker from the paper until the drawing is finished' or, as he puts it: "Esaformadedibujoquesehacesin–levantardelpapellapuntadellápiz". The point is, of course, to occupy the area, the space available in the rectangle of white paper. And to take decisions on the fly, without being allowed to stop and think about where the line is going at any particular time. They thus feature a degree of spontaneity and a degree of unbending discipline and, as had already happened in other series, the technique itself produces a style, one that is different in its winding quality from what he had done before. This style, on account of its abhorrence of the vacuum (which is a watchword for him), and on account of its obsessive quality and graphic nature, recalls certain works by Cy Twombly, though it is also quite close to certain drawings by Picasso from the mid 1960s (with continuous lines and lines "rolled up" into hanks), and to some fringe *Art Brut* artists, who produced their work in psychiatric establishments—particularly the drawings by the extraordinary Adolf Wölfli, and also those by Madge Gill, Aloïse Corbaz and Edmund Monsiel.

In his *Art and Visual Perception*, Rudolf Arnheim writes: "A child's first scribblings are not meant to portray anything: they are a delightful form of motor activity that the child uses to exercise his limbs, with the additional pleasure of seeing how the vigorous action of the arms as they move forwards and backwards leaves visible traces. Making something that wasn't there visible is an exciting experience. This interest in the product itself can be seen even in

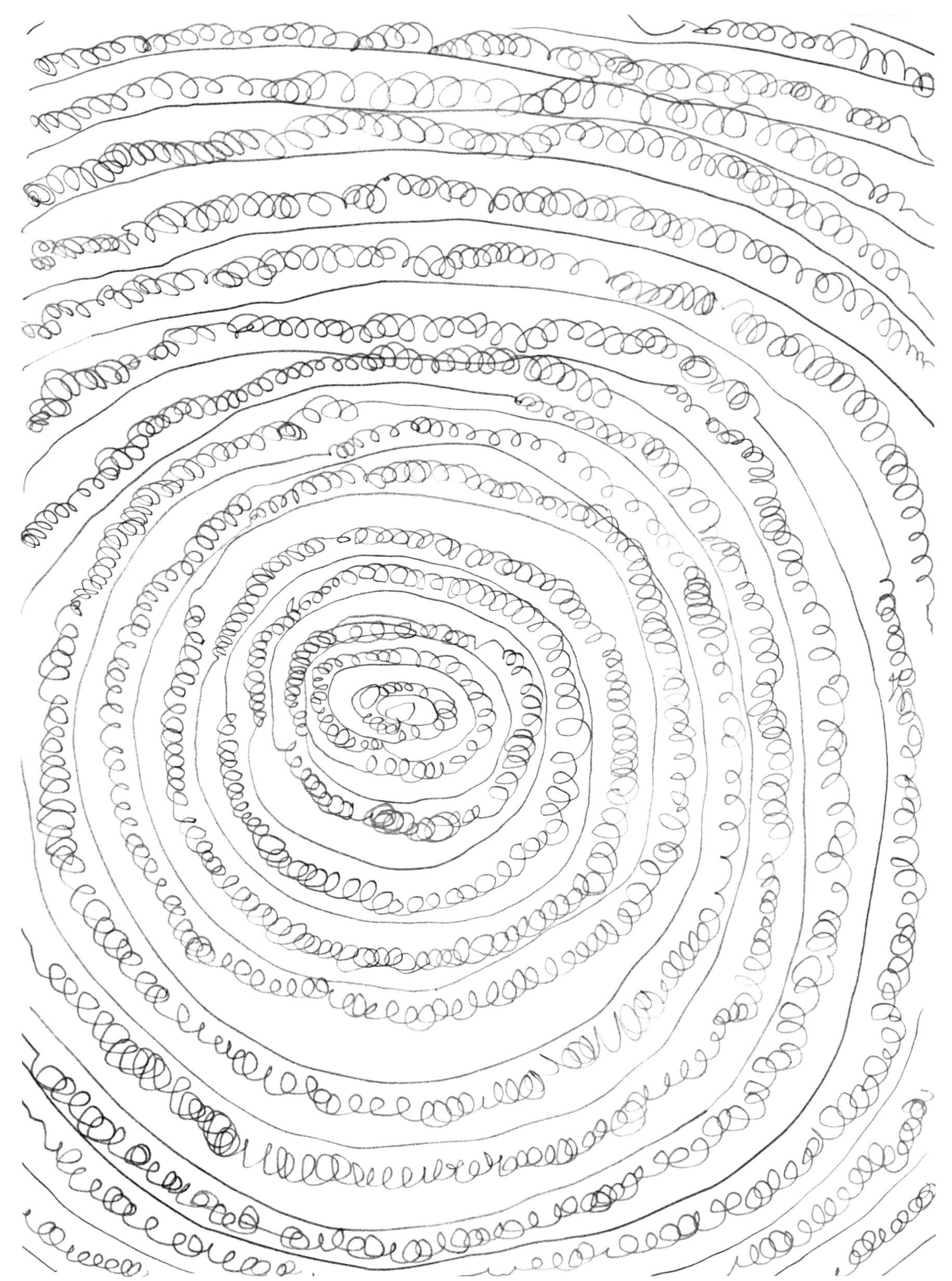

Busca, 2004. Lápiz [Pencil], 30 x 21 cm

y dibujante cubano, también asocia al garabateo: «Los garabatos son las lianas del bosque de nosotros mismos. Aferrado a ellas, libre, retoza el primate que todavía somos». Es cierto que hay algo de primordial y de gozoso en el garabato, pero, al margen de su importancia en los dibujos de los locos, los niños y los simios, en la obra de Verbis adquiere una significación más profunda, que quizá no tenga tanto que ver con la idea de movimiento como con la de tiempo (un tiempo que las líneas van anudando) y quizá se acerque más a la idea de prisión que a la de libertad. Es una trampa que atrae a la presa, la mirada, con todas las armas de la seducción.

Nada más seductor, en el imaginario erótico universal, que los cabellos. Medusa, tan presente en el imaginario de Verbis, fue convertida en monstruo con serpientes en la cabeza sólo después de haber seducido a Neptuno con su bellísima cabellera. Y, tras la metamorfosis, fue mortífera trampa de miradas. El dibujo de Verbis se «desmelena» sobre la arquitectura. Se infla, se

chimpanzees when they whitewash their cages with white clay and use a brush as a tool". It is curious that he should mention apes: the Cuban poet and graphic artist Orlando González Esteva also associates them with scribbling: "Scribbles are the lianas of the forest of ourselves. Clinging to them, the primate still in us frolics free". There is certainly something primordial, something exultant in scribbling, and yet over and above its importance in drawings done by madmen, children and apes, in Verbis' work takes on a deeper significance, one which is perhaps not so much related to the idea of movement as to the idea of time (a time that the lines start tying up), a feature that is closer to the idea of imprisonment than of freedom. It is a trap that lures the prey, the gaze, employing every weapon of seduction.

In the universal imaginary world of the erotic, there is nothing more seductive than hair. Medusa, who has such a strong presence in Verbis' imagination, was turned into a monster with snakes

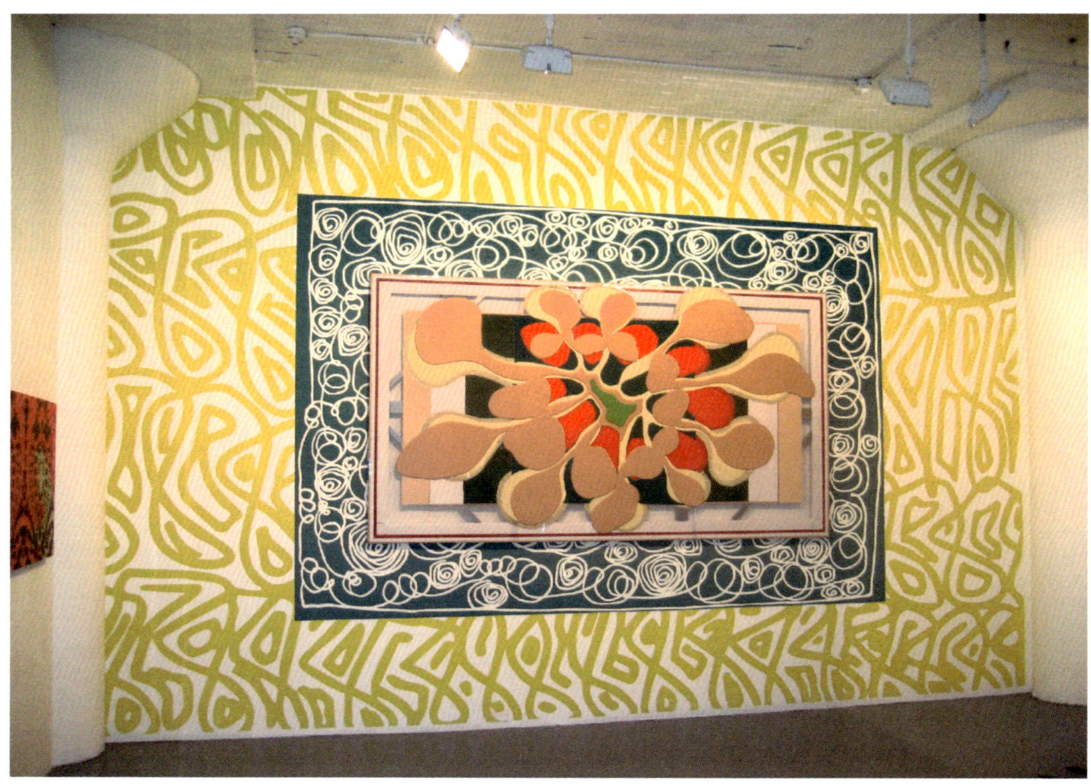

El túnel del amor y pintura mural, 2005. Acrílico, madera y lona plástica [Acrylic, wood and plastic sailcloth], 366 x 500 cm. Intervención en la [Intervention view at] Galería White Box. New York

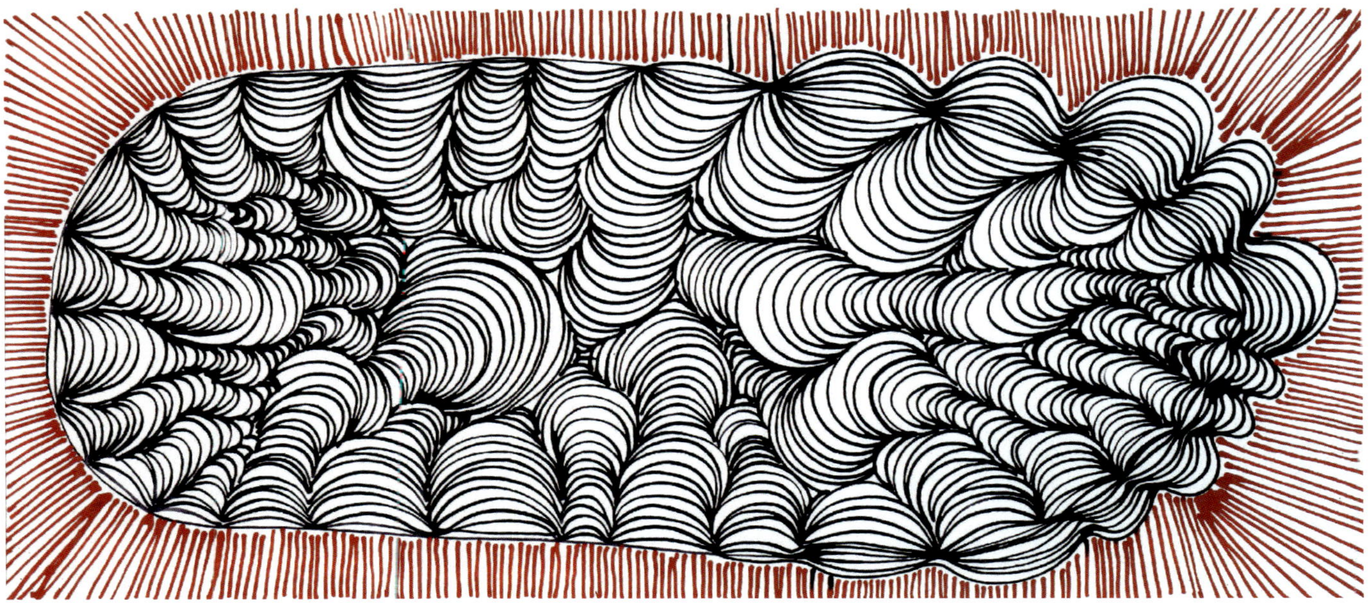

Válvula de escape n.° 2, 2005. Acrílico sobre madera [Acrylic on wood], 88 x 174 cm

sube por las paredes y le surgen prolongaciones que se extienden, trazando meandros, entrecruzándose, creando marañas, laberintos, jaulas que nos agarran. Telas de araña en las que se pone en juego la táctica de lo óptico.

La idea clave, como el propio artista señala en sus textos, es la de continuidad. Lo continuo indeterminado, que, una vez más, mantiene «a raya» a la figura, a los demonios. Una máscara, dice Verbis. Es una máscara, en cualquier caso, desmesurada, un derroche de energía que conlleva la superación de los límites de la pintura, del marco. El dibujo se concibe como algo pulsional, que avanza en pulsos o latidos, en búsqueda del otro (el espectador agarrado) y con intención invasora. En algunas instalaciones el dibujo crece por medio de ondas, de ecos. Como una enorme huella digital en expansión. Giuseppe Penone ha hecho dibujos parietales que se podrían relacionar con éstos, partiendo de sus propias huellas y creando ondas de amplificación. La huella de la mano en la pared nos lleva de nuevo a la cueva. Una configuración que Verbis ha empleado ya en algunas de estas instalaciones, como la que hizo en la galería Max Estrella, en 2004: una pequeña habitación cerrada, completamente recorrida por líneas en techo y paredes, con un único y estrecho acceso. En la cueva, la gruta, nace el «grutesco»,

on her head only after she had seduced Neptune with her extraordinarily beautiful hair. And then, after her transformation, she became a deadly trap for gazes. Verbis' drawing "lets its hair down" on the architecture. It swells up, runs up the walls, and extensions appear that sprawl around, marking out meanders, crossing over each other, creating tangles, labyrinths, cages that grab us. Spiders' webs that bring the tactics of the optical into play.

The key idea, as the artist himself points out in his texts, is continuity. The indeterminately continuous which, once again, marks a red "line" for the figure, for the demons. A mask, Verbis says. It is in any event a mask that is disproportionate, a burst of energy that entails going beyond the limits of the painting, the frame. The drawing is seen as a matter of impulse, progressing through pulses or beats, in search of the other (that grabbed viewer), with invasive intent. In some of his installations, the drawing grows through waves, echoes. Like a huge expanding digital imprint. Giuseppe Penone has produced wall drawings that could be related to these, starting out from his own imprints and creating amplifying waves. The print left by the hand on the wall refers us back to the cave again. A configuration that Verbis had already used in some of these

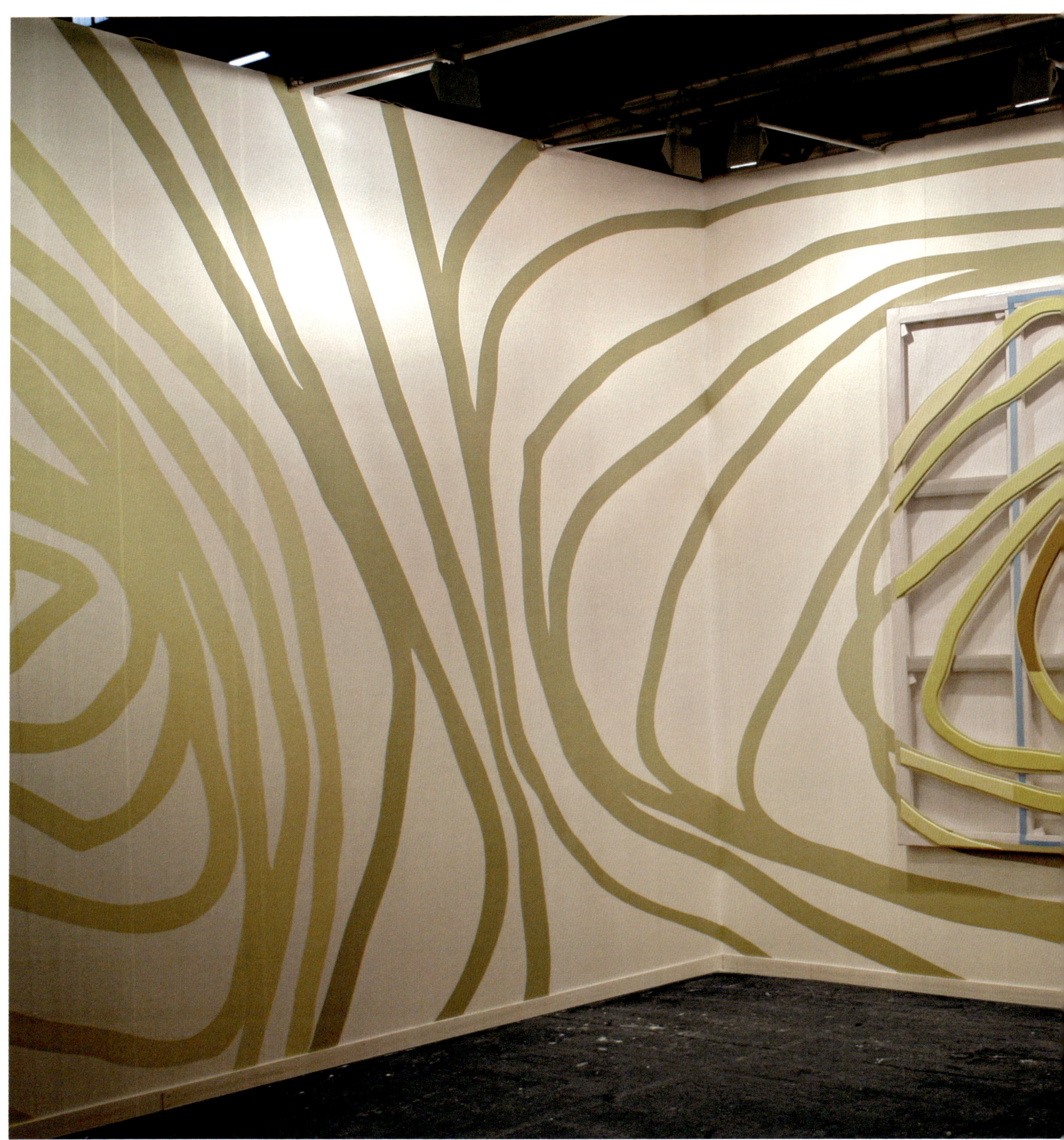

El ojo del huracán, 2005-2006. Acrílico, madera, plástico y pintura mural [Acrylic, wood, plastic and wall painting], 1.800 x 366 cm (cuadro [picture], 230 x 375 cm)

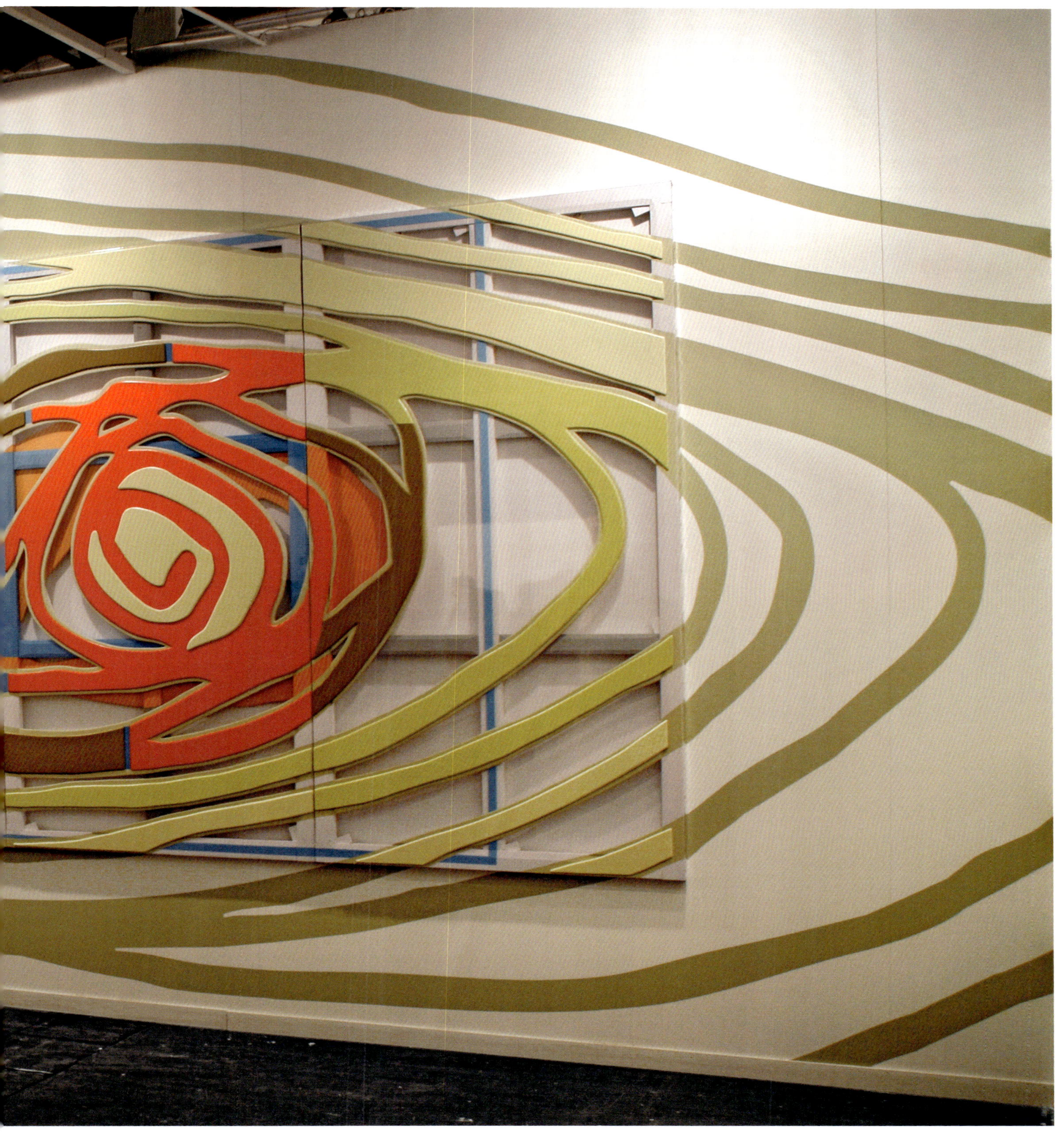

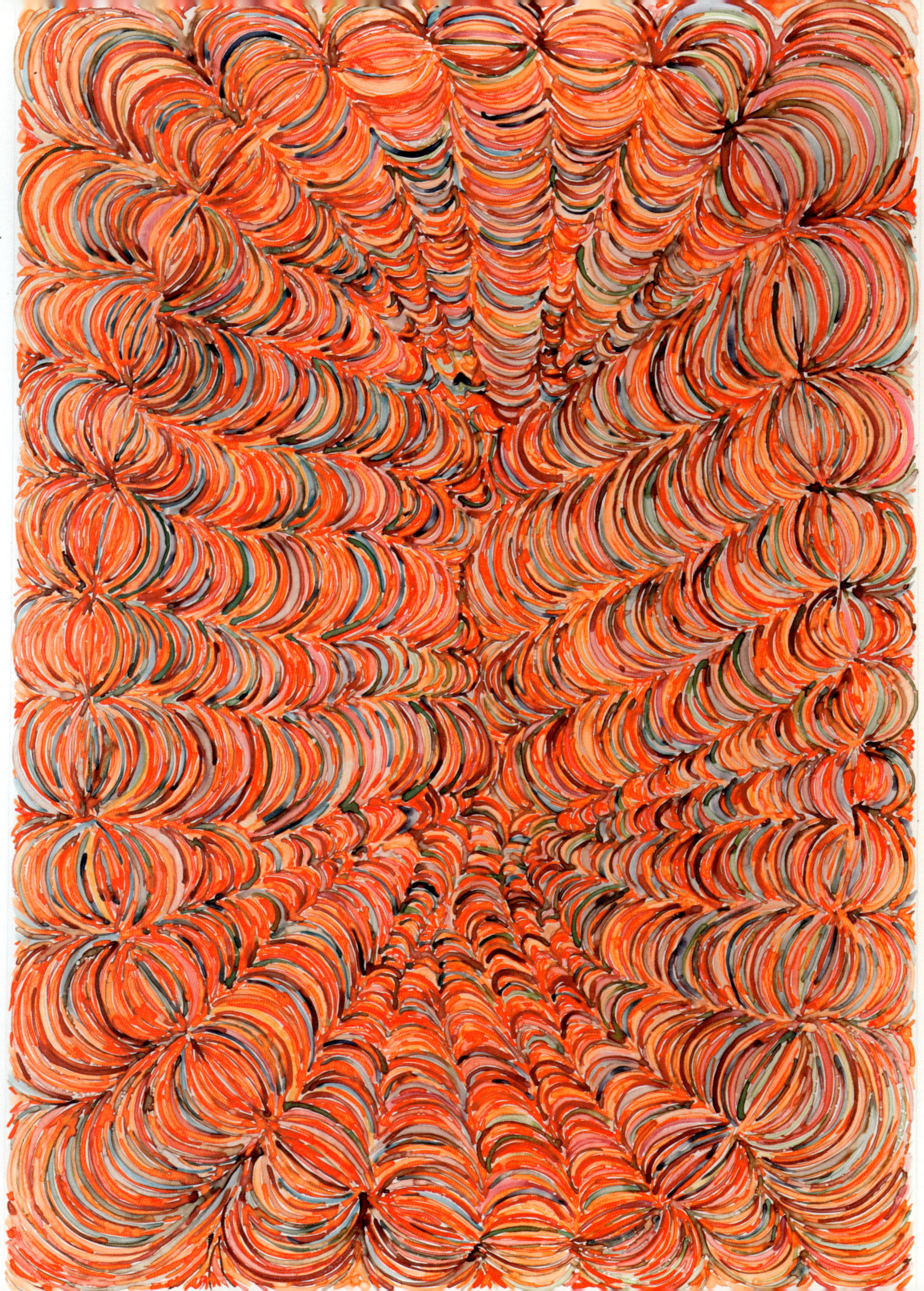

un devenir estilístico sobre el que ha meditado mucho en los últimos tiempos y que ha hecho suyo, utilizándolo para explicar su particular interpretación de la Naturaleza y la función de lo decorativo.

El método de trabajo, que implica más que nunca al cuerpo, con días enteros de fatigoso esfuerzo y de agravamiento de los problemas de espalda que el artista padece, no excluye, sin embargo, los acostumbrados medios distanciadores: en este caso, plantillas que son aplicadas a la pared para ir trasladando, sacrificadamente, las líneas de los dibujos, esos raros mapas de la mente: el laberinto «planificado».

installations, such as the one he did for the Max Estrella gallery in 2004: a little closed room, completely covered by lines running over the ceiling and the walls, with one single, narrow access point. In the cave, the grotto, the "grotesque" is born—a stylistic pattern that he has thought a lot about in recent times, and made his own, using it to explain his own particular interpretation of nature and the function of the decorative.

His working method, which involves the body more and more, with those whole days spent toiling and aggravating his back problems, does not however exclude the usual means of distancing: in this case, templates that are applied to the wall, sparing no thought for himself, to transfer the lines of the drawings one by one, those peculiar maps of the mind: the "planned" labyrinth.

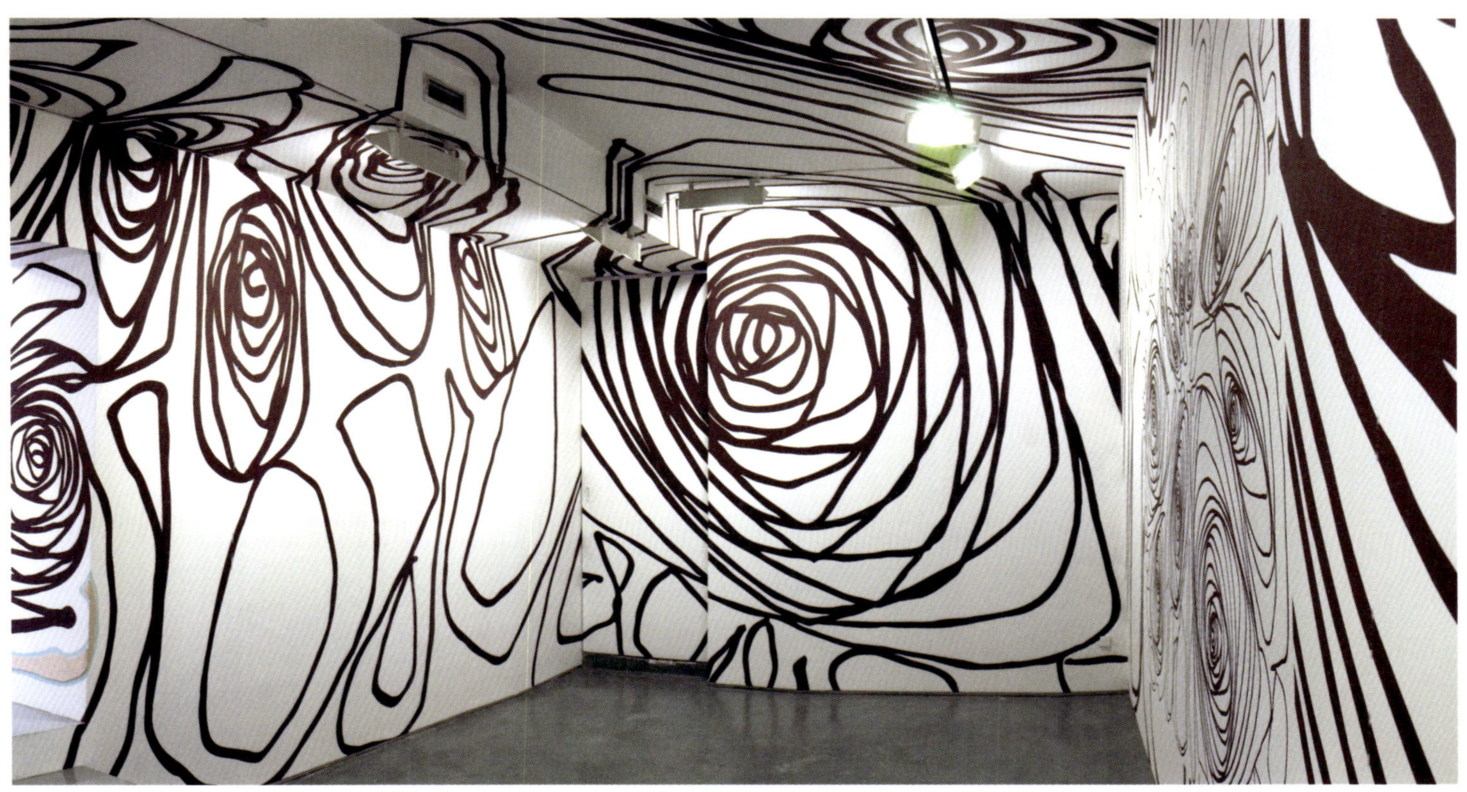

La jaula del grito, 2004. Pintura mural [Wall painting]. Intervención en la [Intervention view at] Galería Max Estrella. Madrid

↩ Serie *Detalle animal*, 2005-2006. Acuarela y acrílico sobre papel de poliéster [Watercolour and acrylic on polyester paper]. Colección particular [Private Collection]

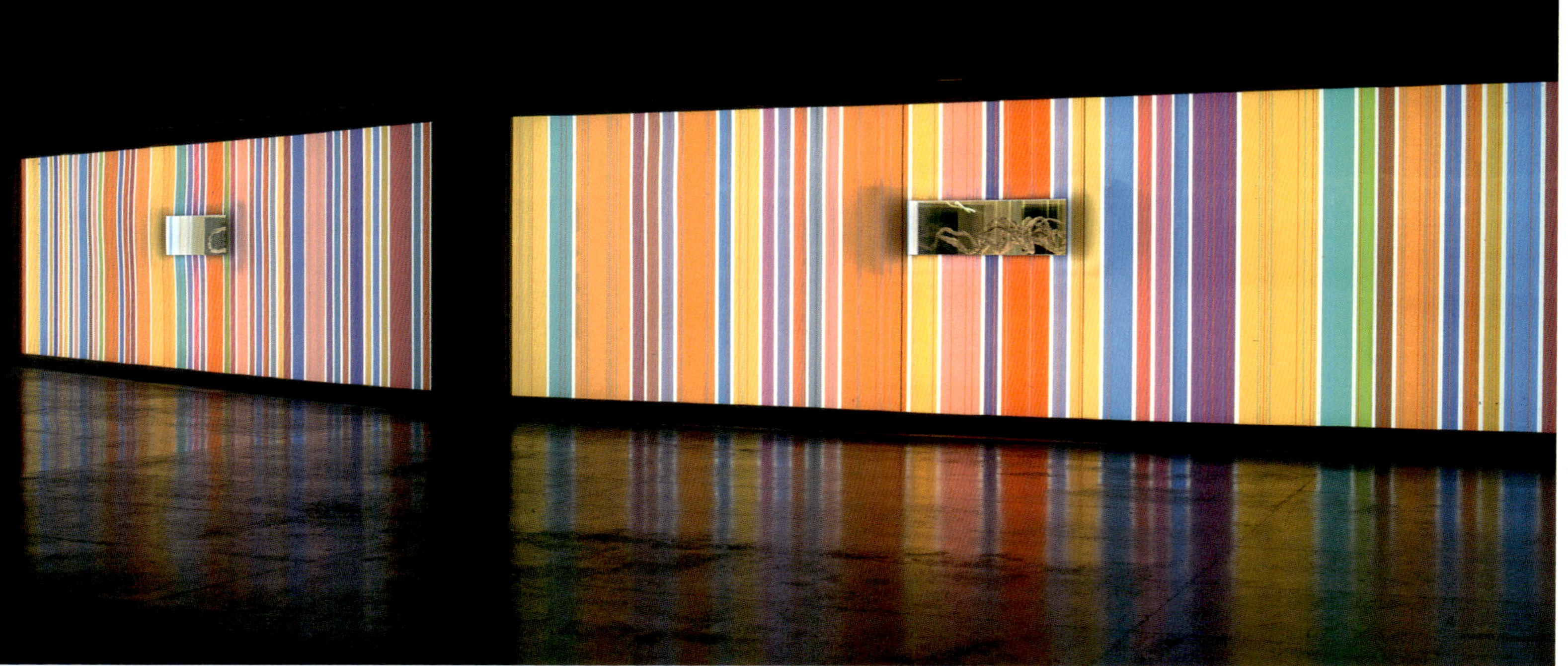

*Doble **objeto &,*** 2005. (Proyecto Vitrinas [Showcase Project]. MUSAC). Caja de luz, impresión digital, metacrilato, papel de aluminio, espejo... [Light box, digital print, plexiglass, silver foil, mirror...], 225 x 900 cm c. u.

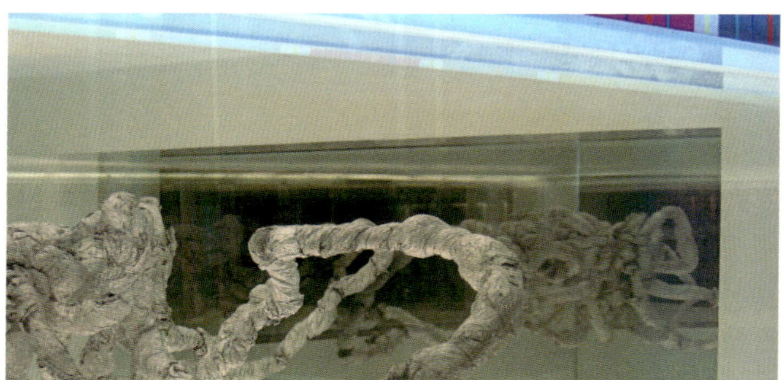

*Doble **objeto &,*** 2005. (Proyecto Vitrinas [Showcase Project]. MUSAC). Caja de luz, impresión digital, metacrilato, papel de aluminio, espejo... [Light box, digital print, plexiglass, silver foil, mirror...], 225 x 900 cm c. u.

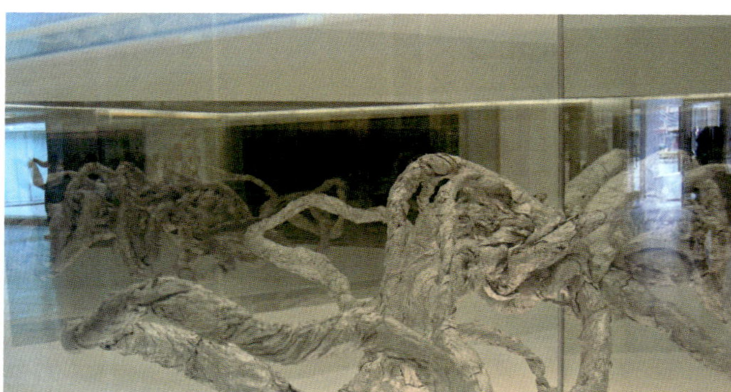

*Doble **objeto &,*** 2005. (Proyecto Vitrinas [Showcase Project]. MUSAC). Caja de luz, impresión digital, metacrilato, papel de aluminio, espejo... [Light box, digital print, plexiglass, silver foil, mirror...], 225 x 900 cm c. u.

Óptica del [objeto &]

Daniel Verbis (marzo-abril, 2005)

*Doble **objeto &*** se hizo específicamente para las dos vitrinas que se encuentran en el vestíbulo del MUSAC y pudo verse en la inauguración del museo en abril de 2005. Desde el primer momento se intentó que la idea estuviera en consonancia con el propio edificio y, puesto que la obra daba la bienvenida al visitante, se optó por una imagen que tuviera resonancias arquitectónicas y se trasladó al espacio interior la policromía que perfilaba la plaza exterior del museo. La intervención era de algún modo un eco de la propia arquitectura y un homenaje que atendía al carácter inaugural del momento. En cierto modo se aceptaba la idea balsámica de que todo museo, el arte y la cultura, son un regalo ya que el motivo pintado en el cristal de las vitrinas fácilmente se podía identificar con el repetitivo diseño de un papel para regalo. El modelo cromático exterior se reproducía en el interior con el mismo desenfado.

La obra se concibió como dos grandes cajas de luz. Dos vitrinas que guardaban una sorpresa: un objeto misterioso, una reliquia reflejada por espejos contrapuestos (una caja dentro de otra caja como un cuadro dentro de otro cuadro). Dos vitrinas que además atraían con la fascinación *kitsch* del lujo, pues lo paradójico, en definitiva la idea, era hacer pasar lo grotesco y lo informe por el persuasivo tamiz de lo sofisticado.

¿La obra de arte es algo que se ve pero no se toca? Aceptando esta premisa, las vitrinas había que entenderlas como escaparates que mostraban un objeto protegido y por lo tanto un objeto de deseo. Lo que llamé, con resonancia lacaniana, el **objeto &**: joya que lanza una mirada fálica o joya que se vomita como una lágrima de lava. En definitiva, una alhaja hecha de la materia prima del quiero —la parte de uno mismo que

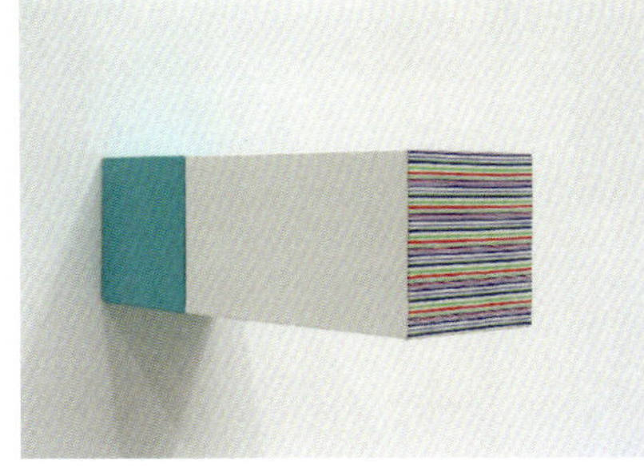

Caja feliz, 1989. Tela estampada y madera [Printed fabric and wood], 15 x 15 x 44 cm

Optic of the [object &]

Daniel Verbis (March–April 2005)

*Doble **objeto &*** was produced specifically for the two glass cases set up in the entrance hall of the MUSAC contemporary art museum and were on show when the museum was opened in April 2005. The intention from the outset was for the idea to accord with the building itself, and since the work was to welcome visitors, a piece was chosen with architectural connotations, and the polychromy suggested by the square outside the museum was transferred inside. The intervention was in a way an echo of the architecture itself and a homage in line with the nature of the occasion as an opening event. There was a kind of acceptance of the reassuring notion that all museums, art and culture are a gift, since the motif painted on the glass of the cases could be easily associated with the repetitive patterns of gift wrapping paper. The chromatic model outside was reproduced inside with the same abandon.

The work was conceived as two large light boxes. Two glass cases with a surprise inside: a mysterious object, a relic reflected by mirrors facing each other (a box within a box, like a picture within a picture). Two glass cases that also exerted the kitsch fascination of luxury, since the paradox, or the idea in fact, was to pass the grotesque and the formless through the persuasive sieve of the sophisticated.

So, is the work of art something that can be seen but not touched? Accepting that premise, the glass cases were to be understood as window displays showing a protected object, and thus an object of desire: what I called—with overtones of Lacan—the ***objeto &***, a jewel issuing forth a phallic gaze or a jewel vomited up like a tear of lava. In short, a gem

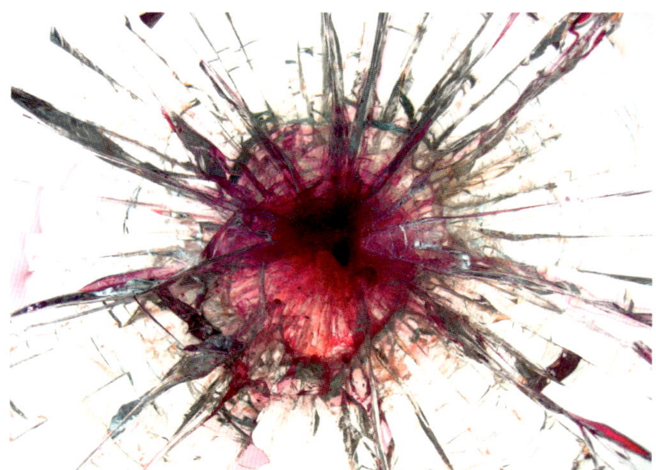

Pinturas para desaparecer dentro, 2006. Fotografía digital [Digital photograph], 106 x 81 cm

está fuera de uno mismo—. Pistilo, flor, fetiche: lo hecho y lo echado. No quedaba más remedio que poner un cuerpo allí donde se humedecen las palabras.

Las nuevas reliquias de las sociedades aconfesionales son los restos de las acciones artísticas, y los museos (piel que envuelve la pulpa y la culpa) son las nuevas catedrales donde se asegura el espectáculo. Sea como objeto minimalista o maximalista el museo actúa como reclamo visual. Si el MUSAC rememora las luces vidriosas de la catedral en el repetitivo *pantone* de sus muros cortina, el luminoso código de barras de las vitrinas nos promete, ¡cómo no!, una auténtica revelación, una verdadera profanación por amor al arte. La deyección cuajada en el espacio (la **&** del **objeto &**) se convierte en el ojo que nos mira desde el pozo al que nos asomamos. Un pozo que no se abre al mundo exterior sino a las oscuras y violentas arquitecturas interiores. Representación de *aquello* que nos pertenece y a lo que pertenecemos. Ventana-mirada que nos deja ver el contenido del contenedor, lo de dentro. Ventana que refleja la mirada. Espejo. Auténtica caja fuerte reventada, violada por mor de la verdad.

En este sofisticado mundo donde continuamente se ahuyentan los significados, no hay más alternativa que romper el envoltorio e invaginar la piel para encontrar la esencia de nuestro propio deseo. Desentrañar alguna *verdad*, palabra hoy en día difícilmente pronunciable, es ver una luz a través de los hechos, *incorporar* el deseo

made of the raw material of wanting, the part of oneself that is outside oneself. Pistil, flower, fetish: what is done and what is thrown out. There was no choice but to put a body there where words are moistened.

The new relics of non-denominational societies are the remains of artistic actions, and museums (skin enveloping pulp and guilt) are the new cathedrals where the show is assured. Whether as a minimalist or a maximalist object, the museum acts as a visual lure. If the MUSAC is reminiscent of the glassy light of the cathedral in the repetitive *pantone* of its curtain walls, the bar-code-in-light of the glass cases holds out the promise—Naturally!—of a full-blown revelation, a veritable profanation for the love of art. The ejecta solidified in space (the *&* of ***object &***) becomes the eye that watches us from the well we are looking down into. A well that opens not to the outside world but rather to dark, violent inner architectures. A representation of *what* belongs to us and to which we belong. A window-gaze that lets us see the contents of the container, what it has inside. A window reflecting the gaze. A mirror. A veritable strongbox that has been forced open, violated out of consideration for the truth.

In this sophisticated world in which meanings are continually being chased away, the only option is to break the casing and to invaginate the skin to find the essence of our own desire. Unearthing some *truth*—a word that is hard to utter these days—is seeing a light through what is occurring, *incorporating* desire into the **object** and closing off the word, a body closing our mouth. An *impression* without protection, a shock that leaves one dumb, this *truth* of desire should be regarded as a requirement for art. It shows that what is done cannot be said, and hence, that we do not know very well what we are doing. It shows, at any rate, that desire is what makes us feel sought, attractive, looked-at.

If the *object to* in Lacan's scenarios is *a privileged object, arising from some primitive separation from the real*, in the MUSAC glass-case-project, in ***objeto &***, a desire was dissected: **the impulse to gaze**, whether as an unintelligible flash or as the emerging of the phallic, organic, mechanical eye. Yet this eye is no longer a flat screen reflecting what is real; rather, like the shield on a

daniel verbis

al **objeto** y clausurar la palabra —que un cuerpo nos cierre la boca—. *Impresión* sin impermeable, *shock* que enmudece, esta *verdad* del deseo debería considerarse una exigencia para el arte. Demuestra que lo hecho no se puede decir y que, por lo tanto, no sabemos muy bien qué hacemos. Demuestra, en todo caso, que el deseo es lo que nos hace sentirnos re-queridos, atractivos, mirados.

Si en el escenario lacaniano el *objeto a* es *un objeto privilegiado, surgido de alguna separación primitiva con lo real*, en el proyecto-vitrina-MUSAC, en el **objeto &**, se diseccionaba un deseo: **la pulsión de la mirada** —ya sea como destello ininteligible o como emergencia del ojo fálico, orgánico, maquinal—. Pero ese ojo ya no es una pantalla plana donde se refleja lo real, sino que, como el escudo de una bandera, este ojo es un organismo «torpe» que sólo puede entenderse mediante un corte o abertura en el plano de lo visual. Diseminación de la mirada que mitiga el deseo inconcreto mediante su fetichización en un objeto concreto: la emergencia de plata, el **&**. Pero como en un *peep-show,* el contacto es imposible. La belleza no se puede coger y el deseo se sacia a través del cristal, a través de la mirada *azogada*, de la mirada enfangada. La flor se abre pero la herida no se puede comprar, sólo mirar. Seducidos por la inviolabilidad del objeto, somos subyugados por la inflación especular. La respuesta rebasa nuestra voluntad —situación incómoda si la obra de arte hace de puente con alguna de las *suturas producidas por el acceso de la realidad* (las facetas del yo que nos prohibimos) y nos pone en un primer plano la visión de eso que nos avergüenza: algo muy concreto—. Algo que, por mucho que nos pese, forma parte de nosotros mismos.

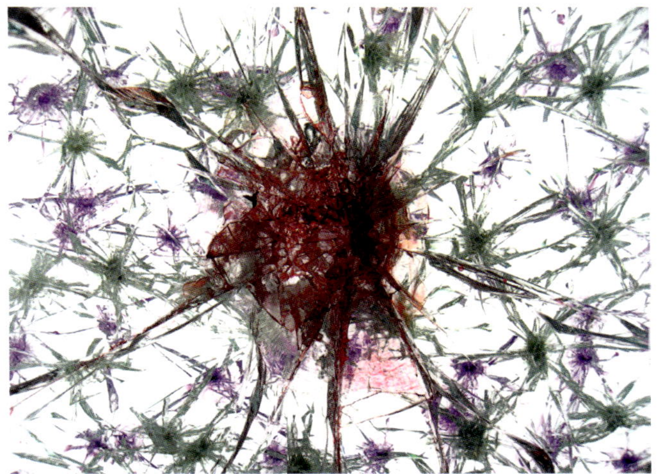

Pinturas para desaparecer dentro, 2006. Fotografía digital [Digital photograph], 106 x 81 cm

flag, this eye is a "clumsy" organism that can only be understood through a cut or opening in the visual plane. The dissemination of the gaze mitigating nameless desire by fetishising it in a specific object: the silver emerging, the ***objeto &***. Yet as in a peep-show, contact is impossible. Beauty cannot be caught and desire is satiated through the glass, through the *quicksilvered* gaze, the muddied gaze. The flower opens but the wound cannot be bought, only looked at. Seduced by the inviolability of the object, we are subjugated by speculating inflation. The response goes beyond our will—an uncomfortable situation if the work of art acts as a bridge towards one or more of the *sutures resulting from access to reality* (the facets of the self that we do not allow ourselves) and moves the vision of what shames us into the foreground: something very specific. Something which, no matter how much we might regret it, is part of ourselves.

Solución de continuidad

(Una explicación de las consecuencias visuales de la idea de continuidad)

Daniel Verbis

> *Aprenda a distinguir lo trivial. Recuerde que la mediocridad medra con las «ideas». Cuidado con el mensaje de moda. Pregúntese si el símbolo que ha descubierto no es su propia pisada. No haga caso de alegorías. Coloque el «cómo» por encima del «qué» pero no permita que se confunda con el «¿y qué?». Confíe en la erección repentina de su vello dorsal. No meta a Freud a esta altura. Todo lo demás depende del talento personal.*
> *Vladimir Nabokov*

El lugar de la pintura representa un espacio sin dilación. Su temporalidad se aprehende al instante. La disolución de la mirada en ese escenario busca obstinadamente un lugar donde asentarse. El ojo se ancla, pasa el tiempo y la pintura parece durable. Inexorablemente, de esta duración emana la ilusión de que el espacio existe. Hay continuidad. El tiempo y la mirada suceden, pero el espacio se conjuga en presente.

La percepción de la pintura es difícil de reconciliar con la instantaneidad de los actos de pintar. La pintura pone de relieve la insuficiencia de cada parte, la irrelevancia de cada salto. Sólo parece verdadera si constata la instantaneidad del pensamiento. A través suyo, las intromisiones de las formas, los conceptos o el lenguaje hacen visible *lo que pasa*: las cosas que se conciertan en el espacio, las cosas que se deslizan en el tiempo. Su trazado es discontinuo y nosotros sabemos que se hace agregando eslabones que conspiran por necesidad. La buena pintura crea la ilusión de que su consumación es continua como la velocidad de una flecha.

Break in continuity

(An explanation of the visual consequences of the idea of continuity)

Daniel Verbis

> *Learn to distinguish banality. Remember that mediocrity thrives on "ideas." Beware of the modish message. Ask yourself if the symbol you have detected is not your own footprint. Ignore allegories. By all means, place the "how" above the "what" but do not let it be confused with the "so what." Rely on the sudden erection of your small dorsal hairs. Do not drag in Freud at this point. All the rest depends on personal talent.*
> *Vladimir Nabokov*

The place of painting represents a space with no prolongation in time. Its transience is grasped instantaneously. In this scenario, vision dissolves and obstinately seeks some spot on which to come to rest. The eye puts down anchor, time passes, and the painting seems durable. Inexorably, the illusion that space exists springs from that duration. There is continuity. Time and looking do occur, but the space is played out in the present.

The perception of painting is difficult to reconcile with the instantaneity of acts of painting Painting highlights the insufficiency of each part, the irrelevance of each jump. It only rings true if the instantaneity of the thought is recorded in it. Through it, interferences by form, notions or language make *what happens* visible: things that come together in space, things that move along in time. Its course is discontinuous and we know that it is formed by adding links that necessarily conspire together. Good painting creates the illusion that its consummation is continuous, like the swiftness of an arrow.

❧

Lo que da la sensación de espacio es la imperceptibilidad del vacío que separa los elementos que lo construyen. El espacio es una zona de experiencia donde la distancia es asimilada. En la pintura es como una luxación. Sedación del ojo que alienta una forma concreta de pensamiento. Algo sensacional.

❧

En el momento en que la pintura es aceptada tiene la ventaja de ser asumida como una representación particular del espacio real. Es abarcable. El espectador ve esa pintura a través de los hábitos de la representación del espacio. Piensa que esos hábitos son algo natural al medio y no el resultado de un artificio que se le exige al propio medio para, digámoslo así, reflejar la auténtica naturaleza. El espectador siente la pintura y, lo que es más asombroso, cree comprenderla en cierto modo; participa como el artista de todo lo que la rodea. Es como si entre el arte y la vida se hubiera abolido la distancia. Una ausencia de distancia que finalmente desdice el estilo y conduce al arte a una muerte segura, reflejo de nuestra propia muerte. Llega entonces la hora de volver a empezar y la pintura renace cuando crea algo (nuevo). Tiene la capacidad de desmontar esos hábitos que anulaban su comprensión si es capaz de inventar nuevas formas de inmortalizar el espacio, si es capaz de consumar un pensamiento, de constatar la transformación: lo que nos haya tocado vivir.

❧

Yo diría que cuando pinto trato de comprender cómo veo y, supongo, cómo ven los demás.

❧

A la pregunta de si es posible un pensamiento renuente a la idea de transformación, sólo podemos responder que no hay pensamiento sin transformación y que cualquier transformación es de por sí un pensamiento. La habilidad para la percepción de los cambios habilita un pensamiento y, en consecuencia, un pensamiento es una visión concreta. No hay visión sin percepción de diferencias y todo conocimiento nace de la disquisición de lo similar y lo diferente. Pongamos

&

What gives rise to the sensation of space is the imperceptible nature of the void separating the elements that build it up. Space is a zone of experience in which distance is assimilated. In painting, it is like a dislocation. The sedation of the eye that encourages a particular way of thinking. A sensational thing.

&

When painting comes to be accepted, it has the advantage of being viewed as a particular representation of real space. Its scope can be taken in. Viewers see the painting through habits in representing space. They think that those habits are something that is inherent in the medium rather than being the result of a trick that is demanded of the medium to reflect nature as it really is, so to speak. Viewers feel the painting and, more surprisingly still, think that they understand it in a way; they, like the artist, participate in everything surrounding it. It is as if the distance between art and life had been abolished. An absence of distance that, in the end, belies the style and leads art to certain death, a reflection of our own death. Then, it is time to start all over again and painting is reborn when it creates something (new). It has the capacity to undo those habits that were annulling understanding if it is capable of inventing new ways of immortalising space, if it is capable of consummating a thought, of verifying the transformation: that which has fallen to us to experience.

&

I would say that when I paint I try to understand how I see and, I suppose, how others see.

&

In response to the question of whether thought that shies away from the idea of transformation is possible, we can only answer that there is no thought without transformation, and that any transformation is inherently a thought. The ability to perceive changes clears the way for a thought, and thus a thought is a specific vision. There is no vision without the perception of differences and all knowledge is born of the disquisition of the similar and the different. To take a paradoxical example: *the chameleon*

un ejemplo paradójico: *el efecto camaleón*. La capacidad del camaleón para camuflarse en el entorno hace patente ya de por sí una clase de pensamiento: mimetismo, confusión perceptiva, elisión de la visión, llámese como se quiera. Tal confabulación cromática es ya un tipo de pensamiento. Ocultarse a través de la evidencia niega la disquisición y disimula la apariencia. La visión dificultada, irremediablemente, difiere la percepción a otro lugar. Así pues, como al mirar el camaleón no hay distinción, tampoco hay descubrimiento. Y la mirada, inquieta, busca otro sitio donde instaurar el pensamiento. El camaleón se salva por *estar sin ser* visto. Se salva de nuestra visión porque, todo sea dicho de paso, su disimulo imposibilita la transformación de nuestra mirada y, evidentemente, anula cualquier posibilidad de que aflore un pensamiento.

Independientemente de cualquier tema-anécdota-forma-idea..., la pintura esencialmente piensa maneras de representar el espacio. La pintura dibuja una melodía hecha con golpes de ingenio que deben hilvanarse según cierta lógica si queremos que sea algo más que pinceladas sueltas, si queremos que sea un pensamiento. Los instantes ejecutivos carecerán de significado si no son nudos del complejo tejido del que forman parte. Los hechos son hitos en el tiempo sucesivo, pero sólo si estos hechos dibujan algo así como una melodía, una lógica de las intensidades, confeccionarán una trama física, una ligadura superficial; una pintura. Algo que va más allá de lo que se ve. Algo que se visualiza pero no se dice. Ese lugar donde uno mira para verse.

Independientemente de cualquier tema-anécdota-forma-idea...

El espacio no tiene por qué encajar en una representación estrictamente visual. Una fantasía, una fórmula o un concepto son la señal de que un espacio ideal puede imaginarse independientemente de nuestra percepción real, objetiva, *objetual*. La idea delimita el pensamiento y cualquier límite determina un espacio; en cierto sentido lo hace posible. Hay pues, formas diferentes de concebir el espacio. Podríamos decir que el espacio de la pintura se corresponde con un pensamiento superficial aunque a veces sobrevenga algo de mucho más calado. La ilusión visual que representa el espacio (real,

effect. The chameleon's capacity to camouflage itself in its surroundings clearly shows in itself a kind of thought: mimicry, perceptive confusion, elision of vision… whatever one wants to call it. This trickery based on colour is already a kind of thought. Hiding behind the evidence negates disquisition and disguises appearance. This hindered vision inescapably shifts perception to another place. So, since no distinction is seen when looking at the chameleon, there is no discovery. And the eyes restlessly seek out another place in which to institute thought. The chameleon's salvation lies in *being without being seen*. It escapes our vision because, we may note in passing, its disguise rules out the transformation of our gaze and, evidently, annuls any possibility of a thought arising.

Regardless of any topic-anecdote-form-idea…, painting essentially thinks of ways of representing space. Painting traces out a melody made of strokes of genius that must be strung together with some kind of logic if we want it to be more than just a scattering of brush strokes, if we want it to be a thought. The executive instants will lack meaning if they are not knots in the complex fabric of which they are a part. Events are milestones in successive time, but only if those events trace out something like a melody, a logic of intensities, they will fashion a physical pattern, a surface binding-together; a painting. Something which goes beyond what is seen. Something which is visualised but not spoken. That place at which one looks to see oneself.

Space does not need to fit in a strictly visual representation. A fantasy, a formula or a concept are signs that an ideal space may be imagined independently from our real, objective, *objectual* perception. The idea demarcates the thought and any limit results in a space; in a sense, it makes it possible. So, there are different ways of conceiving space. We could say that the painting-space corresponds to a surface thought even if sometimes, something that runs much deeper follows on. Visual illusion representing space (real, imaginary, conceptual) is the nature of painting. It is like a memory of the sensation of continuity. Visual incongruities that threaten that

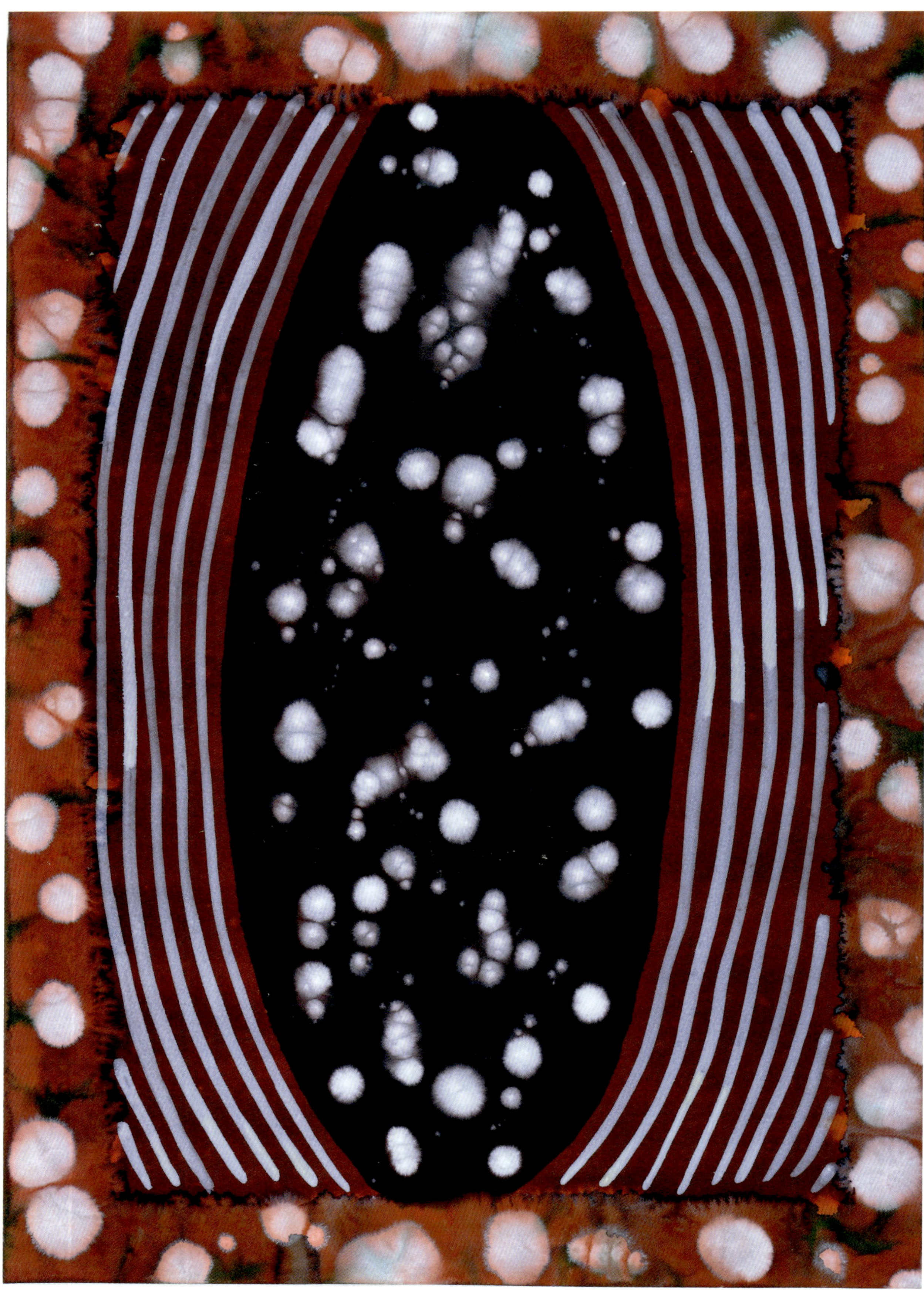

Serie *Espejo chupado-espejo calado,* 2005. Acuarela sobre papel [Watercolour on paper]. 100 x 70 cm

imaginario, conceptual) es lo propio de la pintura. Es como una memoria de la sensación de continuidad. Las incongruencias visuales que atentan contra esta sensación de la continuidad pueden y tienen que rellenarse con ideas independientes de la lógica de la visión. Esto es algo consustancial al arte moderno, forma parte del propio juego que se pinta, y, en cierto sentido, es su gracia.

&

El lenguaje es la escotilla que abrimos cuando no podemos ir más allá en el plano de la representación o plano mimético. Si nuestra competencia técnica no tuviera un límite, el lenguaje quedaría relegado a un lugar sin nombre. El lenguaje es a la plástica lo que la metáfora a la poesía: la vuelta de tuerca que hace posible el crecimiento, el cambio.

&

Duración, temporalidad, espacio, visión, pintura..., no cabe duda, son ejemplos de construcción mental. Si la realidad física es «puntiforme» (si la pintura es puntillista), la realidad psíquica es continuista, coordinativa, consecuente. La capacidad que tengamos para disgregar las cosas y establecer posibles relaciones entre las partes lo dice todo de nuestra capacidad para comprender esa emergencia que llamamos realidad.

&

En cierto sentido la tozuda realidad resiste al poder de la imaginación.

&

«El Tiempo, si bien afín al ritmo, no es simplemente ritmo, lo cual entrañaría movimiento; y el Tiempo no se mueve. El mayor descubrimiento de Van es su percepción del Tiempo como el hueco oscuro entre dos golpes rítmicos, el silencio estrecho y sin fondo entre los golpes, no los golpes mismos, que sólo ponen barras al Tiempo. En este sentido la vida humana no es un corazón que late sino el latido que falta» (Vladimir Nabokov, *Opiniones contundentes*, Taurus, Madrid, 1999, pp. 160-161).

sensation of continuity may and must be filled in with ideas that are independent of the logic of vision. That is something that is consubstantial with modern art; it forms part of the playing that is being painted, and is, in a sense, its charm.

&

Language is the hatchway we open when we can go no farther in the sphere of representation or the mimetic one. If our technical competence were boundless, language would be relegated to a nameless place. Language is to plastic art what the metaphor is to poetry: that extra mile that makes growth or change possible.

&

Duration, transience, space, vision, painting..., they are all, without any doubt, instances of mental construction. If physical reality is "pointiform" (if painting is pointillist), psychic reality is continuist, coordinative, consistent. The extent of our capacity to split up things and then establish possible relations between the parts tellingly reveals our capacity to understand that emerging thing we call reality.

&

In a sense, stubborn reality wards off the power of imagination.

&

"Time, though related to rhythm, is not simply rhythm, which would entail movement; and Time does not move. Van's greatest discovery is his perception of Time as the dark gap between two rhythmic strokes, the narrow, bottomless silence between the strokes, not the strokes themselves, which just put bars on Time. In this sense, human life is not so much a heart that beats as the beat that is missing." (Back-translated from the Spanish version of Vladimir Nabokov's, *Strong Opinions* [*Opiniones contundentes*, Taurus, Madrid, pp. 160-161])

The sense of continuity created by repetition is a degree lower than the sensation of continuity developed by difference. The rare good fortune of creating a sense of unity from differences explains why great works of art are so infrequent. For it is not easy

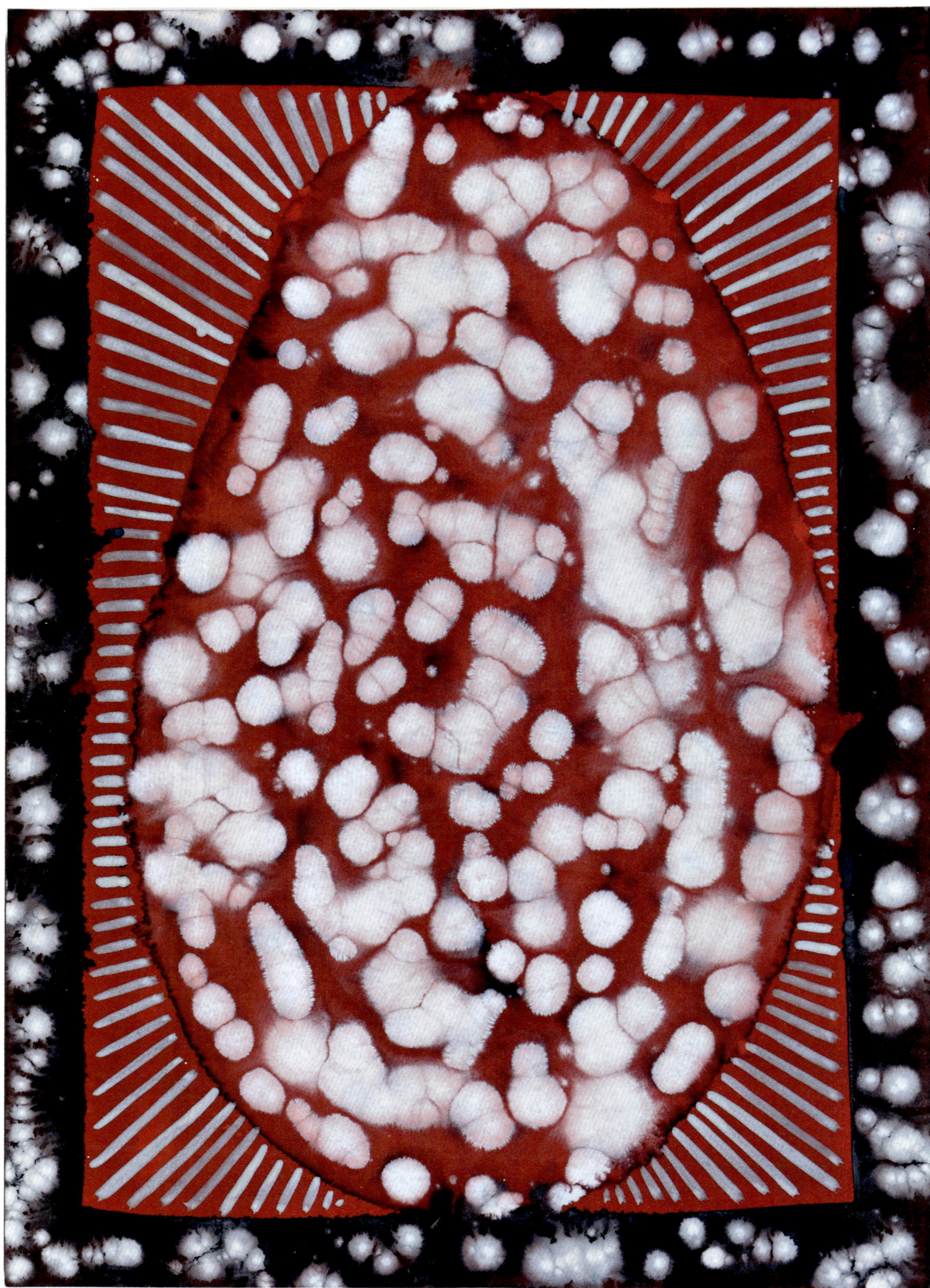

Serie *Espejo chupado–espejo calado*, 2005. Acuarela sobre papel [Watercolour on paper]. 100 x 70 cm

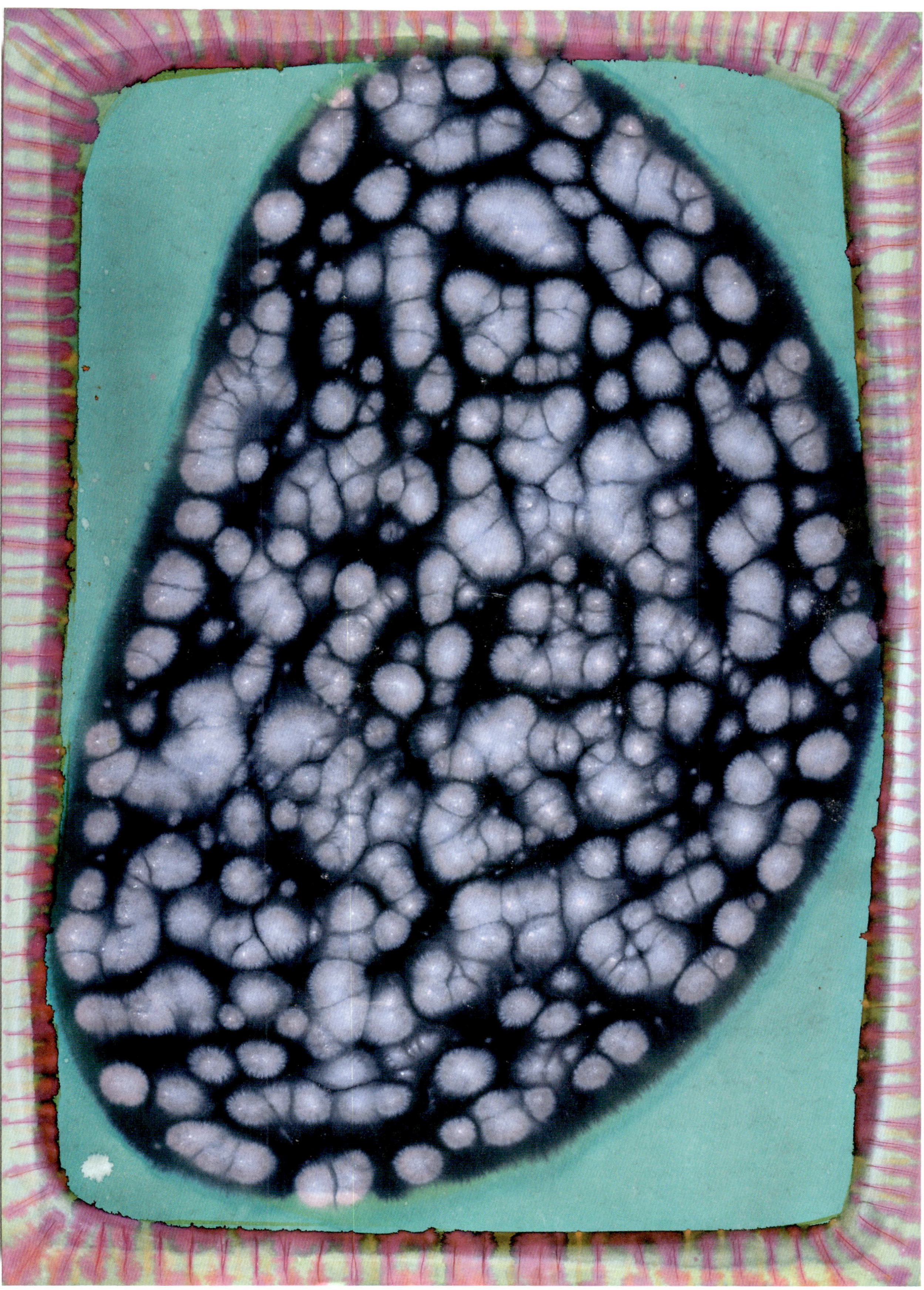

Serie *Espejo chupado-espejo calado*, 2005. Acuarela sobre papel [Watercolour on paper]. 100 x 70 cm

La sensación de continuidad creada por la repetición es de un grado inferior a la sensación de continuidad desarrollada por la diferencia. La poco habitual suerte de dar sensación de unidad a partir de las diferencias explica por qué las grandes obras de arte son algo tan infrecuente. En fin, no es fácil vislumbrar de qué forma las diferencias pueden hilvanarse y de qué forma tal extrañamiento de la razón puede adscribirse a un cierto relajamiento de las intenciones, los procesos o los resultados.

&

¿La continuidad es una forma de reconstitución mental de la singularidad física, de la discontinuidad atómica, de la puntualidad de los instantes? Respecto a uno de los temas que aquí nos interesa, *esaformadedibujoquesehacesinlevantardelpapellapuntadellápiz* —ese estilo de dibujo que no se hace de sucesivos instantes (refracción del pensamiento en la acción) sino de un desplazamiento continuo en el tiempo—, la falta de intervalos perceptibles refleja una constancia, hace visible la durabilidad del hecho. En consecuencia se dibuja una forma que describe el lado más orgánico del pensamiento. Formalmente una especie de cuerpo, homólogamente el funcionamiento de un cerebro.

&

*Sobre EL ESPEJO ATRACTIVO
o el sujeto desenvuelto*

La cara oculta de la pintura no es ninguna realidad in-confesable. Su fantasma es, más bien, el espacio blanco que se levanta frente a nosotros; algo así como el mudo telón donde el artista exorciza su auténtica visión de pesadilla: el vacío —un espacio ingrávido que no se llena—. Cuando el artista está desbordado, los muros de su castillo flotan en el aire. El campo de batalla de su pintura ilustra la conquista de ese castillo. Expresa el deseo de ver y se sumerge en el espacio para desposeer ese vacío. En ese momento el espacio se puebla. Colgajos, grecas y azarosas combinaciones de formas y líneas consiguen imitar la exuberancia de la naturaleza. Este espacio es extensivo y no rehúye aliarse, en un enfebrecido *travelling,* con todo lo que se metamor-

to glimpse how differences can be put together, how forms can be strung together and how a banishment of reason can be linked to a certain relaxing of intentions, processes or results.

&

Is continuity a form of mentally reconstituting physical singularity, atomic discontinuity, the isolated nature of instants? Regarding one of the topics of interest to us here, *thiswayofdrawingwithoutliftingthe pointofthepencilfromthepaper*—this drawing style that is not built up from a string of instants (refraction of thought in action) but rather from a continuous shifting in time—the lack of perceptible intervals reflects a constancy, and makes the durability of the event visible. Thus, a form that describes the most organic facet of thought is drawn. Formally, a kind of body; homologously, the working of a brain.

&

*On EL ESPEJO ATRACTIVO
or the unfettered subject*

The hidden side of the painting is not an unavowable reality. Its ghost is rather the white space standing in front of us; roughly like the dumb curtain where the artist exorcises his authentic nightmare vision: emptiness, a weightless space that is not filled. When the artist is overwhelmed, the walls of his castle float in the air. The battlefield of his painting illustrates the conquest of that castle, expressing the desire to see and becoming immersed in the space to dispossess this emptiness. At that moment, space is peopled. Rags, frets and random combinations of forms and lines succeed in imitating the exuberance of nature. This space is extensive and does not shrink from allying itself, in a feverish travelling, with everything that metamorphoses. It is a question of filling up. Using the illogical seduction of chance, this unfettered painting fuses the elements it finds and, by denying conventional space, makes it look as if the imaginary was what is being represented. It seems oniric through being free and di-verting. Whatever these forms may be alluding to, what is of prime importance here is how nature thinks. Here, the whim creates. Here, the framework of sense is woven, for always, ineluctably, this form

fosea. El caso es llenar. Utilizando la ilógica seducción del azar, esta pintura desenvuelta fusiona los elementos que encuentra y, al negar el espacio convencional, parece como si lo imaginario fuera lo que se representa. Por libre y di-vertida parece onírica. Sea lo que sea a lo que esas formas puedan alucir, aquí lo capital es cómo piensa la naturaleza. Aquí el capricho crea. Aquí se teje el armazón del sentido porque siempre, irremisiblemente, esta forma y aquella otra tienen algo similar. La pintura simboliza lo real porque tiene a bien mostrar la lógica de la metamorfosis: esas semejanzas que se visualizan. Porque al final, en pintura, la semejanza es lo que queda.

&

«¿Resultan tan estimulantes porque nos obligan continuamente a pasar de la naturaleza al arte, de la singularidad de la una a la vivacidad del otro? A través de ese entramado de signos, aparece una relación entre el genio de la naturaleza, que creó el camaleón, el mono o la garza, y el del dibujante, capaz de hacer salir una esfinge de una voluta o de insertar un prótomo de caballo sobre una hoja. La realidad insólita y la imaginación liberada se reflejan mutuamente. Los dos modelos de invención se iluminan recíprocamente a través de esa trama que, conjugando en exceso lo geométrico y lo orgánico, tiende perpetuamente a invertir los términos. Se pasa de lo elástico a lo rígido de una manera fácil y desenvuelta de la que surge una especie de ironía. El grutesco aparece así como una "fórmula simbólica", como una manifestación completa, que excita la sensualidad y desafía a la inteligencia» (André Chantel, *El grutesco,* Akal, Madrid, 2000, p. 47).

&

Tendría que poder decir: ésta es la forma en que la naturaleza habita la pintura.

&

El espejo: [*primera cara*]. El fin del artista es lograr la intensidad para que el sujeto sea conmovido por la imagen de tal forma *que el sujeto no se diferencie de esa conmoción*. Que el momento de la visión sea formativo, creativo.

and that other form have something similar about them. Painting symbolises what is real because it pleases to show the logic of the metamorphosis: those similarities that are viewed. For, in the end, in painting, similarity is what endures.

&

"Are they so stimulating because of the way they continually force us to move from nature to art, from the singularity of one to the vivacity of the other? Through this pattern of signs, a relation appears between the genius of nature, which created the chameleon, or the monkey, or the heron, and the genius of the drawer, who is capable of making a sphinx emerge out of a volute or of inserting a protome of a horse on a leaf. Unexpected reality and unbound imagination mutually reflect each other. The two models of invention illuminate each other reciprocally through this pattern which, by blending the geometrical and the organic excessively, tends perpetually to put things the wrong way round. The shift from the elastic to the rigid is done easily and naturally, and from it, a kind of irony arises. The grotesque thus emerges as a 'symbolic formula', as a complete manifestation, which excites sensuality and challenges intelligence." (Translated from the Spanish translation of André Chastel, *La Grottesque* [*El grutesco,* Akal, 2000, p. 47])

&

I ought to be able to say: this is the way nature dwells in art.

&

The mirror: [*first face*]. The aim of the artist is to achieve intensity, so that the subject is moved by the image in such a way *that the subject does not differ from this shock*. So that the moment of seeing may be educational, creative.

The mirror: [*second face*]. The artist wants himself and his work, what has been done and the one who did it, to be something of the same, specifically the same. The artist wants that sympathy between the product and the producer to turn everything into a self-portrait, a place where one can consent to oneself.

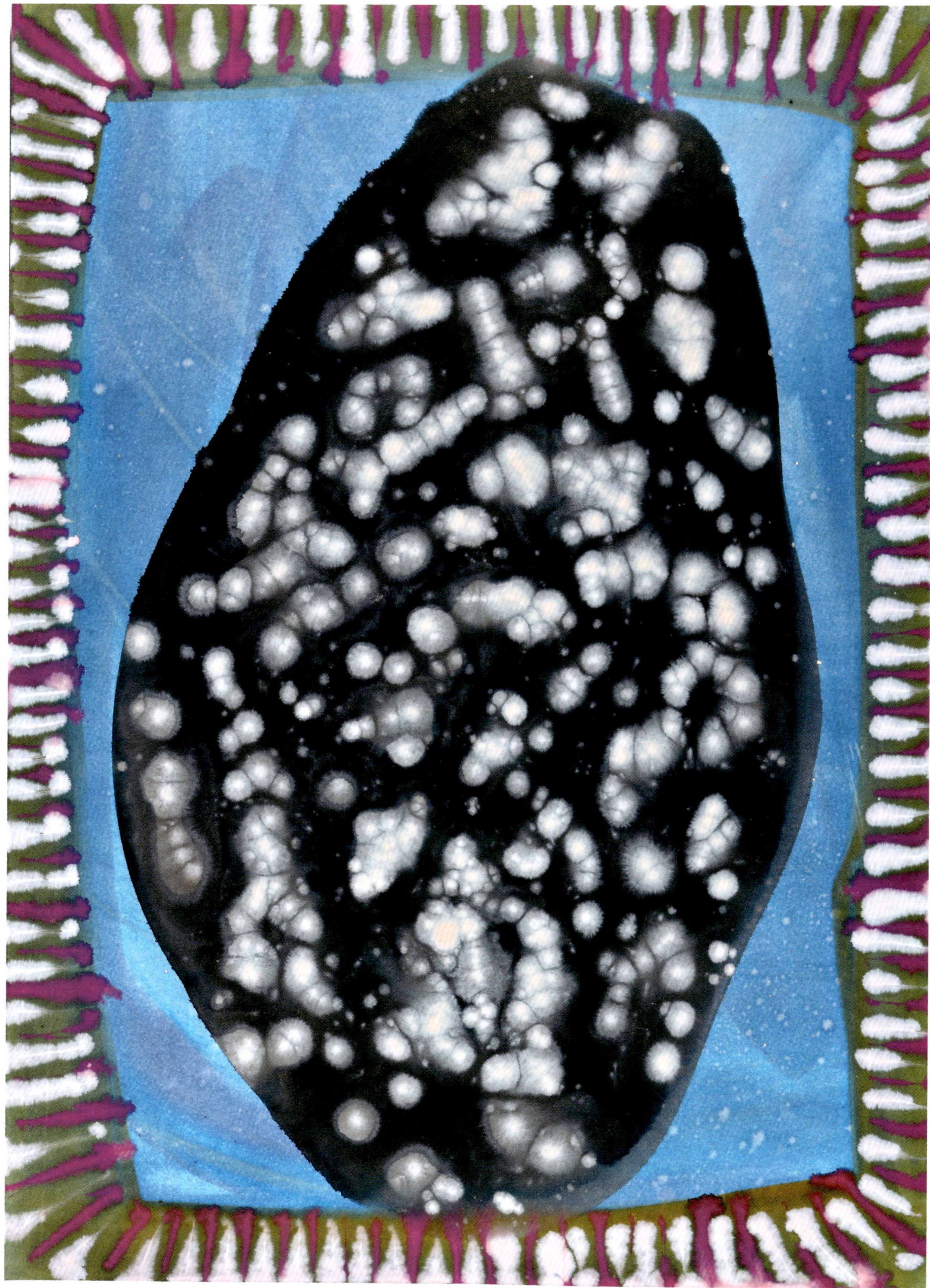

Serie *Espejo chupado-espejo calado*, 2005. Acuarela sobre papel [Watercolour on paper]. 100 x 70 cm

El espejo: [*segunda cara*]. El artista quiere que él mismo y su obra, lo hecho y el que lo ha hecho, sean algo de lo mismo, concretamente lo mismo. El artista quiere que tal simpatía entre producto y productor haga que todo sea un autorretrato, un lugar donde consentirse.

&

«El ritornelo puede ser, quizá, algo fundamental en el acta de nacimiento de la música. El pequeño ritornelo, el canto aún no musical: "tra-la-la", será retomado después en la música. Puede ser que el origen del pequeño ritornelo sea aquello que hemos llamado el agujero negro. El niño que tiene miedo, el niño en un agujero negro canturrea el "tra-la-la" para tranquilizarse» (Gilles Deleuze, *Derrames entre el capitalismo y la esquizofrenia,* Cactus, Buenos Aires, 2005, p. 321).

&

Estas pinturas encajan, en muchos casos, con lo que Deleuze llamaría un *devenir animal*: «¿Se puede decir —o esto te traiciona— que el virtuosismo era una técnica de desterritorialización propiamente ligada, no al conjunto de los devenires musicales, sino al devenir mujer y al devenir niño en la música? Yo diría que aquello que siempre ha pertenecido a la música, a través de toda su historia, son formas muy particulares de devenir animal» (Gilles Deleuze, *Derrames entre el capitalismo y la esquizofrenia, op. cit.,* p. 335).

&

Sobre EL ESPEJO ATRAÍDO:
Algo de mí, algo de ti, algo de sí

Vida y muerte van haciendo su camino ordinario, sus dibujos perecederos. El límite de nuestro propio cuerpo no es la piel arrebatada ni la carne confinada. El límite de nuestro cuerpo es la materia que fluye. El semen, la sangre, la orina, el pus, las lágrimas... Eyecciones del dolor, del placer, de la enfermedad. Heridas que, por más que las ocultemos, nos acercan a la vida. Arte, sexo, compasión..., sólo el amor tolera esta exploración excrementicia que resiste al miedo, sólo el juego aguanta esta regresión escatológica. Embarramiento narcisista, pifia que en el espejo del arte se di-vierte.

&

"The ritornello may perhaps be fundamental in the original birth of music. The little ritornello, the singing that is not yet musical—'tra-la-la'—will be taken up again later on in music. It could be that the origin of the little ritornello is what we have called the black hole. The child who is afraid, the child in a black hole, hums his 'tra-la-la' to comfort himself."(Translated from the Spanish version of Gilles Deleuze, *Capitalisme et schizophrénie* [*Derrames entre el capitalismo y la esquizofreni*a, Cactus, Buenos Aires, 2005, p. 321])

&

In many cases, these paintings square with what Deleuze would call an "animal state of becoming", when he says: "Can it be said—Or does this betray you?—that virtuosity was a technique of deterritorialisation intrinsically bound up not with musical evolutions as a whole but rather with the woman's evolution and the child's evolution in music? I would say that what have always been a property of music, throughout its history, are very special forms of animal becoming." (Translated from the Spanish translation of Gilles Deleuze, *Capitalisme et schizophrénie* [*Derrames entre el capitalismo y la esquizofreni*a, *op. cit.*, p. 335])

&

On EL ESPEJO ATRAÍDO:
A little of me, a little of you, a little of itself

Life and death carry on with their usual path, their perishable drawings. The limit of our own body is neither the flushed skin nor the confined flesh. The limit of our body is the matter that flows. Semen, blood, urine, pus, tears… Ejaculations of pain, pleasure, disease. Wounds which, however much we may hide them, bring us closer to life. Love, sex, compassion…, only love tolerates this excremental exploration that withstands fear, only play can bear this scatological regression. Narcissistic muddying, a blunder that finds di-version in the mirror of art. Art paralyses, thingifies any path and freezes it in an object, a concept. Art is made for looking at. Art is made on purpose. It is thrown into the world. It

El arte paraliza, cosifica cualquier trayecto y lo congela en un objeto, en un concepto. El arte está hecho para mirar. El arte está hecho ex profeso. Se arroja al mundo. Objetualiza lo abyecto. El arte es todo eso, y todo eso lo con-vierte en un cuerpo que discurre en paralelo a un espacio-tiempo convencional.

&

El molde del arte retrata el cuerpo. Pero aunque el molde es lo que somos por dentro; para satisfacer cualquier curiosidad morbosa sobre cómo o quién hizo esta cosa o la otra, no es necesario asomarse a esa cueva oscura donde se discierne nuestra vulnerabilidad esencial. Para conocernos hay que hacer el camino de vuelta de lo hecho (de lo echado). Invertir los recorridos trazados.

&

Pintura de interiores: Lo que no es piel y los lugares donde la piel se macera. Todas las puertas y todos los pliegues. La extenuación de la curva y la misma curva que en su extremismo descuidado hiere su exterioridad. Boca, ojos, vagina, ano, pene, lengua... y los lugares a donde se desplazan, y el hecho del desplazamiento y toda la extenuación de sus trabajos, y toda la demanda, y todo lo que se da, sobra o viene hacia nosotros, y la relación de todas esas cosas y lo que revela y oculta. También *la autocensura:* el grito mudo y la elegancia sin deseo. También el miedo. El miedo de ser, el miedo a ver.

&

Haciendo carne el deseo de desaparecer he rociado tu pelo con el arco de mi semen. Mi piel en tu boca ha hecho puentes de savia. Llorando he dibujado con esponjas la forma de tu cuerpo. He mirado donde tus ojos con la curiosidad del miedo y como un niño aterrorizado me he asomado a un abismo insomne. Para conocerte he tirado piedras que han salpicado el útero profundo donde la oscuridad hace que todo sea nada. Suplicando exprimir he querido ir más allá de ti, a través de ti, dentro de ti.

En la noche busco una luz y busco un espejo.

objectualises the abject. Art is all this, and all this con-verts it into a body that runs in parallel to a conventional space-time.

&

The mould of art portrays the body. But although the mould is what we are inside, to satisfy any morbid curiosity on how or who made this or that, it is not necessary to peer into that dark cave where our essential vulnerability is discerned. To know ourselves, the one must work backwards from what is done (what is thrown out). Reverse the paths covered.

&

Interior painting: What is not skin and the places where skin is macerated. All the doors and all the folds. The exhaustion of the curve and the curve itself which, in its careless extremism, wounds its exteriority. Mouth, eyes, vagina, anus, penis, tongue.. and the places where they move, and the fact of moving, and all the exhaustion of their travails, and all the demand, and all that is given, left over or comes towards us, and the relationship of all these things and what rebels and hides. *Self-censorship* too: the silent scream and desireless elegance. Fear too. The fear of being, the fear of seeing.

&

Making flesh of the desire to disappear I have sprayed your hair with the arc of my semen. My skin in your mouth has built bridges of sap. Weeping, I drew the form of your body with sponges. I have looked where your eyes are looking with the curiosity of fear and, like a terrified child, I have peered into a sleepless abyss. To know you, I have thrown stones that have splashed the deep uterus where the darkness makes everything become nothing. Begging to squeeze, I wished to go beyond you, through you, into you.

In the night, I search for a light and I search for a mirror.

&

My hands caught up in your hair like snakes in the black vomit of death. The night between your toes where the blood of your moons makes its still pool. The frogs have gone to sleep and the steel has dried in

ⵜ

Mis manos enredadas en tu pelo como serpientes en el vómito negro de la muerte. La noche entre los dedos de tus pies donde la sangre de tus lunas hace su remanso. Las ranas se han dormido y el acero se ha secado en sábanas de bronce. Hemos llorado porque ya no sabemos qué hacer con lo nuestro.

ⵜ

«Estamos muy cerca de Cornelis Floris de Amberes, que hacía grabar al maestro Hieronymus Cock sus composiciones, monstruosas e inclasificables, aparecidas en 1556 bajo el título bastante extraño de *Variations de grottes et panneaux*; un conjunto aterrador de cartílagos y mucosas, de órganos y de estructuras blandas, caprichos desagradables que anuncian con mucha anticipación los elementos del rococó, pero sin su alegría» (André Chantel, *El grutesco, op. cit.*, p. 4).

ⵜ

«El impulso de ornamentarse el rostro y cuanto se halle al alcance es el primer origen de las artes plásticas. Es el primer balbuceo de la pintura. Todo arte es erótico» (Adolf Loos, 1898, citado por E. H. Gombrich, en *El sentido del orden,* Gustavo Gili, Barcelona, 1980, p. 93).

ⵜ

El arte es un espejo que refleja al hombre en una ficción que le determina. El arte construye el sujeto imaginario. Esa dualidad asimétrica que se establece entre el sujeto y el espejo es el requiebro que se le impone al yo para dilucidarlo todo bajo la forma del deseo. Pero, como el espejo está roto, nos tenemos que ir reconociendo en fragmentos que sólo de algún modo nos reflejan, y sólo en parte. Vemos destellos y azogues. Acceder a la imagen completa es imposible y ya ni siquiera tenemos el consuelo de la retrovisión. La memoria se injerta totalmente en el presente. El pasado se automatiza en cada reivindicación. Ya sólo importa el acontecimiento. Lo que se dice no va más allá de lo dicho. La única esperanza que queda es que los otros no estén totalmente ciegos.

bronze sheets. We have wept because we no longer know what to do with what is ours.

&

"We are very close to Cornelis Floris of Antwerp who got the master Hieronymus Cock to engrave his monstrous, unclassifiable compositions, which appeared in 1556 under the rather odd title of *Variations de grottes et panneaux*; a terrifying set of cartilages and mucosae, organs and soft structures, disagreeable caprices that herald, long in advance, the elements of the Rococo, though without the cheerfulness." (Translated from the Spanish translation of André Chastel, *La Grottesque* [*El grutesco, op. cit.*, p. 4)

&

"The urge to ornament one's face and everything else within reach is the true origin of the plastic arts. That is the first stammering of painting. All art is erotic." (Back-translated from a quotation from Adolf Loos, 1898, cited by E.H. Gombrich in the Spanish translation of *The Sense of Order* [*El sentido del orden*, Gustavo Gili, Barcelona, 1980, p. 93])

&

Art is a mirror that reflects man in a fiction that determines him. Art constructs the imaginary subject. This asymmetrical duality that forms between the subject and the mirror is the flattering imposed on the self to elucidate it under the form of desire. But since the mirror is broken, we have to try and recognise ourselves in fragments that reflect us only after a fashion, and only partially. We see flashes and quicksilvers. Getting to the complete image is impossible and we do not even have the consolation of the rear view. Memory grafts itself fully in the present. The past automates itself each time it is called upon. Only the event matters. What is said does not go beyond what has been said. The only hope left is for others not to be completely blind.

&

Beauty is indefinable. Thus, it could be said that beauty does not exist. We, however, dodge around this non-existence as a substance by a mental construct that we try to make out in certain specific bodies. Bodies that confirm that perhaps the only thing that exhausts desire is everything that initially repels us,

La belleza es indefinible. La belleza, entonces, se podría decir que no existe. Nosotros sin embargo sorteamos esa inexistencia sustancial mediante una elaboración mental que tratamos de distinguir en algunos cuerpos en concreto. Cuerpos que confirman que quizá lo único que agota el deseo es todo aquello que al principio nos repele, lo otro, todo lo que es atractivo porque no se entiende. La belleza ocupa un lugar paradójico que tiene mucho que ver con la aceptación de las formas que suspenden el impulso de muerte, la discontinuidad. Se rebela y nos captura cuando la avidez (de ser) nos ata a pesar de esa contradicción. La raíz de la belleza es la misma que la del deseo sexual. Es una fuerza regeneradora que hace que la comunión sea un espejismo de la muerte. La escenificación del otro.

❧

La belleza es literal. La belleza es porno-gráfica. Ambas, la belleza y la pornografía, hacen de la idea un material sensible, ambas quieren excitar, pero sólo pueden lograrlo enseñando lo que es de verdad. Son pedagógicas, nos muestran variaciones de lo universal que nos excitan porque hacen explícito el continente material. Enseñan que la mentira nunca es excitante. La belleza nada tiene que ver con lo que busca agradar velando el hecho real. Caladas, mojadas, inmersas…, la belleza y la pornografía están hechas de literalidad.

❧

La pornografía, con mucha dificultad, va abriendo nuevos caminos para conocer el interior. En su afán por descubrirnos nuevas vías siempre ha dado preferencia al conocimiento que nace a pesar de la clasificación, la repetición o la multiplicación. Pues esos cambios afectos al grado van dando lugar a nuevos emplazamientos sexuales, al tiempo que concitan nuevas metáforas que sintetizan los nuevos desplazamientos del placer genital. Irremediablemente esto va creando un nuevo lenguaje. Un lenguaje que refleja la ilusión de la transgresión, pues la escopofilia se consuela continuamente en este espejo de la transgresión. En las lágrimas y las heridas que explican nuestro interior. En los lugares, los escenarios y las escenas que sostienen la mirada.

the other, everything that is attractive because it cannot be understood. Beauty occupies a paradoxical place that is closely bound up with the acceptance of forms that suspend the urge to death, discontinuity. It rebels and captures us when the thirst (for being) binds us despite that contradiction. The root of beauty is the same as the root of sexual desire. It is a regenerating force that turns communion into a mirage of death. The staging of the other.

&

Beauty is literal. Beauty is porno-graphic. Both, beauty and pornography, turn ideas into something open to the senses, both seek to excite, but they can only achieve that by showing what really is. They are educational, they show us variations on the universal that excite us because they make the material vessel explicit. They teach us that lies are never exciting. Beauty has nothing to do with what seeks to please by veiling the real thing. Soaked, wet, immersed…, beauty and pornography are made of literality.

&

Pornography goes on opening up, with great difficulty, new paths for getting to know the inner. In its insistence on unearthing new paths, it has always given preference to knowledge that comes about despite classification, repetition or multiplication. For these changes associated with degrees give way to new sexual summonses, while they also call up new metaphors that give a synthesis of the new shiftings of genital pleasure. This irremediably starts creating a new language. A language that reflects the illusion of transgression, for scopophilia continually consoles itself in this mirror of transgression. In the tears and wounds that explain our inner world. In the places, scenarios and settings that sustain looking.

&

Something (of the) inner that is seen. "A little of me, a little of you, a little of itself".

Culture exerts a repression on the erotic potential of the body that starts with annulling the organic and ends with supplanting sex with love. Even nature itself, when man came to stand upright, exercised

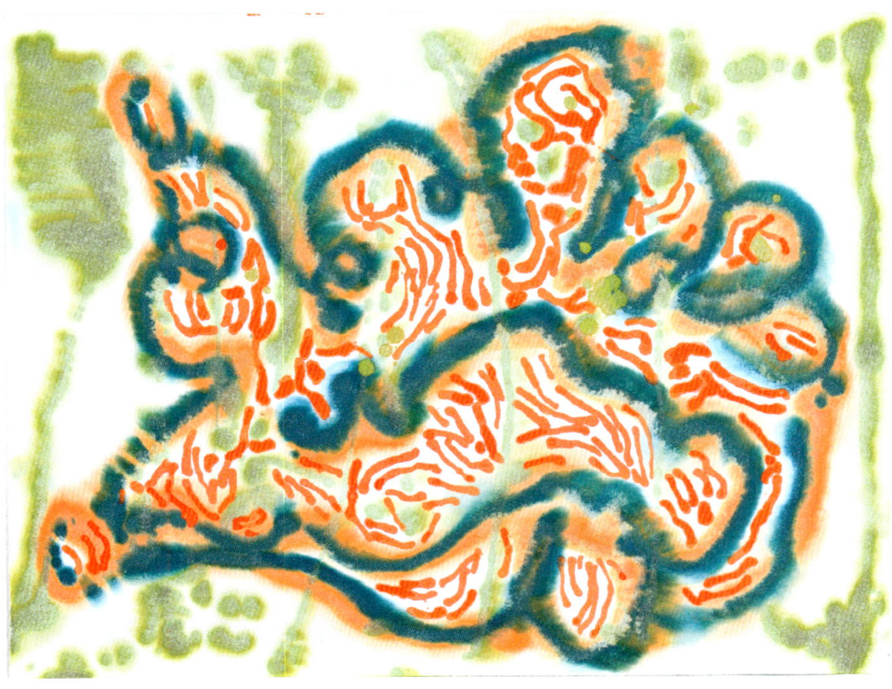

Serie *La carne del mundo*, 2006. Acuarela sobre papel [Watercolour on paper]. 50 x 65 cm

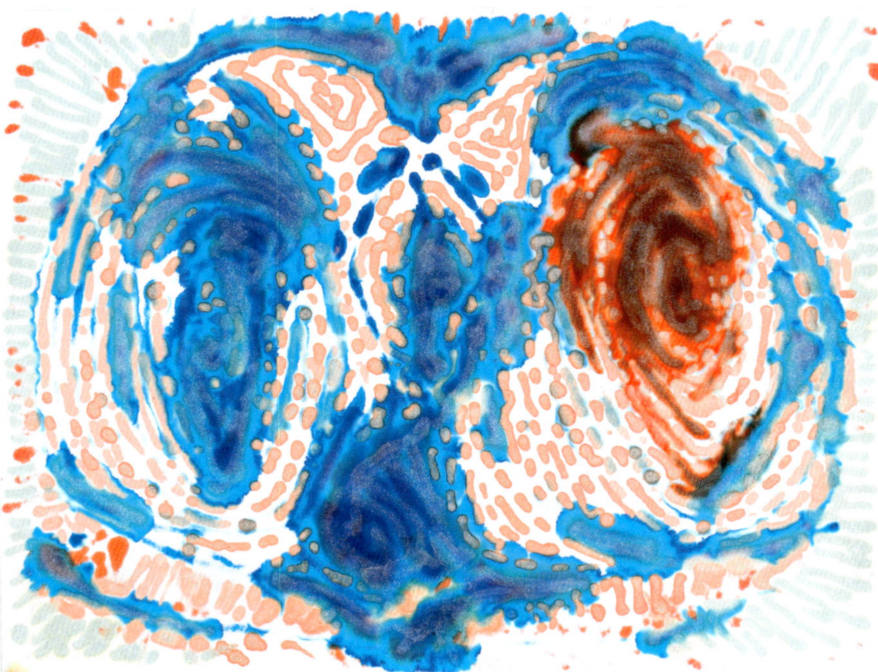

Serie *La carne del mundo*, 2006. Acuarela sobre papel [Watercolour on paper]. 50 x 65 cm

Algo (del) interior que se ve: Algo de mí, algo de ti, algo de sí.

La cultura ejerce una represión sobre el potencial erótico del cuerpo que comienza con la anulación de lo orgánico y acaba con la suplantación del sexo por el amor. Ya la propia naturaleza, cuando el hombre alcanzó la posición erguida, ejerció su propia restricción al derogar el olor como forma de conocimiento dando preferencia fundamental al sentido de la vista. Estos desplazamientos de la naturaleza han hecho que socialmente sólo sea correcto hablar de lo que se ve. Que sólo sea decible lo visible. Desde este punto de vista la cultura está salpicada de exterioridad. Sacar a relucir nuestro yo interior es, o vergonzoso, o pornográfico, o algo horrible. El interior no se debe mirar, ya que ver es lo mismo que tocar. Hacer caso a lo de adentro es algo así como hurgar la herida; aunque hurgar para conocer lo que no se alcanza a ver sea la forma que tengamos de reconocer lo invisible. Paradójicamente, hurgar está prohibido porque si hurgas sacas algo de dentro y todo lo que sale del cuerpo es materia abyecta: lo interior desplazado es una visión horrible. Lo interior exteriorizado es de difícil *asunción*. El cuerpo del pecado no levita.

Me he parado delante del espejo y he apretado mis ojos como si quisiera verte ahí, no he aguantado más y mis manos entregadas han sentido el riego. Dentro de mis ojos he visto el placer a través del dolor.

Sabemos que en cierto sentido el arte es una pelea continua por hacer síntesis coherentes de elementos contradictorios. De hecho, un aspecto relevante de la creatividad es cómo encadenar partes irreconciliables para construir unidades. Lo más arduo de mi trabajo es tratar de reconciliar, por un lado, el hecho de que las ideas necesiten un medio de existencia, *un mediador*, un cuerpo donde anclarse y, por otro, mi negativa a asumir figuraciones reconocibles de esos cuerpos. Tirando de los dos cabos de la cuerda al mismo tiempo, mi pintura, con semejantes contradicciones, se tensa y se mantiene en un dudoso equilibrio. Como me es muy

its own restriction by abolishing the sense of smell as a way of knowing, giving prime preference to the sense of sight. These shifts of nature have resulted in it being socially acceptable only to speak of what can be seen. In only the visible being expressible. From this point of view, culture is shot through with the exterior. Exposing our inner self is shameful, or pornographic, or horrible. The inner must not be looked at, since seeing is the same thing as touching. Paying attention to the inner is a equivalent to picking at the wound; though picking at something to find out what is beyond our sight is the way we have of recognising the invisible. Paradoxically, picking at is forbidden since, when one picks at something, one brings out something else that was inside and everything that comes out of the body is abject: the out-of-place inside is a horrendous vision. The exteriorised inside is difficult to come to terms with. The body of sin does not levitate.

I stopped in front of the mirror and screwed up my eyes as if wanting to see you there; I could stand it no longer and my surrendered hands felt the flow. Inside my eyes, I saw pleasure through pain.

We know that, in a sense, art is a continuous struggle to reach coherent syntheses from contradictory elements. Indeed, a significant aspect of creativity is how to link up irreconcilable parts to build units. The toughest part of my work is attempting to reconcile, on the one hand, the fact that ideas need a medium of existence, *a mediator*, a body to anchor in and, on the other, my refusal to admit recognisable figurative versions of those bodies. With this pulling at both ends of the string at the same time, my painting, with such contradictions, becomes taut and maintains itself in uncertain balance. As I find it an encumbrance to represent bodies as a whole, each element in my work is part of a chain of subtle corporal metonymies. Consequently, the first readings of my work stem directly from language play. In a sense, all reference to the body and to any ideology is blurred. That is how things are, though I suppose some other explanation could also be justified relatively easily—except, perhaps,

gravoso representar los cuerpos en su totalidad, en mi trabajo cada elemento forma parte de una cadena de sutiles metonimias corporales. Consecuentemente, las primeras lecturas de mi obra se derivan directamente de los juegos de lenguaje. En cierto sentido se difumina cualquier referencia al cuerpo y cualquier ideología. Así son las cosas, aunque supongo que otra explicación también se podría justificar con relativa facilidad —salvo, quizá, la perdida del deseo de asombrarse, salvo, quizá, ser indulgente con la perfomatividad del ver—. En cierto modo se trata de urdir formas que den cumplimiento a los requerimientos del placer y a sus inevitables peripecias. Conseguir la máxima experiencia. Sentir el descubrimiento. Porque si debemos «mirar con malicia» *para ver*, igualmente debemos usar esa malicia a la hora de hacer. La sofisticación de los procesos es lo que nos sorprenderá, y con ello, de algún modo, podremos recuperar, en el propio medio, la llama de la inocencia perdida. Nos daremos cuenta de que el descubrimiento y la novedad acrecientan el placer. Cómo, de hecho, el placer es siempre un descubrimiento.

Relegar el cuerpo completo nos permite soslayar cualquier aprieto. Al no haber descarga total es más factible la continuidad del deslizamiento metonímico y el juego fetichista de la parcialidad. La fantasía se aplica en el uso de la libre asociación a pesar de que con ello el significado se haga más esquivo.

Pondré un caso que aclare por dónde van *los tiros*. Un ejemplo que es también una experiencia de descubrimiento. El paso de *La marié mise à nu par ses célibataires, même* (1915-1923) a *Étant donnés: 1.º La chute d´eau, 2.º Le gaz d´eclairage* (1946-1966). El uso del lenguaje formal hace que Duchamp cuente el mismo tema de forma muy diferente. Mientras que en *Le Grand Verre* los espectadores asisten indirectamente al desnudamiento de la novia —los solteros son los mediadores interpuestos que deslizan el significado a través de suplantaciones alegóricas—, en *Étant donnés* nosotros mismos somos los espectadores solteros que escenificamos el significado último del desnudamiento: el descubrimiento del placer de mirar. La *pervisión*, la maliciosa perversión de la mirada, la encarnadura, la figuralidad, se hace resistente a cualquier explicación pues el artista ha descargado una idea total, algo que va directamente al meollo, al significado desde la videncia. Todo lo con-

the loss of the desire to feel astonishment, except, perhaps, being indulgent with the perfomativity of the act of seeing. In a way, it is a question of fashioning forms that give fulfilment to the requirements of pleasure and to its inevitable vicissitudes. Achieving the maximum experience. Feeling discovery. For if we must «look maliciously» *to see,* we must also use that slyness when doing. The sophistication of the processes is what will surprise us, and we can thereby, in a way, recover in the medium itself the flame of lost innocence. We will realise that discovery and novelty heighten pleasure. How in fact pleasure is always a discovery.

Relegating the whole body enables us to dodge any awkward situation. Since there is no total discharge, the continuity of the metonymic shift and the fetishist play of partiality are more feasible. Fantasy is applied in the use of free association even though the meaning thereby becomes more elusive.

I will give a case that clarifies how things stand. An example that is also an experience of discovery. The shift from *La marié mise à nu par ses célibataires, même* (1915-1923), to *Étant donnés: 1º La chute d'eau, 2º Le gaz d'eclairage* (1946-1966). The use of formal language means that Duchamp deals with the same theme in a very different way. While in his *Le Grand Verre,* the spectators indirectly witness the undressing of the bride—the bachelors are the interposed mediators that shift the meaning through allegorical supplantations—in *Étant donnés,* we ourselves are the bachelor spectators acting out the ultimate meaning of the undressing: the discovery of the pleasure of looking. *Pervision,* the malicious perversion of looking, the fleshing, the figurality, becomes resistant to any explanation, for the artist has downloaded a total idea, something which goes straight to the heart of things, to meaning from seeing. Quite unlike what happened in *Le Grand Verre,* here the idea dissolves in the nooks and crannies of the forms and the meaning is a puzzle that is only solved by substituting some parts for others in a never-ending game. Here the explanation validates the work and the intellectual aspect is recognised in the visual pleasure. Here in fact what is being looked at has the form of a question.

trario a lo que ocurría en *Le Grand Verre,* aquí la idea se diluye en los recovecos de las formas y el significado es un puzzle que sólo se soluciona sustituyendo unas partes por otras en un juego sin final. Aquí la explicación convalida la obra y el aspecto intelectual se reconoce en el placer visual. Aquí de hecho lo que se mira tiene la forma de una pregunta.

❧

Lo que hace más interesante el grutesco es, me parece a mí, no la elegancia del arabesco como recurso decorativo para cubrir muros, sino que lo más sugerente, y vayamos a la etimología de la palabra y a lo que dio origen al término, es cómo la pintura da la vuelta al espejo y nos permite imaginar que el interior de la caverna reproduce la vistosidad externa de la naturaleza. El juego de sombras, el conocimiento, es desplazado por el caprichoso juego de las formas. Se da la vuelta al guante y nuestros ojos son acariciados por la brisa que mueve la mano del artista. Ahí dentro, absorbidos, la naturaleza no se ve, se siente. La naturaleza es el telón de fondo de una obra inmune al drama de la vida; pero una obra en la que, ante la ausencia de un personaje, nosotros pasamos a ser los auténticos protagonistas. Una obra en la que dramáticamente sentimos nuestro propio vacío.

❧

La prohibición de representar formas humanas o animales reconocibles explica la proliferación del ornamento en el arte islámico. La dureza de esta lógica me toca muy de cerca pues uno tiende a ser más exigente cuando hay una renuncia consciente. En todo caso, la exageración de lo ornamental en su vertiente menos geométrica puede auspiciar la aparición de figuraciones corporales que se atesoran en el inconsciente de las formas enmarañadas. En todo caso, esas formas enmarañadas también se pueden identificar con sistemas de funcionamiento del propio cuerpo o con cortes o desarrollos de partes muy concretas.

❧

La pregunta que yo me hago es la siguiente: ¿cómo es posible que estando tan en sintonía con los rasgos que según Linda S. Kauffman (*Malas y perversos*, Cáte-

&

What makes the grotesque more interesting is to me, not so much the elegance of the arabesque as a decorative resource for covering walls; what is most suggestive—and let us go to the etymology of the word and what brought about the term in the first pace—is how painting turns the mirror around and lets us imagine that the inside of the cave reproduces the external brilliance of nature. The play of shadows, knowledge, is shifted by the capricious play of the forms. The glove is turned inside out and our eyes are caressed by the breeze that moves the artist's hand. There inside, all absorbed, nature is not seen, it is felt. Nature is the backcloth for a work that is immune to the drama of life; yet a work in which we take over the leading role in the absence of a character. A work in which we dramatically feel our own emptiness.

&

The ban on portraying recognisable human or animal forms explains the proliferation of the ornament in Islamic art. The harshness of this logic affects me greatly, since one tends to be more demanding when there is a conscious renunciation. In any event, exaggerating the ornamental in its least geometric facet can foster the appearance of corporal figurations that are stored up in the unconscious of tangled forms. In any event, these tangled forms can also be identified with operating systems of the body itself or with sections or developments of very specific parts.

&

What I ask myself is this: how is it possible that while being so well attuned to the features that, according to Linda S. Kauffman (in the Spanish version of *Bad Girls and Sick Boys* [*Malas y perversos*, Cátedra, Madrid, 2000, pp. 28-29]), give substance to what might be called (anti)aesthetics—for example, making it clear that "*the fragmentary and partial aspects of artistic production*", "the ironic awareness", "a great confusion… regarding pleasure and beauty, the pleasure of seeing, touching, thinking", the impossibility of "asserting the 'mastery' of a work merely through listing its formal qualities as an object", "the dissolving of the dichotomies that divide high and low culture, theory and practice", the acceptance of postmodernism as a movement that

dra, Madrid, 2000, pp. 28-29) dan consistencia a lo que se podría llamar (anti)estética, por ejemplo: poner de manifiesto «*los aspectos fragmentarios y parciales de la producción artística*», «la conciencia irónica», «una gran confusión… sobre el placer y la belleza, el placer de mirar, tocar, pensar», la imposibilidad de «afirmar la "maestría" de un trabajo meramente por el hecho de enumerar sus cualidades formales como objeto», «la disolución de las dicotomías que dividen la alta y la baja cultura, la teoría y la práctica», la aceptación del posmodernismo como un movimiento que «pone en entredicho en vez de explotar los códigos culturales», etc., por qué todo esto, al final, en mi pintura, está «tan disimulado»? ¿Cómo es posible que haya tal desacuerdo entre concepción-interpretación y objeto real? Está claro: mi obra está siempre en el quicio de un acuerdo entre los códigos que no puedo evitar y los que pretendo desbaratar. El miedo a no ser aceptado –querer ser querido– es una fuerza que a pesar de cualquier intencionalidad hace su trabajo. [*¿Esterilización de la visión por la estética*?]

&

Si pudiéramos registrar todos los deslizamientos y rozamientos y estiramientos de cada acción sería algo así como literalizar el acontecimiento. En realidad, una visión del tiempo. El resultado sería lógicamente una imagen anamórfica. Una forma incorregible. Algo sin sustituto reconocible pero algo que pondría de manifiesto que de esas dos maneras de mirar, la que está fija y la que está en continuo movimiento, la parada es la menos instructiva.

&

i n s p iración… Esta visión me quema por dentro. El relámpago es un segundo de lucidez en el que el significado es un todo, como si una alucinación se hiciera carne, como si ver fuera lo mismo que comprender. Pero esa comprensión no tiene predicamento, esa lucidez es algo que se queda en nada porque nada se posa, porque todo es permeable y removible: la perfecta identidad de los elementos. Nada se define porque todo se afirma. Para el arte ésta es una dirección pero no el camino, pues el arte, o se construye o no se digiere.

"questions rather than exploits cultural codes", etc.— how come all this, then, is ultimately "so concealed" in my painting? How come there is such a mismatch between the conception-interpretation and the real object? It is obvious why: my work is always at the hinge-point of an agreement between codes that I cannot avoid and codes I seek to undo. The fear of not being accepted—wanting to be loved—is a force that does its job regardless of any intentionality. [*The sterilisation of vision by aesthetics?*]

&

If we could record all the slides and frictions and stretches of each action, it would be something like literalising the event. In fact, a vision of time. The result would logically be an anamorphic image. An incorrigible form. Something with no recognisable substitute yet something that would make it clear that of these two ways of seeing—the fixed way and the way that is continually moving—the still way is the less instructive.

&

i n s p iration… This vision burns me inside. The stroke of lighting is a second of lucidity in which meaning is a whole, as if a hallucination were to materialise, as if seeing were the same as understanding. Yet this understanding has no predicament, this lucidity is something which comes to nothing because nothing comes to rest, because everything is permeable and moveable: the perfect identity of the elements. Nothing is defined because everything is affirmed. For art, this is a direction but not a path, for either art is built or it is not digested.

&

Does the object reflect the subject? Essentially, art aspires to a match. It reruns *the mirror stage* and makes the wish for correspondence explicit.

We will clash with the object (*obicere*) only if we identify with it.
Understanding ourselves is the same thing as seeing it coming.
Understanding it is the same thing as seeing us coming.

❦

¿El objeto refleja al sujeto? Básicamente el arte aspira a la coincidencia. Reedita *la etapa del espejo* y hace explícito el deseo de correspondencia.

Nosotros chocaremos con el objeto (*obicere*) sólo si nos identificamos con él.
Comprendernos es lo mismo que verlo venir.
Comprenderlo es lo mismo que vernos venir.

El sujeto anonada el arte si consigue una identidad total. Cuando nos identificamos totalmente con lo hecho no queda espacio para la creación. En cierto modo todo es vida. En cierto modo todo es liberación sin procedimiento.

❦

Cara de revés: El arte da salida a una pulsión (corporal, sexual, de vida, de muerte...). El trabajo es productivo si la visión o la realización del objeto revierten satisfacción.
Cara del derecho: Sentir placer es la confirmación de que el arte se nos entrega. Sentir placer, evidentemente, es la confirmación de que algo se entiende.

❦

Mi creatividad es constructiva. No tengo autorización para lo fulgurante. No tengo aquiescencia para lo que se me escurre de entre las manos. Digamos que no tengo permiso para la felicidad pues mi creatividad no tapa mi herida del yo. No es condescendiente porque siempre es una prueba, porque nunca es definitiva. Mi creatividad, aunque refleje autoestima, no viene sola, es el dulce zumo de alguna vergüenza que se exprime.

❦

El camino del arte corre paralelo al que dibuja la naturaleza. Pero no podemos conformarnos con un arte que sea sencillamente una representación de la naturaleza, aun cuando sea la de su lado más seductor, la de su visión menos tópica: remolinos, hongos, mohos, mariposas, orugas, erizos de mar, cactus, algas, corales, conchas, caracolas, vistosos peces y algún que otro bicho además de pieles, cabellos, cuernos, rodillas, ingles y ojos y lenguas y todos los agujeros. Pintar algo tan hermoso como las

The subject annihilates art if he achieves full identity. When we identify fully with what is done, there is no room for creation. In a way, everything is life. In a way, everything is liberation without procedure.

&

Facing the wrong way round: Art gives release to an impulse (corporal, sexual, for life, for death…). Work is productive if the vision or realisation of the object result in satisfaction.
Facing the right way round : Feeling pleasure is the confirmation that art is surrendering to us. Feeling pleasure, of course, is the confirmation that something has been understood.

&

My creativity is constructive. I have no authorisation for the fulgurant. I have no acquiescence for what slips through my fingers. Let us say that I have no permission for happiness since my creativity does not cover my wound of the self. It is not condescending since it is always an attempt, because it is never definitive. Though it reflects self-esteem, my creativity does not come all by itself—it is the sweet juice of some shame being squeezed.

&

The path of art runs parallel to the path that nature draws. Yet we cannot settle for an art that is just a representation of nature, even when it is the most seductive side of nature, that of its least clichéd vision: eddies, fungi, mould, butterflies, caterpillars, sea urchins, cactuses, algae, coral, shells, conches, brightly coloured fish and one or two other beasties, as well as skins, hairs, horns, knees, groins and eyes and tongues and all holes. Painting something as beautiful as the wings of a butterfly is not enough. Art should not imitate nature without being a consequence of the laws that build it (cf. Gottfried Semper, 1860, as cited by E.H. Gombrich, in *The Sense of Order* [*El sentido del orden, op.cit.*, pp. 77-78]). This is the surprising thing in coming across an order, a sequence or a mathematical figure in the natural world. But this visualisation merely serves to resuscitate the suspicion of the existence of a synchrony, the idea that things (beauty, the right form, good manners) occur beyond

alas de una mariposa no es suficiente. El arte no debe imitar la naturaleza sin ser una consecuencia de las leyes que la constituyen (cfr. Gottfried Semper, 1860, según E. H. Gombrich, en *El sentido del orden, op. cit.,* pp. 77-78). He ahí lo sorprendente de encontrarnos un orden, una secuencia o figuración matemática en el mundo natural. Pero esa visualización no hace más que resucitar la sospecha de la existencia de una sincronía, la idea de que las cosas (la belleza, la forma adecuada, las buenas maneras) ocurren más allá de la razón. De algún modo esta defensa de las fuerzas de la naturaleza nos conduce a una desmedida fe en las facultades animadoras del cuerpo, algo que hunde profundamente sus raíces en la estética y nos conduce, por ejemplo, al expresionismo. Estas restituciones de los ritmos orgánicos ponen en tela de juicio la razón y la máquina de igual modo. Pero la razón inventa y la máquina aprende. De lo que se trata es de hacer que los medios se adecúen a los fines (cfr. John Ruskin, 1849, según E. H. Gombrich, en *El sentido del orden, op. cit.,* p. 68), y diría yo, contraviniendo a Ruskin, inhabilitar la pauta del esfuerzo como elemento esencial de la actividad artística. En estos tiempos de digitalización de lo real, creo que no tenemos más remedio que buscar un punto intermedio entre la fría mecanización y la facturación manual («el feliz descuido»). Si los abusos del expresionismo abstracto tuvieron su respuesta en la supuesta artificiosidad despersonalizada que supuso el arte pop, si el minimalismo y el conceptual se embadurnaron de pintura en los ochenta, la pintura del nuevo milenio parece querer amansar los vistosos artificios de la era digital con la laboriosidad ejecutiva de lo manual. En cierto sentido la idea de la nueva pintura es cómo hacerla para no despojarse totalmente del cuerpo y responder a la vieja pregunta que Ruskin formulaba en *Las siete lámparas de la Arquitectura*: «¿Fue hecho con placer?».

&

La pintura se convierte en trabajo cuando hay una diferencia entre lo que te gusta ver y lo que te gusta hacer. Y esa distancia entre el ver y el hacer es también el lugar donde se puede definir lo que es pintura.

&

(*El objeto **a** flor de piel*). La convención hace que las cosas pasen de ser significativas a ser funcionales. La

reason. In a way, this defence of the forces of nature leads us to an exaggerated faith in the animating faculties of the body, this being something with deep roots in aesthetics and leading us to expressionism, for example. These restitutions of organic rhythms question reason and the machine in the same way. But reason invents and the machine learns. It is a matter of getting the means to match the ends (cf. John Ruskin, 1849, as cited by E.H. Gombrich in *The Sense of Order* [*El sentido del orden, op.cit.,* p. 68]) and, I would say, contravening Ruskin, disqualifying the effort pattern as the essential element in artistic activity. In this age of the digitisation of the real, I think we have no choice but to seek an intermediate point between cold mechanisation and manual registration "he felicitous lapse". If the abuses of abstract expressionism met their response in the supposed depersonalised artificiality entailed in pop art, if minimalism and conceptual art swamped painting in the eighties, the painting of the new millennium seems to be trying to tame the glittering artifices of the digital age with the executive laboriousness of handicrafts. In a sense, the idea of the new painting is how to go about it so as not to leave the body entirely behind and to answer the question Ruskin posed long ago in *The Seven Lamps of Architecture:* "Was it done with enjoyment?"

&

Painting becomes work when there is a difference between what you like seeing and what you like doing. And that distance between seeing and doing is also the place where what painting is can be defined.

&

(*El objeto **a** flor de piel*). Through convention, things change from being significant to being functional. The familiarity of the functional makes one lose interest in that object or event. That is why a spur for the success of art, and something that distinguishes it in principle from the so-called applied arts, is that originality is exempt from function (a very common idea in justifying the artistic). It would seem more interesting to think that in all the arts, as in nature, "conspicuous markings", what proves most seductive, are "highly improbable configurations, i.e. ones with great information value" (translated from the Spanish translation of E.H. Gombrich, *The Sense*

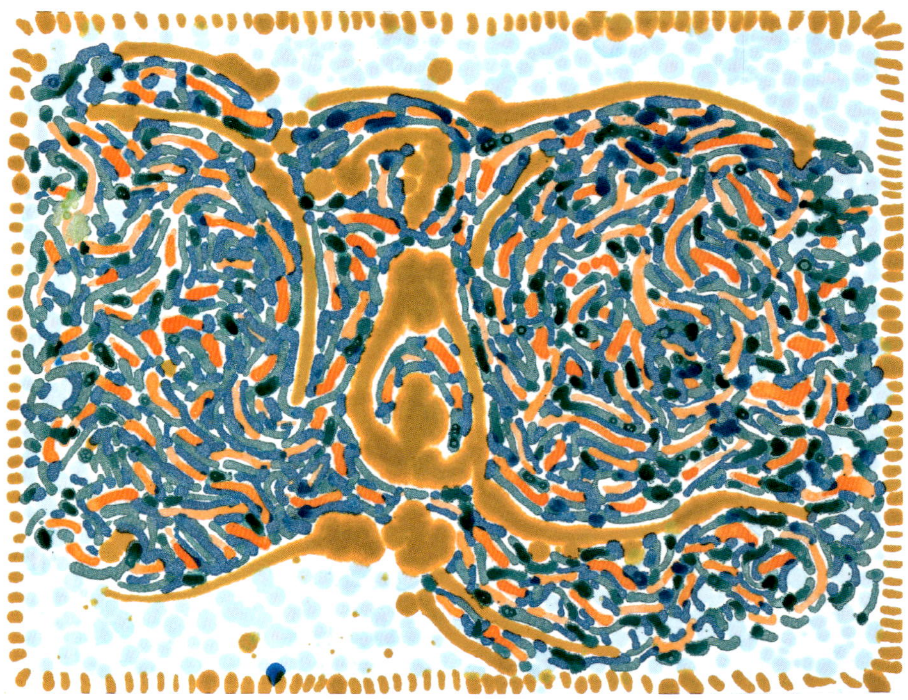

Serie *La carne del mundo*, 2006. Acuarela sobre papel [Watercolour on paper]. 50 x 65 cm

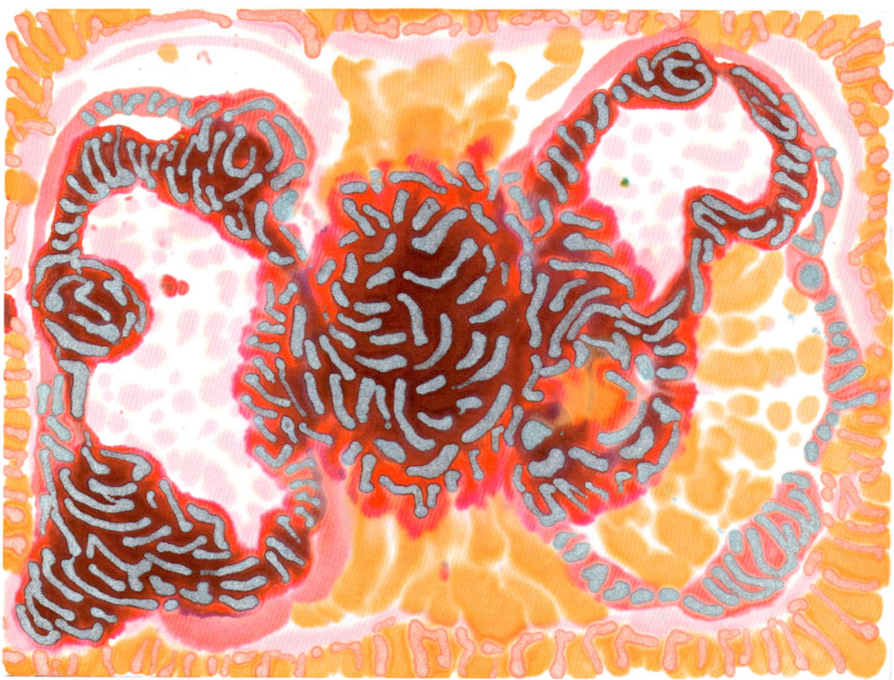

Serie *La carne del mundo*, 2006. Acuarela sobre papel [Watercolour on paper]. 50 x 65 cm

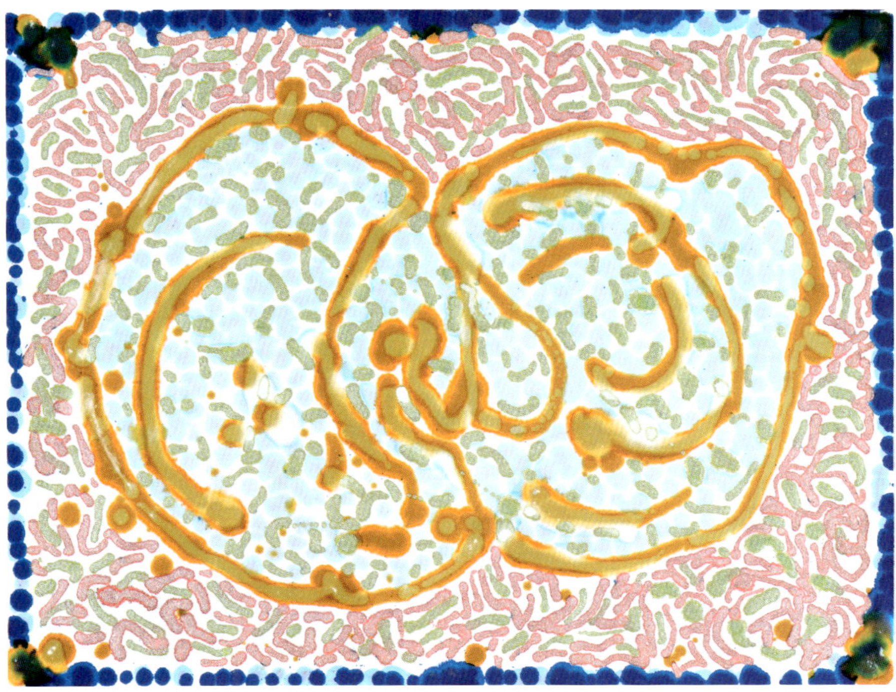

Serie *La carne del mundo*, 2006. Acuarela sobre papel [Watercolour on paper]. 50 x 65 cm

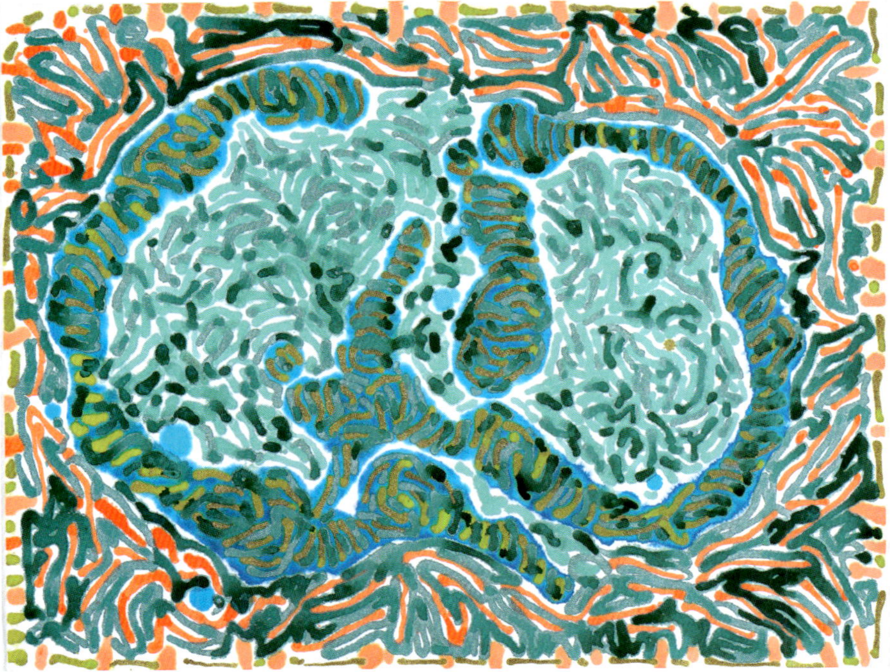

Serie *La carne del mundo*, 2006. Acuarela sobre papel [Watercolour on paper]. 50 x 65 cm

familiaridad de lo funcional hace que uno pierda el interés por ese objeto o acontecimiento. Por eso un acicate para el éxito del arte y algo que en principio lo diferencia de las llamadas artes aplicadas es que la originalidad esté exenta de función (idea muy habitual a la hora de justificar lo artístico). Más interesante parece ser pensar que en todas las artes, como en la naturaleza, «las marcas conspicuas», lo que seduce más, son las «configuraciones de alta improbabilidad, es decir, de alto valor informativo» (E. H. Gombrich, *El sentido del orden*, *op. cit.*, p. 29), aquello que se marca como diferencia. Pero no sólo de originalidad vive el arte, y es necesario que éste encuentre un contexto que realce su visualidad; un marco, un espejo. Un escenario relevante. Puesto que el artista se empeña en que la obra asalte la conciencia, en ningún caso el arte puede esconderse. El juego de los elementos (la regularidad, *los patrones de camuflaje*, el contraste entre el orden y el desorden, la distribución azarosa) debe ser intencional, debe favorecer lo visible; favorecer lo sensible, agudizar la percepción. En todo caso hacer que las cosas, hasta las más familiares, parezcan interesantes. Y en este meollo formal es donde sitúo el problema de la pintura. Si la variedad es lo que nos despierta y lo monótono hace que dejemos de prestar atención muy pronto, el deleite se encuentra en algún lugar entre lo aburrido y lo confuso, en las relaciones que son difíciles de detectar (en un Jasper Johns por poner un ejemplo). Pero aunque ésta sea una idea básica, demasiado clásica, es algo de lo que es muy difícil escabullirse con éxito. Lo habitual es que cuando algo nos aburre o nos resulta demasiado fácil tendamos a complicarlo (¿otro ejemplo?: Frank Stella). En cualquier caso, esto es algo que nunca va a preocupar al «genio», pues éste, en muchas ocasiones, se expresa en los lugares más extremos. Algunas de mis obras pueden servir también como ejemplo de este incremento de las expectativas formales. Así, el placer natural que obtenía al dibujar bucles, cuando se fue desplazando hacia la constitución de formas reconocibles o la conformación de espacios producidos por los entrecruzamientos, hizo que lo que inicialmente era sólo una manera de explorar los ritmos más simples para regresar a un dibujo de lo orgánico o a un patrón de ornamentación muy sui géneris, empezó a representar cosas, es decir, a invertir la falta de significados de lo ornamental. En los dibujos afloraban objetos y objetivos pero sin que éstos perdieran su apariencia seductora (reductora). Supongo

of Order [*El sentido del orden, op.cit.*, p. 29]), all that is marked as difference. Yet art does not live on originality alone: it must also find a context to enhance its visual quality; a frame, a mirror. A relevant scenario. Since the artist is determined to get the work to assault consciousness, art cannot hide away under any circumstances. The play of elements (regularity, *camouflage patterns*, the contrast between order and disorder, random distribution) must be intentional, it must favour the visible; favour what the senses can grasp, sharpen perception. At any rate, make things interesting, even the most familiar things. And it is in that formal marrow where I place the problem of painting. If variety is what wakes us up while monotony makes us stop paying attention very quickly, delight is found somewhere between the boring and the confused, in relations that are difficult to detect (in a Jasper Johns, to cite one example). But although this is a basic idea, too classic, it is something from which it is very difficult to escape successfully. The usual thing is that when something bores us and strikes us as too easy, we tend to complicate it (another example?: Frank Stella). In any case, this is something that will never worry the "genius", since geniuses often express themselves in the most extreme places. Some of my works may also serve as an example of this increment in formal expectations. Thus, when the natural pleasure I derived from drawing loops started shifting towards the fashioning of recognisable shapes or the marking out of spaces arising from the crossover points, the result was that what was initially just a way of exploring the simplest rhythms in order to get back to a drawing of the organic or a very sui generis pattern of ornamentation began to represent things, in other words, reversing the lack of meanings in the ornamental. Objects and objectives emerged in the drawings, though not entailing any loss of their seductive (reductive) appearance. I suppose a few "personal ghosts" forced their way in and gradually made a place for themselves. As Gombrich says, "doing comes before comparing, i.e. the minimum scheme is built before being modified, or corrected before being compared with reality… groping comes before catching, or seeking before seeing." (translated form E.H. Gombrich, *The Sense of Order* [*El sentido del orden, op.cit.*, p. 28]).

que algunos «fantasmas personales» hacían acto de presencia y poco a poco fueron adquiriendo carta de naturaleza. Como decía Gombrich: «Hacer viene antes que comparar, es decir, el esquema mínimo es construido antes de ser modificado, o corregido antes de compararlo con la realidad... el tanteo viene antes que la captación, o la búsqueda antes que la visión» (E. H. Gombrich, *El sentido del orden*, *op. cit.*, p. 28).

&

«Las plantas ya no son diferentes de los animales... Insectos idénticos a pétalos de rosa adornan un matorral... Y entonces las plantas no pueden distinguirse de las piedras. Las rocas son como cerebros, las estalactitas como pechos, las venas de acero como tapices adornados con figuras» (Gustave Flaubert, *La tentación de San Antonio* cit. por Roger Caillois, «Mimesis y psicastenia legendaria», en *Oeste n.º 17*, Colegio Oficial de Arquitectos de Extremadura, p. 124).

&

El despojamiento del ilusionismo, la anulación de los impactantes efectos de tridimensionalidad y lo que ello conlleva: el deliberado alejamiento con los procesos imitativos del pintor corriente y el necesario distanciamiento con la naturaleza, ha sido la característica permanente de los trabajos crnamentales. Invertir los términos parece conducirnos al mismo lugar: todo lo plano es decorativo. A lo largo de todo el siglo xx lo formal establece su primacía cultural en detrimento del ilusionismo. Los límites entre abstracción y decoración ya nunca estarán claros y la duda nunca se solventará. Los esfuerzos de los artistas por justificar su no alineación con lo decorativo ha producido mucha literatura. Se ha ido de las más extravagantes explicaciones metafísicas a las más parcas tautologías lingüísticas. En cualquier caso, tanto la crítica como los artistas han estado de acuerdo en respetar el ideal clásico de que menos adorno tiene como recompensa una elevación estética. Con todas las comillas que se quieran, el arte debe huir de lo postizo. No sabemos si esta idea está vigente todavía, pues algunos artistas parece querer tomarse la revancha a un siglo de ayuno y pertinencia. Ahora todo lo que «pega» parece postizo y el arte se ha convertido en bricolaje, en una sucesión de elementos agregados.

&

"The plants can no longer be distinguished from the animals… Insects identical to rose petals adorn a bush… And then the plants blend in with the stones. Some pebbles look like brains, the stalactites like udders and iron blooms like tapestries embellished with figures." (Gustave Flaubert, *La tentation de Saint Antoine*. Translated from the Spanish cite in Roger Caillois', "Mimésis y psicastenia legendaria" in *Oeste no. 17*, Colegio Oficial de Arquitectos de Extremadura, p. 124).

&

The stripping of illusionism, the annulling of the striking effects of three-dimensionalism and what that entails: the moving away deliberately from the imitative processes of the ordinary painter and the necessary distancing from nature have always been the keynote of ornamental work. Inverting the terms seems to lead us to the same place: everything that is flat is decorative. Throughout the twentieth century, the formal establishes its cultural primacy to the detriment of illusionism. The borders between abstraction and decoration will no longer be clear and the doubting will not be resolved. The efforts of artists to justify their non-alignment with the decorative have generated a lot of literature. We find everything from the most extravagant metaphysical explanations to the barest linguistic tautologies. In any event, both the critics and the artists have concurred in respecting the classical ideal by which less adornment is rewarded with aesthetic elevation. Albeit with all the inverted commas one may wish for, art must flee the fake. We do not know if this idea is still current, for some artists seem to want to avenge themselves for a century of fasting and pertinence. Now, everything that "catches on" seems fake, and art has become do-it-yourself, through a string of add-on elements.

&

Art can only be explained through the metaphor. With each new example, the field of art must necessarily be redefined. Art is always a metaphor of a metaphor; a transferring of the same.

&

This abstract form did not spring from nothing. So, what we are seeing without knowing what it is has

&

El arte sólo se explica mediante la metáfora. Con cada nuevo ejemplo, el campo del arte tiene que ser necesariamente redefinido. El arte es siempre metáfora de metáfora; una transferencia de lo mismo.

&

Esa forma abstracta no ha salido de la nada. Así que eso que vemos y no sabemos qué es, tiene un antecedente figural. Posiblemente el antecedente tiene un antecedente (que no es figural) pero que retrospectivamente podría conducirnos a un antecedente reconocible. A lo mejor todo es un tremendo lío con una explicación muy sencilla.

&

Decimos que una cosa, acción, o suceso es el resultado de una cosa, acción o suceso anterior. El arte no tendría por qué escapar a este sencillo ejemplo de la continuidad. Si cada acto se pudiera poner a continuación del anterior, se dibujaría el fino hilo de la sucesión, el porqué de las cosas. Veríamos que el significado es siempre una *itinerancia*. Pero como esto es más que imposible, al artista no le queda más remedio que ingeniárselas y cerrar algún aspecto de la cadena en cada caso. Y ahí comienza a actuar la unidad. Algo muy complicado de representar pues sólo se consigue cuando la obra de arte no se percibe como una colección sino como un todo que hace olvidar los elementos que la constituyen. El placer del destinatario es descubrir las diversidades que conforman cada caso. El espectador, como el detective, es alguien que se esfuerza en solapar las discontinuidades.

&

No creo que sea éste un caso de arte en el que se puede decir que *la ficción nos exime de la función*.

&

El abarrotamiento perceptivo de lo ornamental facilita el salto visual. Anima la ley de la continuidad que sin embargo tiene en la LUZ, **el color**, *la lisura*… sus dispositivos más eficaces.

a figural antecedent. The antecedent may possibly have an antecedent (that is not figural), but which could retrospectively lead us to a recognisable antecedent. Perhaps it is all a gigantic mix-up with a very simple explanation behind it.

&

We say that a thing, an action or an event is the result of a preceding thing, action or event. There would seem to be no reason why art should escape from this simple example of continuity. If each action could be placed immediately after the previous one, the fine thread of succession would be drawn, the reason behind things. We would see that meaning is always an *itinerancy*. But since that is more than impossible, the artist has no choice but to find some way of closing some aspect of the chain in each case. And that is where unity starts to act. A very complicated thing to represent, for it is only achieved when the work of art is not perceived as a collection but rather as a whole that drives the elements forming it into oblivion. The pleasure of the recipient is discovering the diversities that make up each case. The viewer, like the detective, is one who endeavours to overlay the discontinuities.

&

I do not think this is a case in which we can say of art that *fiction exempts us from function*.

&

The perceptual crowding of the ornamental facilitates the visual leap. It brings life to the law of continuity, whose most effective devices are nonetheless LIGHT, **colour**, *smoothness*… its most efficient devices.

&

The winning stroke, the tour de force of the artist is to make something seem interesting. In any event, it is essential that what we see should not give the impression of being accidental. The artist should attempt to make everything significant, or at least to look significant. As if the form were always under the sway of the original function, so as not to become a style or a metaphysic. How curious it is that mannerism and the symbolic, which are in a way

El acierto, el *tour de force* del artista está en hacer que algo parezca interesante. En cualquier caso, es fundamental que lo que veamos no dé la sensación de ser algo accidental. El artista debe intentar que todo sea, o al menos lo parezca, significativo. Como si la forma estuviera siempre al cuidado de la función original para no convertirse en un estilo o en una metafísica. Qué curioso que el manierismo y lo simbólico, en cierto modo opuestos, nazcan, ambos, del olvido de esa función primitiva de la forma. Las fórmulas para conseguir esta significación extrema de la forma y ahuyentar el fantasma de lo decorativo son numerosas, si bien ninguna tiene la suerte de garantizarnos un éxito completo. La domesticación del azar a través de un medio mecánico que lo fije es una estrategia en la que el artista contemporáneo persevera aunque luego no tenga demasiado predicamento. La intermediación de las plantillas es otra manifestación de lo mismo, de lo repetible: eso que nunca deja de alumbrar nuestra resistencia a la volubilidad del yo.

El uso de elementos inusuales en la configuración de los cuadros (botones, plastilina, gomas, hilos, perfiles, listones de madera, puntitos o moldes de letras) aspira a la reificación de las cosas como pintura, pero sobre todo es la consecuencia de la búsqueda de una nueva incidencia en la pintura; de verlo todo como un *remedo* de la pintura. De alguna manera siempre he intentado articular nuevos elementos factibles de emocionar en lo que podría considerarse: ese territorio de belleza instituido.

Cuando el cuadro incorpora un objeto, éste hace siempre la misma pregunta: ¿Dónde está el límite de lo que podemos ver como pintura? Y…, ¿ese límite, se encuentra en los aspectos que tienen que ver con la *representación*? El objeto dentro del cuadro puede ser una metáfora o un símbolo, o puede ser un guiño a la literalidad de la pintura, una especie de chiste que nos viene a decir que la pintura siempre es un truco. Sin embargo hay otros casos en los que podemos imaginar un camino menos desmantelado si entendemos la pintura como el desplazamiento o el reemplazamiento, la restitución o la estela de ese objeto. Una

opposed to each other, should both be born of that early function of form being forgotten. The formulae for achieving that extreme significance of form and for keeping away from the spectre of the decorative are many in number, though none has the good fortune of assuring us full success. The domestication of chance through a mechanical means of fixing it is a strategy that the contemporary artist still pursues, even though it is not indeed widely embraced. The intermediation of templates is another manifestation of the same, of the repeatable: that which never ceases illuminating our resistance to the fickleness of the self.

The use of unusual elements in the make-up of the paintings (buttons, plasticine, rubbers, threads, sections, strips of wood, dots or moulds for letters) aspires to the reification of things as painting, but it is particularly the consequence of the search for a new impact in painting; of seeing everything as a *make-do* for painting. In a way, I have always tried to fashion new elements that can articulate emotions into what could be regarded as that territory of instituted beauty.

When a painting incorporates an object, the object always poses the same question: where does the boundary for what we can see as painting lie? And… does that boundary lie in the aspects related to *representation*? The object in the painting can be a metaphor or a symbol, or it can be a nod to the literal nature of the painting, a kind of joke that implies that painting is always a trick. However, there are other cases in which we can imagine a less stripped-down path if we take painting to be the shifting or resiting, the restitution or the wake of that object. A kind of wave that reflects it. (The profile of what we see when the subject overflows itself.) That type of continuity.

Is painting in fashion? What counts today is an excess of intentionality that has little to do with what we could more directly deem to be painting. I would give an answer to this question by saying that

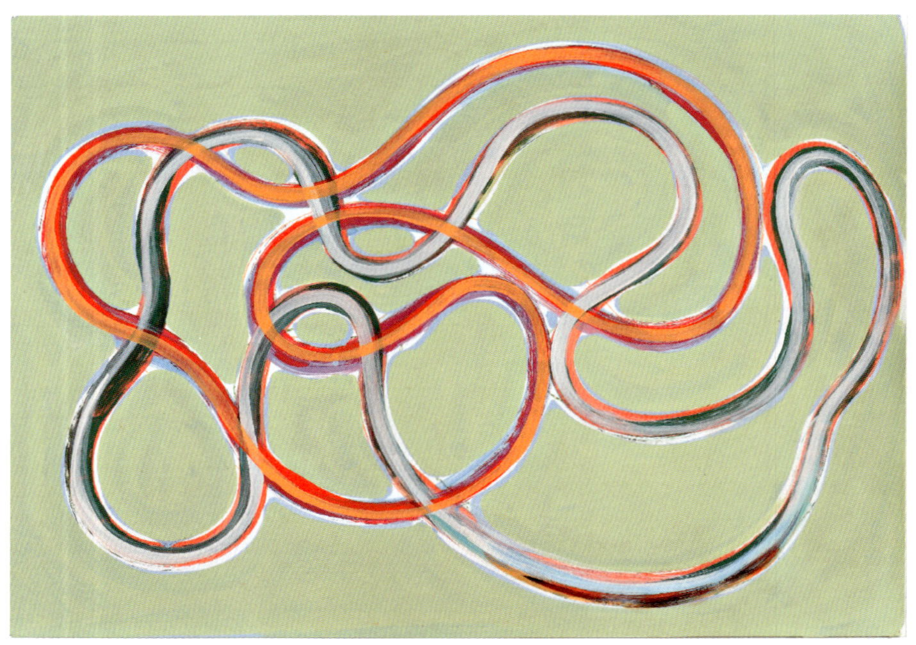

Serie *Lazos en liza*, 1999. Acrílico sobre papel [Acrylic on paper]. 52 x 70 cm

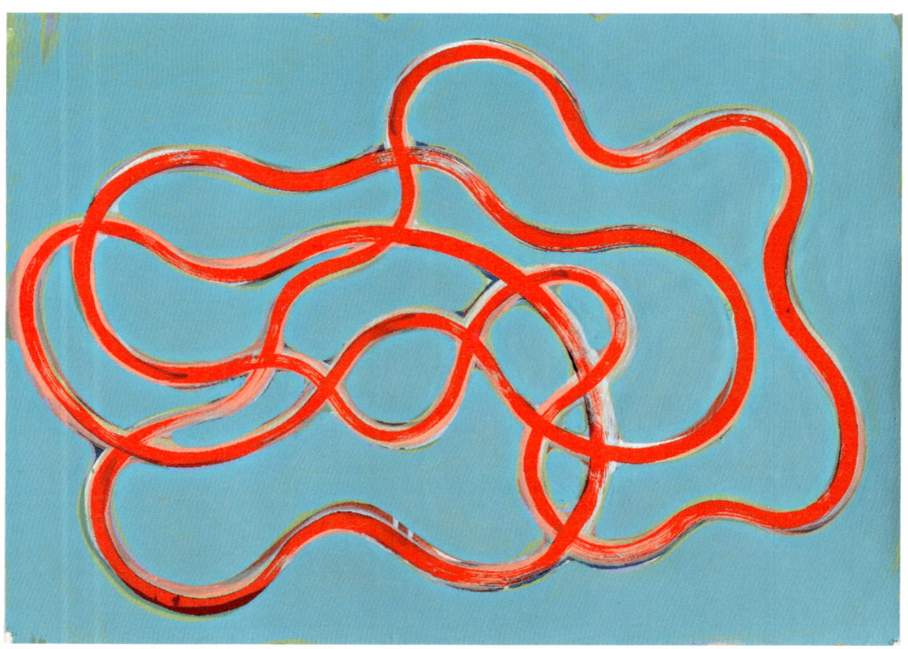

Serie *Lazos en liza*, 1999. Acrílico sobre papel [Acrylic on paper]. 52 x 70 cm

especie de onda que lo refleja. (El perfil de lo que vemos cuando el sujeto se desborda.) Ese tipo de continuidad.

&

¿Está la pintura de moda? Lo que prima hoy es un exceso de intencionalidad que poco tiene que ver con lo que podríamos considerar más directamente como pintura. Yo daría una respuesta a esta pregunta diciendo que la pintura no está de moda ya que esa intencionalidad no la rescata de su supuesta muerte, pues responde a una planificación del acontecimiento artístico que tiene más que ver con la conceptualización —instalación, escenificación, bricolaje— o con algo más sofisticado que engloba todo eso: la experiencia del arte y de la propia pintura a través de las reproducciones fotográficas. Es cierto que hay una moda, pero es la moda de usar la pintura para mediar con los modos como el arte moderno se ha manifestado históricamente.

&

La evolución tecnológica ha hecho posible que algunos objetos de diseño sean casos paradigmáticos de la continuidad de los materiales y las formas. La suavidad de las líneas que dibujan la forma del objeto y cómo los diversos materiales se solapan mediante sutiles uniones nos provocan la dulce sensación de unidad en la diversidad. Las elegantes soluciones de los encuentros embellecen y erotizan el resultado final. De muchas de estas técnicas y efectos hace también acopio el arte actual. Pero la visión de estas perfectas formas inhumanas de alguna manera nos alejan de la belleza orgánica y constructiva del arte (la continuidad es de tal finura que nos da la impresión de encontrarnos frente a un objeto virtual). Sería muy interesante tratar de analizar hasta qué punto esta poética de los envolvimientos infinitos y las curvas informatizadas son más sugestivas que las formas que manifiestan los ritmos entrecortados de la creatividad. Aun así, lo moderno pasa obligatoriamente por la combinación de los usos y la promiscuidad de los materiales. *Tolerancias* que contaminan el arte y que, no podía ser de otra manera, algo deben contar en el juicio estético que sobre una obra hagamos. Salvo en ciertos casos de monumentalidad que a veces magnetizan por su uniformidad, el quid de la belleza reside en las deducciones técnicas, en los argumentos visuales, en las disposiciones plásticas que

painting is not in fashion since that intentionality does not rescue it from its alleged death, since it stems from a planning of the artistic event that is more closely related to conceptualisation—installation, staging, do-it-yourself—or to something more sophisticated that takes in all that: the experience of art and of painting itself through photographic reproductions. It is true that there is a fashion, but it is the fashion of using painting to mediate with the ways in which modern art has manifested itself in the past.

&

Technological evolution has made it possible for some designer objects to become paradigmatic cases of continuity in materials and forms. The gentleness of the lines that draw the form of the object and the way the various materials overlap each other through subtle joins, prompt in us the sweet sensation of unity in diversity. The elegant solutions of the meetings beautify and erotise the final result. Present-day art also draws on many of these techniques and effects. Yet the sight of these perfect inhuman forms distances us in a way from the organic and constructive beauty of art (the continuity is so finely wrought as to give us the impression that we are dealing with a virtual object). It would be very interesting to try and analyse to what extent this poetic of infinite enveloping and computerised curves is more suggestive than the forms resulting from the stop-start rhythms of creativity. Even so, the modern necessarily involves the combination of uses and the promiscuity of materials. *Tolerances* that contaminate art and which, unavoidably, must have some influence on the aesthetic judgement we reach with respect to a work. Except in certain cases of monumentality which sometimes magnetise on account of their uniformity, the essence of beauty lies in technical deductions, visual arguments, plastic arrangements that are capable of following up forms and materials (aesthetic tolerance =? ethical tolerance), in how the artist is able to find an affective solution to the problem of continuity (physical, visual, ideal).

&

Art is full of marginality. One of the most intriguing questions is how artists manage to make

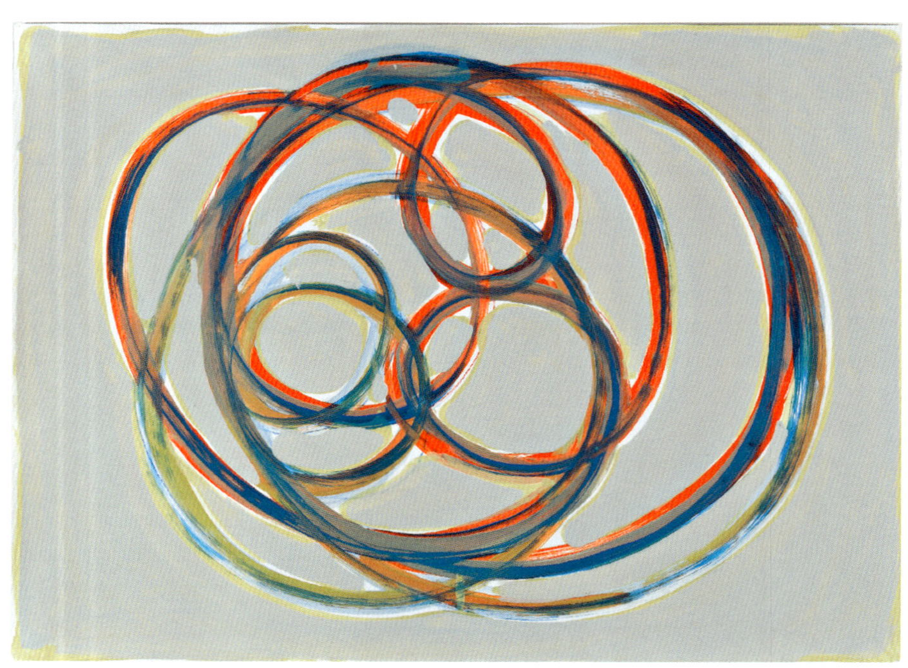

Serie *Lazos en liza*, 1999. Acrílico sobre papel [Acrylic on paper]. 52 x 70 cm

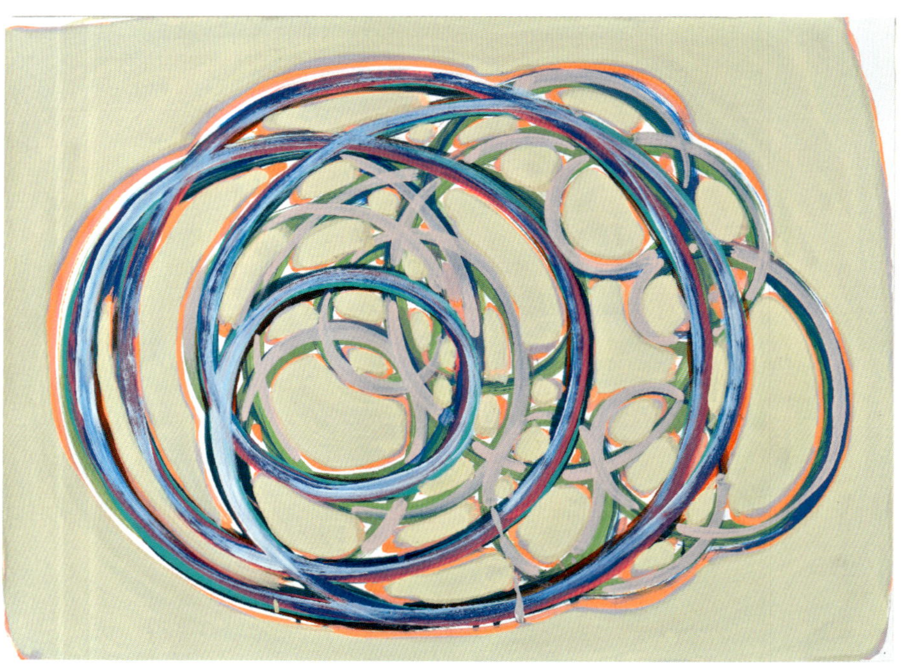

Serie *Lazos en liza*, 1999. Acrílico sobre papel [Acrylic on paper]. 52 x 70 cm

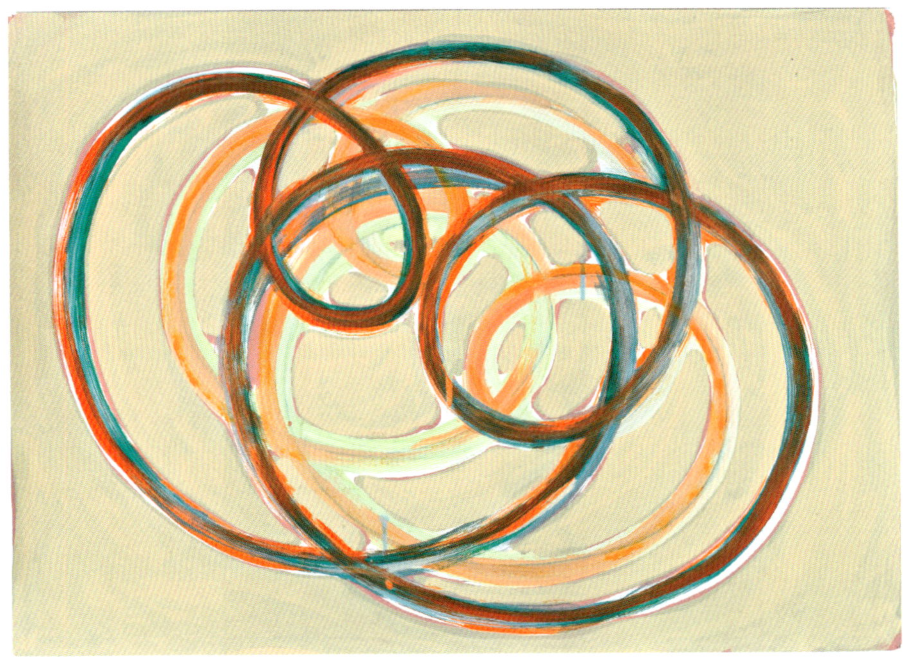

Serie *Lazos en liza*, 1999. Acrílico sobre papel [Acrylic on paper]. 52 x 70 cm

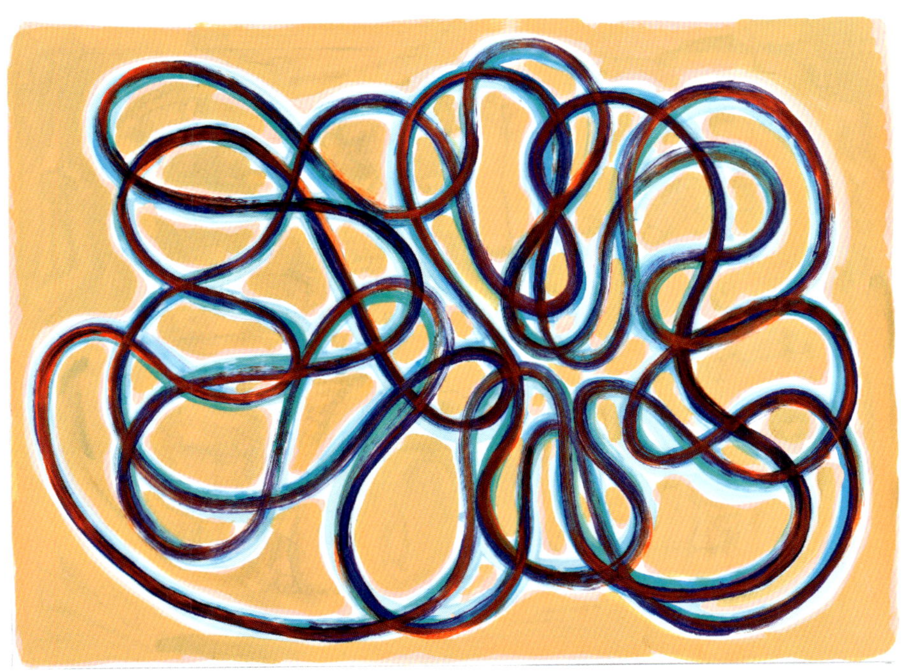

Serie *Lazos en liza*, 1999. Acrílico sobre papel [Acrylic on paper]. 52 x 70 cm

son capaces de dar seguimiento a formas y materiales (tolerancia estética ¿=? tolerancia ética), en cómo el artista es capaz de encontrar una solución afectiva al problema de la continuidad (física, visual, ideal).

∂

El arte está lleno de marginalidad. Una de las cuestiones más intrigantes es cómo los artistas logran que lo que en un principio es algo marginal se precipite y pase a ser relevante, significativo, fundamental. Cómo pasan «al centro de la escena artística» elementos o aspectos secundarios, Gombrich, en «Los placeres del aburrimiento» (*Los usos de las imágenes*, Debate, Barcelona, 2003), ha señalado, al respecto de los garabatos, cómo fue necesario, para que éstos adquirieran la carga de la presencia, que lo fundamental en el arte no fuera la destreza sino la necesidad de crear y cómo esto sólo fue posible a partir de la aparición del movimiento moderno. Son numerosos los ejemplos que muestran, a lo largo de la historia, el placer de generar ritmos, monigotes o intrincados nudos con líneas continuas, pero la pregunta que Gombrich se hace (nosotros la hacemos al respecto de *El objeto **a** flor de piel*) es cuándo el garabato deja de verse como garabato, es decir, cuándo deja de ser una actividad gráfica marginal y pasa a formar parte del meollo creativo. Relacionar el garabato con la ocupación del tiempo ya sea en un proceso de *bloqueo mental*, lo que uno hace cuando está buscando un camino, idea o solución, ya sea como una *actividad de reemplazo*, como el que mueve los pies en una nerviosa espera, ya sea con la dinámica específica que puede acompañar ciertos estados de concentración o aburrimiento, no responde evidentemente a la pregunta. Me atrevo, por lo tanto, a dar otra respuesta: el garabato puede considerarse artístico cuando se diferencia. Cuando es único, especial, reconocible. Es decir, cuando establece marcas que lo caracterizan como lenguaje. Otro problema será cómo se consolida o se percata uno de esas diferencias; si es algo premeditado que se busca, o el efecto de una repetición que, como en la terapia psicoanalítica, va configurando un lenguaje que excede al propio objeto de deseo.

∂

Si tiramos del hilo del concepto de erotismo de Georges Bataille (*El erotismo*), el hombre en el mundo es un

something that is in principle marginal move on and become something significant, meaningful, fundamental. How they pass secondary elements or aspects into "the centre of the artistic scene". Gombrich, in "The pleasures of boredom" (in *The Uses of Images: Studies in the Social Function of Art and Visual Imagery* [*"Los usos de las imágenes"*, Debate, Barcelona, 2003]) pointed out, in connection with doodles, how it was necessary if they were to become charged with presence that art should not be fundamentally skill but rather the need to create, and how that only became possible with the appearance of the modern movement. There are many examples that show, throughout history, the pleasure of generating rhythms, doodles or intricate knots with continuous lines, but the question Gombrich asks himself (as we did in connection with *El objeto **a** flor de piel*—the "Object on Edge") is when does a doodle cease to be seen as a doodle, i.e., when does it cease to be a marginal graphic activity to become part of the creative marrow. Relating the doodle to whiling away time, whether when going through a *mental block*, what one does when seeking a way forward, an idea or a solution, whether as a *substitute activity*, like those who stamp their feet when waiting nervously, or whether with the specific urge that can come with certain states of concentration or boredom evidently does not offer a reply to the question. I thus make bold to give another answer: doodling can be regarded as artistic when it stands out. When it is unique, special, recognisable. In other words, when it establishes markings that characterise it as language. A different problem would be how its distinctiveness becomes consolidated or noticed; whether it is a premeditated end that is being sought, or whether it is the effect of a kind of repetition that shapes a language that goes beyond the object of desire itself, as in psychoanalytic therapy.

&

If we follow the thread of Georges Bataille's concept of eroticism (*L'Erotisme*), man in the world is essentially a discontinuous being. His legacy likewise shows this discontinuity. Yet all man's striving is to come up with signs that this discontinuity is really no such thing. He yearns to reconcile himself with everything and to become complete. That is how the

ser esencialmente discontinuo. Su legado no deja de mostrar esa discontinuidad. Pero todo el afán del hombre es el de procurarse signos de que esa discontinuidad no es tal. Anhela reconciliarse con todo y ser completo. Es así como lo sagrado, la pulsión de muerte, el deseo erótico y en último término la poesía, nos abren las puertas de la continuidad, la identificación con el otro, con lo otro. El problema está en que de la discontinuidad se nos tiene que arrancar, pues la continuidad es un extrañamiento, una violencia que se le hace al ser que somos, al ser esencialmente discontinuo (*disolución* post mórtem o disolución en otro ser, es decir, cambio de estado, pero sobre todo, continuidad como *desfallecimiento* de los sentidos y *desposesión* de uno mismo en la fusión del abrazo de los órganos desnudos y en la penetración de los cuerpos constituidos. *Transparencia* de los corazones... *Fascinación* que «en pocas palabras, es la continuidad del ser percibida como un alumbramiento a partir del ser del amante», de la muerte, de lo divino, de la creación. Y esta continuidad de los seres que se experimenta así, esta identidad, es lo que no se puede decir. La mismidad. Y como lo mismo sólo puede decirlo eso mismo, esta indistinción fundamenta la única posibilidad de que la poesía, el arte, digan algo. Que sean).

&

Cuando planteo una exposición trato de hacer que una cosa lleve a la otra y que el espectador no perciba grandes saltos, formales o conceptuales. Trato de que todo forme parte de una misma experiencia. Descorazonadora tarea, sobre todo si uno tiene intereses dispersos u opuestos, sobre todo cuando se cree que la disposición de opuestos genera una dialéctica más fructífera. La forma más inmediata de generar relaciones es jugar con los elementos formales en el propio espacio de la galería. Las interrelaciones de cada lugar, las intersecciones de las paredes, los colores de cada plano o el uso de un dibujo excedente que coloniza el espacio son sólo algunas de las estrategias que suelo utilizar. Más dificultades se encontrará el espectador a la hora de percatarse de esa pretendida continuidad si el tipo de enlace que hago es conceptual o metafórico. En algunos casos el desacuerdo entre significado y diseño o forma obliga a insospechados ajustes por parte del espectador y no todos estarán dispuestos a esforzarse para acortar esa distancia. En cualquier caso,

sacred, the death urge, erotic desire and, in the last analysis, poetry open the doors of continuity, identification with others, with the other, for us. The problem is that discontinuity has to be wrenched from us, since continuity is a banishment, a violence done to the being we are, since it is essentially a discontinuous being (*dissolution* post mortem or dissolution in another being, i.e. a change of state, yet above all, continuity as a *failing* of the senses and *dispossession* of oneself in the fusion of the embrace of the naked organs and in the penetration of the bodies formed. *Transparency* of hearts…. A *fascination* that *is, in short, the continuity of the being perceived as a delivery through the lover's being*, death, the divine, creation. And this continuity of beings that is experienced in this way, this identity, is what cannot be told. The sameness. And since only the same can say the same, this lack of distinction acts as the foundation for the only chance for poetry, art, to say something. To be.)

&

When approaching an exhibition, I try to get one thing to lead to another, and to arrange things so that the viewer does not perceive great leaps, whether in form or in conception. I try to make everything part of a single experience. A disheartening task, particularly when one has wide-ranging or conflicting interests, when one believes that bringing opposites into play generates a more fruitful dialectic. The most immediate way of generating relations is to play with the formal elements in the space of the gallery itself. The interrelations in each place, the intersections of the walls, the colours of each plane or the use of a left-over drawing that colonises the space are just some of the strategies I habitually use. Viewers will find it more difficult to perceive this desired continuity if the type of link I make is conceptual or metaphoric. In some cases, the mismatch between the meaning and the design or form makes unlikely adjustments by the viewers necessary, and not all of them will be willing to make the effort involved in reducing that distance. In any event, I think there is always a reason behind it when one thing is placed beside another; it may be very simple or very far-fetched, but discovering it or describing it already amounts to understanding much of what was meant.

creo que siempre hay una razón cuando una cosa se pone al lado de otra, ésta puede ser muy simple o muy enrevesada, pero descubrirla o describirla es ya comprender mucho de lo que se ha procurado decir.

&

Lo que diferencia un dibujo decorativo de uno creativo es que en el primero la línea no busca, en el primero la línea es una máscara. Para conseguir que un dibujo decorativo sea además artístico tenemos que resaltar el hecho de que ése en concreto sea un caso particular, algo específico, algo único. Con algunas imágenes o trabajos que se valen de la digitalización y de la simulación informática ocurre algo parecido. El hecho de la reiteración y «la facilidad» de producción disminuye la carga artística. Esto que le pasa a la tecnología también le pasa a la pintura decorativa, pues la simplificación del trabajo y la posibilidad de repetición están estrechamente emparentadas. En cierto sentido algo es decorativo cuando no plantea problemas. Cuando se impone porque es «una solución» y no hace virtud de las dificultades. Sin embargo cuando lo ornamental es una respuesta concreta a un problema específico debemos deshacernos de cualquier prejuicio y dar a ese caso especial el rango o el prestigio que merece. Es el caso, por poner un ejemplo, de la arquitectura de Herzog & De Meuron. Todo esto puede explicar, creo yo, cómo mi interés por lo óptico, comprobar que la visión espacial es una elaboración mental, una artificiosidad, me conduce a ciertos itinerarios de lo barroco sin que yo tenga preferencia alguna por ese «estilo». En otro aspecto, pero de igual modo, mi gusto por el conceptual o el minimal, cuando pasa por algo así como un cuerpo concreto, me lleva a nuevas organizaciones visuales de los conceptos y las formas mucho menos rígidas, más humanas. Mi necesidad de ocupar el espacio es la que, cuando encuentra la cobertura del dibujo, da como resultado un espacio escenográfico, un lugar para el acontecimiento. El dibujo se desmelena y desenreda un organismo excedente, un derroche, algo sustancial, quizá, una pulsión que busca otro cuerpo.

&

«Por otro lado, es cierto que el arte sólo comienza con la línea abstracta; pero no porque la rectilínea fuese la pri-

&

What makes a decorative drawing different from a creative one is that in the former, the line does not seek, in the former the line is a mask. To make a decorative drawing become artistic as well, we have to highlight the fact that this drawing in particular is a special case, something specific, something unique. With some images or projects that make use of digitisation and computer simulation, we find something similar. The fact of reiteration and "the facility" in production diminishes the artistic charge. This happens to technology and it happens to decorative painting too, for simplification of the work and the possibility of repetition are closely related. In a sense, something is decorative when it does not pose any problems. When it is imposed because it is "a solution" and does not make a virtue out of the difficulties. However, when the ornamental is a specific response to a specific problem, we must get rid of all prejudices and grant the status or prestige it merits to that special case. To cite one example, this holds true for the architecture of Herzog & De Meuron. All this can explain, I believe, how my interest in the optical, my ascertaining that spatial vision is a mental construct, an artifice, leads me to certain itineraries of the Baroque even though I have no preference whatsoever for that "style". In another aspect, though in just the same way, my taste for the conceptual or the minimal, when involving something like a specific body, leads me to new visual organisations of concepts and forms that are much less rigid, more human. My need to occupy space is the need which, when it finds the cover of a drawing, results in a scenographic space, a place for things to happen. The drawing cuts free and untangles a surplus organism, an extravagance, something substantial, perhaps, an urge seeking another body.

&

"Then again, it is true that art only begins with the abstract line; but not because the straight line was the first way of breaking with an imitation of nature, a non-aesthetic imitation on which all the prehistoric, the savage, the childlike and everything lacking a "will to art" was to depend. On the contrary, if a prehistoric art does exist in full, it is because it made us of the abstract line, even if not straight lines: 'Primitive

mera manera de romper con una imitación de la naturaleza, imitación no estética de la que aún dependerían lo prehistórico, lo salvaje, lo infantil como lo que carece de una "voluntad de arte". Al contrario, si existe plenamente un arte prehistórico es porque maneja la línea abstracta, aunque no rectilínea: "El arte primitivo comienza en lo abstracto e incluso en lo prefigurativo, [...] el arte es abstracto al principio, no ha podido ser otro en su origen'". En efecto, la línea es tanto más abstracta cuanto que no hay escritura, bien porque todavía no existe, bien porque sólo existe en el exterior o al lado. Cuando la escritura se encarga de la abstracción, como en los imperios, la línea ya destituida tiende necesariamente a devenir concreta e incluso figurativa. [...] Abstracto no se opone directamente a figurativo: lo figurativo nunca pertenece como tal a una "voluntad de arte"; por eso en arte no se puede establecer una oposición entre una línea figurativa y otra que no lo es. Lo figurativo o la imitación, la representación, son una consecuencia, un resultado que procede de ciertas características de la línea cuando adquiere tal o tal forma. [...] Las páginas más hermosas de Worringer son aquellas en las que opone lo abstracto a lo orgánico. Lo orgánico no designa algo que estaría representado, designa sobre todo la forma de la representación, e incluso el sentimiento que relaciona la representación con un sujeto *(Einfühlung)*. "En el interior de la obra de arte se desarrollan procesos formales que corresponden a las tendencias naturales orgánicas en el hombre". [...] Lo abstracto sólo comienza con lo que Worringer presenta como el avatar "gótico". Esa línea nómada de la que dice: es mecánica, pero de acción libre y giratoria; es inorgánica, pero sin embargo viva, y tanto más viva cuanto más inorgánica. Se distingue a la vez de lo geométrico y de lo orgánico. *Eleva a la intuición* las relaciones "mecánicas". Las cabezas (incluso la del hombre, que ya no es rostro) se desenrollan y enrollan en lazos en un proceso continuo, las bocas se repliegan en espiral. Los cabellos, los vestidos... Esta línea frenética de variación, en lazo, en espiral, en zigzag, en S, libera una potencia de vida que el hombre corregía, que los organismos encerraban, y que la materia expresa ahora como el rasgo, el flujo o el impulso que la atraviesa. Si todo es vivo no es porque todo es orgánico y está organizado, sino, al contrario, porque el organismo es una desviación de la vida. En resumen, una intensa vida germinal inorgánica, una potente vida sin órganos, todo lo que pasa *entre* los organismos ("una vez que los límites naturales de la

art begins with the abstract and even in the prefigurative, […] art is abstract at the outset, and could not have been otherwise in its origins'. Indeed, the line is all the more abstract when there is no writing, either because it had not yet come into existence, or because it only existed in the world outside or alongside. When writing takes on abstraction, as in empires, the line, dismissed by then, necessarily tends to become specific and even figurative. […] Abstract does not stand in direct opposition to figurative; the figurative never belongs as such to a 'will to art'; that is why one cannot establish in art an opposition between a figurative line and a non-figurative line. The figurative or imitation, representation, are a consequence, a result that stems from certain characteristics of the line when it takes on such or such a form. […] The most beautiful pages in Worringer are those in which he opposes the abstract with the organic. The organic does not designate something that would be represented, it designates in particular the form of representation, and even the feeling that relates representation to a subject *(Einfühlung)*. 'Developing inside the work of art are formal processes that correspond to the natural organic processes of man'. […] The abstract only starts with what Worringer presents as the 'Gothic' manifestation. This nomadic line of which he says: it is mechanical, though with a free, turning action; it is inorganic, yet living, and the more inorganic it is, the more living it is. It is distinct both from the geometric and the organic. *It elevates to intuition* 'mechanical' relations. Heads (even human heads, no longer a face), roll up and unroll in loops in a continuous process, the mouths fold up spirally. The hair, the clothes… This frenetic line of variation, in loops, spirals, zigzags, Ss, frees a life potency that man was correcting, that organisms were harbouring, and that matter expresses now as the feature, flux or impulse running through it. If everything is alive it is not because everything is organic and organised, but rather, on the contrary, because the organism is a deviation of life. In short, an intense, inorganic, germinal life, a potent life without organs, everything that happens between organisms ('once the natural limits of organic activity have been broken, there are no limits any more'…). Attempts have often been made to point to a sort of duality in nomadic art, between the ornamental abstract line and

actividad orgánica han sido rotos, ya no hay límites"...). A menudo se ha querido señalar una especie de dualidad en el arte nómada, entre la línea abstracta ornamental y los motivos de animales; o, más sutilmente, entre la velocidad con la que la línea integra y arrastra rasgos expresivos, y la lentitud o la parálisis de la materia animal así atravesada. Entre una línea de fuga sin comienzo ni fin y un remolino sobre sí casi inmóvil. Pero finalmente todo el mundo está de acuerdo en que se trata de una misma voluntad, o de un mismo devenir. Pues bien, no es porque lo abstracto engendre por azar o por asociación motivos orgánicos. Precisamente porque en él la pura animalidad es vivida como inorgánica, o supraorgánica, puede perfectamente combinarse con la abstracción [...] La línea se escapa de la geometría, gracias a una movilidad huidiza, y al mismo tiempo la vida se separa de lo orgánico, gracias a un torbellino *in situ* y permutante. Esa fuerza vital propia de la abstracción traza el espacio liso. La línea abstracta es el afecto de un espacio liso, del mismo modo que la representación orgánica era el sentimiento que presidía el espacio orgánico» (Gilles Deleuze y Félix Guattari, *Mil mesetas. Capitalismo y esquizofrenia*, Pre-Textos, Valencia, 1988, pp. 503-505).

En cualquier caso son sólo algunos ejemplos que no aseguran el más mínimo interés, la más mínima repercusión de esta forma de hacer arte. Los artistas son *performativos*, pero son también, como los filósofos y los científicos, *formadores*. La permanencia de cualquier modelo exige una simplicidad inicial que no excluya una diversidad de interpretaciones. Quizá sea algo un poco pasado de moda. Pues parece que lo que ahora se lleva es una complejidad formal que responda a unas muy concretas intenciones. Pero... ¡qué importa!, el éxito, la consumición de la forma resulta de la coincidencia entre una necesidad personal y un ámbito de carácter estético, social, erótico, psicológico que no haya sido cubierto por nadie. («Yo no busco, encuentro», yo no invento, descubro.) Un *meeting point* que en cualquier caso escapa a las vocaciones.

Hoído-Tímpano-Charco-Parpado-Piel Vuelta-Hombre-l'oeil-Animal Ciego-El Ojo Desnudo... todo es pintura

animal motives; or, more subtly, between the speed with which the line integrates and drags along expressive features and the slowness or paralysis of animal matter that is thus run through. Between a vanishing-point line with no beginning or end and an almost immobile swirling in on itself. Yet, in the end, everyone agrees that what is involved is the same will, or the same process of becoming. For it is not because the abstract engenders organic motives by chance or by association. Precisely because in it pure animality is experienced as inorganic, or supraorganic, it can be combined perfectly well with abstraction, [...] The line breaks free of geometry, thanks to a shy mobility, and at the same time life breaks away from the organic, thanks to a still, permutating whirlwind. This vital force that is in the nature of abstraction marks out the smooth space. The abstract line is the affect of a smooth space in the same way as organic representation was the feeling that presided over the organic space." (From the Spanish translation of Gilles Deleuze & Félix Guattari's, *Mille Plateux (Capitalisme et schizophrénie II)* [*Mil mesetas. Capitalismo y esquizofrenia,* Pre-Textos, Valencia, 1988, pp. 503-505]).

These are in any event just a few examples that do not assure the slightest interest, the slightest repercussion on this way of practising art. Artists are *performative*, and yet they are also, like philosophers and scientists, *trainers*. The permanence of any model demands an initial simplicity that does not exclude a variety of interpretations. Perhaps this is rather old-fashioned. For it seems that what is 'in' now is a formal complexity stemming from certain very specific intentions. But… So what! Success, the consuming of form, is a result of a match between a personal need and a milieu of an aesthetic, social, erotic, psychological nature that has not been covered by anyone. ("I do not seek, I find", I do not invent, I discover.) A *meeting point* that is out of reach of vocations in any event.

Hearing-Eardrum-Puddle-Eyelash-Skin Inside-out-Man-l´Oeil-Blind Animal-Naked eye... it is all painting of volutes that comes from an *auricular painting*. From a painting that is like a tweaking of the ear.

de volutas que proviene de una *pintura auricular*. De una pintura que es como un tirón de orejas.

&

Estas formas de lo decorativo pueden no tener un significado pero sí tienen una función. E igual que el humor es un insustituible mecanismo para sobrellevar lo que nos causa ansiedad, estas marañas zoomórficas, estos laberintos donde el ojo se pierde, criaturas híbridas, bordados, jirones de piel; esta continuidad infinita, formas sin principio ni fin, estas rúbricas como llamaradas, son *formas de indeterminabilidad*, una manera de protegernos de nuestros demonios y del gélido vacío del yo. Una máscara.

&

La mala pintura está ciega. La mala pintura no tiene tacto. Busca la lisura. Nunca es una tentativa y los palos de ciego no se los perdona.

Ahora todo es fotografía. La pintura es fotográfica y la fotografía es como una pintura. ¡Qué fácil hacer variaciones que repiten los motivos ya existentes! ¡Qué difícil lanzarse al vacío de algo totalmente nuevo!, si es que esto es posible. En cualquier caso, sabemos que inventar, ser diferente, tiene fuertes consecuencias sociales y psicológicas y sólo nos permitimos desplazamientos muy ligeros. Se fotografían acontecimientos predeterminados. No hay dinamismo porque el lenguaje es algo en lo que cada vez nos vamos encerrando más. Un escenario donde el pensamiento se hace plano y la imagen se acerca a la decoración. Todo es foto y ya ni siquiera estamos seguros de si esta foto al menos será capaz de traslucir el espíritu de su época. Si su primacía no le hará perder algo de misterio en el futuro.

&

Los elementos táctiles que a veces son utilizados en la pintura consiguen un inquietante desplazamiento de la percepción y, lo que no es para menos, un reiterado cuestionamiento de lo que nos es dado llamar pintura. El lastre de esta pregunta sobre la pintura no parece tener fecha de caducidad por más que a la mayoría parezca traerles sin cuidado. Quizá así tiene que ser,

&

These forms of the decorative may not have a meaning but they do have a function. And just as humour is an irreplaceable mechanism for living with what causes anxiety in us, these zoomorphic tangles, these mazes in which the eye gets lost, hybrid creatures, embroideries, strips of skin; this infinite continuity, forms with neither beginning nor end, these flourishes like flare-ups, are *forms of indeterminability,* a way of protecting ourselves from our demons and from the icy emptiness of the self. A mask.

&

Bad painting is blind. Bad painting has no feel. It seeks smoothness. It is never an attempt, and does not forgive shots in the dark.

Now everything is photography. Painting is photographic and photography is like a painting. How easy it is to produce variations that repeat pre-existing motifs! How difficult it is to venture out into the void of something completely new!, if that is indeed possible. In any event, we know that inventing, being different, has serious social and psychological consequences and only allows us very slight shiftings. Predetermined events are photographed. There is no dynamism because language is something in which we are increasingly closed in. A scenario in which thought becomes flat and the image verges on decoration. Everything is a photo and we are not even sure any more whether this photo will at least be able to show through the spirit of its time. Whether its primacy might not make it lose part of its mystery in the future.

&

The tactile elements that are sometimes used in painting manage to produce a disturbing shift in perception and, just as much, a reiterated questioning of what we have come to call painting. The dead weight of this question on painting does not seem to have an expiry date however much it may seem that most people don't care. Perhaps it has to be that way and art is perhaps way above such disquisitions. The theoretical response contributes very little, and the process of the painting in itself has

y el arte esté muy por encima de tales disquisiciones. La respuesta teórica nos aporta bien poca cosa y tiene que ser el propio proceso del cuadro el lugar donde se desate la batalla de este inconformismo óptico, la respuesta a la pregunta de qué es pintura. Sea a través de lo táctil, sea a través de lo óptico, el desquiciamiento visual (cuando produce ensimismamiento) es uno de los más incisivos, aunque quizá también denostados artificios, que nos acercan a la belleza de lo natural sin caer en el desesperante espejo de la representación. Y es que hay una gran diferencia entre lo real (*lo que vemos*) y lo realista (*la representación de lo que vemos*), pues lo segundo es siempre una ficción de lo primero. Cómo nosotros trabajemos con estos conceptos hará más o menos evidente que pintar es *ese viejo* truco.

&

Yo soy ése que rehúye el significado. Ése que se interesa por la retórica, la fenomenología, la sicología de la percepción. Si soy es porque vivo enmascarado, insatisfecho, siempre con deseo. Esa sed.

&

El patrón evoluciona a partir del objeto real. El patrón lleva a la repetición, y la repetición al enmascaramiento. Yo pertenezco a ese tipo de artistas un poco arrumbados por el peso de una máscara que son incapaces de quitarse. Supongo que en ese afán por desvelar un *yo* desconocido es donde puedo yo encontrar alguna satisfacción.

&

Tejido, trama, red, todos esos conceptos queriendo ser como la piel. Una tentación que miramos y sin darnos cuenta nos envuelve.

&

No sé si insistir sobre lo que ya ha sido dicho, que la cara oculta del deseo es algo que está más allá del enmascaramiento de la simetría especular. Que el yo es irreconciliable. Que el yo es irreconocible. Que el deseo nos está esperando en el azogue indistinto, en

to be the place where the battle of this optical nonconformisms is joined, the reply to the question of what painting is. Whether through the tactile or through the optical, the visual perturbation (when it leads to self-absorption) is one of the most incisive, though also perhaps one of the most decried artifices that brings us towards the beauty of the natural without falling into the exasperating mirror of representation. For there is indeed a great difference between the real (*what we see*) and the realistic (*the representation of what we see*), for the latter is always a fiction of the former. How we go about working with these notions determines the extent to which painting is clearly *that old* trick.

&

I am the one who flees meaning. The one who is interested in rhetoric, phenomenology, the psychology of perception. If I am it is because I live with a mask on, dissatisfied, with perpetual desire. That thirst.

&

The standard evolves on the basis of the real object. The standard leads to repetition and the repetition to masking. I belong to the class of artists that feel somewhat left to one side by the weight of the mask they are unable to take off. I suppose that this striving to reveal an unknown *self* is where I can find some satisfaction.

&

Fabric, pattern, net, all these concepts seeking to be like skin. A temptation we look at and one that envelops us unbeknownst to us.

&

I do not know whether I should insist on what has already been said, that the hidden face of desire is something that is beyond the masking of specular symmetry. That the self is irreconcilable. The self is unrecognisable. Desire awaits us in the indistinct quicksilver, in a black hole that enables us to see ourselves as we are, and that this inversion of space seduces our time in the end.

In that place, being blends in placidly with the milieu. The body is liquid crystal. There is a relaxation

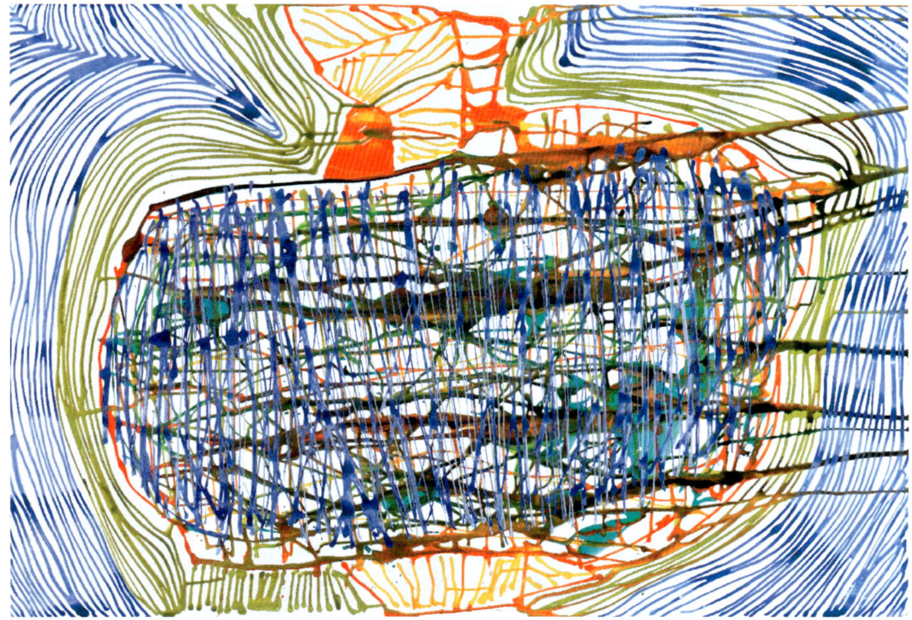

Serie *La trama del corazón*, 2005-2006. Acrílico sobre papel [Acrylic on paper]. 70 x 100 cm

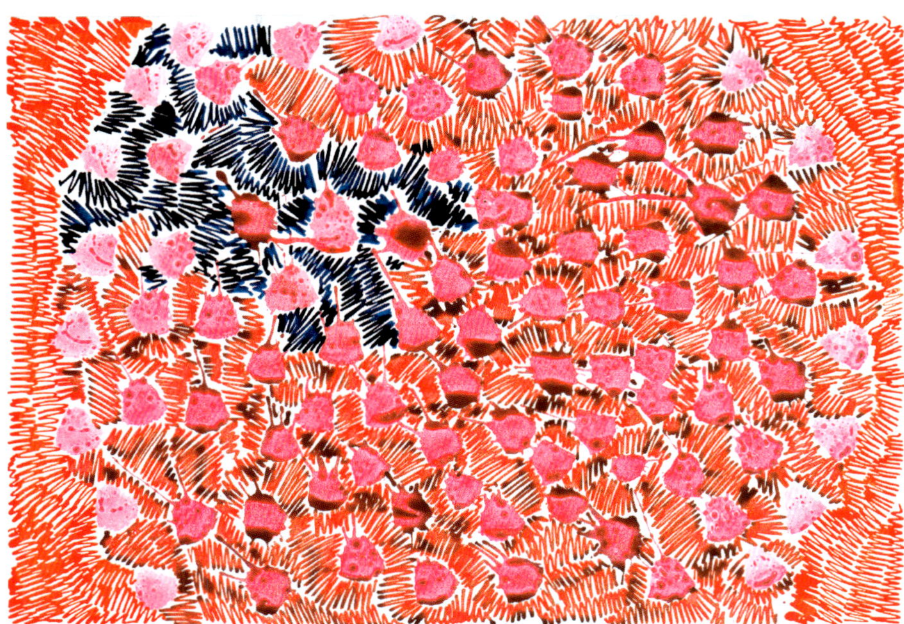

Serie *La trama del corazón*, 2005-2006. Acrílico sobre papel [Acrylic on paper]. 70 x 100 cm

un agujero negro que nos permite vernos tal como somos y que esa inversión del espacio seduce finalmente nuestro tiempo.

En ese lugar el ser se confunde plácidamente con el medio. El cuerpo es cristal líquido. Se relaja la tensión de la pasión, la vida, el dolor... y creemos ser uno y todo. Pero este *atractivo* espacio exige un gran sacrificio, una «*renuncia,* un modo de existencia reducida que finalmente conduce a la ausencia de conciencia y experiencia, como una *inercia de élan vital por así decir.*» Y en esa indistinción del ser que somos, en esa sintonía con el espacio, hay, tenemos que decirlo, una entrega que es un desistir. Ahí «la vida da un paso atrás».

Esta despersonalización, este camuflarse en el sitio, es el modo en que algunas especies animales consiguen mimetizarse con el entorno, que, como explica Roger Caillois, no es tanto un mecanismo defensivo, como *la asimilación* de ese *entorno.* Este homomorfismo, esta homocromía son, principalmente, medios para conseguir «una desviación de la percepción del espacio.» Este *lujo*, este *encantamiento* óptico no es el resultado de la adición de ornamentos o de la preeminencia exultante de detalles, sino que es el resultado de algo más decisivo: la «organización mutua», la «topografía recíproca». La primera consecuencia es que la percepción es descubierta, que la visión es un tipo de conocimiento que se nota. La segunda es que se experimenta un encantamiento. Hay un momento de *fascinación* en el que intuimos que todo ha de volver a un lugar originario, a un espacio de indistinción donde la percepción no es una construcción sino una continua sensación. (Las citas y las ideas pueden encontrarse en Roger Caillois, «Mimesis y psicastenia legendaria», en *op. cit.*, pp. 114-125).

⅋

Percatarse de las semejanzas, advertir las correspondencias, es siempre un hecho mágico.

⅋

En un lúcido ensayo, «Poseído por el *Kitsch*. El arte satírico de Jiri Georg Dokoupil» (en *Signos de psique*

of the tension of passion, life, pain… and we believe ourselves to be one and everything. But this *attractive* space demands great sacrifice, a "*renunciation,* a reduced mode of existence that eventually leads to an absence of awareness and experience, like an *inertia of the 'elan vital'* so to speak." And in that indistinctness of the being that we are, this attunement with space, there is, we must say, a surrender that is a relinquishment. There "life takes a step backwards".

This depersonalisation, this camouflaging oneself in the place, is how some animals manage to merge with their milieu which, as Roger Caillois explains, is not so much a defence mechanism as *the assimilation* of this *milieu.* This homomorphism, this homochromy are, chiefly, ways of achieving "a deviation of the perception of space". This *luxury*, this optical *enchantment* is not the result of an addiction to ornaments or the exultant pre-eminence of details, but rather of something more decisive: "mutual organisation", "reciprocal topography". The first consequence of this is that perception is laid bare, that vision is a kind of knowledge that is in evidence. The second is that enchantment is experienced. There is a moment of *fascination* in which we sense that everything must return to a place of origin, a place of indistinctness where perception is not a construct but rather a continuous sensation (The quotations and ideas are from the Spanish edition of Roger Caillois "Mímesis y psicastenia legendaria", *op. cit.,* pp. 114-125).

⅋

Noticing resemblances, spotting interrelatedness, is always something magical.

⅋

In a lucid essay, "By Kitsch Possessed: Jiri Georg Dokoupil's Satiric Art"(Spanish version in *Signos de psique en el arte moderno y posmoderno,* Akal, Madrid, 2003, pp. 321-332), Donald Kuspit explains how the correspondence between the perceiver and the perceived is the medium the artist turns to in order to justify the awkward volatility of artistic activity. This is not a safeguard or an indemnification, for as Kuspit asserts, the artist in the end does not know whether the *accepting* of the artistic object by the

en el arte moderno y posmoderno, Akal, Madrid, 2003, pp. 321-332), Donald Kuspit habla de cómo la correspondencia entre el perceptor y lo percibido es el medio que el artista hace valer para justificar la espinosa volatilidad de la actividad artística. Esto no es una salvaguarda, ni un resarcimiento, pues como Kuspit afirma, el artista finalmente no sabe si se dará la *asunción* del objeto artístico por parte del espectador —lo que finalmente hará del artista un melancólico crónico en algunos casos, un sujeto alertando desde su atalaya privilegiada en otros—. Veneno o placebo, la percepción es el único resquicio místico soportable que ya atisbara Leonardo cuando aconsejaba mirar las manchas en los muros e imaginar figuras. Paradójicamente, sólo a través de la percepción podemos abrazar un nuevo sentido de la presencia. Sólo la *reciprocidad* perceptiva desprecintará la volatilidad creativa mediante la cosa concreta creada. Es así como la voluntariosidad del arte se justifica, pues únicamente a través de lo percibido podemos construir la totalidad. Imaginar (lo) que vemos. Percepción emocional que explica, cómo no, la proliferación de «lo orgánico» en el arte; esa cara visible que todos tenemos, la visión angustiosa o hedonista que se ratifica a través de organizaciones corporales concretas. En esta destilación entre lo que se distiende y lo que se entiende, en esta sincronía, en lo que finalmente nos dice la obra, es donde está «lo bueno» del arte. Cualquier cosa que hagamos por modesta que parezca, *doméstica* dice Kuspit, atesora la posibilidad de un sentimiento del ser —y su catalizador será la percepción—. Ontología perceptiva que en buena medida nos remite a esa indistinción entre el ser y el espacio de la que hablaba Roger Caillois, o a ese sentimiento de mismidad que enarbolaba Bataille cuando distinguía tres tipos de erotismo (el de los cuerpos, el de los corazones y el de lo sagrado). Porque todo es lo mismo y todo huye hacia lo mismo: ese encorsetamiento de la vida en la muerte. Ese encaramarse en la continuidad. Esa nostalgia de unidad.

&

Un juego de palabras no hace un poema, pero toda la poesía es siempre un ilustrativo juego con las palabras. De igual modo, jugar con los elementos perceptivos no hace de algo pintura excepcional, pero todo buen cuadro siempre enamora la mirada.

viewer will occur—what will eventually make the artist chronically melancholic in some cases, and an individual giving alerts from his privileged vantage point in others. Poison or placebo, perception is the only tolerable mystic chink, as Leonardo saw long ago when he recommended looking at stains on walls and imagining figures. Paradoxically, only through perception can we embrace a new sense of presence. Only perceptive *reciprocity* will unseal creative volatility through the specific thing created. That is how perseverance in art is justified, for only through what is perceived can we build the whole. Imagine what/that we see. An emotional perception that explains, of course, the proliferation of "the organic" in art; that visible face we all have, the anguished or hedonistic vision that is ratified through specific corporal organisations. It is in this distillation between what is distended and what is comprehended, in that synchrony, in what the work finally says to us, where "what is good" in art lies. Anything we do, however modest it may seem—*domestic* is Kuspit's word— harbours within it the possibility of a feeling of being—and its catalyst will be perception. Perceptive ontology that, to a large extent, refers us to that lack of distinction between being and space that Roger Caillois was discussing, or that feeling of sameness that Bataille advanced when he was distinguishing three types of eroticism (that of bodies, that of hearts, and that of the sacred). Because everything is the same and everything flees towards the same: that corseting of life in death. That perching over continuity. That nostalgia for unity.

&

A play on words does not make a poem, but all poetry is always an illustrative playing with words. In the same way, playing with the elements of perception does not turn something into exceptional painting, but all good paintings seduce the eye.

&

Just as important as discovering what we want to say in a painting is trying to know what the things that one does say to others. The problem is, as always, just who is to be included in that *others*. I would say it is a question of them not being an insignificant minority, but not being a vast majority without significance.

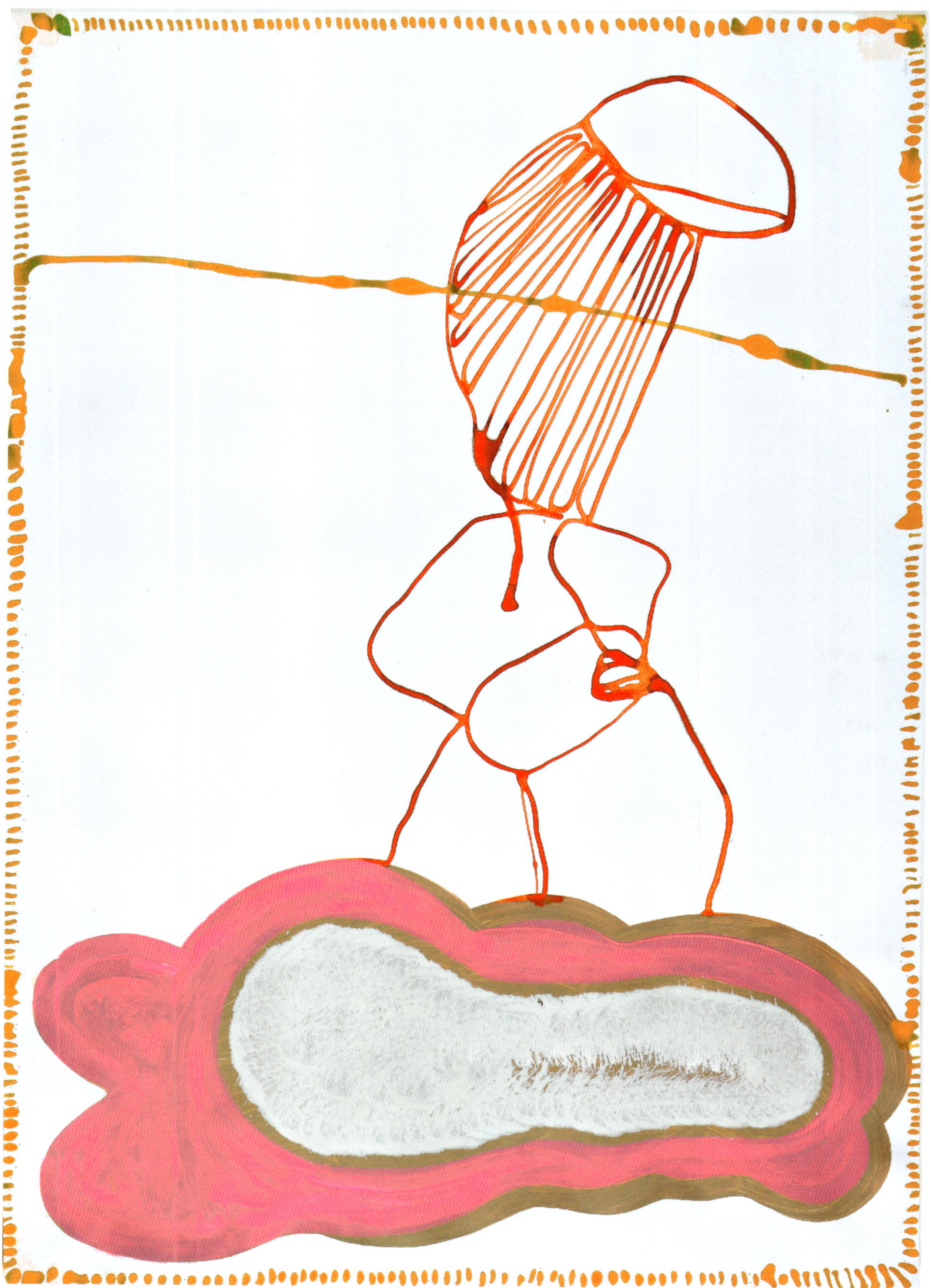

Serie *La trama del corazón*, 2005-2006. Acrílico sobre papel [Acrylic on paper]. 100 x 70 cm

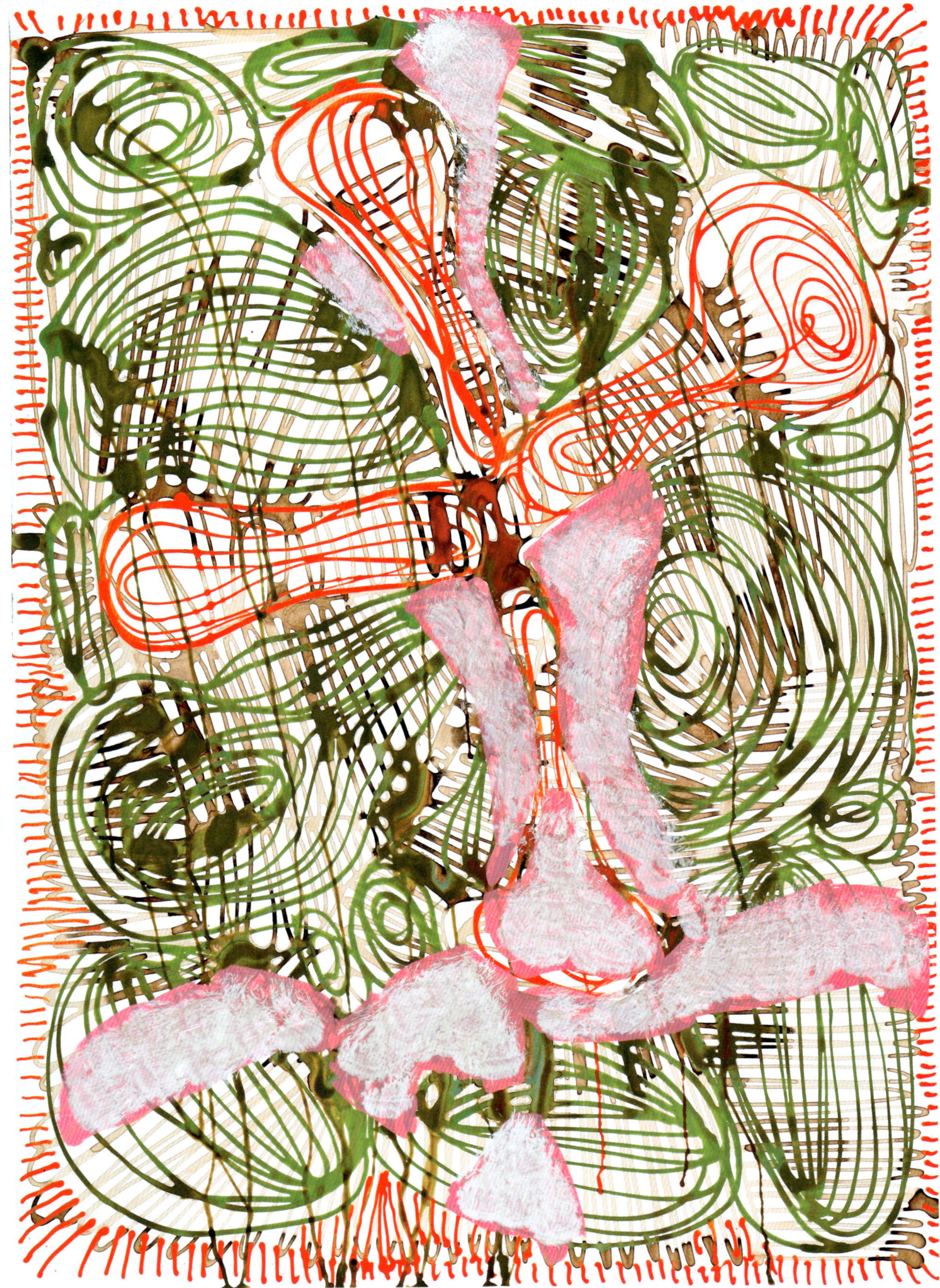

Serie *La trama dei corazón*, 2005-2006. Acrílico sobre papel [Acrylic on paper]. 100 x 70 cm

Tan importante como descubrir qué es lo que queremos decir con un cuadro, es intentar saber qué les dice a los demás lo que uno hace. El problema es, como siempre, a quién incluimos en *los demás*. Yo diría que se trata de que no sea ni una minoría insignificante, ni una gran mayoría sin significación.

La pintura es siempre *body art*. Y no quiero decir que la pintura necesite el soporte de una figuración, quiero decir que la pintura refiere el cuerpo en el mismo sentido en que, por ejemplo, el *body art* ya se traslucía en el arte conceptual y el minimal. Este exhibicionismo del cuerpo es una argucia necesaria para el pensamiento. Un mediador insustituible. El tratamiento del cuerpo en el arte actual, su predominio, su «padecimiento», es intencional, rebuscado. En el mejor de los casos es la reiteración de un cierto primitivismo o la expresión de un sofisticado erotismo. En el peor, algo tan insustancial como una pregunta que se hace cuando ya se tiene la respuesta; pura pose, mera ocurrencia. El arte, en fin, no está exento de ser elegido como consecuencia de una total falta de inteligencia. En cualquier caso, hoy parece conveniente un cierto desapego, un cambio de enfoque que nos impida caer en las trampas de una corporalidad indiferenciada, como, por ejemplo, la univocidad que el neoexpresionismo impuso en los ochenta. Los artistas se van desengañando de la mano autónoma y la pintura ha buscado su refugio en la ortopedia de los esquemas culturales, en las figuraciones históricas, en los patrones abstractos desubjetivados o en la «manufactura» detallista como razón de ser. El conocimiento del cuerpo y el arte son el reflejo de un mismo interés por la cultura y esto se traduce en que la pintura se mira el ombligo con una cierta distancia. La dificultad para los iniciados en este juego está en decidir qué hacer, lo que es poco menos que decir cómo vivir. Se puede querer ver todo, hacer todo, conocer todo, probar todo, pero esto no incluye una buena digestión. En este contexto, la pintura, yo la veo así, no está desatada. Y no puede estar desatada porque hay demasiada libertad, demasiadas lecciones aprendidas. La pintura y el arte en general ha pasado a ser un lugar privilegiado donde el artista busca sentirse cómodo y los demás tener una localidad preferente. Una pintura

Painting is always body art. And I do not mean that painting needs the support of figuration; I mean that painting refers to the body in the same sense as, for example, body art was already there behind conceptual art and minimal art. This exhibitionism of the body is a necessary ploy for thought. An irreplaceable mediator. The treatment of the body in present-day art, its predominance, its "suffering" is intentional, recherché. At best, it is the reiteration of a certain primitivism or the expression of a sophisticated eroticism. At worst, it is something as insubstantial as a question that is asked when the reply is already there; pure pose, mere quipping. Art, indeed, is not exempt from being chosen as a result of a complete lack of intelligence. In any event, a certain detachment seems advisable today, a change of focus to prevent us falling into the traps of an undifferentiated corporality, like, for example, the single voice that neo-expressionism imposed in the 1980s. Artists are seeing through the autonomous hand and painting has sought refuge in the orthopaedics of cultural schemes, in historical figurations, in desubjectified abstract standards, or in detail-rich "manufacture" as its *raison d'être*. Knowledge of the body and art are a reflection of a single interest in culture, and this is seen in the way painting indulges in navel-gazing from a certain distance. The difficulty for those who have been initiated in this game is deciding what to do, meaning more or less how to live. One may want to see everything, do everything, get to know everything, try everything, but that does not include a good digestion. In this context, I see painting this way: it is not unleashed. And it cannot be unleashed because there is too much freedom, too many lessons have been learned. Painting, and art in general, have become a privileged place where the artist seeks to make himself comfortable, and others to find a prime seat. A painting that has a life behind it entails paying an excessive price. Skilfully, cultural intermediaries only tolerate the kind of painting that reflects this historical situation, i.e. a painting that is disintegrated, a painting that does not strive to hunt down the old spectre of unity. A painting that is dismembered, stretched, scattered… This stretching, this scattering is also how the body expresses itself in advertising, in sport, in pornography, in art itself. Showing a whole body (in

que arrastre una vida supone pagar un precio demasiado alto. Hábilmente, los mediadores culturales sólo toleran el tipo de pintura que refleja esta situación histórica, es decir, una pintura desintegrada, una pintura que no se empeñe en cazar el viejo fantasma de la unidad. Una pintura desmembrada, una pintura estirada, una pintura esparcida... Este estiramiento, este esparcimiento es también la forma como se expresa el cuerpo en la publicidad, en el deporte, en la pornografía, en el propio arte. Mostrar un cuerpo íntegro (en el que el exterior coincida con el interior) no es moderno, no es actual. El cuadro acabado, la forma completa, el sujeto entero, inmediatamente lo interpretamos como el efecto de una esquemática inocencia o como la desanimadora consecuencia de una patología. En todos los casos son congestiones del ser que nos impiden verlo realmente. Nada puede hacernos bajar del burro de que la pintura que aspira a la unidad se echa a perder en una totalidad insignificante. ¡Qué inútil afán el perderse en la sagrada unidad del ser! si es que todavía queda algún crédulo. Pero, al mismo tiempo, nos da la sensación de que las cosas importantes se nos escapan y que sólo a los iluminados les es dado comprender. En el arte y en la vida la experiencia de la unidad se nos escapa por arriba y no tenemos más remedio que amarrarla por abajo, a través de lo que podríamos calificar de fenomenología del deseo físico (la corporalidad extrema), químico (las experiencias con ciertas sustancias), psíquico (el sentimiento de pertenencia, de poseer y ser poseído): en resumidas cuentas, a través del sexo. En cierto sentido la emoción de lo *fisíquico*, el ser sensorial, el despertar animal es el último refugio de una experiencia total y verdadera. Ciertamente un grado inferior del ser, pero un escalón donde el sujeto colma su deseo instintivo de pertenencia, su deseo de continuidad. En esta tesitura «tan natural» lo que se busca es el despojamiento, la sensación de formar parte de una cadena imperecedera que nos haga eternos e indivisibles. La desvinculación corporal que se experimenta en la unión sexual, en la subordinación al dolor o en las alucinaciones producidas por determinadas sustancias, crea la ilusión de la unidad, un espacio en el que el yo del sujeto se desprende de sí y se confunde con todo: la misma trascendencia de la visión que según Roger Caillois daba la cara en la indiscreción mimética. Así de camuflada se expresa la pulsión de unidad, así de tenaz se expresa la pulsión de muerte. Sea en la versión uterina *(El ojo*

which the outside squares with the inside) is not modern, it is not 'with it'. The finished painting, the complete form, the whole subject—we immediately see them as the effect of a schematic innocence or the disheartening consequence of a pathology. They are in all cases congestions of the self that prevent us from really seeing it. Nothing can persuade us to drop the notion that painting that aspires to unity wastes away in an insignificant totality. How pointless this striving to lose oneself in the sacred unity of being!, if there is still any believer left. But at the same time, it gives us the feeling that we are missing the important things and that only the enlightened can understand. In art and in life, the experience of unity slips upwards out of our grasp, and all we can do is to tie it down through what we might call the phenomenology of desire that is physical (extreme corporality), chemical (experiences with certain substances), psychic (the feeling of belonging, of possessing and being possessed): in short, through sex. In a sense the emotion of the *psychechic*, the sensorial being, the animal awakening, is the last refuge of a total and true experience. A lower degree of art, to be sure, and yet a level at which the subject fulfils his instinctive desire for belonging, his desire for continuity. In that *tessitura* that is "so natural", what is being sought is divestment, the feeling of forming part of an imperishable chain that will make us eternal and indivisible. The bodily release that is felt in sexual union, in subordination to pain or in the hallucinations produced by certain substances creates the illusion of unity, a space in which the subject's self casts itself off and mingles with the whole—the same transcendence of vision which, according to Roger Caillois, bore the brunt in mimetic indiscretion. The urge for unity expresses itself in such a highly camouflaged way, the urge for death in such a tenacious way. Whether in the uterine version (*El ojo desnudo - The naked eye),* or in the anal version (*El ano lunar y el ojo ciego: UN ESPEJO MUY ATREVIDO - The lunar anus and the blind eye: A VERY DARING MIRROR)*, painting indemnifies us from discontinuous life and assures us a space, a field of action (or depth of field) that is limitless.

&

Stage fright converts us. In the solitude of our monologue, a circle of light illuminates the darkness

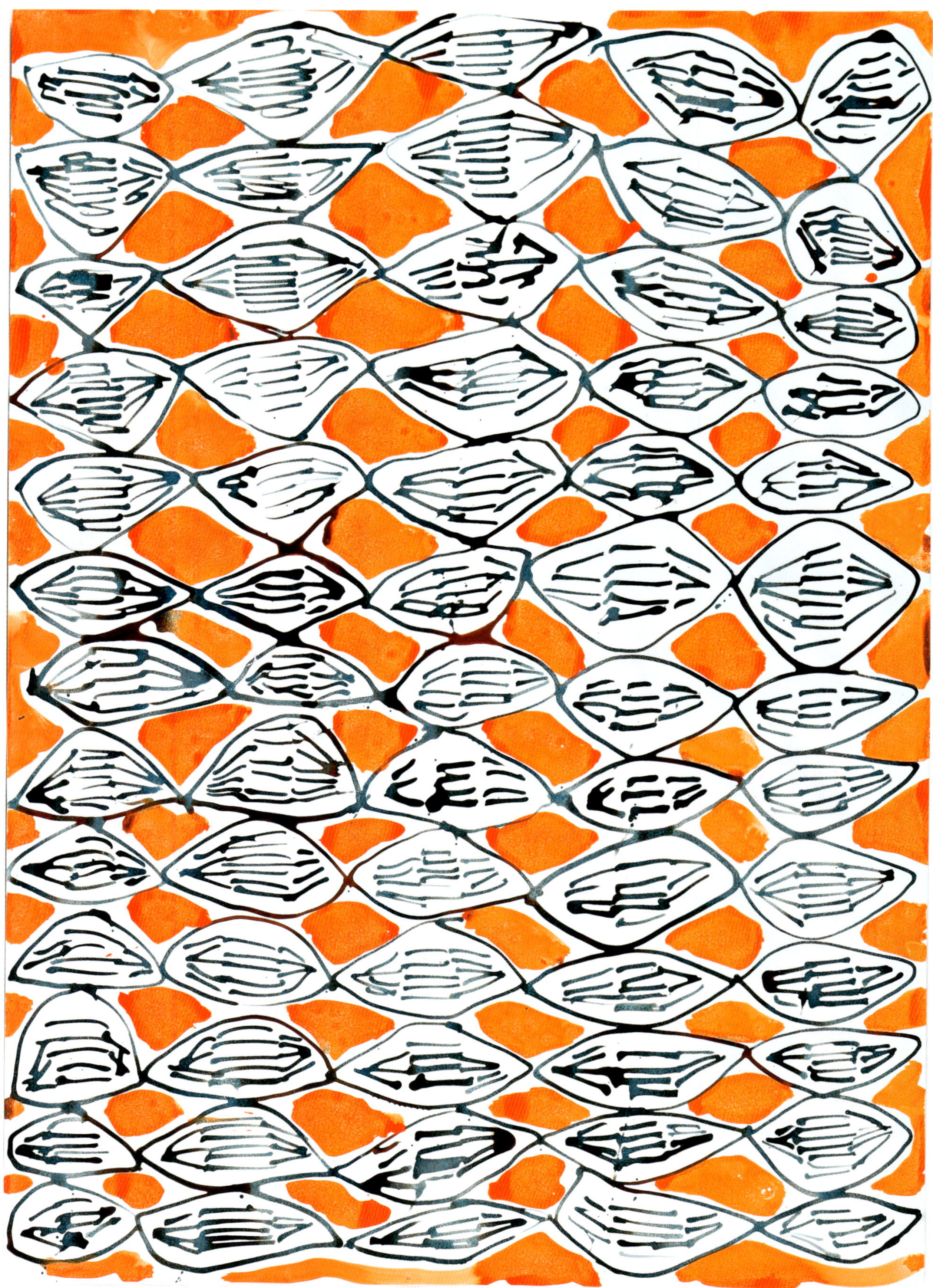

Serie *La trama del corazón*, 2005-2006. Acrílico sobre papel [Acrylic on paper]. 100 x 70 cm

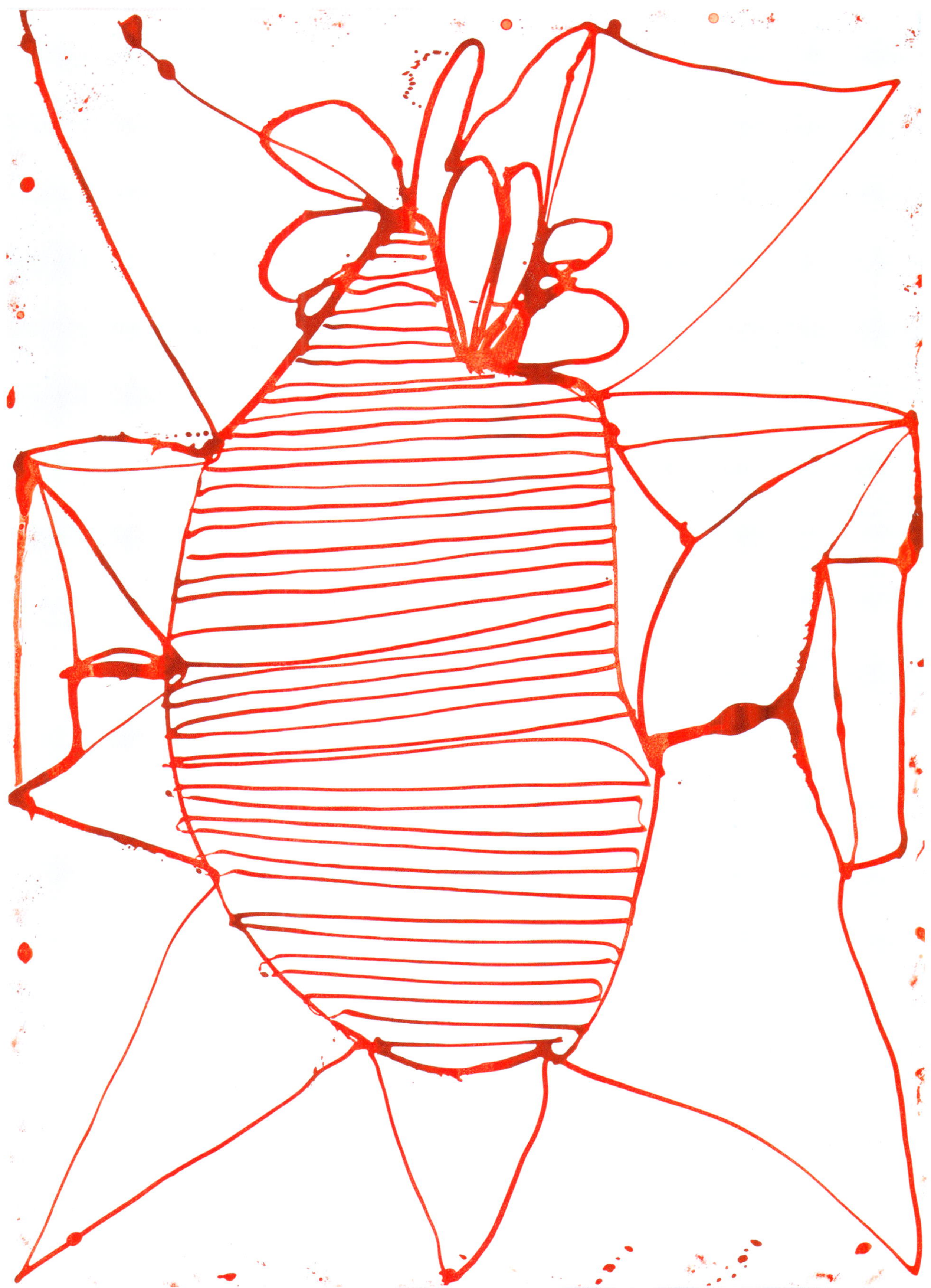

Serie *La trama del corazón*, 2005-2006. Acrílico sobre papel [Acrylic on paper]. 100 x 70 cm

desnudo), o en la versión anal *(El ano lunar y el ojo ciego: UN ESPEJO MUY ATREVIDO),* la pintura nos resarce de la vida discontinua y nos asegura un espacio, un campo de acción (o profundidad de campo) ilimitado.

ℰ

El miedo del escenario nos convierte. En la soledad de nuestro monólogo, un círculo de luz ilumina las tinieblas y somos otro. Esta ficción nos acerca a nosotros mismos, pero... ¿acaso no nos aleja también de los demás? ¿Es ésta la representación de alguien que, frívolamente hace de ciego, distanciándose de todo lo que ocurre en el patio de butacas, o acaso en esta representación, actores y espectadores están confundidos sin saberlo, sin poderlo evitar? La luz nos enajena. Vislumbrar nos hace sentirnos como dios porque creemos entender, pero para estar en la realidad tenemos que evitar que ese vislumbrar tenga el efecto de un deslumbramiento. El arte debe tener un pie en el suelo porque lo más representativo son, justamente, las diferencias que ponen en un brete lo que tenemos en común con los otros. Comunión es comunicación. La satisfacción del deseo es la consecuencia de pelear con lo que somos pero al mismo tiempo es la expresión de la voluntad de concretar un conocimiento. He ahí el porqué del hacer. De ahí el precio de lo hecho. Vamos buscando lo profundo del ser para reconciliarnos con los demás. Pero la cosa no es «tan fácil». En todas las direcciones el camino está trillado. Deshabilitada cualquier ontología, desautorizada cualquier ideología; en las todopoderosas tecnocracias, el sujeto no es que se sienta desnudo, el sujeto es que no tiene más remedio que envolverse con cualquier ropaje. Esto hace que no existan movimientos artísticos. Que no haya ni siquiera lenguajes, o en todo caso que den la sensación de ser imperativamente provocados. Los artistas están abocados a hacer gestos. Gestos para la galería. De estos gestos, en mi opinión, los más sagaces y los más perversos son aquellos que hacen de la austera formalidad o la caricatura de lo grotesco, su coartada crítica al sistema que los acoge. Onanismo ideológico que retrasa una irresponsable autofagia de ese arte y culmina el abatimiento del sujeto en su expresión más pesimista y falsaria: ocultando el placer o, viene a ser lo mismo, caricaturizando nuestros miedos, es decir, anegándolos patéticamente.

and we become different people. This fiction brings us closer to ourselves, but… Might it not take us farther away from others too? Is this the representation of someone who frivolously acts the blind man, distancing himself from everything happening out there in the audience, or maybe in this representation the actors and the audience are all mixed up without realising it, without being able to do anything about it? The light alienates us. Glimpsing makes us feel like god because we think we understand, though to remain in reality, we must make sure that this glimpsing does not act to dazzle us. Art must always keep one foot on the ground because what is most representative is precisely the differences that challenge what we have in common with others. Communion is communication. The satisfaction of desire comes from fighting with what we are, though at the same time, it is the expression of a drive to pin down something we have learned. That is the reason for acting. And that is where the price of what is done comes from. We carry on searching for the depths of being in order to reconcile ourselves with others. But this business is not "that easy". Every way you turn, the trail has been blazed. Unfit for any ontology, ruled out for any ideology; in all-powerful technocracies, it is not just that the subject feels naked: the subject has no choice but to cloak himself in any clothing. This results in there not being any artistic movements. There not being even languages, or at least that languages give the impression of being imperatively provoked. Artists are condemned to gesturing. Gestures intended for the gallery. Among those gestures, in my view, the shrewdest and the most perverse ones are those that find in austere formality or in caricaturing the grotesque their critical alibi for the system they are part of. Ideological onanism that puts off an irresponsible self-devouring of this art and crowns the despondency of the subject in his most pessimistic, falsifying expression: hiding pleasure or—what amounts to the same—caricaturising our fears, in other words, overwhelming them pathetically.

&

The visual has fallen out of favour. I imagine there will be a number of reasons for that and who knows how many consequences, but in any case it is a symptom of contemporary schizophrenia and of our

∞

La visualidad está desprestigiada. Esto tendrá seguramente varias causas y no sé cuántas consecuencias, de cualquier modo es un síntoma de la esquizofrenia contemporánea y de nuestra capacidad para distinguirlo todo y aliviar el sentido de lo completo. No hay término medio. Pasamos de la frivolidad de lo más insulso a la digestión de lo más irrenunciable con la misma imperturbable indiferencia. Y no es por falta de sensibilidad —diría más bien que somos excesivamente sensibles, que somos hipersensibles—, es por empacho. El ansia de sentir nos impide discriminar y nos lo comemos todo, la *haute cuisine* y la *fast food* sin solución de continuidad. Y todo lo saboreamos con la misma compulsión. En *esta cultura* de los extremos no hay descanso porque es muy difícil distinguir el término medio. El término medio está absorbido por los extremos y las sensaciones se expresan mediante diferencias de cantidad (en la economía, en el sexo, en el arte). Todo es un síntoma del exceso o la alta de velocidad. La constancia nos aburre porque la constancia no produce sensaciones, adormece la experiencia. Las sensaciones serán la moneda de cambio de las sociedades postecnológicas. Arriba, abajo... ¡qué más da!, si lo que importa es sentir. La vida es una montaña rusa que sólo divierte cuando acelera. El arte es fiel reflejo de la vida y ya únicamente significa si es una caricatura de sí mismo, si es espectáculo. Ya sea por el lado lúdico de la omisión de significados, ya sea por el lado grotesco de su exhibición desmesurada, el arte elude el término medio: la visualidad. Las obras de arte se hacen invisibles porque no se piensan; se disfrutan o se padecen. Siempre hay que hacer uso de algún manual de instrucción. Ligero o pesado, el arte parece no encontrar un espacio común, un término medio, un lugar para la comprensión. Exagera las diferencias porque quiere ser algo fuera de lo común. En no pocas ocasiones en el sexo, en las experiencias con drogas, en los medios de comunicación (y en el propio arte) las cosas son menos de lo que parecen, las cosas, «afortunadamente», se exageran. Esta falta de normalidad se ha convertido en lo más habitual. Pienso que el artista debe buscar la originalidad, la extrañeza, la sorpresa..., pero en puridad, flaco favor se hace cuando exagera. Si la experiencia es la vacuna de la vida, la emoción de sentirse vivo requiere un cierto grado de inexperiencia. Hay que ser prudentes con las dosis de sorpresa. El exceso mata el deseo porque sostener el deseo implica trabajar con grados (de visibilidad).

capacity to distinguish everything and alleviate our sense of the full. There is no middle ground. We switch from the most insipid frivolity to the most unwaivable digestion with the same imperturbable indifference. And it is not due to any lack of sensibility—if anything I would say we are too sensitive, we are hypersensitive; it is due rather to being satiated. Our desperate need for feeling prevents us from discriminating and we gobble up everything—haute cuisine and fast food alike, incessantly. And we savour it all with the same compulsion. In *this culture* of extremes there is no rest because it is very difficult to pick out the middle way. The middle way is absorbed by the extremes and sensations are expressed by differences in quantity (in economics, in sex, in art). Everything is a symptom of excessive or insufficient speed. Constancy bores us because it does not prompt sensations, it sends the faculty of experiencing to sleep. Sensations will be the common currency of post-technological societies. Up, down… Who cares!—The important thing is feeling. Life is a roller coaster that is only fun when it is accelerating. Art is a faithful reflection of life and only has significance if it is a caricature of itself, if it is a show. Whether in the playing sense of omitting meanings or in the grotesque sense of exorbitant exhibition, art shies away from the middle ground: the visual side. Works of art become invisible because they are not thought through; they are enjoyed or suffered. Some instruction manual always has to be used. Whether lightweight or heavyweight, art does not seem to find a common ground, a middle ground, a place for understanding. It exaggerates differences because it wants to be out of the ordinary. Quite frequently, in sex, in experiences with drugs, in the media (and in art itself), things are less than they seem; things, "fortunately", are exaggerated. This lack of normality has become the norm. I believe that the artist should seek out originality, shock, surprise…, but strictly speaking, it does itself no favour when it exaggerates. If experience is a vaccine against life, the emotion of feeling alive requires a degree of inexperience. One has to be cautious with doses of surprise. Excess kills desire, because sustaining desire means working with degrees (of visibility). If I may be allowed to offer a kind of password for identifying art (in painting), it would be that it is truly **to be lapped up by the eyes**.

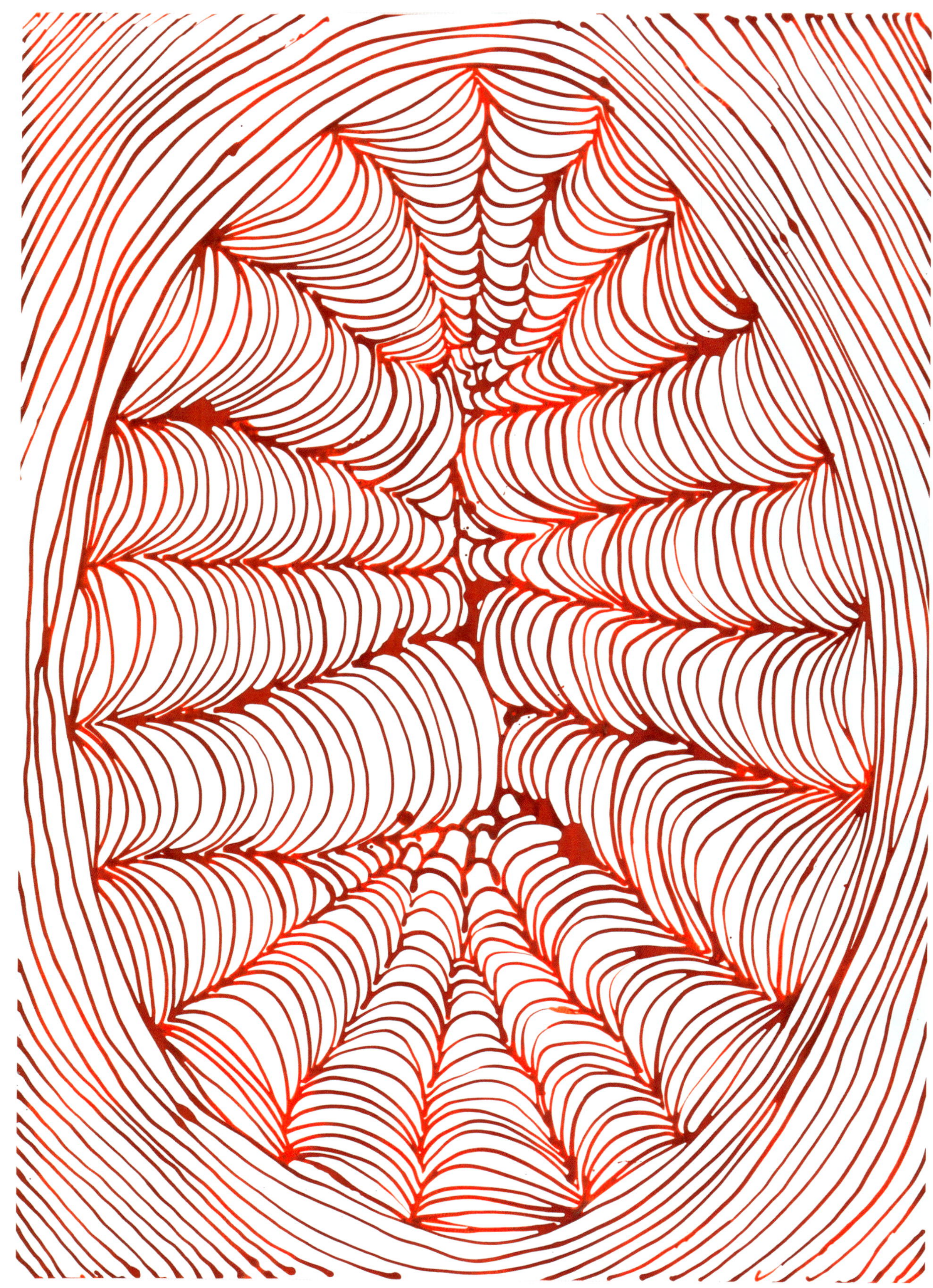

Serie *La trama del corazón*, 2005-2006. Acrílico sobre papel [Acrylic on paper]. 100 x 70 cm

Si se me permite dar una especie de contraseña para identificar el arte (de la pintura), es que verdaderamente **se come con los ojos**.

&

«Para Buci-Glucksmann, el barroco se deleita deliberadamente con las contradicciones existentes entre superficie y profundidad, con lo cual desdeña cualquier intento de reducir la multiplicidad de los espacios visuales a una única esencia coherente. Significativamente, el espejo que sostiene ante la naturaleza no es el vidrio reflectante plano que comentadores tales como Edgerton y White consideran vitales en el desarrollo de la perspectiva racionalizada o "analítica", sino que se trata antes bien de un espejo anamórfico, o bien cóncavo o bien convexo, que deforma la imagen visual, o más precisamente, revela la condición convencional antes que natural de la especularidad "normal", mostrando que ésta depende de la materialidad del medio de reflexión. En realidad, precisamente porque es por completo consciente de esa materialidad —esa condición sobre la que nos llamó recientemente la atención Rodolphe Gasché, denominándola "el azogue del espejo"—, la experiencia visual barroca tiene una cualidad profundamente táctil o tangente, lo cual le impide inclinarse hacia el ocularcentrismo absoluto de su rival, el perspectivismo cartesiano.» [...] «Buci-Glucksmann también sugiere que la visión barroca procuraba representar lo irrepresentable y, como éste era un propósito condenado al fracaso, producía la melancolía que Walter Benjamin en particular estimó característica de la sensibilidad barroca. Como tal, aquella visión se aproximaba más a la prolongada tradición de la estética de lo sublime, en oposición a lo bello, a causa de su anhelo por una presencia que nunca podía satisfacerse. En realidad, el deseo, tanto en su forma erótica como en su forma metafísica, recorre todo el régimen escópico barroco. El cuerpo retorna para destronar a la mirada desinteresada del espectador cartesiano descorporizado. Pero, a diferencia del retorno del cuerpo celebrado en las filosofías del siglo XX como la de Merleau-Ponty —con su sueño de una imbricación cargada de sentido del que mira y la cosa mirada en la carne del mundo—, aquí sólo genera alegorías de oscuridad y opacidad. Así es como verdaderamente produce uno de aquellos "momentos de malestar" que según Jacqueline Rose se oponen a la petrificación del orden visual dominante

&

"For Buci-Glucksmann, the Baroque self-consciously revels in the contradictions existing between surface and depth, and thus disdains any attempt to reduce the multiplicity of visual spaces to a single coherent essence. Significantly, the mirror it holds up to nature is not the flat reflecting glass that commentators such as Edgerton and White deem vital in the development of the rationalised or "analytic" perspective but rather an anamorphic mirror, whether concave or convex, that deforms the visual image or, more accurately, reveals the conventional state rather than the natural state of "normal" specularity, showing that the latter depends on the materiality of the medium of reflection. In fact, precisely because it is fully aware of this materiality—that state that Rodolphe Gasché recently drew our attention to, calling it "the quicksilver of the mirror"—Baroque visual experience has a profoundly tactile or tangential quality, which prevents it from leaning towards the absolute ocularcentrism of its rival, Cartesian perspectivism." [...] "Buci-Glucksmann also suggests that Baroque vision sought to represent the unrepresentable, and since that was an aim that was condemned to failure, it prompted that melancholy that Walter Benjamin in particularly deemed a characteristic of the Baroque sensibility. As such, that vision was closer to the prolonged tradition of the aesthetics of the sublime, as opposed to the beautiful, on account of its craving for a presence that could never be satisfied. In fact, desire, both in its erotic form and in its metaphysical form, runs through the Baroque scopic regime. The body returns to dethrone the disinterested gaze of the decorporised Cartesian viewer. However, unlike the return of the body celebrated in twentieth-century philosophies like Merleau-Ponty's—with its dream of an imbrication charged with sense on the part of the viewer and the thing viewed in the flesh of the world—here it only generates allegories of darkness and opacity. That is how one of those "moments of uneasiness" comes about, those moments which, according to Jacqueline Rose, oppose the petrifaction of the dominant visual order (indeed, the art of describing seems to be much more at ease in the world)." (Back-translated from the Spanish version of Martin Jay, *Force Fields: Between Intellectual History and Cultural Critique* [*Campos de*

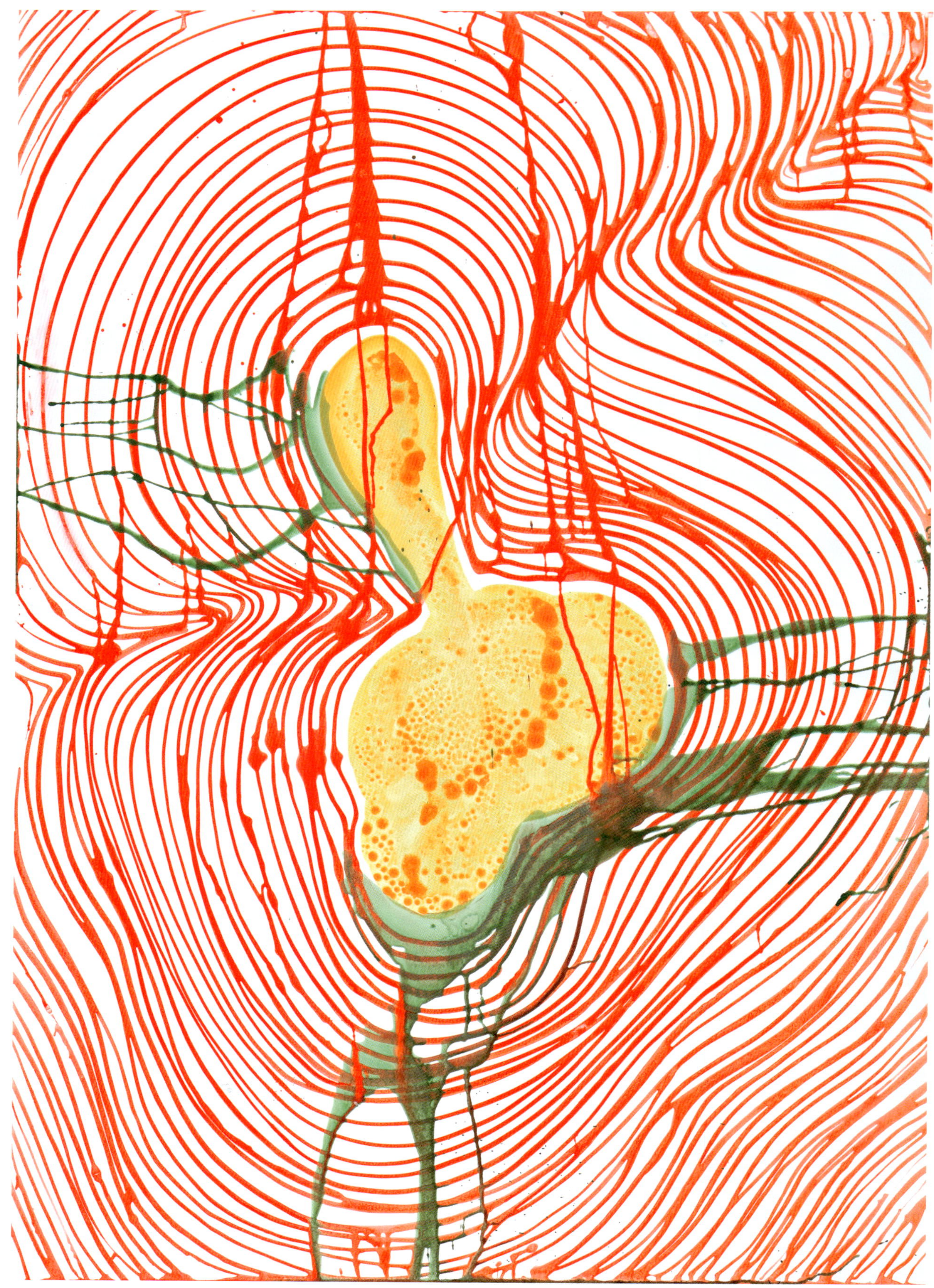

Serie *La trama del corazón*, 2005-2006. Acrílico sobre papel [Acrylic on paper]. 100 x 70 cm

(de hecho, el arte de describir parece estar mucho más a gusto en el mundo).» (Martin Jay, *Campos de fuerza. Entre la historia intelectual y la crítica cultural,* Paidós, Barcelona, 2003, pp. 235-237).

∝

«Todas estas explicaciones nos ayudan a dar sentido a la lucha entre forma y amorfismo que se dio en el modernismo estético, pero creo, como lo sugerí antes, que sería aún más sugestivo situar esa misma lucha en el contexto de la crisis del ocularcentrismo que vive la cultura occidental. Es decir, al perder el ojo su trono como el más noble de los sentidos, al revalorizarse el cuerpo "acéfalo" con fronteras permeables al mundo, al dárseles al ruido y a la fuerza un lugar destacado por encima de la claridad y el contorno, aquella "voluntad de tender a la forma" que críticos como Riegl consideraron el fundamento de la estética fue suplantada, o al menos enérgicamente complementada, por una voluntad en el sentido contrario "de tender al amorfismo"» (Martin Jay, *Campos de fuerza. Entre la historia intelectual y la crítica cultural, op. cit.,* p. 291).

∝

Puedes tener una teoría sobre tus cuadros muy loca o muy cuerda. De gran finura o remozadamente abisal. Puede ser sofisticada en algún grado, puede ser como una ciencia, pero tu cuadro debe ser uno. Debe ser atractivo y total. Las añadiduras y el tiempo no lo pueden aniquilar. Debe ser continuamente unívoco y continuamente plural.

∝

En nuestro banquete de la subversión verbal todo me lo has echado en cara. Me has insultado, me has escupido, me has tratado como una piltrafa. Sin duda he tenido la seguridad de que pisábamos tierra. Tanta alabanza verbal me ha hinchado y, sospechando que entre nosotros podía haber algo más, me he dejado llevar y te he pedido que me regaras con hilos de almíbar. Cada gota de nuestros cuerpos ha sido cuerpo del mismo cuerpo. Embadurnados nos hemos hartado de resbalar. Todo era tan absurdamente consecuente, tan onomatopéyico, que nos hemos sentido completos. Hemos experimentado la tota-

fuerza. Entre la historia intelectual y la crítica cultural, Paidós, Barcelona, 2003, pp. 235-237]).

&

"All these explanations help us to make sense of the struggle between form and amorphism that arose in aesthetic modernism, and yet I believe, as I suggested previously, that it would be even more promising to place that same struggle in the context of the crisis of the ocular-centrism that western culture is now undergoing. In other words, now that the eye has lost its throne as the noblest of the senses, now that noise and force are given prominence above clarity and outline, that "wish to tend towards form" that critics such as Riegl saw as the foundation of aesthetics was supplanted, or at least energetically complemented, by a wish acting in the opposite direction 'to tend towards amorphism'." (Back-translated from the Spanish version of Martin Jay, *Force Fields: Between Intellectual History and Cultural Critique* [*Campos de fuerza. Entre la historia intelectual y la crítica cultural, op.cit.,* p. 291).

&

You may have a really crazy or a really sane theory about your paintings. Splendidly subtle or renewedly abyssal. It may be sophisticated to some degree, it may be like a science, but your painting must be one. It must be attractive and total. Additions and time cannot annihilate it. It must be continually univocal and continually plural.

&

In our banquet of verbal subversion you have held me to account for everything. You have insulted me, spat at me, treated me like scum. I no doubt felt sure that we were on the ground. All that verbal praise has left me swollen up and, suspecting that there might be something more between us, I let myself go and asked you to spray me with syrup threads. Each drop of our bodies was body of one body. Smeared all over, we never stopped slipping over. Everything was so absurdly coherent, so onomatopoeic, that we felt complete. We felt totality with the feeling of being animal. I thought we were blind. Only at the end did your laughter make me think and realise that it was just a game with a bit of humour. That was how

lidad con el sentimiento de ser animal. Creí que estábamos ciegos. Sólo al final tu risa me ha hecho pensar y darme cuenta de que sólo era un juego con algo de humor. De esa forma logré acabar con la aplastante sensación de que nuestra vida era una pavorosa tragedia.

La capacidad que tengamos para una revolución en el mundo del arte es indeterminable. Pero trabajar en el sentido de hacer posible *una belleza sin drama* es quizás un melón que no hemos abierto todavía. Un ámbito paradójico que nos permitiría ser auténticamente contemporáneos.

La obra de arte revolucionaria no es afirmativa sino contradictoria. Incide siempre en la idea de que lo hecho es un punto de inflexión, de que la obra de arte es siempre un lugar de crisis. Negando lo que afirma parece cuestionar lo más evidente. Lleva dentro de sí el virus de lo que no se ha podido evitar. Es explícita pero guarda una riqueza implícita que hay que entresacar. Nunca es definitiva porque se sitúa en un extraño lugar al que se quiere llegar y del que se quiere escapar. Consuela porque nos devuelve vida. Consuela porque es un ejemplo de transformación.

Comprender el arte entraña dificultad porque el arte presenta realidades emulsionadas. Las sustancias de que está hecho el arte están mezcladas. Esta mezcla es lo que le da forma. Esta mezcla es lo que caracteriza su apariencia. La filosofía y la ciencia crean conceptos y teorías distinguiendo los componentes (de la emulsión del pensamiento o la naturaleza). Sin embargo la poesía y el arte se presentan como emulsiones, es decir, como pensamientos donde los componentes son indistinguibles. Por eso el arte al igual que los sueños no siempre se puede descifrar. Por eso el arte es tan difícil de controlar. De ahí que el artista no siempre sepa lo que hace; de ahí la sorpresa.

Realmente cualquier forma exitosa de arte debe pasar la prueba de la restitución. Cuando una imagen o esti-

I managed to end up with the overwhelming sensation that our life was an appalling tragedy.

The extent of our capacity for a revolution in the world of art cannot be determined. But working towards making *beauty without drama* possible is perhaps an unexplored avenue. A paradoxical sphere that would enable us to feel truly contemporary.

The revolutionary work of art is not so much affirmative as contradictory. It always has a bearing on the idea that what is done is a turning point, that the work of art is always a scene of crisis. By denying what it asserts, it seems to question what is most obvious. It bears within it the virus of what proved unavoidable. It is explicit, and yet it harbours an implicit wealth that must be drawn out. It is never definitive because it lies in a strange place which one wants to reach and from which one wants to escape. It consoles because it gives life back to us. It consoles because it is an example of transformation.

Understanding art entails difficulty because art presents emulsified realities. The substances that art is made of are blended. The blend is what gives it form. This blend is what characterises its appearance. Philosophy and science create concepts and theories by distinguishing components (in the emulsion of thought or nature). However, poetry and art present themselves as emulsions, i.e. as thoughts in which the components are indistinguishable. That is why art, like dreams, cannot always be deciphered. That is why art is so hard to control. Accordingly, the artist does not always know what he is doing, hence the surprise.

Indeed a successful form of art must pass the test of restitution. When an image or style ignores the work of art, relocating itself *ad nauseam* in other places, it becomes invisible, and the capacity of the original work of art to produce emotion declines or disappears. (Fortune is always copied.) For the work of art, success is a kind of fatal cancer. Substitutes gag the substituted to the point of drowning it in insignificance, in banality. The test of being art with a

lo se desentiende de la obra de arte, reubicándose hasta la saciedad en otros lugares, se hace invisible y la capacidad de la obra artística original para producir emoción, merma o desaparece. (La fortuna siempre se va a copiar.) Para la obra de arte el éxito es una forma de cáncer fatal. Los sustitutos amordazan lo sustituido hasta ahogarlo en la insignificancia, en la banalidad. La prueba del ser arte con mayúsculas es que reflota y consigue deslindarse de la copia. Este hacer el vacío a la forma es de lo que se valen las llamadas artes aplicadas. Pues lo decorativo sólo es posible cuando esa insignificancia llena las formas, cuando esas formas han perdido su referencia originaria. Son cosas que molestan poco y que ya no significan nada. Algo de eso ocurre también en el ámbito del lenguaje cuando la metáfora se hace expresión común que encuentra una utilidad más allá de su referente original olvidado. De alguna manera esas formas se pueden revalorizar estéticamente si se hace valer su sentido literal («doblar la calle», «echar las campanas al vuelo», «comerse las palabras», «tirarse de los pelos»... etc., es un poco, aunque en otro terreno, el mismo estímulo que pudo inspirar a Magritte o a Brossa). Y de esta forma tan palmaria es también como funciona la creación, pues este dar la vuelta e ir hacia la literalidad puede hacerse con las formas o las figuras que ha vulgarizado la decoración —esa frondosa repetición que desborda la visión y de este modo el arte renace de sus cenizas y levanta el vuelo—. Pero estas formas desaplicadas tendrán más o menos sentido según los avatares que se hagan significativos en cada transformación.

∂

Me gusta es una fórmula que simplifica el juicio sobre la obra de arte y evita que nos metamos directamente con la idea de lo bello. Sin embargo esta aserción no puede estar separada de la seguridad que nos da el entendimiento. No veo cómo la expresión: *me gusta pero no lo entiendo* puede llegar a tener algún sentido. Si gusta, si me gusta, es porque lo entiendo. Lo mire por donde lo mire. Digan lo que digan.

∂

Lo que nos permite ver algo como pintura es que eso visto no se vea como un objeto. La pintura sólo puede

capital A is seeing whether it can refloat itself and succeed in standing out from the copy. This voiding of form is what the so-called applied arts utilise. For the decorative is only possible when this form-filled insignificance, when these forms, have lost their original reference. These are things that do not bother people much and that no longer mean anything. Something similar also arises in the field of language when a metaphor becomes an everyday expression finding a use beyond its forgotten original target. In a way, these forms can be reappraised in aesthetic terms if their literal sense is brought out ("take the bend", "crying victory", "eat one's words", "pull one's hair out", etc.—along the lines, albeit in a different area, of the stimulus that may have inspired Magritte or Brossa). And creation too works in that blunt way, for this taking things the wrong way and going for the literal reading can be done with the forms or figures that have vulgarised the decor—that overwrought repetition that overwhelms vision—and thus art rises again from its ashes and takes flight. But to what extent these misapplied forms have meaning depends on the avatars that become significant in each transformation.

&

I like it is a formula that simplifies opining on a work of art, enabling us to dodge having to broach the idea of beauty. However, this assertion cannot be separated from the assurance that understanding gives us. I cannot see how the expression *I like it but I don't understand it* can ever have any meaning: if it is pleasing, if I like it, it is because I understand it. However I look at it. Whatever people say.

&

What enables us to see something as painting is that what it is we see is not seen as an object. The painting can only be seen either as representation or as action. Objectifying the painting or incorporating objects are signs of the limits that define its essence.

&

The fringe is another fairly common type of continuity. If a fringe is large, it has the effect of veiling plus a certain erotic component on account of what is exposed when it moves or of how it follows

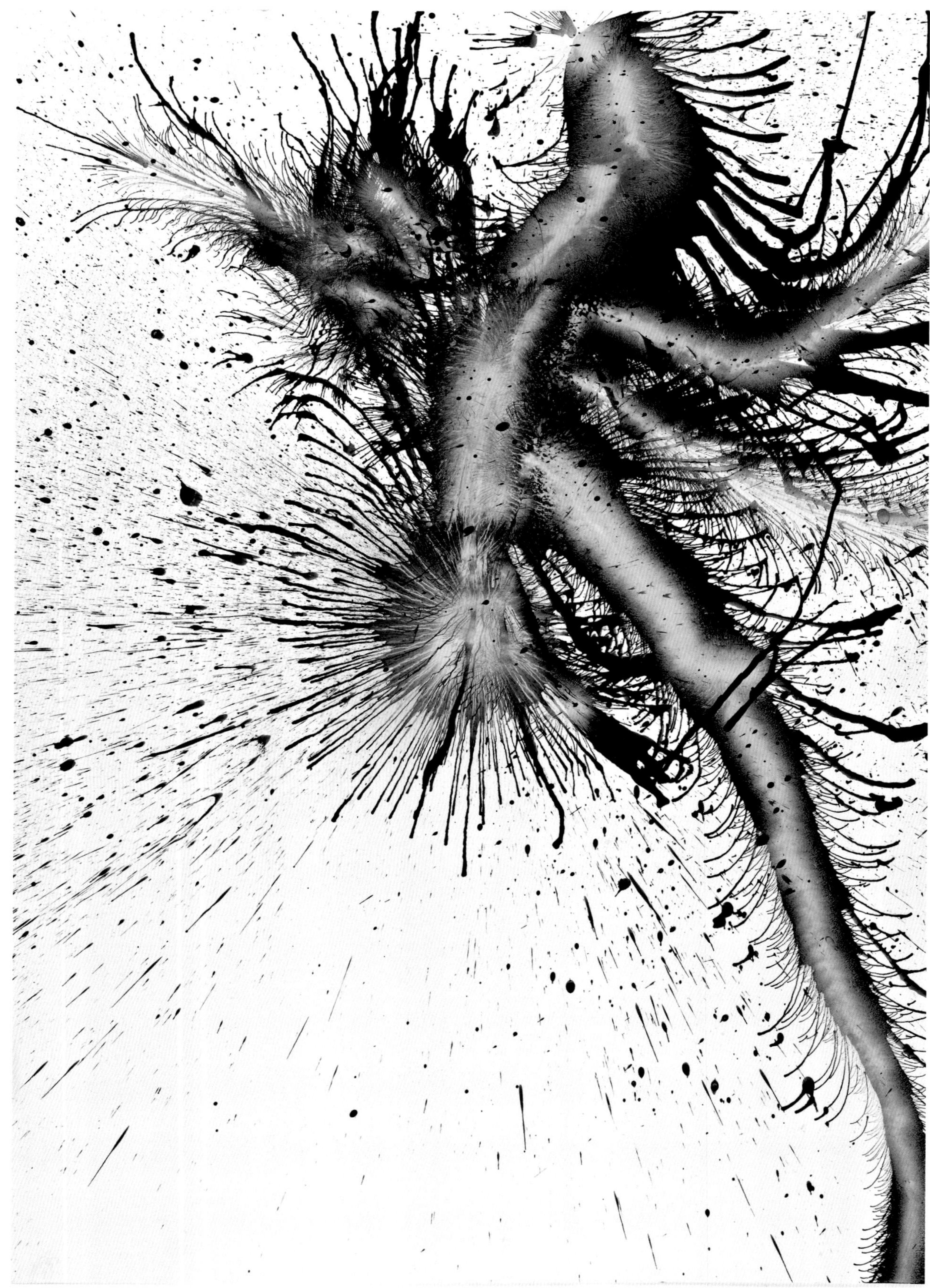

Serie *Rizomas*, 2005. Tinta sobre papel [Ink on paper]. 100 x 70 cm

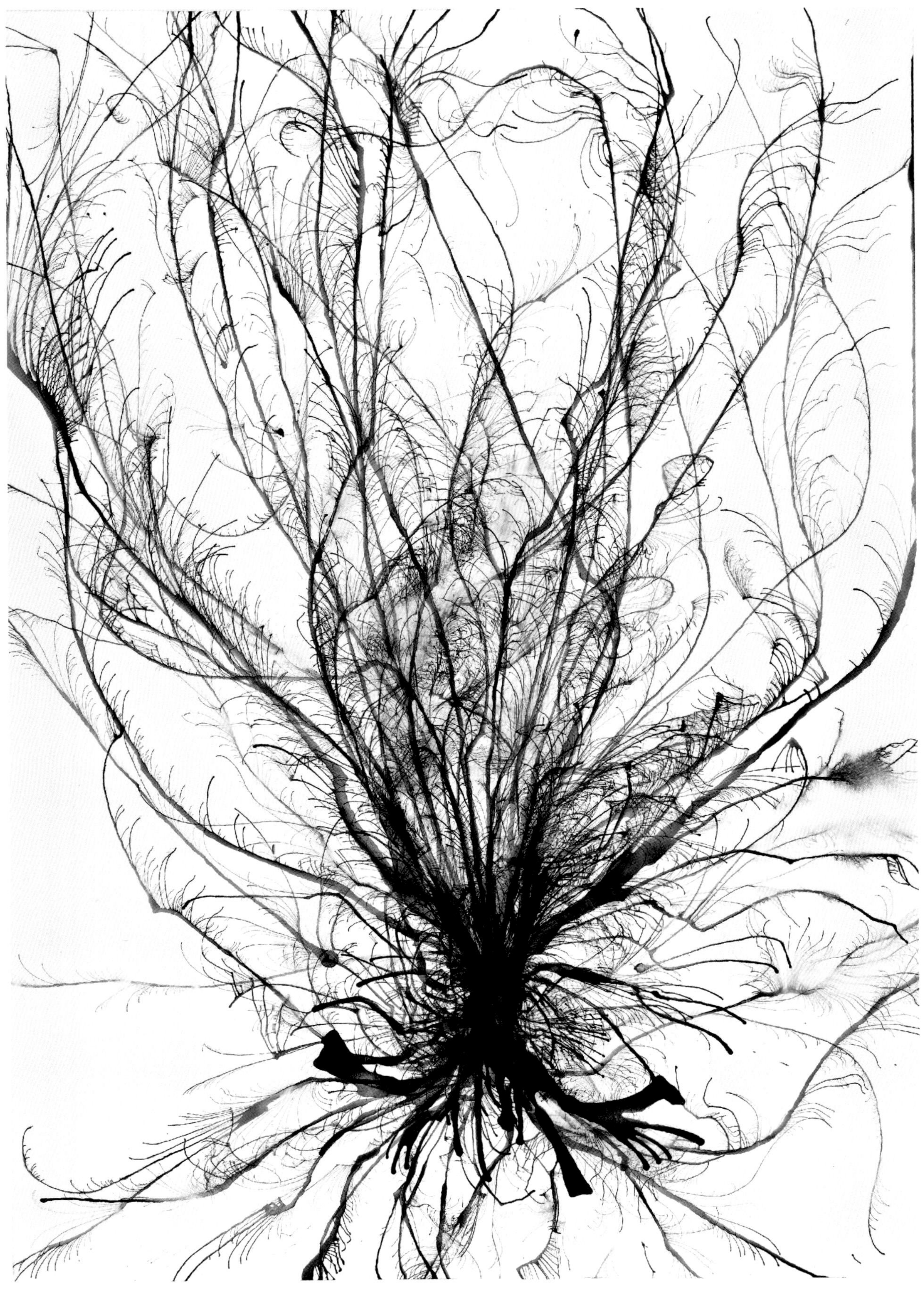

Serie *Rizomas*, 2005. Tinta sobre papel [Ink on paper]. 100 x 70 cm

ser vista o como representación o como acción. La objetualización de la pintura o la incorporación de objetos
son indicios de los límites que definen su esencia.

∞

El fleco es otro tipo de continuidad bastante común.
El fleco, si es grande, tiene un efecto de veladura y una
cierta componente erótica por lo que deja entrever al
moverse o por cómo persigue el movimiento con tem-
blorosa ligereza. El fleco corto, más habitual (alfombras,
zapatos, bolsos, cortinas, ropa...), es un remate, pero se
utiliza fundamentalmente como adorno que suaviza la
imposición del objeto en el entorno. Disipa el cambio y
da continuidad a la transición. Solapando lo de abajo,
produce un encabalgamiento en el espacio (podemos
encontrarlo en los ejemplos más gráficos de las obras de
David Hockney). El fleco hace que el objeto se funda con
el sujeto que lo sostiene o con el entorno que le rodea.
Pudiera ser, no obstante, que tales remates sean una
reminiscencia del pelaje animal o una especie de suplantación del rabo. Es decir, un síntoma de todo lo que es
piel o una simple manera de acabar.

∞

Voy a añadir otro eslabón en la misma dirección. La
carta de colores. Sea como línea o como banda el espacio la va a aceptar. Este muro de barras es un ejemplo
más de disolución, un ejemplo más de continuidad. *Ludo-
cromía* que modera la forma para expresar cómo se cru-
za de brazos la subjetividad. *Sericromía* que añade variaciones y hace palmario el camino de la emotividad neutra.
Una atadura por donde el artista se desliza y una limita-
ción que, cuando se sigue, alumbra. El sujeto no hace,
el sujeto consiente la prueba. El código de lo que funciona no es un secreto pues en el fondo carece de importancia. El artista lo que busca es la ocupación sin descanso y el arte sin pensamiento. La descomposición
cromática, los saltos del iris que ganan terreno. Extenderse..., esta acción es la forma de procurar el espacio. El
bosque de colores es el lugar idóneo para esconderse.

∞

El arte es inofensivo si no se le da un margen a lo
súbito. Si el estilo no abre una fractura y da miedo,

along with movement with a tremulous lightness. The
short fringe, which is commoner (carpets, shoes, bags,
curtains, garments…), is a finishing touch, but it is
used essentially as an adornment that softens the
imposition of the object in its surroundings. It
dissipates change and gives continuity to the
transition. By overlaying what lies underneath,
it brings about an enjambement in space (we can find
it in the most graphic examples of works by David
Hockney). The fringe makes the object fuse with the
subject supporting it or with its surroundings. Yet it
can be the case that such finishing touches are a
reminiscence of animal coats or a kind of surrogate
tail. In other words, a symptom of all that is skin or a
simple way of finishing off.

&

I will add another link in the same direction: the
colour chart. Whether as a line or as a band, the space
will accept it. That wall of bars is a further example of
dissolution, another example of continuity.
A *ludochromy* that moderates form to express how
subjectivity remains aloof. A *serichromy* that adds
variations and makes the path of natural emotiveness
glaringly clear. Shackles into which the artist slips and
a limitation that illuminates when followed. The
subject does not act, the subject consents to the test.
The code for what works is not a secret since the
background is unimportant. What the artist is looking
for is occupation without rest and art without
thought. Chromatic decomposition, the iris leaps that
are gaining ground. Extending themselves… this
action is the way of making space. The forest of
colours is the ideal place for hiding.

&

Art is inoffensive if no room is left for the sudden.
If the style does not open a fracture and frighten, what
is done is born dead. If it is a permanent employment,
art gets its salary and becomes functional. Art in fact
springs out of movement, and in a way what it
represents is that movement, that continuing (of
thought, of existing). One must let oneself go so that
style does not detract from creativity. It is absurd to
get stuck (up) all by oneself. Art must make it plain
that the subject is somebody real. What is done must
be closely related with the visible so that it never

lo hecho ya nace muerto. Como trabajo fijo, el arte recibe su nómina y se hace funcional. El arte en realidad surge del movimiento y en cierto modo lo que representa es ese movimiento, ese continuar (del pensamiento, del existir). Hay que dejarse llevar para que el estilo no merme la creatividad. Es absurdo atra(n)carse uno mismo. El arte tiene que hacer evidente que el sujeto es alguien real. Lo hecho tiene que estar íntimamente relacionado con lo visible de manera que lo hecho nunca parezca un añadido. Esto nos distancia tanto del estilo que deje al artista en *carne viva* como de la anorexia estilística que tiene su mejor aliado en el *ready-made* y sus rescoldos posmodernos. En el peor de los casos, el estilo puede cristalizar ambas manifestaciones en una especie de expresionismo-conceptual (en un *deliberado expresivismo* si se me permite esta palabra). En el mejor de los casos, nos pone la *carne de gallina* con obras de gran altura, síntomas de la fuerza del (**in**)consciente que aflora en las prácticas artísticas modernas; esas manera de hacer que irían de un Van Gogh a, no sé, un De Kooning o un Baselitz por poner ejemplos más actuales, de un Mondrian a un Sol LeWitt, por decir otros. Sin embargo, esta idea del estilo como fuente que mana a pesar del sujeto o como superestructura que le condiciona, como una especie de afuera que lo contiene, está superada. Si estas energías deslizantes pueden producir obras de arte sin la intervención del juicio, algo que me cuesta creer, serían, otros lo han dicho, «una ausencia de estilo» (Donald Kuspit, *Signos de psique en el arte moderno y posmoderno, op. cit.,* p. 206). El estilo, en el sentido práctico del término, pone una barrera, una especie de distancia que en cierto modo nos protege de ese inconsciente depredador y nos salva de la vacuidad de la indiferencia de lo mismo, de las *insingularidades* de la masa, de las insingularidades de los pronombres (yo-tú-mí...) Los juegos del lenguaje son el camuflaje que lamina la autoridad metafísica y la «autenticidad física» en una especie de sofisticación evocadora que las desconstruye e hilvana al mismo tiempo.

La ilusión de la inmortalidad justificaba el aire de transcendencia que exudaba el arte antiguo. Pero con la pérdida de fuerza de esa idea —son muy pocos los que verdaderamente creen en la inmortalidad, muy pocos los que viven con esa ilusión de continuidad, de indivisibilidad— el arte sólo parece poder fundamentarse en la abstinencia metafísica o en la parquedad estilística

seems like an add-on. This takes us away both from that style that would leave the artist in his *raw flesh* and from that stylistic anorexia that finds its best ally in the ready-made and its post-modern embers. At worst, style can crystallise both manifestations in a kind of conceptual-expressionism (in a *deliberate expressivism* if I may be allowed that word). At best, we feel *gooseflesh* with works of great elevation— symptoms of the (**un**)conscious strength that emerges in modern artistic practices, that way of going about things that runs from a Van Gogh to, I do not know… a Kooning or a Baselitz to take the most contemporary examples, from a Mondrian to a Sol LeWitt, to cite others. However, this idea of style as a spring that flows despite the subject, or as a superstructure that conditions it, like a kind of outside that contains it, has been left behind. If these sliding energies can produce works of art without the intervention of judgement—something I find hard to believe—it would be, as others have said, "an absence of style" (from the Spanish version of *Signs of Psyche in Modern and Postmodern Art* by Donald Kuspit [*Signos de psique en el arte moderno y posmoderno, op. cit.*, p. 206]). Style, in the practical sense of the word, sets up a kind of barrier, a kind of distance, that in a way protects us from that unconscious predator and saves us from the vacuity of indifference of the sameness, from the *insingularities* of mass, the insingularities of pronouns (I-you-me…). Plays on language are the camouflage that laminates metaphysical authority and "physical authenticity" in a kind of evocative sophistication that deconstructs and threads together at the same time.

The illusion of immortality justified the air of transcendence that ancient art exuded. But as that idea waned—very few truly believe in immortality, very few live with that illusion of continuity, indivisibility—art only seems to be able to base itself on metaphysical abstinence or on stylistic parsimony—in a *demythifying* and *anti-sublime* objectuality—or in a mask-style (a refuge for the self). A sensation of emptiness arises, the sensation that ideas always get nowhere, and the spectre of not finding its mediator. It seems as if it is only possible to overcome this like of *fleshing* by acting expressively on the body, excessively I would say. Hence the

—en una objetualidad *desmitificadora* y *antisublime*— o en un estilo-máscara (refugio del yo). Se produce una sensación de vacío, la sensación de que las ideas siempre pinchan hueso y el fantasma no encuentra su mediador. Parece como si únicamente fuera posible superar esta falta de *encarnadura* incidiendo expresivamente en el cuerpo, excesivamente diría yo. De ahí la proliferación de formas de vehemente carnalidad o, en ausencia de figuración, de una abstracción que, al desconfiar de la potencia generadora de lo que se presenta como un «estilo natural», tiene que combinarse con una especie de fenomenología emocional (un James Turrell sería un inmejorable exponente). Las manifestaciones eróticas son, cómo no, la tapadera de la ausencia de compromiso con la idea de muerte y ellas dan buena cuenta de ese deseo de inmortalidad. El arte transpira su mala conciencia en la incongruencia, en la incomprensibilidad, en el *inacabamiento* y en la sensación de estar siempre incompleto. Las fuerzas integradoras hacen virtud de esa discontinuidad pero la falta de *ilusión* convierte las cosas en símbolos de nuestro irrenunciable caminar hacia la nada.

El arte es grotesco porque en algunas ocasiones al artista no le interesa buscarle las vueltas al objeto de pasada, mirar de soslayo la lisura superficial de la piel (hacer una pintura de arrastre, pintar como se barre) y le busca las vueltas al arte porque le interesan principalmente los avances que dan la bienvenida al interior del objeto. Lugares y estados que nos permiten vislumbrar el interior: (boca-ojo-vagina-ano-parto-embarazo-descuartizamiento-disgregación-humor-secreción-intervención. Introducciones y extracciones... que nos devuelven a una sima donde lo interno y lo externo están confundidos). Es así como lo informe se transforma en el perfil de lo grotesco.

El grutesco: ahí se unen dos cosas que me son muy caras, ahí se disuelve una paradoja. Se da una reconciliación entre, por una parte mi apego a descubrir en las manchas (en los cercos de humedad, en las sombras de objetos irreconocibles, en los pliegues de mantas y sábanas, en los líquidos derramados, en las nubes

proliferation of vehemently fleshy forms or, in the absence of figuration, of an abstraction which, through mistrusting the generating potential of what is presented as a "natural style" has to become combined with a kind of emotional phenomenology (a James Turrell would be a perfect exponent). Erotic manifestations are, of course, a cover for the lack of commitment to the idea of death, and they clearly reveal that desire for immortality. Art lets its troubled conscience show in the incongruous, in incompressibility, in *unfinishedness* and in the sensation of being perpetually incomplete. The forces of integration make a virtue of this discontinuity, but the lack of *illusion* turns things into symbols of our unwaivable journey towards nothingness.

Art is grotesque because occasionally the artist is not interested in probing the object in passing or giving a sidelong look at the surface of the skin (applying the paint by dragging, painting the way one sweeps)—he probes art because he is mainly interested in the advances that herald the inside of the object. Places and states that enable us to glimpse the inside: (mouth-eye-vagina-anus-birth-pregnancy-quartering-disintegration-humour-secretion-intervention. Introductions and extractions… that take us back to an abyss where the inner and the outer are mixed up together). That is how the formless is transformed into the profile of the grotesque.

The grotesque: there, two things I am very fond of are united; there, a paradox is annulled. A reconciliation arises between my insistence on discovering in stains (in rings of damp, in the shadows of unrecognisable objects, in the folds of blankets and sheets, in spilt liquids, in clouds in the sky or on the skin…) evocations of figures and passages (a certain optical primitivism) and my penchant for drawing with sinuous lines (balls of string and the maze, crochet and nets; the tattoo fitting the form closely, the string tossed out, the snake coming into sight). Even back in the sixteenth century, the grotesque was associated with evocative stains that unleashed the imagination of artists as well as with ornamental painting (Cf. Beatriz Fernández Ruiz, *De Rabelais*

del cielo o de la piel...) evocaciones de figuras y pasajes (un cierto primitivismo óptico) y, por otra, mi inclinación por un dibujo de línea sinuosa (el ovillo y el laberinto, el ganchillo y la red; el tatuaje que se amolda a la forma, la cuerda que se arroja, la serpiente que se insinúa). Ya en el siglo XVI se asociaba el grutesco, además de a la pintura ornamental, a las manchas evocadoras que desataban la imaginación de los artistas (Beatriz Fernández Ruiz, *De Rabelais a Dalí. La imagen grotesca del cuerpo,* Universitat de Valencia, Valencia, 2004, p. 45. Señalo aquí la deuda que en alguno de los puntos aquí reseñados tengo con este libro). Para mí, que siempre he creído que mi trabajo era disperso, caprichoso, indomable..., para mí, que nunca he llegado a saber muy bien por qué hacía las cosas, el grutesco define un territorio donde involucrar no sólo a la mancha y la línea, sino también a ese espíritu inconformista que intenta sintetizar las contradicciones, soslayar lo opuesto y solventar el no. Porque el grutesco aprecia la promiscuidad, en cierto sentido me permite hacer el dibujo de cómo se forma el pensamiento, no obviar algunos aspectos de mi creatividad y, doy un paso más, tranquilizarme de mis incursiones en *lo grotesco* y explicar en qué medida lo disimulo o lo muestro, en qué medida lo acepto. Aunque esto se ve más claro certificando la serie de los temas que son auspiciados por la cadena que aquí sigue:

- La ambigüedad y la condensación. Éstas suelen ir unidas en el humor (en mi pintura y en mi escritura). Freud ya explicó que ambas forman parte del *proceso primario*. El arte da rienda suelta al deseo infantil de jugar con formas y sonidos cuyo sentido se desconoce y a ejercer así un control sobre lo que nos produce ansiedad. El arte nos permite librarnos de lo que nos inhibe y *dar rienda suelta a las pulsiones eróticas y agresivas*. Con estos mimbres se teje el estilo. Éste es siempre intencional pero no necesariamente consciente en cada momento.

- El arte resulta de una travesura. El arte conjuga el verbo «travesear». El arte nace del juego. Busca el lado lúdico. La sorpresa.

- El arte no evita la deformación porque la deformación hace visible el proceso. El arte es sólo el rastro de lo que se quiere, de lo que se hace. El arte confirma cada paso y así demuestra la existencia.

a Dalí. La imagen grotesca del cuerpo, Universitat de Valencia, Valencia, 2004, p. 45. I acknowledge here my debt to this book in some of the points covered herein). For me, having always believed that my work was dispersed, capricious, untamable… For me, never having been very sure about why I was doing things, the grotesque defines a territory where not just the stain and the line can become involved, but also that nonconformist spirit that tries to reach a synthesis from contradictions, dodge the opposite and get round the no. Because the grotesque appreciates promiscuity, in a sense it enables me to draw about how thought is formed, not to obviate certain aspects of my creativity and—to go one step further—to reassure with regard to my incursions in *the grotesque* and to explain to what extent I conceal it or show it, to what extent I accept it. Although this is seen more clearly by certifying the series of themes that are favoured by the following chain:

—Ambiguity and condensing. These are usually united in humour (in my painting and in my writing). Freud has already explained that both form part of the *primary process*. Art unleashes the childish desire to play with forms and sounds whose sense is unknown and thus to exercise a degree of control over what makes us feel anxious. Art enables us to free ourselves from what inhibits us and *to unleash our erotic and aggressive urges*. Those are the raw materials used to fashion style. This is always intentional though not necessarily conscious at all times.

—Art stems from mischief. Art runs through the verb "get up to mischief". Art is born of play. It seeks out the playful side. Surprise.

—Art does not shun deformation because deformation makes the process visible. Art is only the trace of what is wished for, of what is done. Art confirms each step and thus demonstrates existence.

—A fondness for language play (this is very evident in drawing books, in VOCABLOS (words), in CONTEXTO (context), and in the titles of works).

—Verbal aggressiveness, manifesting itself in the comic nature of titles, the use of set phrases, swear

– Afición a los juegos del lenguaje (es muy evidente en cuadernos de dibujos, en VOCABLOS, en CONTEXTO, o en los títulos de obras).

– Agresividad verbal que se manifiesta en la comicidad de los títulos, el uso de frases hechas, palabras malsonantes, cacofonías [«Boca de riego: Amor ciego», «Golosa, sigilosa y además esposa», «Cuelacolas», «Cupido escupido»].

– Aprecio por las onomatopeyas, las interjecciones, el lenguaje preverbal, la sinestesia y los sonidos balbucientes (CHARC-O). Todos esas manifestaciones del lenguaje que exteriorizan una corporalidad y una expresividad al margen de la razón.

– El canto de sirena y la mordaza de serpiente: lo híbrido. La gregería. *La drôlerie* visual. El Bosco y Magritte. El sonido del látigo y la mansedumbre de su dibujo. La medusa y el pulpo. La geometría y la geografía. Un espacio que reconcilie la oposición. Un espacio que asuma la contradicción: «...Tiene el cerebro del tamaño, color, sustancia y vigor del cojón izquierdo de un / insecto macho / ...las membranas, como el capuchón de un monje / los tímpanos como un molinillo / los nervios como un grifo / la saliva como el aceite de un nabo silvestre / el gaznate como un gesto de vendimiador / el estómago como un tahalí / el corazón como una casulla / el pensamiento como el vuelo de un estornino / el juicio como calzador / la razón como un taburete...» / «...el mentón como una calabaza / los ojos como el estuche de un peine / la lengua como un arpa / el cabello como un adorno...» / «...si se sonaba eran agujas saladas, / si eructaba era una escala de ostras, / si charlaba eran nieves de antaño...» (F. Rabelais, 1552).

– Gusto por evidenciar las marcas de lo que es escritura (Derrida), marcas de lo que es pintura a expensas de cualquier subjetivismo.

– Caligrafías en el quicio de la autoría y lo ornamental. Ahí se mata el gusanillo del sentido y se consiente el abigarramiento.

– Enmarañamientos vegetales. Enmarañamientos de manos y cuerpos que se anudan. De crines, de moños,

words, cacophonies ["Boca de riego: Amor ciego" (Hydrant: blind love), "Golosa, sigilosa y además esposa" (Sweet-toothed, stealthy, and spouse to boot), "Cuelacolas" (Talesieving), "Cupido escupido"(Cupid spat out)].

—I esteem onomatopoeias, interjections, preverbal language, synaesthesia and mumbling sounds (CHARC-O). All these manifestations of language externalise a corporality and expressiveness regardless reason.

—The song of the mermaid and the snake gag: the hybrid. The gregarious. Visual *drôlerie*. El Bosco and Magritte. The sound of the whip and the meekness of the line it traces. The jellyfish and the octopus. Geometry and geography. A space that reconciles opposition. A space that accepts contradiction: "...he has a brain of the size, colour, substance and vigour of the left ball of a / male insect / ...membranes, like the hood of a monk / eardrums like a grinder / nerves like a griffin / saliva like the oil of a wild turnip / gullet like a grape-picker's gesture / stomach like a baldric / heart like a chasuble / thought like the flight of a starling / judgement like a shoehorn / reason like a stool ..." / "...chin like a gourd / eyes like a comb case / tongue like a harp / hair like an adornment..." / "...if he blew its nose it was like salted needlefish , / if he belched it was like a scale oysters, / if it chatted it was snows of yore..." (F. Rabelais, 1552).

—A taste for making the marks of what writing is evident (Derrida), the marks of what painting is, at the expense of any subjectivism.

—Calligraphies in the frame of authorship and the ornamental. There the craving for sense is killed and motleyness is allowable.

—Vegetable tangling. The tangling of hands and bodies knotting together. Of manes, buns, tails, nets, brushes. Bundles, threads, spinning. Adding a seeking accommodation.

—Telescopic images, microscopic images (W. Kayser induces them with the grotesque). Reincarnations of the organic that relax the *tension* of sense of discontinuity.

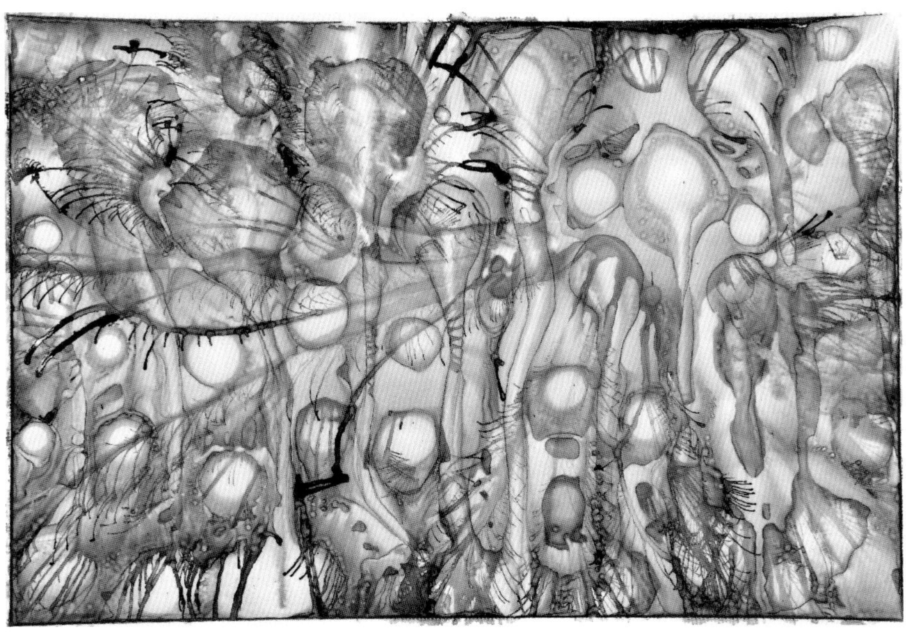

Serie *Rizomas*, 2005. Tinta sobre papel de poliester [Ink on polyester paper]. 50 x 70 cm

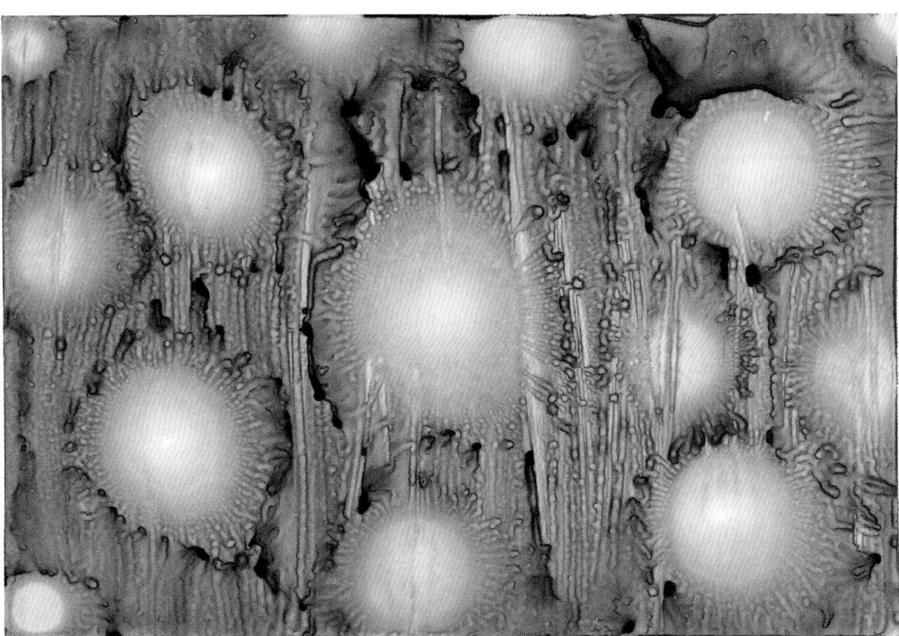

Serie *Rizomas*, 2005. Tinta sobre papel de poliester [Ink on polyester paper]. 50 x 70 cm

de colas, de redes, de escobas. Los líos, los hilos, las hilaturas. Añadir y buscar acomodo.

– Las imágenes telescópicas, las imágenes microscópicas (W. Kayser las mete dentro de lo grotesco). Reencarnaciones de lo orgánico que relajan la *tensión* del sentido de discontinuidad.

– Legitimación de lo físico en las argumentaciones estéticas. Recurrencia a las metáforas que transparentan el cuerpo. Se confirma que el arte es también una armadura emocional.

– La serie. La marginalidad como lugar de invención. Abandono o al menos cuestionamiento de la centralidad. Aceptación de la expansión. [«Técnicamente, como una parte en el progreso de nuestra demostración, las formas arriba indicadas, rígidas en su cualidad, tienen que ser consideradas en nuestra filosofía como recipientes de energía radial, extensiva e intensiva; esto es como decir: extensión de la forma a lo largo de líneas o ejes radiales desde dentro y (o) intención de forma a lo largo del mismo o de otros radios desde la periferia hacia el centro. Entonces aparece aquí el poder del hombre que hace que lo inorgánico y rígido se convierta en fluyente, a través de sus poderes. / Es de notar también que asumimos energía para localizarla en la periferia y que todas la líneas son líneas de energía. A esto se le puede llamar geometría plástica» (Louis H. Sullivan, *Un sistema de ornamento arquitectónico acorde con una filosofía de los poderes del hombre*, Colección Arquitectura-17, 1985, lámina 3).] La dificultad para destituir la centralidad nos sitúa en el problema de los límites, en si el más allá no es el más acá del mundo natural.

–Se pinta humo. Se pintan agujeros y pies. Se pintan pelucas y corsés. Ojales, espejos, esponjas, corales, cremalleras, algas, dedos, ojetes, vaginas, rúbricas, hongos, frunces, rulos, anos, pieles, piel, costuras, lunares, heridas, labios, tamices, ojales, trenzas, penes, cabello, pelo, gaitas, tripas, plumas, chorreras, chorreados, ocelos, garabatos, bordados, calados, ojos, redes, retículas, costuras, ribetes, mallas, costras, brotes, aureolas, corazas, nidos, carpas, charcos, membranas, válvulas, vibraciones, ancas, puntos, fuelles, espuma, extrusiones, emulsiones, estrellas, constelaciones,

—Legitimation of the physical in aesthetic reasoning. Resorting to metaphors that make the body transparent. It is confirmed that art is also an emotional armour.

—The series. Marginality as a place of invention. The abandonment or at least the questioning of centrality. Acceptance of expansion. "Technically, as an item in the progress of our demonstration, the above forms, rigid in their quality, are to be considered, in our philosophy, as containers of radial energy: extensive and intesive, that is to say: extension of form along lines of axes radiating from the center and (or) intention of form along the same or other radials from the periphery toward the center. Here then appears the will of man to cause the inorganic and rigid to become fluent, through his powers. / Note also that we assume energy to be resident in the periphery, and that all lines are energy lines. This may be called plastic geometry." (Translated from the Spanish version of Louis H. Sullivan's, *A system of Architectural ornament According with a Philosophy of Man's Powers [Un sistema de Oornamento arquitectónico acorde con una filosofia de los poderes del hombre,* Colección Arquitectura-17, 1985, plate 3]). The difficulty in discharging centrality brings us to the problem of limits, of whether the beyond might be the here-and-now of the natural world.

—Smoke is painted. Holes and feet are painted. Wigs and corsets are painted. Buttonholes, mirrors, sponges, corals, zips, algae, fingers, eyelets, vaginas, flourishes, fungi, gathers, rollers, anuses, skins, skin, seams, spots, wounds, lips, sieves, eyelets, buttonholes, braids, penises, hair, bagpipes, guts, feathers, channels, stains, ocelli, scribblings, embroidery, openwork, eyes, nets, reticules, seams, trimmings, meshes, scabs, blooms, aureoles, cuirasses, nests, tents, puddles, membranes, valves, vibrations, haunches, points, bellows, foam, extrusions, emulsions, stars, constellations, sand, bubbles, curves, soap, stratifications, eddies, knots, balls, loops, fabrics, calligraphies, bright spots, mazes, reflections, rear ends, sizzling, glowing, viscera, systoles, diastoles, tongues, flowers, larvae, undulations, wrappings, enclosures, lava, dunes, unwrappings, fluids, flashes, glares, eclipses, marble, jasper, craters and fringes. *Ecceities.* Frontiers.

arena, pompas, curvas, jabón, estratificaciones, remolinos, nudos, ovillos, bucles, tejidos, caligrafías, brillos, laberintos, reflejos, traseros, chisporroteos, lumbre, vísceras, sístoles, diástoles, lenguas, flores, larvas, ondulaciones, envolvimientos, cercos, lava, dunas, desenvolvimientos, fluidos, destellos, deslumbramientos, eclipses, mármol, jaspe, cráteres y flecos. *Ecceidades.* Fronteras.

- *Realismo existencial.* El arte es la prueba de que todo es real. El arte es la prueba de que todo está ya en (la) realidad. El arte visualiza y confirma esta sensación.

- Esa necesidad de razonar la naturaleza.

En resumen, una concepción del arte y de la pintura como un espacio que no puede estar ajeno al cambio. Alquimia o transformación de lo que no tiene valor o sentido en algo que sí lo tiene. Metamorfosis de la materia, de la forma, de las palabras... En última instancia una manera de actuar sobre nosotros mismos, un lugar donde se esconde el espíritu burlón que exorciza la desconfianza que instiga el miedo a la vida.

El arte es el laberinto que despista al artista de sus perseguidores. Ahí el yo di-simula sin dimitir. Ahí la verdad se pierde en una danza que confunde. El arte ilumina, pero a condición de perdernos en ese laberinto. La pintura es una acción teatral que se resiste a lo trágico y a lo cómico. Es descreída, tragicómica. Es, en última instancia, grotesca. «Si el ingenio es un intento maniaco y agresivo de recobrarse de una regresión depresiva, el humor crea un yo lo bastante fuerte para enfrentarse al mundo sin negarlo ni retroceder ante él» (Donald Kuspit, *Signos de psique en el arte moderno y posmoderno, op. cit.,* p. 230). *El humor* de la forma es lo que pinta. La honestidad entre la forma y el contenido une los opuestos y restituye la continuidad perdida.

—*Existential realism*. Art is proof that everything is real. Art is proof that everything is already in (the) reality. Art visualises and confirms that feeling.

—That need to reason nature.

In short, a conception of art and painting as a space that cannot be detached from change. Alchemy or the transformation of what has no value or sense into something that has it. The metamorphosis of matter, form, words… In the last analysis, a way of acting on ourselves, a hiding place for the jeering spirit that exorcises the mistrust brought about by the fear of life.

Art is the maze that sends the artist one way and his pursuers another. Here the self conceals without abandoning. Here truth is lost in a dance that confuses. Art illuminates, though on condition of losing us in that maze. Painting is a theatrical action that resists the tragic and the comic. It is sceptical, tragicomic. It is, in the last analysis, grotesque. "If ingeniousness is a manic, aggressive attempt to recover from a depressive regression, humour creates a self that is strong enough to take on the world without negating it or retreating away from it" (back-translated from the Spanish version of Donald Kuspit's, *Signs of Psyche in Modern and Postmodern Art* [*Signos de psique en el arte moderno y posmoderno, op. cit.* p. 230]). *The humour* of form is what counts. Honesty between form and content unites the opposites and restores the lost continuity.

BIBLIOGRAFÍA / **BIBLIOGRAPHY**

Catálogos de exposiciones individuales y monografías / Solo Exhibition Catalogues

2005

Verbis, D. *Vocablos.* León, Universidad de León, 2005

2004

Daniel Verbis: Animal ciego: CAB, Centro de Arte Caja de Burgos, 22 de julio-30 de septiembre 2004. Burgos, Caja de Burgos, 2004

2002

Relevos: Gordillo/Verbis. Madrid, Obra social Caja Madrid, 2002

1999

Verbis, D. *Las paredes tienen ojos.* Valladolid, Junta de Castilla y León, 1999

1992

Verbis, D. *Tímpano.* León, Salón de las Artes; Diputación de León, 1992

Catálogos de Exposiciones colectivas / Colective Exhibition Catalogues

2006

ARCO 06: Feria Internacional de Arte Contemporáneo. Madrid, IFEMA, 2006

2005

Acentos en la colección Caja Madrid: pintura española contemporánea: 07.06/04.09.2005, Sala de las Alhajas. Madrid, Turner, 2005
ARCO 05: Feria Internacional de Arte Contemporáneo. Madrid, IFEMA, 2005
Arte Santander 02. Santander, Ayuntamiento, 2005
MUSAC, Museo de Arte Contemporáneo de Castilla y León: Colección, vol. I = Collection, vol. I. León, MUSAC,
    Museo de Arte Contemporáneo de Castilla y León, 2005
Síntesis: 15 años de Becas Endesa: 2005, Edificio Endesa, Madrid, 25 de octubre-8 de enero. Teruel, Museo de Teruel;
    Madrid Fundación Endesa, 2005
Estampa 2005. Madrid, Fundación Actilibre, 2005

2004

ARCO 04: Feria Internacional de Arte Contemporáneo. Madrid, IFEMA, 2003
El arte habitado: Colección El Monte: Centro Cultural El Monte, Sala Villasís, Sevilla, octubre-diciembre 2004. Sevilla, Fundación El Monte, 2004
Becarios Endesa 7: Museo de Teruel, 12 de noviembre-12 de diciembre de 2004. Teruel, Museo de Teruel, 2004
*DFoto [Feria Internacional de Fotografía Contemporánea y Vídeo, Donostia-San Sebastián, Kursaal, abril, 15-16-17-18 2004
    = International Fair for Contemporary Photography and Video, San Sebastián, Spain, Kursaal, April, 15-16-17-18 2004].*
    Irún, Alberdania, 2004
XXVI Salón de Otoño de Pintura de Plasencia. Cáceres, Caja de Extremadura, Obra Social, 2004

2003

ARCO 03: Feria Internacional de Arte Contemporáneo. Madrid, IFEMA, 2003
Estampa 2003. Madrid, Fundación Actilibre, 2003

2002

Abstracciones 1955-2002: octubre, 2002, Sala de Arte Fundación Telefónica Chile, Santiago de Chile. Madrid, Museo Nacional Centro de Arte Reina Sofía, 2002

ARCO' 02: Feria de arte Contemporáneo. Madrid, Arco, IFEMA, 2002

Art/Basel/Miami Beach: The International Art Show = La Exposición Internacional de Arte. Ostfildern-Ruit: Hatje Cantz; New York, NY; Distribution USA, D.A.P. /Distributed Art Publishers, 2002

Colección L'Oréal: Arte Contemporáneo 1985/2002. Madrid, L'Oréal España, 2002

Generación 2002: premios y becas de arte Caja Madrid. Madrid, Caja Madrid, 2002

16 Bienal de Pintura Ciudad de Zamora: Iglesia de San Cipriano, Iglesia de Santa María la Nueva, Iglesia del Carmen de San Isidoro. Zamora, 16 Bienal de Pintura Ciudad de Zamora, 2002

III Certamen Nacional de Pintura Parlamento de La Rioja (2002): del 13 de septiembre al 13 de octubre de 2002. Logroño, Parlamento de La Rioja, 2002

4º Premio de Pintura Todisa: noviembre 2002, Córdoba. Madrid, Todisa Total Distribución, 2002

2001

ARCO' 01: feria internacional de arte contemporáneo = international contemporary art fair: del 14 al 19 de febrero de 2001. Madrid, Arco/IFEMA, 2001

Arte emergente, Estación Marítima, A Coruña, 17 de mayo-17 de junio de 2001. Madrid, Sociedad Estatal España Nuevo Milenio, 2001

Pintura sin pintura. Valladolid, Consejería de Educación y Cultura; Salamanca, Consorcio Salamanca 2002, 2001

Tercer Premio de Pintura Todisa: noviembre de 2001, Madrid. Madrid, Todisa Total Distribución, 2001

XV Premio Navarra de Pintura 2000: exposición: Museo de Navarra, 26 de enero-22 de marzo 2001. Pamplona, Hezkuntza eta Kultura Departamentua = Departamento de Educación y Cultura, 2001

2000

Colección Premio de Pintura L'Oréal. Madrid, L'Oréal, 2000

Generación 2000: premios y becas de arte Caja Madrid. Madrid, Caja Madrid, 2000

IX Certamen de Artes Plásticas «Angel Andrade» 2000. Ciudad Real, Diputación Provincial, 2001

Memoria y modernidad: arte y artistas del siglo XX en Castilla-La Mancha. Madrid, Centro Cultural del Conde Duque del 20 de diciembre al 28 de enero de 2001. Cuenca, Caja Castilla La Mancha, 2000

Pintura: IX Bienal Nacional de Arte Ciudad de Oviedo: 11 de octubre a 26 de noviembre de 2000. Oviedo, Museo de Bellas Artes de Asturias; Centro de Arte Moderno Ciudad de Oviedo; Café Español, 2000

Premio «Caja España» de pintura 2000. Salamanca, Caja España, 2000

1999

VI Mostra Unión Fenosa. A Coruña. Pintura y escultura. julio-agosto 1999. Madrid, Unión Fenosa, 1999

1998

Premio de Pintura l'Oréal: XI edición. Madrid, Centro Cultural del Conde Duque, 1998

1997

Arco' 97: feria internacional de arte contemporáneo = international contemporary art fair: 13-18 febrero. Madrid, IFEMA, 1997

Expoarte Guadalajara 97: VI Feria Internacional de Arte Contempora?neo, 26-29 septiembre = VI International Contemporary Art Fair, 26-29 September. Guadalajara, Jalisco, México: Farco A.C., 1997

Plastika garaikidea = Plástica contemporánea: Vitoria arte Gasteiz. Vitoria-Gasteiz, Centro Cultural Montehermoso; Ayuntamiento de Vitoria-Gasteiz, 1997

Premio de Pintura L'Oréal: XIII edición. Madrid, Ayuntamiento Madrid, Concejalía de Cultura, 1997

1996

ARCO' 96: feria internacional de arte contemporáneo = international contemporary art fair: 8-13 febrero. Madrid, Arco/IFEMA, 1996
Arte primitivo, arte contemporáneo: Beranga, Potes, Torrelavega, 1996. Santander, Consejería de Cultura y Deporte, 1996
Premio de pintura L'Oréal: XII edición. Madrid, Centro Cultural del Conde Duque, Ayuntamiento de Madrid, Concejalía de Cultura, 1996
V Feria Internacional de Arte Contemporáneo = V International Contemporary Art Fair: Expoarte Guadalajara 96, 27-30 de septiembre 1996.
    Guadalajara (México), Farco, 1996
XVI Salón de los 16: 13 diciembre 1996-7 enero 1997, Círculo de Bellas Artes, Madrid XVI Salón de los 16. Madrid, Ediciones del Limón, 1996

1995

ARCO' 95: feria internacional de arte contemporáneo = international contemporary art fair: 9-14 febrero. Madrid, Arco/IFEMA, 1995
León punto y aparte, la nueva escena artística: Sala Provincia, 27 abril-4 junio 1995. León, Instituto Leonés de Cultura, 1995

1994

Arco 94: Feria internacional de arte contemporáneo = International contemporary art fair: [10-15 febrero / IFEMA]. Madrid, Arco/IFEMA, 1994

1993

ARCO 93: Feria Internacional de Arte Contemporáneo: 12-17 febrero, Pabellón de Cristal, Casa de Campo, Madrid. Madrid Tabapress, 1993
V Bienal de Pintura de Murcia. Murcia, Consejería de Cultura y Educación, 1993
XII Salón Nacional de Artes Plásticas. Alcobendas, Ayuntamiento, 1993

1992

Muestra de arte joven: 1992: Museo Español de Arte Contemporáneo, 23 julio-30 agosto. Madrid, Instituto de la Juventud, 1992

Artículos especializados / Articles

2006

Domínguez, Chus M. «Daniel Verbis. Corpus Spongiosum». En: *Art Notes,* n.º 7 Sec. Miradas, 2006
«16 x 16». En: *El Mundo,* El Cultural, 9-15 de febrero de 2006, p. 38

2004

Cereceda, M. «No pintamos nada». En: *ABC,* ABC Cultural, 9 de octubre de 2004
Fernández, A. «Para subirse por las paredes». En: *ABC,* ABC Cultural, 22 de agosto de 2004
Huici, F. «Habitar el dibujo». En: *El País,* Babelia, 23 de octubre de 2004, p. 20
Marín-Medina, J. «Verbis, juego de espejos». En: *El Mundo,* El Cultural, 29 de julio de 2004
Molina, A. «Daniel G. Verbis». En: *Arte y Parte,* n.º 51 (junio-julio 2004), p. 98
Navarro, M. «Verbis, verdades con vocación de pintura». En: *El Mundo,* El Cultural, 7-13 de octubre de 2004
Sánchez. «Daniel Verbis: Tengo mis propias ideas, pero me pregunto cómo llegar a los demás». En: *Lanza (Ciudad Real),* 28 de noviembre de 2004

2003

Borromeo Butler, C. «El hombre sin estrella». En: *Territorio Público,* n.º 1, 2003
Díaz de Urmeneta, J. B. «Arte, juego e ideas». En: *Diario de Sevilla,* 27 de junio de 2003
P. C. «Más que un encuentro». En: *Diario de Sevilla*, 27 de junio de 2003, p. 46

2002

García Rubí, A. «Gordillo y Verbis, nuevos protagonistas de Relevos». En: *El Punto de las Artes*, 27 septiembre a 3 octubre 2002
Marín-Medina, J. «Gordillo versus Verbis». En: *El Mundo,* El Cultural, 26 de septiembre 2002
Rubio Nomblot, J. «Las tripas del lienzo». En: *ABC,* ABC Cultural, 28 de septiembre de 2002

2001

Alfonso, C. «Daniel Verbis, búsqueda y fascinación». En: *El punto de las artes*, n.º 613, 18 al 24 de mayo de 2001

Díaz-Guardiola, J. *(Entrevista)*. En: *ABC,* ABC Cultural, 12 de mayo de 2001

Maderuelo, J. «Preguntas sin respuestas». En: *El País,* Babelia, 2 de junio de 2001

Navarro, M. «Daniel Verbis». En: *El Mundo,* El Cultural, 9 de mayo de 2001

Rubio Nomblot, J. «Anatomía de una obra». En: *ABC,* ABC Cultural, 12 de mayo de 2001

2000

Lorente, M. «Daniel G. Verbis, cuestión de humores». En: *ABC,* ABC Cultural, 8 de julio de 2000

Molina, M. «El camino emocional de Verbis». En: *El País,* Babelia*,* 8 de julio de 2000, p. 18

Otero, E. *(Entrevista).* En: *La Crónica de León,* 3 de octubre de 2000

1999

Cuevas, M. «Las paredes tienen ojos». En: *Diario de León,* 28 de febrero de 1999

Hernando, J. «Proyecciones de energía». En: *La Crónica de León,* 19 de marzo de 1999

Manso, A. *(Entrevista).* En: *El Norte de Castilla*, 17 de abril de 1999

Otero, E. «De las paredes que tienen los ojos de Verbis». En: *El Mundo* (Castilla y León), 5 de marzo de 1999

Verbis, D. G. «Proyecciones de energía». En: *La Crónica de León*, 19 de marzo de 1999, p. 93

1998

Cervera, I. «Daniel Verbis». En: *Arte y Parte,* n.º 14 (abril-mayo 1998), p. 130

Cuevas, M. «Juegos de palabras y colores». En: *Diario de León,* 30 de diciembre de 1998

Fernández, F. «El premio es un reconocimiento a la insistencia». En: *La Crónica de León*, 23 de septiembre de 1998

Maderuelo, J. «Obras sin Soporte de Daniel Verbis». En: *El País,* Babelia, 2 de mayo de 1998

Pallarés, C. «Los juegos estéticos de Daniel Verbis», En: *ABC,* ABC Cultural*,* 1 de mayo de 1998

Ustariz, D. «Aquello que controlas puede convertirse en tu muestra artística». En: *La Crónica de León*, 26 de febrero de 1999

1997

Turner, E. «Sixties minimalism downsized for the ´90s». En: *The Miami Herald*, 18 de abril de 1997

1996

Dancilla, J. M. «La inquietante mirada de Daniel G. Verbis». En: *El punto de las artes,* n.º 390, 21 de enero al 1 de febrero de 1996, p. 6
Fernandez-Cid, M. «El libro imaginario de Daniel G. Verbis». En: *ABC,* ABC de las Artes, 26 de enero de 1996
Vozmediano, E. «El Príncipe Felipe inaugura hoy el Salón de los 16 más joven». En: *Diario 16*, 13 de diciembre de 1996, p. 41
Quijano, C. «Daniel Verbis». En. *Arte y Parte,* n.º 53 (octubre-noviembre 2004), p. 116
Vozmediano, E. «Daniel G. Verbis: Uno no puede esconderse de sus propios trucos». En: *Diario 16*, 12 de diciembre de 1996, p. 41

1995

Hernando, J. «El arte reflexiona». En: *Diario de León,* 28 de abril de 1995

1994

Hernando, J. «El arte reflexiona». En: *Diario de León*, 28 de abril de 1994, p. 51
Otero, E. «Verbis muestra Párpado: una tela que rompe la mirada». En: *El Mundo,* 27 de mayo de 1994, p. 5

1993

López, J. «Daniel Gutiérrez: Mi obra es como un camaleón, se acopla al espacio». En: *Diario 16*, 20 de marzo de 1993, p. 59
Sánchez, P. «La galería de arte Espacio Mínimo inaugura "Redonda" de Daniel Gutiérrez». En: *La Opinión*, 22 de marzo de 1993

1992

«Daniel Gutiérrez: Soy algo más que pinto, quizá algo más». En: *La Crónica de León*, 7 julio 1992, p. 23

1989

Francisco Gutiérrez, D. «Pintura Diario de León: Daniel Francisco Gutiérrez». En: *Diario de León,* 28 de mayo de 1989, p. 39

EXPOSICIÓN / EXHIBITION
daniel verbis, *misojosentusojosderramándose*

Comisario / Curator
Javier Hernando

Coordinación / Coordinator
Tania Pardo

Colaboradores de Coordinación / Collaborators in Coordination
Eduardo García Nieto
Helena López Camacho

Comunicación y Prensa / Comunication and Press
Clara Merín
Paula Álvarez Pérez

Montaje / Installation
Red Producciones/Artefacto

Registro / Registrar
Koré Escobar

Transporte / Shipping
Alcoarte

Seguros / Insurance
STAI

Agradecimientos / Acknowledgments
Rafael Doctor Roncero, Laura Estévez, Galería Archeles, Galería Tráfico de
Arte, Galería Max Estrella, Galería Trinta, Asunta Rodríguez, Pablo Tomé, Juan
Carlos Sánchez Duque, Tomás Sánchez, Emilio Navarro, Belén Benito, María
Colubi, Manuel Serrano, Lola Lara, Antonio Ortega, Galería Rafael Ortiz,
Yolanda Rodríguez, Alberto de Juan

PUBLICACIÓN / PUBLICATION

Coordinación editorial / Editorial Coordination
Tania Pardo

Colaboradores de Coordinación /
Collaborators in Coordination
Eduardo García Nieto
Helena López Camacho

Textos / Texts
Javier Hernando
Elena Vozmediano
Daniel Verbis

Traducción / Traslation
Faus & Planas Traducciones

Fotografías / Photographs
Jacinto Ampudia
Miguel Ángel Blanco
Claudio del Campo Peñalver
Cathy Carver
Chema Conesa
Germán J. González Sinova
Imagen Mas
Unidad Móvil
Óscar de Paz
Verbis
Ángel Villa
Antonio Zafra
Juan de la Cruz
Tono Arias

Diseño / Design
[SZM] Eduardo Szmulewicz

Edición / Edition
Turner

Maqueta / Layout
Lucam: Esther Escobar
[SZM]

Fotomecánica / Colour Separations
Lucam

Impresión / Printing
Brizzolis, arte en gráficas

Encuadernación / Binding
Ramos

Distribuidores / Distributors
España / Spain: Machado y Les Punxes
México: Oceano
USA y Canada: DAP
Europa / Europe: Idea Books

© de la edición: MUSAC / Turner
© de las imágenes: Daniel Verbis
© de las reproducciones autorizadas: VEGAP. Madrid, 2006

Ilustrativas del primer ensayo: Mike Kelley, Courtesy of the
Artist and Metro Pictures; Eva Hesse, © Hauser & Wirth
Gallery, Zurich; Sol LeWitt, Wadswoth Atheneum Museum
of Art; Marcel Duchamp, Foto Cover/Corbis;
Bruce Nauman, © The Museum of Modern Art, New
York/Scale, Florence; Paul Klee, Foto Age Fotostock;
Jasper Johns, Foto Bridgeman Art Library; Jean Arp,
© The Museum of Modern Art, New York/Scale, Florence;
Luis Gordillo, Cortesía de la Galería Malborough, Madrid;
Miguel Fisac, Foto: Paolo Giocosso

ISBN MUSAC: 978-84-935132-4-5 / 84-935132-4-5
ISBN TURNER: 978-84-7506-760-5 / 84-7506-760-3
ISBN ED. ESPECIAL: 978-84-7506-763-6 / 84-7506-763-8
D.L.: M-36832-2006

www.musac.org.es
www.turnerlibros.com

Este libro ha sido editado con motivo
de la exposición del artista Daniel Verbis,
realizada en el MUSAC,
Museo de Arte Contemporáneo de Castilla y León.

This book has been published on the occasion
of the exhibition of the artist Daniel Verbis,
at the MUSAC,
Museo de Arte Contemporáneo de Castilla y León.

León, septiembre/september 2006

Urs Stahel

Hans Danuser **frost** Scalo Zürich-Berlin-New York

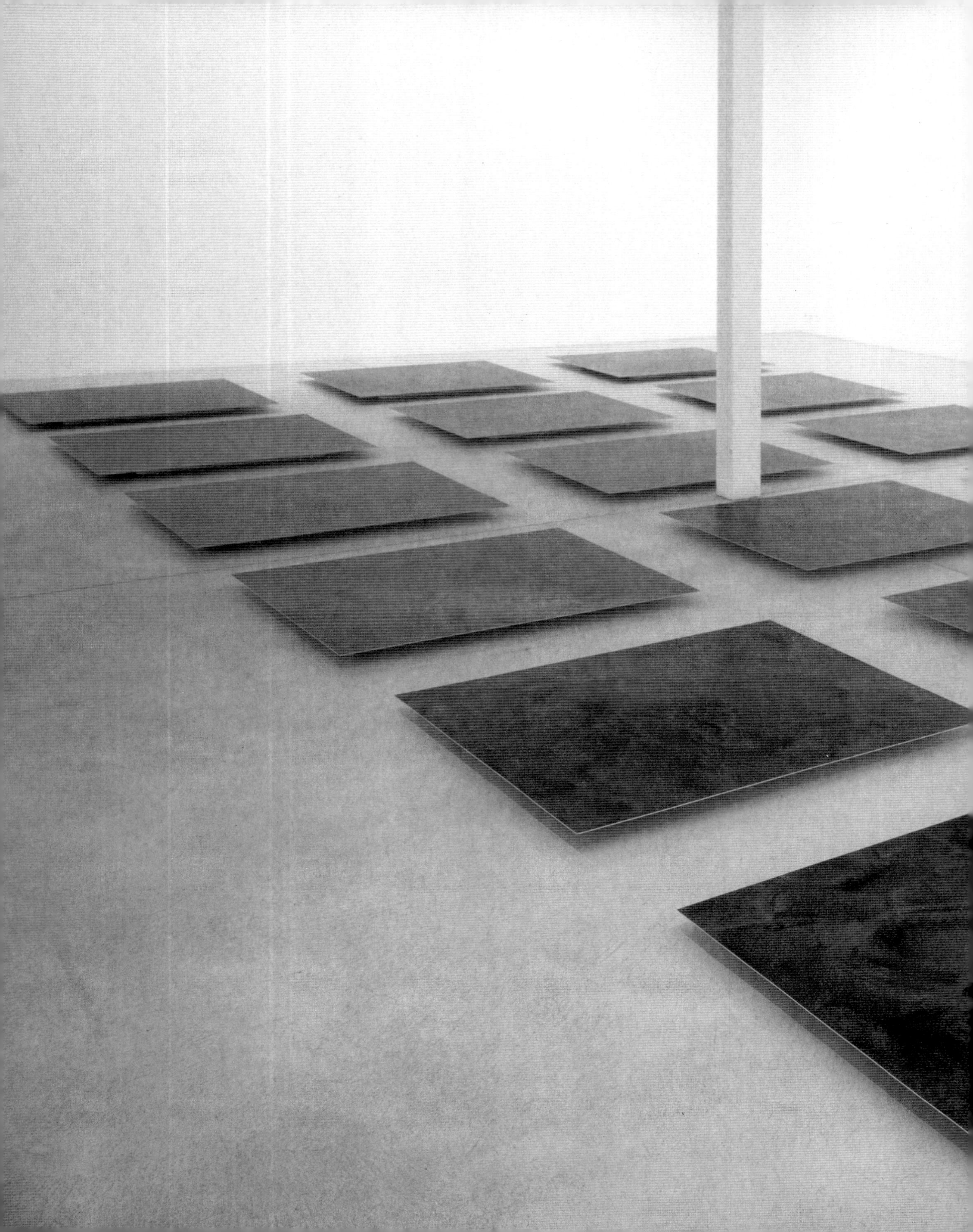

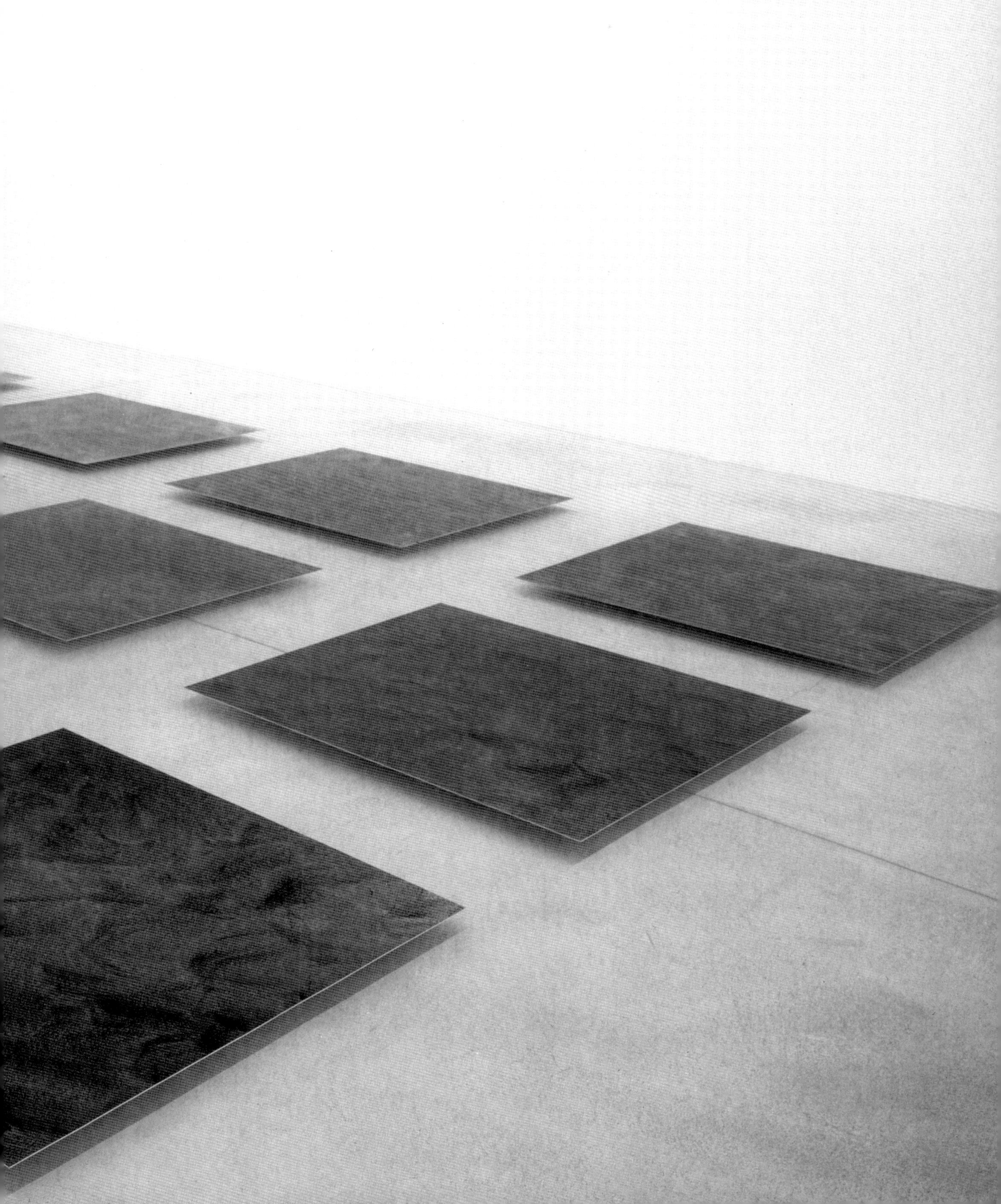

Page / Seite 2–3: **EROSION I**, 2000–2001
Floor installation, 18 parts (I 1 – I 18), silver gelatine print, 59 x 55" each,
mounted on 2 mm aluminum sheet behind 4 mm denglass pane /
Bodeninstallation, 18-teilig, Fotografie auf Barytpapier, je 150 x 140 cm,
aufgezogen auf Aluminium, 2 mm, unter entspiegeltem Glas, 4 mm,
Fotomuseum Winterthur (Photo: Christian Schwager)

Topographies of Power

Urs Stahel

Frozen Life

An extending gray field is rippled by waves, ranging from charcoal gray to dark gray to slightly brighter hues. Within this field there is a maze of lines, open and closed contours. They look like scratches on dark stone; like the white edges of an evaporated drop of water; like chalked marks; like the superimposition of many swiftly drawn bright signs. The lines are wavy, scribbled, and informal. Rarely do they add up to a shape that seems to be a figure, the sketchy outline of an animal, say, or a face reminiscent of pre-historical wall paintings. This association is sustained by a feeling of spatial-temporal depth that besets the viewer—it all seems far away or as if it were seen from afar. Am I looking at the vault of a heaven just about to crystallize? At the evaporations of some strange material? A blackboard full of traces of incomprehensible signs? A mound of broken glass after an explosion? Is this what the fallout from the implosion of the digital universe that I fathom through my computer screen will look like? Or am I just looking at an opaque, milky surface that merely simulates depth? The all-over structure of the image, the effaced perspective, and the lack of any point of reference make it impossible for the viewer to decide whether he is looking at minute details, a microcosm, or at gigantic lineaments up in the sky, a macrocosm. Depending on the angle of light, the viewer delves into the darkness of the lower layers and is sucked into their depths, or his gaze dances on the surface, on a grid above a deep dark hollow.

Once there was a man who had a hollow tooth. In this hollow tooth, there was a little box. In this little box, there was a note that said: Once there was a man who had a hollow tooth. In this hollow tooth, there was a little box. In this little box, there was a note that said: …This Swiss doggerel aptly illustrates the feeling of looking at this picture. You get the impression that every shape, every field repeats the whole, the small the large, the large the small, no matter where and how deep you look.

This is not the only picture. There's a second one, a third, fourth, fifth one, sometimes even a ninth or tenth picture. A series of large pictures evolves, rhythmically hung across an entire wall. In each of the pictures in the series in front of me, a strange indented oval shape appears, reminiscent of an egg pierced by a spermatozoa. It is repeated, but every time it is seen in another place and

from another angle, as if someone were pacing up and down in front of a portal whose Kafkaesque doorkeeper will not let him in. It is as if your gaze, nervously looking for a structure, were circling around an absent focal point. The pictures seem to show the same environment, yet each view is slightly shifted, photographed from a slightly tilted angle, as if they mapped a field; as if they circled around a situation; as if they were searching for something.

This circling, searching motion in the sequence deserves a closer look, as it occurs in the absence, or at least in radical reduction, of a classical order of perspective. Hans Danuser photographically charts an "area" less systematically than a land surveyor would, but does it with a much more closely scrutinizing gaze. He looks at it as if it were the site of a crime, as if it put a vertiginous spell on him. Danuser is a cartographer gone slightly astray, with an open eye, without a clearly defined purpose. His

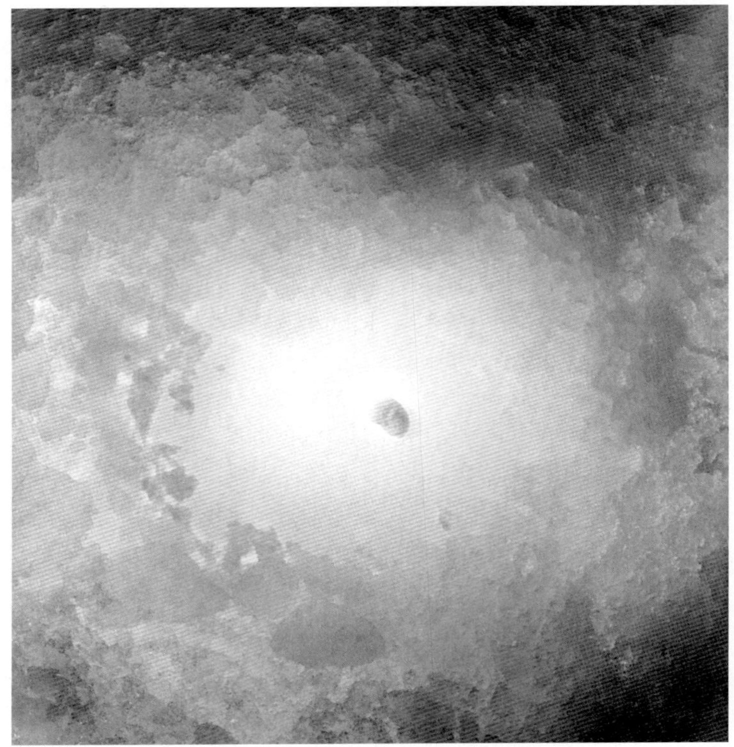

EMBRYO
From / aus: **FROZEN EMBRYO SERIES II**, 1998–2000,
8 parts (III 1 – III 8), silver gelatine print, 59 x 55" each, mounted on 2 mm aluminum sheet / 8-teilig, Fotografie auf Barytpapier, je 150 x 140 cm, aufgezogen auf Aluminium, 2 mm. Collection Howard Stein, New York

movements seem to be dominated by uncertainty, and perhaps restlessness. There is no order, clarity, or certainty. There is hardly ever anything that would offer hold or that could serve as a scale. The gaze seems to precipitate across a fabric of bright lines, ever deeper, endlessly. Does the photographer "describe," "delimit" a boundary? Does he visualize the transition from a known systematic order to a new open field?

Other series of images from this group of works seem more three-dimensional. They read like images of crumbling rocks, splitting slate, or sprawling mycelium. The outlines are filled out; they become fields that break off and pass onto other levels. There are outlines that even seem to have volume like a relief map. Finally, the viewer starts to realize that these are photographs of ice, of water at various degrees of frost, ranging from a few degrees below freezing point to zero degrees Fahrenheit. The colder the ice, the brighter the images seem, until they almost become a glittering glacial sky. The warmer the ice, the darker the background against which the signs brightly stand out. Temperature also changes the crystalline structure of ice from softly curved to sharply rectangular. These pictures are called *Frozen Embryo Series.* We could also call them "frozen life." But we

cannot discover a single fetus, even if we look extremely carefully. The title refers to the history of these images, so to speak. In the early 1990s, Hans Danuser began photographing in research labs where fetuses were used to test the effects of new drugs. These labs also performed prenatal medical and surgical operations, and created access to stem cells and the genetic code. In a series of works resulting from this investigation, Danuser placed a fetus, surrounded by a luminous circle, in the center of each photograph, as if some scientific aura illuminated the fetus. Over the years, he has created new works in the same area of research, forgoing this "striking" motif and concentrating solely on the ice. The eye does not look up to a sky; it rather stares at tubs filled with ice, which serve as the material basis, as the foundation for experiments and case studies. The ice crystals that freeze life in order to place it at science's disposal do not mirror heavenly light, just simple lab lights. "The paler the light, the more silent, more unfathomable, and the more soulless becomes the sector in which the photographer delves ever more deeply like a deep-sea diver." (Juri Steiner) But the manipulations of the genetic code that are being performed here are creative, "heavenly," at least in regard to their potency and their power.

Strangled Body

In *Strangled Body* we once again encounter this incredible gray. It's an almost seductive range, a delicate differentiation of hues. They are condensed into an increasingly darker gray; they coagulate to a deep black; they get denser and start to overlap. Then they are drawn out again, extended, diluted, like stretched skin, and the same amount of color seems to be dispersed across a larger field. We cannot make out any contours. Everything seems to be in transition, a smooth transformation from the brightest hue, a medium gray, to the deepest and darkest shades. Color draws the gaze across seemingly transparent skin into an abyss. Color consumes the gaze and lures it into the darkness. You instinctively draw back from this abyss. What gravity! What repulsion and attraction! The heaviness of the colors, weighing on our eyes like lead, stands in disturbing contrast to the soft shapes. According to our experience, this kind of heaviness is otherwise geometric, cubic, heavy metal. Whence this combination of soft shapes, reminiscent of skin, of vesicles, or of a body, with this sensation of weight? Are these colliding huge, soft planets? Are we staring into volcanic faults? The almost monumental enlargement of the bruises on strangled bodies shown in the photographs effaces any sense of scale and any reference to reality—the indexical nature of photography, as it is called in theory. It transforms the *depictions* of injuries, of strangled and mutilated bodies into *images* of horror, of a chasm, of an abyss. The images reduce the tangible; they fragment it and transfigure it into an abstraction of torture's night and of power's performance. The series that Danuser showed at the Kunsthaus Zurich in 1996 consisted of alternating upright and oblong

photographs, four each, that formed a kind of chain enclosing the viewer who beheld himself mirrored in the glass and confronted with these more than life-size voids of violence. The new series, *Strangled Body* (2000), seems calmer; I am even tempted to say, more balanced. The pictures are no longer rectangular and outsized. Their size is an energizing almost cubic 59 x 55" format, one of Danuser's favourites. The gashes are smaller this time; they look like marks on an almost furry epidermis that even seems sensual and erotic at times. The drama is strongly diminished. The atmosphere seems more factual and stoic, but also more ambiguous.

The *Frozen Embryo Series* deals with the study of the prenatal body, whereas the *Strangled Body* photographs investigate the forensic examination of the body post mortem, after lethal torture or suicide. Before birth and after life, in a violent death: heaven and hell. Both work groups, even though a life's span separates them, are united by subject matter and several issues they address. Both series focus on "man," the unborn and the dead human body, the very limits of human life. They investigate the twilight zones of our knowledge about ourselves. In both instances, Hans Danuser enters areas of research that are off-limits to the public, forbidden zones. The core issue intertwining these works is the concept of power—on the one hand, the power of knowledge, of intervention, and of healing, the ethical challenges genetic technology has had to face during the past decade; on the other hand, the power to kill, to eradicate life. In both cases, we encounter a powerful use of force, a violent relation to the vulnerable human body. One—the prenatal—is more hidden, the other is more obvious, and the intentions are diametrically opposed.

Erosion and Sedimentation

Once again an array of hues of gray. This time it's mid-range gray that never sways toward dark gray, black, or white. Subtle differences within a small range indicating that something is falling apart, dissolving, flowing away—continuously, bit by bit, and sometimes there's even a landslide, when whole parts break off, fall apart. Danuser shows eroding soil. He has explained that eroding slate sand in the mountains of Grisons, Switzerland was the starting point of these images. There is the natural sedimentation of mud, of slush, an eternal, seemingly useless flow from the mountains down to the valley, from the valley to the sea, to the immense delta. Or erosion can be engineered and used by humans to gain land, to conquer the river and its sprawling, ever expanding meanders, as people have been doing in the Swiss region of Hinterrhein for more than a hundred years, a hydrotechnical long-term project.

Slate sand is gray, almost incredibly gray-gray. Hans Danuser's photographs of slate sand are gray. A kind of one-to-one color image. The black-and-white of Hans Danuser's photographs is a realm of infinite hues of grays—his *Hell-Dunkel* (bright-dark), as he calls it. And here, for once, the

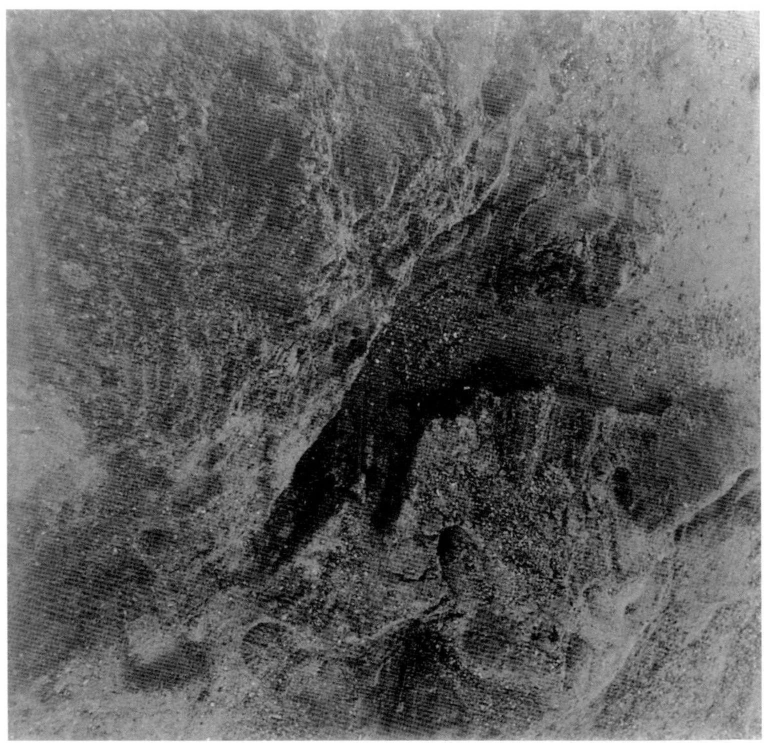

LANDSCAPE / LANDSCHAFT, 1993–1996
Silver gelatine print, 59 x 55" / Fotografie auf Barytpapier, 150 x 140 cm

colors are real. Black-and-white photography, usually an abstraction from the real riches of color, unexpectedly acquires a naturalist quality. But Danuser's gray world always has its very own specialties. The sum of all colors of the spectrum is gray. Gray, in contrast to black and white, is not an absence of colors, but rather their sum. It is not created by subtracting, but by adding color. Danuser's hues of gray vitally depend on this. His own, self-created range of bright and dark seems as rich as a range of colors would. It's a saturated gray. The structure of the image is equally complex. Danuser cuts out fragments of reality in a manner so radical that we lose any sense of scale. The fragment detached from its context is an abstraction of the thing and its place in the system of photographic perspective. But this detachment permits Danuser to concentrate on a meticulous scrutiny of dense fields of color. It enables him to focus on an open field requiring a kind of floating, open-ended perception. In the sum of the reductive single images something abstract becomes visible—a topic, a state, a relation.

The ground under our feet moves. Permafrost thaws. Even rocks erode, are carried away, first as large bulky boulders, then as little round pebbles, and finally as sand. *Erosion* shows this eternal and ever new natural cycle that dissolves even seemingly solid, secure, and immovable objects. Danuser conveys this feeling in exhibitions by showing the photographs as floor prints that we can very carefully walk on. As in the *Frozen Embryo Series* and *Strangled Body,* the focus is on power, a play of forces, in this case slow erosion and sudden landslides. Man can control and harness these forces if he approaches them carefully. But he is helplessly exposed to them once the mountain starts to uncontrollably slide. Heavy rainfalls drench the ground until a critical saturation is reached and the mountain starts to move. *Erosion II* visualizes these forces in images of suffocating slush that seems to dry like mortar and rock-solidly buries everything beneath it. Hans Danuser's work on the natural forces of erosion acquires social dimension in the context of the contemporary global economy and society; we can read it as a symbol of a society eroding at every corner.

The Eighties

Danuser began work on the three series discussed above in the early 1990s, during the same period he worked on the first images of frozen life. Together with several site-specific commissioned works and a few "landscapes," they mark a distinctive period of Danuser's work after the publication of *In Vivo* in the late 1980s. *In Vivo* showed 93 photographs, grouped in seven chapters. In *Frozen Embryo Series, Strangled Body,* and *Erosion,* he continued to pursue the issues and the visual discourse he outlined in *In Vivo,* a retrospectively almost prophetic book. In the 1980s, fashionably unshaven yuppies with padded shoulders caroused about as if humanity, or at least the West, no longer had to shoulder the burden of history. They excessively and licentiously celebrated the cult of the individual, as if man had been liberated from existential worries, the shackles of outdated value systems, and the repressive sense of social responsibility. In this climate of greed and gluttony, *In Vivo* pointed to the twilight zones of civilization where our present and our future will be determined. In this long-term project, which consisted of several series, Hans Danuser dared to venture into the most decisive and ethically most contentious areas of our thinking, calculating, acting, and profit making. He identified seven neuralgic spots in economy, science, research, and technology as starting points for his photographic inquiry: *Gold, Atomic Energy, Medicine I, Medicine II, Physics I, Chemistry I, Chemistry II* are the titles of the chapters. Each of them addressed another dilemma of our civilization.

In *Gold,* the process of refining gold is represented in alchemistic, almost symbolist images as the greedy quest for surplus value, the Holy Grail of modernity. Looking back, the series seems like a secular version of the expulsion from paradise. The separation of object and value as expressed in gold or money parallels the separation of consciousness and being. It brought about an abstract world where capital allows for swift movements, but also reigns supreme. As Peter Sloterdijk writes, "Money is abstraction. No matter what values are at stake, business will be business. Money does not care about anything. It is the medium that, for all practical purposes, levels any difference." The photographs of gold bars from England, France, and the Soviet Union loom like commandments written in stone, like icons of the old world order that eventually ended in 1989.

The *Atomic Energy* series densely and darkly illustrates the quantum leap that nuclear technology represents to humanity. Man has passed a threshold vesting him with a power that allows him, biblically speaking, to move mountains. The series is divided into two parts. The first part leads us from the outside to the inside, through the billowing steam of the cooling tower and along precise and harshly lit corridors to the "controlled" nuclear fission. The second part primarily shows storage facilities for nuclear waste. The series shows the fateful and potentially fatal way to nuclear fission, which takes places within fractions of a millisecond, but whose by-products will keep radiating for another 500 or more years.

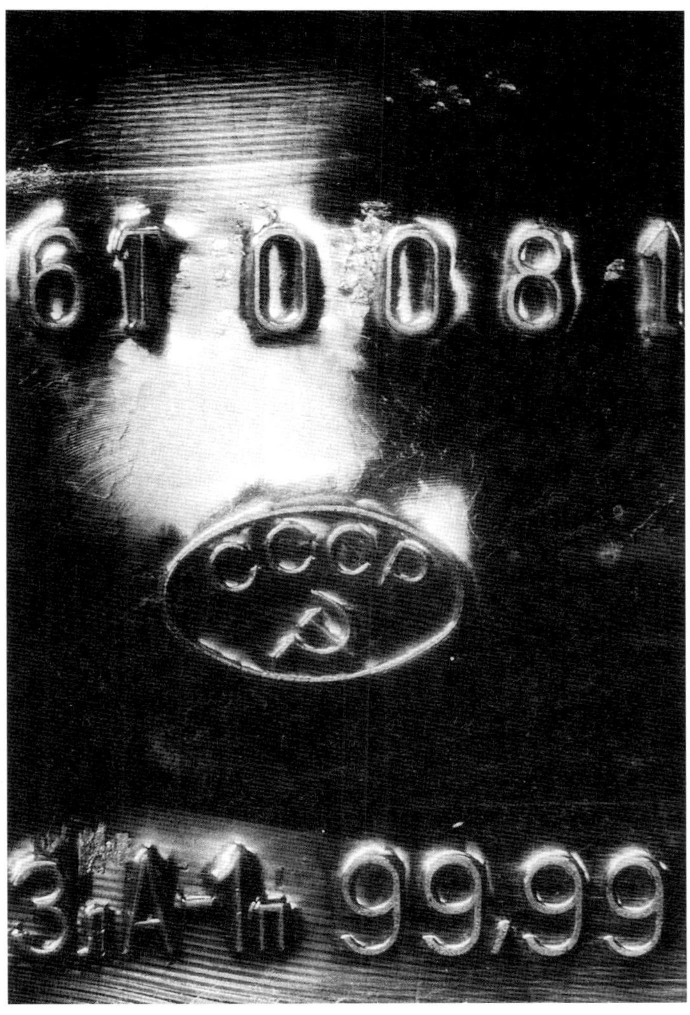

STANDARD BAR RUSSIA / STANDARDBARREN RUSSLAND
From / aus: **GOLD**, 1983, silver gelatine print, 18 parts,
19⅔ x 15¾" each / Fotografie auf Barytpapier, 18-teilig, je 50 x 40 cm.
Fotomuseum Winterthur, Gift / Schenkung George Reinhart

Medicine I, a deeply disturbing group of eleven photographs taken in anatomical or pathological research facilities, shows with frightening urgency the program of modern civilization, the Cartesian domination of nature. The pathologist dissecting corpses epitomizes the triumph of knowledge over death. Peeling and laying bare a human body for the sake of enlightenment conjures up a materialism that, according to Peter Sloterdijk, is more cynical than any other and that profoundly disturbs the balance between body, soul, mind, and emotions.

Medicine II shows the new and unintended servility, even humility, of human beings. In this series on surgery performed on sensory organs—on eyes, ears, noses, and hands—we see the individual body submitting itself to institutional knowledge, completely surrendering to the prescribed technology. Hans Danuser's choice of surgery performed on sensory organs implicates that we are about to enter a world where we won't be able to trust our own senses anymore, exposed as we are to a multitude of flows of energy and information. We will be confronted with new powers that will rob us of our ability to make decisions according to our experience and our own volition.

For *Physics I,* Danuser traveled to Los Alamos, New Mexico, to photograph in laboratories where research on laser rays and nuclear fusion was done as well as the development of the notorious SDI anti-missile defense shield. He shows the attempt to attain total control of the earth by submitting nature to geometry's iron grid and by amplifying energies. These photographs outline a (visual) world that dissolves any kind of familiar or comprehensible order and installs a new one in its place, enabling us to exert total control. Considering that light is a preeminent symbol of knowledge, the use of laser rays (light amplification by stimulated emission of radiation) gains a salient metaphorical quality: highly amplified knowledge may lethally disturb nature's balance.

Chemistry I shows images of experiments in vivo and in vitro for pharmaceutical research in chemistry and analytic chemistry. *Chemistry II* was shot at genetic research facilities for pharmaceutical and agricultural companies. They are the culmination of Danuser's investigation of radical enlightenment as a means of dominating nature. Both series show Western civilization's advance from the body to language, from models of matter to models of language, transforming the body, reality itself, to "a prosthesis of human intelligence" (Jean-François Lyotard). The photographs of chemical formula, the set-ups for animal testing, and experiments with living organs delineate the new demiurgic power to actually act as creator, crossing the "threshold of the natural structure of substance itself" in order to reach the place where "the most enigmatic cosmic forces were located," as Peter Sloterdijk says. The will to know is always a will to power. The power over the body (of the animal, in this instance) gives us an organic, physiological knowledge that transforms the body into language, a legible formula. This in turn allows us to influence matter. After manipulating the core of physical nature, we now start to engineer biological and chemical structures.

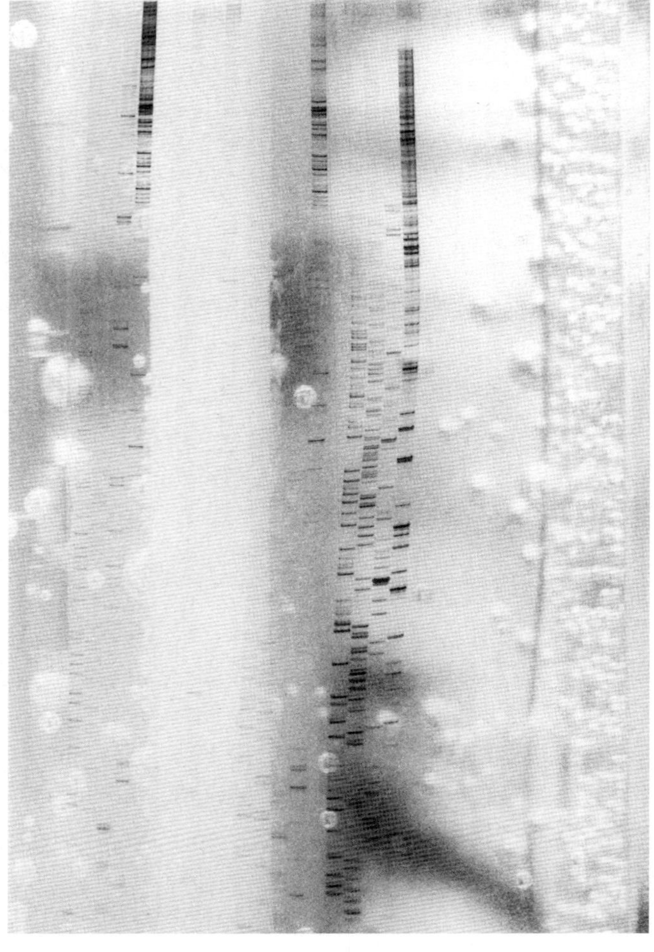

DNS

From / aus: **CHEMISTRY II / CHEMIE II**, 1989, silver gelatine print, 12 parts, 19 ²/₃ x 15 ³/₄" each / Fotografie auf Barytpapier, 12-teilig, je 50 x 40 cm. Fotomuseum Winterthur, Gift / Schenkung George Reinhart

Chemistry II is the last of the seven series, probably the most radical, both photographically and thematically. The series reveals that there is nothing left to show. The essential has become invisible and functional. Images of refrigerated or heated organisms (a tobacco plant, for instance) hardly say anything about the fundamental interventions that are being performed here. Man is about to penetrate the inner core of substance and its structure. Ten years later, the human genome has been decoded. The ultimate structural laws are about to be conquered by man who will re-engineer them according to his will and his own intentions. With this series, Hans Danuser ended his *In Vivo* project.

The seven areas of research and radical transformation shown in *In Vivo* follow the values that have shaped the ways of the world ever since the enlightenment: generating and increasing knowledge and money in order to gain more power over the alien Other—nature, illness, death—and the

Other closest to us, our fellow human beings. The most unfamiliar and, for many, the most frightening aspect of this development are the tools that contemporary science has given to the world.

Urgent and Stoic

In Vivo outlines many of the central themes of Hans Danuser's later work. With a mixture of urgency and stoic calm, he approaches key areas and questions of contemporary society, where contradiction and cynicism become most obvious upon a closer look. This is the core of our knowledge and our power, almost off-limits to the public. It is a taboo zone because our future and our ethics are at stake. "We are enlightened; we are apathic," as Peter Sloterdijk concludes in his *Critique of Cynical Reason.* "Let's not talk about *love* for wisdom anymore. There is no knowledge whose friend *(philos)* we could ever be. It would never occur to us to love what we know. Instead, we have to ask ourselves how we can live with it without petrifying." This feeling of apathy seems to accompany the processes represented in *In Vivo* and subsequent work groups, independent of their weighty meaning.

In the mid-1990s, Danuser began to include children's counting rhymes from different cultures and languages in his exhibition installations. Counting rhymes—eenie, meenie, miney, mo—are used by children to order their world with an astonishing sobriety, even coolness. The result is arbitrary, but also inexorable: you're out, period. With a laconic smile they seem to say: That's the way of the world. You better get used to it. This demeanor creeps into the immeasurably more complex world of research and becomes, depending on the viewpoint, cynicism, its evil twin. In the context of genetic research, these rhymes put in perspective the scientific reasoning behind the decision, whether a gene (trait) may stay in an organism or has to go. In regard to erosions they highlight the accidental and incalculable nature of landslides and earthquakes. In regard to the vulnerability of the human body they underline that intentional violence, inflicted on humans by humans, can affect everyone as was horrifyingly and impressively evident in New York and Washington.

The tone of Hans Danuser's visual "reporting" is still laconic today. This approach gives him the freedom to visualize monstrosities that have remained image-less so far and to present them to the viewer without any comment. Open, ambiguous, without commentary—and intense. It gives us the opportunity to think almost dispassionately about crucial questions facing our society and about life in general, after we have adjusted to the enormous power of their visual appeal.

Danuser's methodological approach and his relation to the photographic image have changed since *In Vivo*. For the seven chapters of *In Vivo* Hans Danuser went to seven different "scenes of crime," and like a documentary photographer, took pictures. Back in his lab, he condensed the

photographs in multipartite essays that push back the documentary aspect in favor of an evocative iconic quality. Danuser opens the doors to explosive areas of civilization, but he does not insist on making visible what he has seen. He refuses to be a witness, so to speak, omitting the documentary narrative and the factual nature of his investigations. In *In Vivo*, he engaged in an aesthetic discourse between document and image. Nevertheless, the series was conceived within the domain of photographic documentation. From this perspective, he tries to explore, to tackle, and to blow up the limits of the very framework he is working in. The last series *Chemistry II* hints at the further development of Danuser's concept of the image. The series contains all the contradictions of a type of photography that insists on documentary visibility in the realm of the invisible. The photographs in this series conspicuously lack perspective in comparison with the other series. As is appropriate to the subject matter, there is no depth of field in the sense of a stand point or a vanishing point that would establish an order among the represented objects. The photograph's vertical orientation is reminiscent of the mediaeval representational order; their flatness references all-over painting, such as *informel* or the color field painting of the 1960s. *Chemistry II* heralds the dissolution of perspective's order, of the security of above and below, of tangible reality. *Frozen Embryo Series, Strangled Body,* and *Erosion* perform this dissolution to the point of visceral irritation. Danuser entirely separates his photographic imagery from a motif that would provide a focus or from a descriptive approach to his subject matter. Thus, he enhances their potential to serve as screens for projections and their symbolic power. The shift from small-format to large-format photographs (59 x 55") alter our encounter with the image. It becomes a physical experience, an equal of the viewer. It is an open pictorial space where our eyes may roam, search, question, and explore. The installation of the images transforms the exhibition space into a field of precarious experiences.

Topographies of Power

Nursery rhymes are attempts to structure a child's world and play, providing a model of and a structure for the flow of life. Scientific models do the same, even if they don't sound as poetic as "eenie, meenie, miney, mo." Danuser's approach hints at a fascination for models as tools for understanding the world. Very early on, in the late 1970s, he also did research on photographic emulsions. In *Delta* (1995)—his "matographies," as he calls them, his "crazy" photographic game of signs—he continued to pursue this research. But Danuser's approach is very ambiguous. He admires the models and the realities that were built with them, the very real interventions they brought about. With equal fascination, however, he seems to observe the collapse of models and the failure of attempts to impose order and to gain knowledge. His approach is imbued with the amazed "Oooh"

of a child looking with wide-open eyes at a firework in the night sky. Mephistophelian places where enormous energies, surplus values, and immense knowledge are generated naturally attract a sorcerer's apprentice.

Finally, I will use a scientific model to look at Hans Danuser's work (after John Brockman, *The Birth of the Future,* 1987). In 1977 the mathematician Benoît Mandelbrot published a book, *The Fractal Geometry of Nature,* in which he proposes the use of fractals to mathematically quantify irregular natural forms. It is an elegant method which claims that although the number of conceivable different levels of order is infinite, the relation of these different levels of order will always be expressed in very simple numbers, like 1,2 or 2. If scientists want to chart a coastline, mathematically and geometrically, they will map it photographically from the air. With each attempt to adjust the coastline to the rigors of geometry, the map becomes less precise, a mere paraphrase of the actual coast. We would get a much more precise picture if we took pictures at a lower altitude in order to include every inlet, every spit of land. Finally, we would even show every stone and every grain of sand. We would have achieved a perfect representation of reality, one-to-one, but it would be of such an enormous size and complexity that it would not serve any purpose anymore. The world, however, is *that* complex and irregular.

This phenomenon, and its solution, shows astonishing parallels to Hans Danuser's work. Ultimately his work is landscape art—icescape, bodyscape, erosionscape. He shows topographies that hide, even dissolve the real in infinite folds, curves, and overlaps. Under every fold there's yet another fold. One smells good; the other doesn't. One is a pearl-oyster; the other's a Pandora's box. For some we have an explanation, for others we don't. We cannot even begin to fathom the whole. Once there was a man who had a hollow tooth. In this hollow tooth, there was a little box. In this little box, there was a note that said: ... Or as Aldous Huxley wrote in *The Doors of Perception,* "Those folds in the trousers—what a labyrinth of endlessly significant complexity!" Thus, we can end our discussion of Hans Danuser's work on a philosophical and conciliatory note. The world is. Frost is here to stay. We keep shivering. The processes that Danuser shows testify to a high critical potential, to a high charge in this fold and the next one. Mercy to those who lift them and ply them anew. And woe, if they lift themselves and slide and slide and slide.

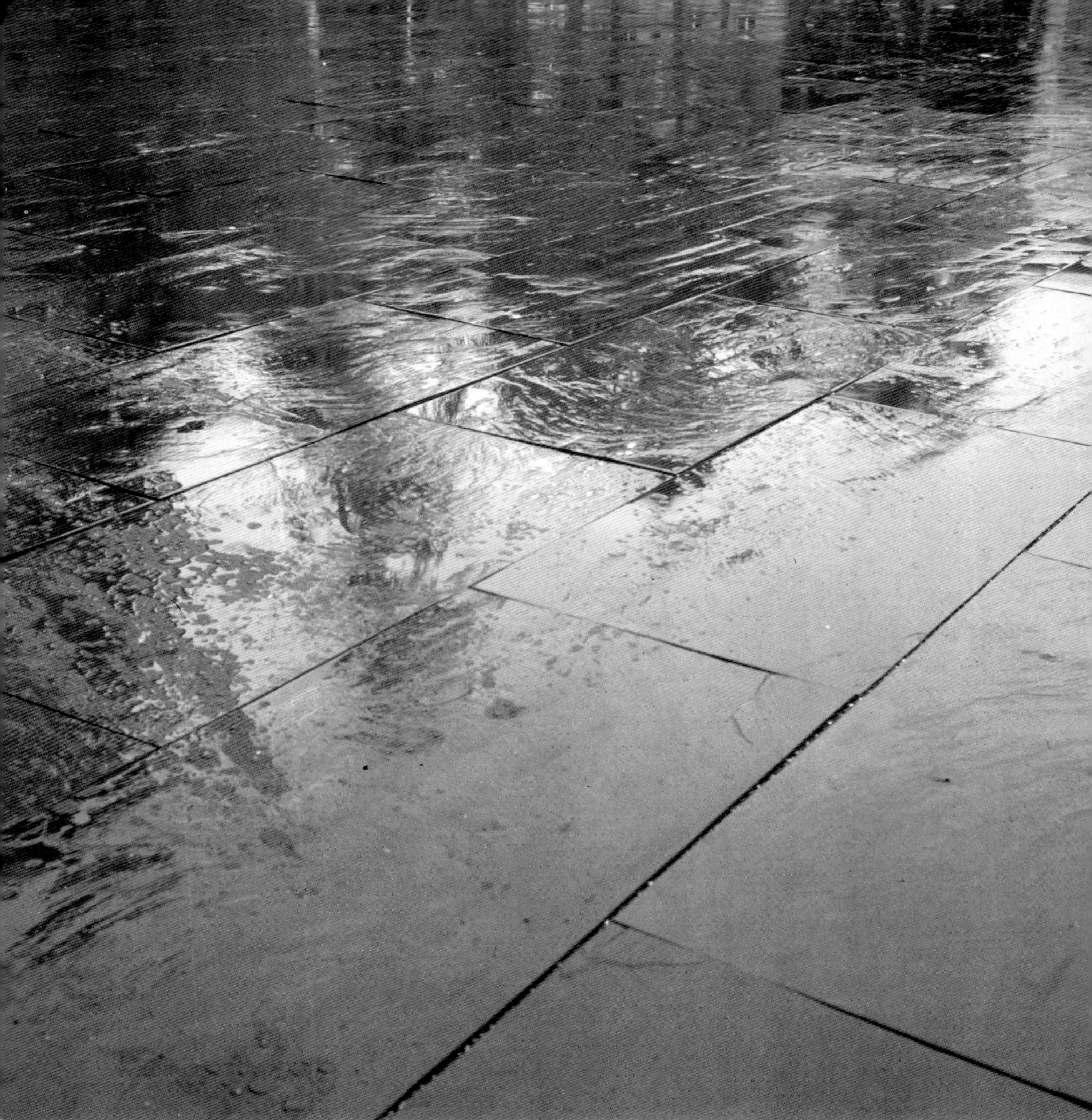

SLATE—Main Courtyard / **SCHIEFERTAFEL** – Zentrumsplatz
Project "Art in Architecture," Clinic Beverin, Grisons – Switzerland, 1999–2001 /
Projekt «Kunst in Architektur», Klinik Beverin, Graubünden
(Photo: H. D. Casal)

Topografien der Macht

Urs Stahel

Gefrorenes Leben

Ein graues Feld breitet sich aus, durch das sich Wellen ziehen, von Schwarzgrau zu Dunkelgrau hin zu leichten Aufhellungen, darin ein Gewirr von hellen Linien, offenen und geschlossenen Konturen. Sie scheinen eingeritzt, wie Kratzer in dunklem Stein, oder sie wirken wie weisse Ränder von verdunsteten Tropfen, aber auch wie Kreidestriche, wie eine Überlagerung von vielen schnell gezogenen, hellen Zeichen. Die Linien sind kurzwellig, kritzlig und informell, selten fügen sie sich zu einer Form, die als Figur, als reduzierte Wandzeichnung von Tieren etwa oder von Gesichtern, erscheint. Die Kenntnis von Höhlenmalereien nährt diese Assoziation, zusätzlich verstärkt noch durch ein Gefühl von raum-zeitlicher Tiefe, das sich beim Betrachten einstellt – weithin oder von weit her. Betrachte ich ein Firmament, das sich auskristallisiert? Ein Material, das ausdünstet? Eine Wandtafel voller Spuren unverständlicher Zeichen? Einen Scherbenhaufen aus Glas nach einer Ex- oder Implosion? Wird so einst der Fallout aussehen, wenn der Informationshimmel, den ich durch den Bildschirm erahne, zusammenbricht? Oder betrachte ich lediglich eine milchgläsern-durchscheinende Oberfläche, welche Tiefe nur vortäuscht? Die All-over-Struktur des Bildes, die Ausblendung der Perspektive und der Vergleichsmöglichkeiten entziehen der Betrachtung die Grundlage, sicher zu entscheiden, ob es sich hier um kleinstmögliche Teile, um einen Mikrokosmos, oder um gigantische Formen im All, also um einen Makrokosmos, handelt. Je nach Lichteinfall versinkt der Blick eher im Dunkel der unterlegten Zonen, taucht ab im Grund, wird aufgesogen, oder er folgt stärker der Helligkeit der krakeligen Linien, tanzt auf der Oberfläche, auf dem Gitter vor dem tiefen, dunklen Raum.

Es war einmal ein Mann, der hatte einen hohlen Zahn. In dem hohlen Zahn lag eine Schachtel, in der ein Zettel lag, auf dem stand: Es war einmal ein Mann, der hatte einen hohlen Zahn. In dem hohlen Zahn lag eine Schachtel, in der ein Zettel lag, auf dem stand: ... Dieser Kinderspruch veranschaulicht das Gefühl, das sich beim Betrachten des Bildes einstellt. Man gewinnt den Eindruck, als wiederhole sich in jeder Form, jeder Fläche das Ganze – das Grosse im Kleinen, das Kleine im Grossen, wohin der Blick und wie tief er auch fällt.

Doch dieses eine Bild kommt nicht alleine, da folgt ein zweites, ein drittes, viertes, fünftes, manchmal ein neuntes, zehntes. Eine Serie von grossen Bildern entsteht, die wandeinnehmend

rhythmisch gehängt wird. Darin erscheint eine merkwürdige, eingedellte ovale Form, einer Frucht-zelle ähnlich, in die sich ein Spermium zu bohren scheint, und zwar taucht sie in jedem Bild der Serie, die mir vorliegt, wieder auf. In Wiederholung, aber immer an anderer Position und aus einem anderen Blickwinkel gesehen. Als tigere jemand unruhig vor der Pforte auf und ab und werde von Kafkas Türsteher nicht eingelassen; als nähere sich der Blick von allen Seiten, unruhig auf der Suche nach einer Ordnung, einem ruhenden Pol, den die Bilder nicht bieten. Ja, die Bilder schei-nen das gleiche Umfeld wiederzugeben, aber sie sind immer leicht verschoben, leicht oder stark ge-dreht zueinander aufgenommen, als würden sie ein Feld vermessen, als kreisten sie um eine Situ-ation, als seien sie am Suchen.

Diese kreisende, suchende Bewegung in der Abfolge der Serie verdient genauere Betrachtung, denn sie geschieht in Absenz, zumindest in weitgehender Reduktion einer klassischen perspektivi-schen Ordnung. Hans Danuser vermisst da fotografisch ein ‹Gelände›, unsystematischer als ein Landvermesser, dafür suchender, als sei es ein Tatort, drehender, als ziehe es ihn spiralförmig in Bann. Ein Kartograph auf leichten Abwegen, mit offenem Blick, ohne genaue, abgegrenzte Zielvor-gabe. Die Bewegung scheint vielmehr einer Ungewissheit, vielleicht einer Unruhe zu gehorchen. Ordnung, Klarheit, Sicherheit fehlen, es gibt kaum etwas zu greifen, das Halt bieten, als Massstab dienen könnte, der Blick scheint durch ein Geflecht von hellen Linien hindurch in die Tiefe zu fallen, endlos. Wird da eine Grenze ‹beschrieben›, ‹beschritten›, visualisiert sich dadurch ein Übergang, von einem bekannten Ordnungssystem zu einem neuen, offenen Feld?

Andere Serien aus dieser Werkgruppe wirken dreidimensionaler, lesen sich etwa wie Bilder von abbröckelndem Fels, abblätterndem Schiefer oder von pilzigen, vegetativen Wucherungen. Die Um-risse füllen sich hier, werden zu Flächen, die abbrechen, übergehen in nächste Ebenen. Umrisse, die gar Volumen annehmen, wie eine Reliefkarte. Schliesslich wird deutlicher erkennbar, dass es sich bei diesen Bildern um Fotografien von Eis handelt, um Wasser in unterschiedlichen Kältegraden, von wenigen Graden unter Null bis zu 190 Grad unter Null. Je kälter das Eis, desto heller wirken die Bilder, bis sie fast zum strahlenden Eishimmel werden. Je wärmer das Eis, desto dunkler, schwär-zer der Unter- oder Hintergrund, vor dem sich die Zeichen hell abheben. Je nach Kälte verändern sich auch die kristallinen Eisstrukturen, formen weiche, geschwungene oder eckige, schärfere Li-nien. Alle diese Bilder tragen den Titel «Frozen Embryo Series», «eingefrorener Embryo» oder all-gemeiner: eingefrorenes Leben. Aber es sind keine Föten darauf zu erkennen, auch bei sorgfältig-ster Betrachtung nicht. Diese Bilder ziehen im Titel gleichsam die Geschichte ihrer Herkunft mit. Hans Danuser hat Anfang der neunziger Jahre begonnen, in Forschungsbereichen zu fotografieren, in denen Föten verwendet werden, um die Auswirkungen von Medikamenten und pränatale medi-zinische und chirurgische Eingriffe zu testen, um Zugriff auf die Stammzellen, auf das Erbgut zu haben. In einer Werkreihe, die aus dieser Beschäftigung entstand, ist jeweils ein Fötus im Zentrum abgebildet, eingefroren auf Eis gelegt, kreisförmig hell ins Licht gesetzt, als erleuchte ihn eine wis-

senschaftliche Aura. Die neuen Arbeiten der letzten Jahre entstanden im gleichen Forschungs-
bereich, lassen dieses ‹schlagende› Motiv jedoch bewusst weg und konzentrieren sich einzig auf
das Eis. Das Auge blickt nicht in den Himmel hinauf, sondern starrt auf die Wannen voller Eis hin-
unter, welches als materielle Basis, als Grund für die Experimente und Fallstudien bereitsteht. Nicht
himmlisches Licht spiegelt sich in den Eiskristallen, die Leben einfrieren und so verfügbar machen,
sondern einfaches Laborlicht. «Denn je fahler das Licht, desto stummer, unergründlicher und ent-
seelter wird der Sektor, in welchen der Fotograf wie ein Tiefseetaucher hinabdringt.» (Juri Steiner)
Die Eingriffe ins Erbgut, die hier vorgenommen werden, sind aber schöpferisch, ‹himmlisch› – zumindest im Ausmass ihrer Einflussnahme, ihrer Macht.

Geschundene Körper

Bei den «Strangled Body»-Fotografien begegnen wir ebenfalls diesem unglaublichen Grau. Ein fast
verführerischer Verlauf, eine delikate Differenziertheit von Grautönen, die zu immer dunklerem Grau
zusammenstossen, sich zu einem tiefen Schwarz verdichten, überlappen, und dann wieder strecken,
ausbreiten, verdünnen, als würde Stoff, als würde eine Haut gespannt und die gleiche Menge Farbe
auf grösserer Fläche verteilt. Keine Konturen sind hier zu erkennen, alles scheint einzig Übergang
zu sein, weiche Verläufe, vom hellsten Ton, einem mittleren Grau, zu tiefsten, dunkelsten Tönen. Die
Farbe zieht den Blick über transparent anmutende Hautoberflächen in Schlünde hinein, verschlingt
ihn, nimmt ihn in der Dunkelheit auf. Unwillkürlich weicht man zurück vor diesen Abgründen. Was
für eine Gravität! Was für eine Anziehung und Abstossung! Die Schwere der Farben – sie lastet
bleiern in den Augen – kontrastiert mit der Weichheit der Formen in beunruhigender Weise. Solche
Schwere, sagt unsere Erfahrung, ist sonst geometrisch, kubisch, ist ganz schweres Metall. Woher
dann die Verbindung der weichen Formen, die an Häute, an Blasen, an Körper erinnern, mit diesem
Gefühl der Schwere? Sind es grosse, weiche Planeten, die aufeinanderstossen, sind es vulkanische
Gräben, in die wir schauen? Das Ausschnitthafte der Fotografien und die fast monumentale Ver-
grösserung der Würgemale löst die Massstäblichkeit auf, kappt den Verweis auf die Realität – die
Indexikalität der Fotografie, wie es die Theorie nennt –, verwandelt die Abbildungen von Verletzun-
gen, von geschundenen, strangulierten Körpern in Bilder eines Grauens, eines Abgrunds, eines
Schlundes. Die Bilder reduzieren das Konkrete, fragmentieren und transformieren es in ein Abstraktum des Dunkels von Folter, von ausgeübter Macht. Die Reihe, die Hans Danuser 1996 im
Kunsthaus Zürich zeigte, formierte sich abwechselnd in waagrechte und senkrechte Bilder, je vier-
mal, formulierte dadurch eine Art Kette, in der sich die Betrachter eingeschlossen wiederfanden,
sich selbst im Glas spiegelnd und diesen überlebensgrossen Abgründen der Gewalt ausgesetzt. Die
neue Reihe von «Strangled Body» (2000) hingegen wirkt ruhiger, fast ist man versucht zu sagen:

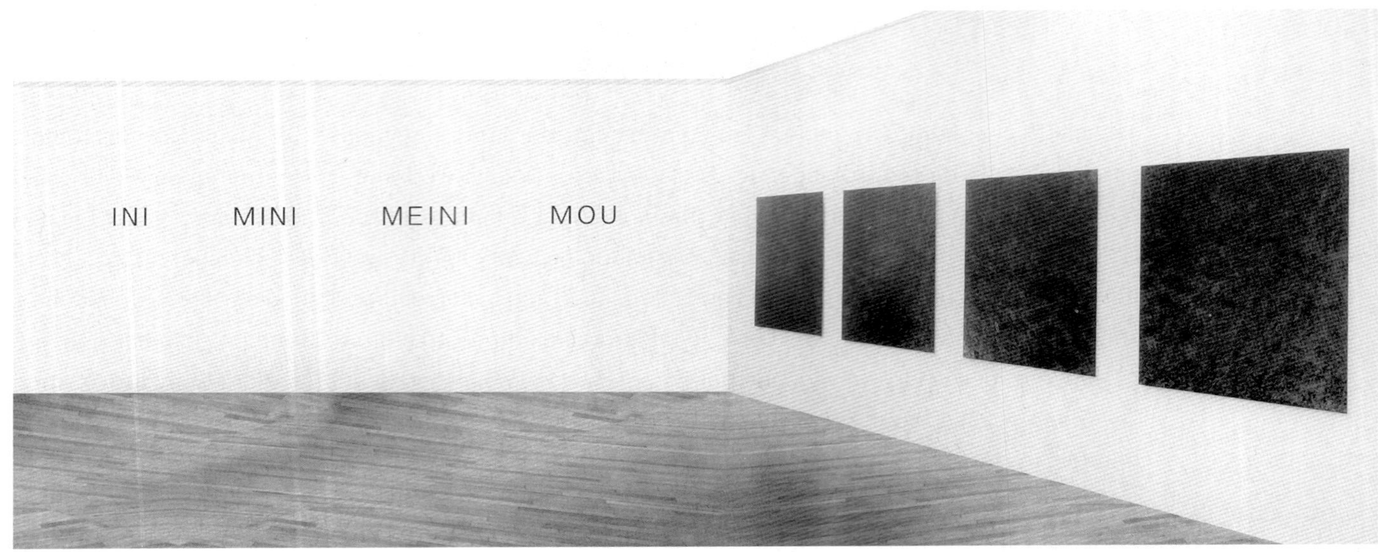

INSTALLATION FROZEN EMBRYO
Biennale de Lyon, 1997 (Detail). Collection Kunsthaus Zürich.
(Photo: René Uhlmann)

ausgeglichener. Die Bilder sind nicht mehr rechteckig und übergross, sondern in Danusers vitalisierendem Fast-Quadrat von 150 x 140 cm gehalten. Die Schlünde sind kleiner, sind Male in einer fast pelzig, manchmal sinnlich, erotisch wirkenden Hautoberfläche. Das Drama ist hier stärker zurückgedrängt, die Atmosphäre ist faktischer, stoischer, aber auch zwiespältiger geworden.

Die «Frozen Embryo»-Serien beschäftigen sich mit der Erforschung des Körpers im pränatalen Bereich, die «Strangled Body»-Serien mit der Untersuchung des Körpers post mortem, nach der tödlichen Folter oder dem Selbstmord, im Feld der Gerichtsmedizin. Vor der Geburt und nach dem Leben, im gewaltsam bewirkten Tod: Himmel und Hölle. Beide Arbeiten, so ‹lebenslang› sie auseinanderzuliegen scheinen, sind einerseits durch den Gegenstand der Darstellung und andererseits durch mehrere Themenkreise miteinander verbunden. In beiden Werkgruppen geht es um den «Menschen», um den ungeborenen und um den toten Menschenkörper, um die Ränder des eigentlichen Menschseins und damit auch um die Grauzone unseres Wissens über uns selbst. Beidesmal beschäftigt sich Hans Danuser mit Forschungsfeldern, die, verbotenen Zonen ähnlich, nicht zum Bereich der Öffentlichkeit gehören. Das zentrale Thema, das mit diesen Arbeiten verwoben ist, kreist um den Begriff der Macht, einerseits um die Macht des Wissens, des Eingreifens, des Heilens, wie sie in der Gentechnik seit zehn Jahren auch als problematische ethische Frage diskutiert wird, andererseits um die Macht des Tötens. In beiden Fällen geht es um grosse, mächtige Gewaltanwendung, um den gewalttätigen Umgang mit dem verletzlichen menschlichen Körper – im ersten, pränatalen, versteckter, im zweiten offensichtlich –, unter diametral verschiedenen Vorzeichen, mit unvergleichlich anderen Absichten.

Erosionen und Aufschwemmungen

Erneut eine Palette von Grauabstufungen, diesmal oft mitteltöniges Grau, ohne die dramatischen Schwankungen ins Dunkelgraue, Schwarze und Helle. Feine Abstufungen in schmaler Bandbreite, die andeuten, dass sich hier etwas löst, auflöst, fliesst, wegfliesst. Stetig, immer wieder ein wenig, immer mehr oder sturzartig, wenn Teile abbrechen, wenn sie abreissen, Rinnsale graben, fortgeschwemmt werden. Erosionen des Bodens werden hier dargestellt. Erosionen von Schiefersand in den Bündner Bergen waren, wie Hans Danuser erzählt, Vorlage für diese Bilder, und Aufschwemmungen von Schlick, von Schwemmsand, wie sie in der Natur einfach so geschehen, immer, als ewiger, scheinbar nutzloser Lauf von Berg zu Tal, vom Tal zum Meer, zum grossen Delta, oder wie sie von Menschenhand gesteuert, genutzt werden. Um beispielsweise Land zu gewinnen, um dem Flusslauf und seinen ausufernden, wuchernden Mäandern Land abzuluchsen, wie es am Hinterrhein seit über hundert Jahren als wassertechnisches Langzeitprojekt unternommen wird.

Schiefersand ist grau, fast unglaublich grau-grau. Hans Danusers Fotografie von Schiefersand ist grau. Eine Art von farblichem Eins-zu-Eins also. Das Schwarzweiss von Hans Danusers Fotografie, das Reich seiner vielen Grauabstufungen – er nennt es Hell-Dunkel – ist hier Echtfarbe. Die Schwarzweissfotografie, sonst immer eine Abstraktion vom realen Farbreichtum, erlebt einen unerwarteten Zugewinn an Naturalismus. Das Danuser-Graureich hat jedoch immer seine Besonderheit. Die Summe aller Farben im Farbkreis ergibt Grau. Grau ist, im Gegensatz zu Schwarz und Weiss, nicht eine Absenz von Farben, sondern ihre Summe, entsteht nicht durch Subtraktion, sondern durch Addition. Danusers Grautöne leben von diesem Umstand. Seine eigene, selbsterzeugte Hell-Dunkel-Palette wirkt so reich wie eine Farbpalette. Gefülltes Grau. Ähnlich komplex verhält es sich mit dem Bildaufbau. Das Ausschneiden aus der Wirklichkeit, das Danuser so radikal betreibt, dass wir die Massstäblichkeit verlieren, dieses Freistellen ist ein Abstrahieren vom Einzelnen und seiner Zuordnung im System fotoperspektivischer Wahrnehmung. Danuser gewinnt aber mit diesem Freistellen einiges: die Konzentration auf ein Feld minutiöser Abtastungen von dichter Farbigkeit, die Konzentration auf ein offenes Feld, das eine Art von schwebender, nicht abschliessender Wahrnehmung erfordert. In der Addition der Bilder, in der Summe der reduzierenden, abstrahierenden Einzelbilder visualisiert sich ein Abstraktum – ein Thema, ein Zustand, ein Verhältnis.

Der Boden unter unseren Füssen bewegt sich. Permafrost taut auf. Selbst Fels erodiert, wird abgetragen, erst als grosse sperrige Blöcke, dann als kleinere runde Steine, schliesslich als Sand weggeschwemmt. Die «Erosion»-Serien thematisieren diesen ewigen und neuen Lauf der Natur, der nun auch scheinbar Festes, Sicheres, Bestehendes auflöst. Und sie vermitteln dieses Gefühl in Ausstellungen als gitterartig angelegte Bodeninstallation, die mit grosser Vorsicht auch begehbar ist. Wie bei «Frozen Embryo» und «Strangled Body» geht es hier um Kräfte, um ein Kräftespiel, um Gewalten, in diesem Fall um die langsame Erosion und das brüske Abgleiten, den Abbruch, den Berg-

sturz. Der Mensch hat die Möglichkeit, diese Gewalten, wenn er sorgfältig mit ihnen umgeht, zu lenken, zu nutzen, sie zur Landgewinnung einzusetzen. Und er ist ihnen schutzlos ausgeliefert, wenn der Berg unkontrolliert ins Rutschen gerät, wenn durch heftige Regenfälle der Boden so durchnässt wird, dass er plötzlich rutscht, der kritische Punkt erreicht und überschritten wird. «Erosion II» visualisiert diese Kraft in Bildern von erstickendem Schlick, der wie Mörtel zu trocknen scheint, der alles felsenfest in sich begräbt. Hans Danusers Arbeit über die Naturgewalt der Erosion erhält im heutigen Welt- und Wirtschaftszusammenhang eine gesellschaftliche Dimension, lässt sich als Symbol für die an vielen Ecken und Enden erodierende Gesellschaft lesen.

Die achtziger Jahre

Die drei besprochenen Werkgruppen, welche zu Beginn der neunziger Jahre mit ersten Bildern des gefrorenen Lebens ihren Anfang nahmen, bilden – zusammen mit Kunst-am-Bau-Projekten und einer Reihe von «Landschaften» – den grossen Werkabschnitt nach *In Vivo,* nach den 93 Fotografien in sieben verschiedenen Kapiteln, die Hans Danuser Ende der achtziger Jahre veröffentlicht hat. «Frozen Embryo», «Strangled Body» und «Erosion» denken die Thematiken weiter, führen den Bilddiskurs fort, den Danuser mit *In Vivo* eröffnet hat. Im Rückblick enthält *In Vivo* fast prophetische Züge. Während die achtziger Jahre sich mit Dreitagesbart und Schulterpolstern benahmen, als sei die Menschheit, zumindest der Westen, erstmals von der Geschichte freigestellt, als könnten die Menschen sich nun – bar jeglicher existenzieller Sorgen, aus den Fesseln überkommener Wertvorstellungen entbunden, das bremsende Gefühl sozialer Verantwortung abgelegt – ungehindert und zügellos der Sucht der Individualität hingeben, richtete *In Vivo* den Blick in zwiespältige Zonen der Zivilisation, welche die Gegenwart und die Zukunft mitbeeinflussen. Hans Danuser hat sich mit diesem Grossprojekt, das Serie um Serie während der achtziger Jahre entstand, in zentrale Macht- und Wertebereiche unseres Denkens und Handelns, Kalkulierens und Wirtschaftens vorgewagt. Er hat sieben neuralgische Stellen der Wirtschaft, der Wissenschaft, Forschung und Technik als Orte seiner fotografischen Bildarbeit gewählt: «Gold», «A-Energie», «Medizin I», «Medizin II», «Physik I», «Chemie I», «Chemie II» nannte er die Serien. Und jede davon nahm sich einer anderen Problematik heutigen Verhaltens an.

«Gold» thematisiert am Prozess der Goldraffinierung und in alchemistischen, fast symbolistischen Bildern die gierige Suche nach dem Mehrwert als Gral der Neuzeit. Aus zeitlicher Distanz wirkt die Serie wie eine säkulare Nacherzählung der Vertreibung aus dem Paradies. Die Trennung von Wert und Gegenstand in der Form des Goldes oder Geldes folgt der Auftrennung des Bewusst-Seins vom Sein und ermöglicht diese abstrakte Welt, in der das Kapital rasche Bewegung erlaubt, aber auch vor allen anderen Mächten allumfassend herrscht. «Geld ist Abstraktion», schreibt Peter

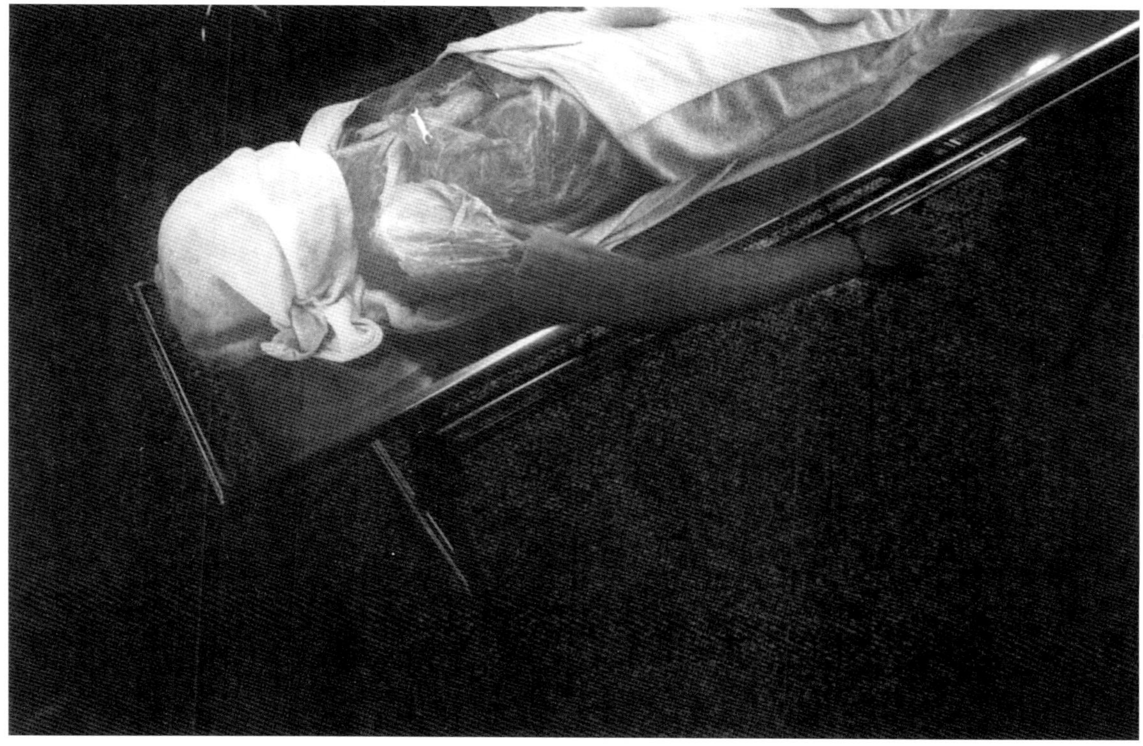

TORSO
From / aus: **MEDICINE I / MEDIZIN I**, 1984, silver gelatine print, 11 parts, 15 ¾ x 19 ⅔" each /
Fotografie auf Barytpapier, 11-teilig. je 40 x 50 cm. Fotomuseum Winterthur. Gift / Schenkung George Reinhart

Sloterdijk, «Wert hin oder her, Geschäft bleibt Geschäft. Dem Geld ist alles egal. Es ist das Medium, in dem die Gleichsetzung des Verschiedenen sich praktisch verwirklicht.» Die Fotografien von Feingoldbarren aus England, Frankreich und der Sowjetunion stehen wie Gesetzestafeln da, wie eine Repräsentation der alten Weltordnung, die dann 1989 zu Ende ging.

Die «A-Energie»-Serie gibt dem Quantensprung, den die Menschheit mit der Nukleartechnologie unternahm, ein dichtes, düsteres Bild: Der Mensch hat damit eine Schwelle überschritten, die ihm eine Gewalt verleiht, mit der er, im biblischen Sinne gesprochen, Berge versetzen kann. Diese zweigeteilte Serie, welche im ersten Teil von aussen nach innen führt – durch die Dampfwolken des Kühlturms, präzis und grell markierte Gänge entlang zur «kontrollierten» Kernspaltung – und im zweiten Teil vornehmlich Lagersituationen zeigt, thematisiert den Weg zur Ungeheuerlichkeit der Kernspaltung, die in Millisekundenbruchteilen stattfindet und, im guten als Müll und im schlechten Fall als Grosskatastrophe, Auswirkungen für 500 und mehr Jahre hat.

«Medizin I», diese zutiefst beunruhigende Serie von elf Fotografien, die im Bereich der Anatomie und Pathologie aufgenommen worden sind, visualisiert in erschreckender Eindringlichkeit das Programm der neuzeitlichen Zivilisation, das cartesianische Herr-Werden-über-die-Natur, das sich in der Pathologie den posthumen Triumph des Wissens über den Tod leistet. Das Blosslegen, Schälen des Körpers für Erkenntnis und Wissen, visualisiert einen Materialismus, der Peter Sloterdijk gemäss zynischer ist als jeder andere und das Gleichgewicht zwischen Körper und Geist und Gefühlen und Seele tiefgreifend stört.

«Medizin II» spricht von einer neuen, ungewollten Fügsamkeit, ja Demut des Menschen: In der Bildserie über die Chirurgie der Sinne – Operationen an den Händen, also am Tastsinn, an den Augen, Ohren, an der Nase – fügt sich der individuelle Körper dem institutionellen Wissen und delegiert die Verfügungsgewalt der angeordneten Technik für die Zeit der Operation. Hans Danuser thematisiert mit der Wahl der Operation der Sinne, dass wir dabei sind, eine Welt zu betreten, in der wir unseren ureigensten Sinnen nicht mehr trauen können, in der wir uns den verschiedensten Flüssen von Energie und Information ausliefern, einer neuen Macht, die uns der Entscheidungsfähigkeit aus eigener Kraft und Erfahrung beraubt.

«Physik I», die Serie, welche Hans Danuser in Los Alamos auf dem Gebiet der Laserforschung im Bereich Kernfusion und der Forschung am einst berühmt-berüchtigten SDI-Schutzschirm aufgenommen hat, zeigt den totalisierenden Versuch, mittels hoher Bündelung von Energie und mittels Geometrisierung die Natur, die Welt gänzlich in den Griff zu kriegen. In diesen Fotografien wird eine (Bild-)Welt entworfen, die jede bekannte, nachvollziehbare Ordnung auflöst, eine neue an ihre Stelle setzt, welche zugleich totale Kontrolle ermöglichen soll. Dass dies gerade mit Licht, mit Laser (light amplification by stimulated emission of radiation) geschehen soll, Licht also, das zuvorderst für Erkenntnis steht, schärft die Bedeutung auch in dieser Hinsicht: Zu hoher Energie gebündelte, scharfe Erkenntnis kann tödlich sein, so sehr stört sie das Gleichgewicht.

In «Chemie I», aufgenommen auf dem Gebiet der Pharmaforschung im Bereich Chemie, Analytik und Versuchsanordnungen in vivo und in vitro, und «Chemie II», aufgenommen im Bereich Pharma und Agro auf dem Gebiet der Genforschung und Biotechnologie, kulminiert Hans Danusers Beschäftigung mit der Radikalisierung der Aufklärung als Mittel zur Beherrschung der Natur. Die beiden Serien visualisieren, wie der abendländische Weg allmählich vom Körper zur Sprache, vom Modell der Materie zum Modell der Sprache führt und dabei den Körper, die Wirklichkeit zu «einer Prothese der menschlichen Intelligenz» (Jean-François Lyotard) verwandelt. Die Fotografien von chemischen Formeln, die Anordnungen für Tierversuche und die Untersuchungen am lebenden Organ formulieren zusammen die neue grosse Kraft, wirklich schöpferisch tätig zu sein, und dabei die «Schwelle der natürlichen Substanzstrukturen» zu überschreiten, um dorthin zu gelangen, wo «die bisher rätselhaftesten kosmischen Kräfte gebunden waren» (Peter Sloterdijk). Der Wille zum Wissen ist immer auch ein Wille zur Macht. Die Macht über den Körper (hier des Tieres) ermöglicht

ein organisches, physiologisches Wissen. Über dieses Wissen wird der Körper Sprache, lesbare Formel, und mit diesem Wissen greifen wir wieder in die Materie ein, nach dem Eingriff in den Kern der physikalischen folgt nun jener in die biologische, chemische Natur.

«Chemie II», die letzte der sieben Serien, ist vielleicht die radikalste, sowohl fotografisch wie thematisch. Die Serie gibt zu erkennen, dass es nichts mehr darzustellen gibt, dass das Wesentliche in die Unsichtbarkeit, ins Funktionale gerutscht ist, dass die Bilder vom Kühlen und Erhitzen (zum Beispiel einer Tabakpflanze) wenig über die fundamentalen Eingriffe aussagen, die hier vorgenommen werden. Der Mensch ist hier daran, ins Innerste der Substanz, der Struktur vorzudringen (nur zehn Jahre später ist nun das menschliche Genom identifiziert), die letzten Strukturgesetze zu erobern und sie nach seinem Willen umzuformen, sie seinen Zielen zu unterwerfen. Mit dieser Serie schloss Hans Danuser sein *In Vivo*-Projekt ab.

Die sieben Forschungs- und Transformationsbereiche gehorchen den Wertvorstellungen, die seit dem Beginn der Aufklärung den Lauf der Welt geprägt haben. Schöpfung und Vermehrung von Wissen und Geld, mit dem Ziel, mehr Macht über das fremde Andere, die Natur, die Krankheit, der Tod – und über den nächsten Anderen, den Menschen, zu gewinnen. Das Neue und für viele Erschreckende daran sind die Mittel, welche die zeitgenössische Forschung der Welt in die Hände gibt.

Eindringlich und stoisch

Thematisch war in der Werkgruppe *In Vivo* vieles angelegt, was Hans Danuser seither zentral beschäftigt hat. Er nähert sich, in einer Mischung aus Eindringlichkeit und stoischer Ruhe, zentralen Bereichen und Themen der heutigen Gesellschaft, dort, wo die Widersprüche, die Zynismen bei genauem Hinschauen am heftigsten zu Tage treten. Es handelt sich um Zentren des Wissens und der Macht, die der Öffentlichkeit beinahe gänzlich vorbehalten bleiben, die tabuisiert sind, weil da auch unsere Zukunft mitverhandelt wird und weil unsere Ethik und Moral auf dem Spiel stehen. «Wir sind aufgeklärt, wir sind apathisch», hält Peter Sloterdijk in seinem Werk *Kritik der zynischen Vernunft* fest. «Von einer Liebe zur Weisheit ist weiter keine Rede. Es gibt kein Wissen mehr, dessen Freund (philos) man sein könnte. Bei dem, was wir wissen, kommen wir nicht auf den Gedanken, es zu lieben, sondern fragen uns, wie wir es fertigbringen, mit ihm zu leben, ohne zu versteinern.» Dieses Gefühl der Apathie scheint die Prozesse, welche in *In Vivo* und in den nachfolgenden Werkgruppen dargestellt sind, zu begleiten, unabhängig von ihrer Bedeutungsschwere.

Hans Danuser stellt in seinen Ausstellungsinstallationen seit Mitte der neunziger Jahre den Fotografien oft Kinderabzählreime zur Seite. Abzählreime aus verschiedenen Sprachen und Kulturen, zum Beispiel «Piff, paff, puff und du bisch ehr und redlich duss» in Schweizer Mundart, in

denen die Welt der Kinder – lautmalerisch und vorsprachlich fast – mit erstaunlicher Nüchternheit, ja Kaltschnäuzigkeit geordnet wird. Das Resultat ist zufällig, aber auch unerbittlich: Du bist draussen, Punkt. Mit lakonischem Lächeln scheinen sie sagen zu wollen: So ist die Welt halt, so ist ihr Lauf, du tust besser daran, dich da hinein zu fügen. Diese Lakonie schleicht sich in die komplexere Forschungswelt ein und verwandelt sich da, je nach Standpunkt, in ihren aggressiveren Bruder – den Zynismus. Im Kontext der Genforschung relativieren die Reime die wissenschaftliche Begründung der Entscheidungsfindung, ob ein Gen (eine Eigenschaft) aus einem Organismus hinaus muss oder ein neues hinein. Im Bereich der Erosionen zeigen sie die Zufälligkeit und Nichtberechenbarkeit von Erdverschiebungen, Murenabgängen und Erdbeben. Vor dem Hintergrund der Verletzlichkeit des menschlichen Körpers verdeutlichen sie, dass vorsätzliche Gewalt von Menschen an Menschen jeden treffen kann, wie das die Ereignisse in New York und Washington in aller Schrecklichkeit und Eindrücklichkeit vorgeführt haben.

Lakonisch ist auch der Grundton von Hans Danusers visueller ‹Berichterstattung› heute. Das Lakonische gibt ihm die Freiheit, bisher bildlose Ungeheuerlichkeiten zu visualisieren und den Betrachtern gewissermassen kommentarlos vorzulegen. Offen, zwiespältig, kommentarlos – und heftig. Es gibt uns die Möglichkeit, über zentrale Fragestellungen der Gesellschaft, des Lebens allgemein, entlastet, fast kühl nachzudenken, nachdem wir uns mit der grossen Kraft der visuellen Ausstrahlung auseinandergesetzt und arrangiert haben.

Das methodische Vorgehen und die Haltung zum fotografischen Bild haben sich seit *In Vivo* verändert. Für die sieben Kapitel von *In Vivo* ging Hans Danuser wie ein Dokumentarfotograf an sieben verschiedene Tat-Orte, fotografierte und verdichtete das mitgebrachte Fotomaterial in seinem

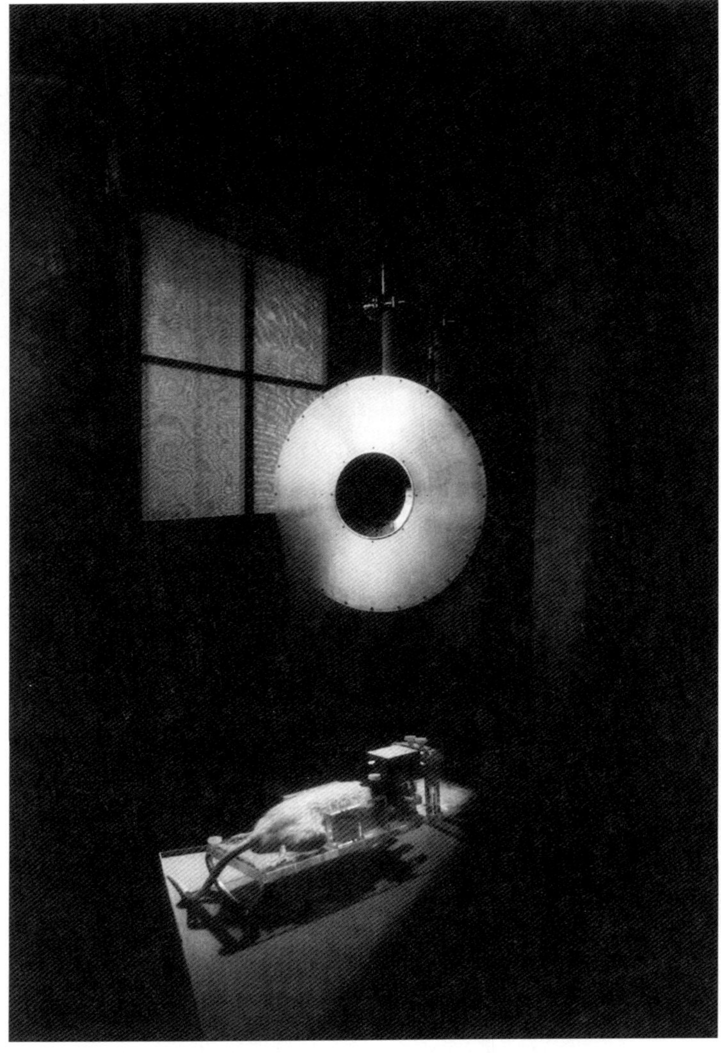

TEST ARRANGEMENT IN VIVO / VERSUCHSANORDNUNG IN VIVO
From / aus: CHEMISTRY I / CHEMIE I, 1988, silver gelatine print, 14 parts, 19 ⅔ x 15 ¾" each / Fotografie auf Barytpapier, 14-teilig, je 50 x 40 cm. Fotomuseum Winterthur, Gift / Schenkung George Reinhart

Labor zu mehrteiligen Essays, welche den dokumentarischen Anteil zugunsten einer evozierenden Bildhaftigkeit zurückdrängen. Er öffnete die Türen zu brisanten Bereichen unserer Zivilisation, beharrte dann aber nicht auf dem Sichtbarmachen dessen, was er gesehen hatte. Er verweigerte sczusagen die Zeugenschaft, blendete das Faktische, die dokumentarische Narration teilweise aus. Er führte bei *In Vivo* einen ästhetischen Diskurs der Ambivalenz zwischen Dokumentation und Bildhaftigkeit. Dennoch ist diese Reihe innerhalb der fotografischen Dokumentation angelegt und versucht in diesem Rahmen, aus dieser Perspektive die Grenzen auszuloten, an sie heranzugehen, sie zu sprengen. Die letzte Serie, «Chemie II», lässt die Weiterentwicklung von Hans Danusers Bildvorstellung erahnen. Sie enthält alle Widersprüchlichkeiten einer Fotografie, die im Feld des Unsichtbaren auf dokumentarischer Sichtbarkeit beharren will. Die Fotografien dieser Serie sind im Gegensatz zu den anderen Serien auffallend perspektivlos. Es existiert in paralleler Begleitung des Themas keine Aussicht im Sinne eines Stand- und Fluchtpunktes mehr, der die dargestellten Gegenstände ordnet, einander zuordnet. Vielmehr erinnern die Fotografien mit ihrer vertikalen Ausrichtung an die Bildordnung im Mittelalter und mit ihrer Flächigkeit an die All-over-Malerei, wie wir sie seit dem Informel und der Farbfeldmalerei der sechziger Jahre kennen. In dieser Serie kündigt sich die Auflösung der perspektivischen Ordnung, der Sicherheit des Oben und Unten, des Be-Greifen-Könnens der Welt an, eine Auflösung, die dann in «Frozen Embryo Series», «Strangled Body» und «Erosion», wie am Anfang beschrieben, bis zur Sinnesirritation vollzogen wird. Hier löst Danuser seine fotografische Bildwelt gänzlich vom fokussierenden Motiv und von thematischen Beschreibungen und stärkt dadurch ihr Projektionspotential und ihre Symbolkraft. Der Wechsel vom kleinformatigen Foto zum Grossformat von 150 x 140 cm verändert zudem die Begegnung mit dem Bild: Sie wird physisch erlebbar. Das Bild verwandelt sich zum ebenbürtigen Gegenüber, zum offenen Bildraum, in dem unsere Augen suchend, fragend, erkundend umherschweifen. Die Installation der Bilder verwandelt den Ausstellungs- in einen Erfahrungsraum prekärer Situationen.

Topografien der Macht

Kinderreime sind Versuche, das Kinderspiel, die Kinderwelt zu ordnen, den Fluss des Lebens modellhaft zu begreifen und zu strukturieren. Wissenschaftliche Modelle tun ein Gleiches, auch wenn sie nicht so poetisch klingen wie «ini mini meini mou». Hans Danusers Haltung lässt eine Faszination für das modellhafte Verstehen der Welt erahnen. Ganz früh schon, Ende der siebziger Jahre, hatte er auch Forschung im Bereich fotografischer Emulsionen betrieben, die Arbeit *Delta* von 1995 – seine «Matographien», wie er sie nennt, sein ‹verrücktes› fotografisches Zeichenspiel – führte dieses Forschen weiter. Danusers Haltung ist dabei jedoch voller Zwiespalt: Mit grosser Faszination bewundert er die Modelle und die damit allenfalls gebauten Realitäten, die damit verbun-

denen Eingriffe in die Wirklichkeit, mit ebenso grossem Staunen jedoch scheint er auch den Zusammenbruch von Modellen, von Verständnis- und Ordnungsversuchen zu verfolgen. Als begleite ihn das «Oohhhh» eines Kindes, dessen grosse leuchtende Augen eben das Aufsteigen, Aufblühen und Vergehen eines Feuerwerks am Nachthimmel gesehen haben. Mephistophelische Orte, an denen mit viel Aufwand immense Energien, Mehrwerte und gewaltiges Wissen erzeugt werden, ziehen den Zauberlehrling in Bann.

Die Betrachtung von Hans Danusers Werk bedient sich zum Schluss eines Modells aus der Wissenschaft (nach John Brockman: *Die Geburt der Zukunft,* 1987). 1977 hat der Mathematiker Benoît Mandelbrot das Buch *Die fraktale Geometrie der Natur* veröffentlicht und darin mit den mathematischen Grössen der Fraktalen ein Verfahren zur Quantifizierung unregelmässiger natürlicher Formen vorgeschlagen, ein elegantes Verfahren, das behauptet, dass wohl die Zahl denkbarer unterschiedlicher Ordnungsebenen unendlich gross ist, dass aber die Relationen dieser verschiedenen Ordnungsebenen ganz einfache Zahlen wie 1, 2 oder 2 ergeben. Die Wissenschaft nimmt sich vor, eine Küstenlinie geometrisch und mathematisch zu erfassen, kartographiert sie fotografisch aus der Luft. Bei jedem Versuch, die komplexe Küstenlinie zu begradigen, um sie geometrisch erfassen zu können, entsteht höchstens eine Krücke, eine grobe Umschreibung der Küste. Ein genaueres Bild würden wir erhalten, wenn die Luftaufnahmen aus immer geringerer Höhe gemacht würden, so dass schliesslich jede Bucht, jede Landzunge, schliesslich jeder Stein und jedes Sandkorn der Küste erfasst werden würden. Wir hätten dann das genaueste Abbild erreicht, ein Eins-zu-Eins, aber es wäre von so ungeheurer Grösse und Komplexität, dass man kaum etwas damit anfangen könnte. Die Welt aber ist so komplex und unregelmässig. Das Phänomen, weniger seine mathematische Lösung, weist grosse Parallelen zu Hans Danuser Werk auf. Sein Werk ist letztlich eine Landschaftsarbeit – Eislandschaft, Körperlandschaft, Erosionslandschaft –, es sind Topografien, in denen sich das Wirkliche in unendlichen Linien, Kurven, Faltungen verbirgt, ja auflöst. Kaum hebt man eine Falte an, taucht eine andere darunter auf. Die eine riecht gut, die andere weniger. Die eine ist eine Perlenmuschel, die andere die Büchse der Pandora. Für die eine haben wir eine Erklärung, für die andere nicht, fürs Ganze haben wir nur unsere Ahnungen. Es war einmal ein Mann, der hatte einen hohlen Zahn. In dem hohlen Zahn lag eine Schachtel, in der ein Zettel lag, auf dem stand: ... Oder wie Aldous Huxley, der in *The Doors of Perception* am einfachen Gegenstand einer Hose eine Aussage von grosser Tragweite wagte: «Those folds in the trousers – what a labyrinth of endlessly significant complexity!» («Diese Falten in meiner Hose – welch ein Labyrinth unendlich bedeutsamer Vielfältigkeit!») Damit kann eine Betrachtung von Hans Danusers Werk philosophisch-versöhnlich geschlossen werden. Die Welt ist. Der Schauder, der Frost bleibt. Die Vorgänge, die bildnerisch gefasst werden, erzählen von hohem kritischem Potential, von Geladenheit in dieser und der nächsten Falte. Wehe dem, der sie lüftet und dann neu faltet. Wehe, wenn sie sich selbst lüftet und rutscht und rutscht.

Page / Seite 30–31: **EROSION II**, 2000–2001
Floor installation, 6 parts (II 1 – II 6), silver gelatine print, 59 x 55" each,
mounted on 2 mm aluminum sheet behind 4 mm denglass pane /
Bodeninstallation, 6-teilig, Fotografie auf Barytpapier, je 150 x 140 cm,
aufgezogen auf Aluminium, 2 mm, unter entspiegeltem Glas, 4 mm,
Fotomuseum Winterthur (Photo: Christian Schwager)

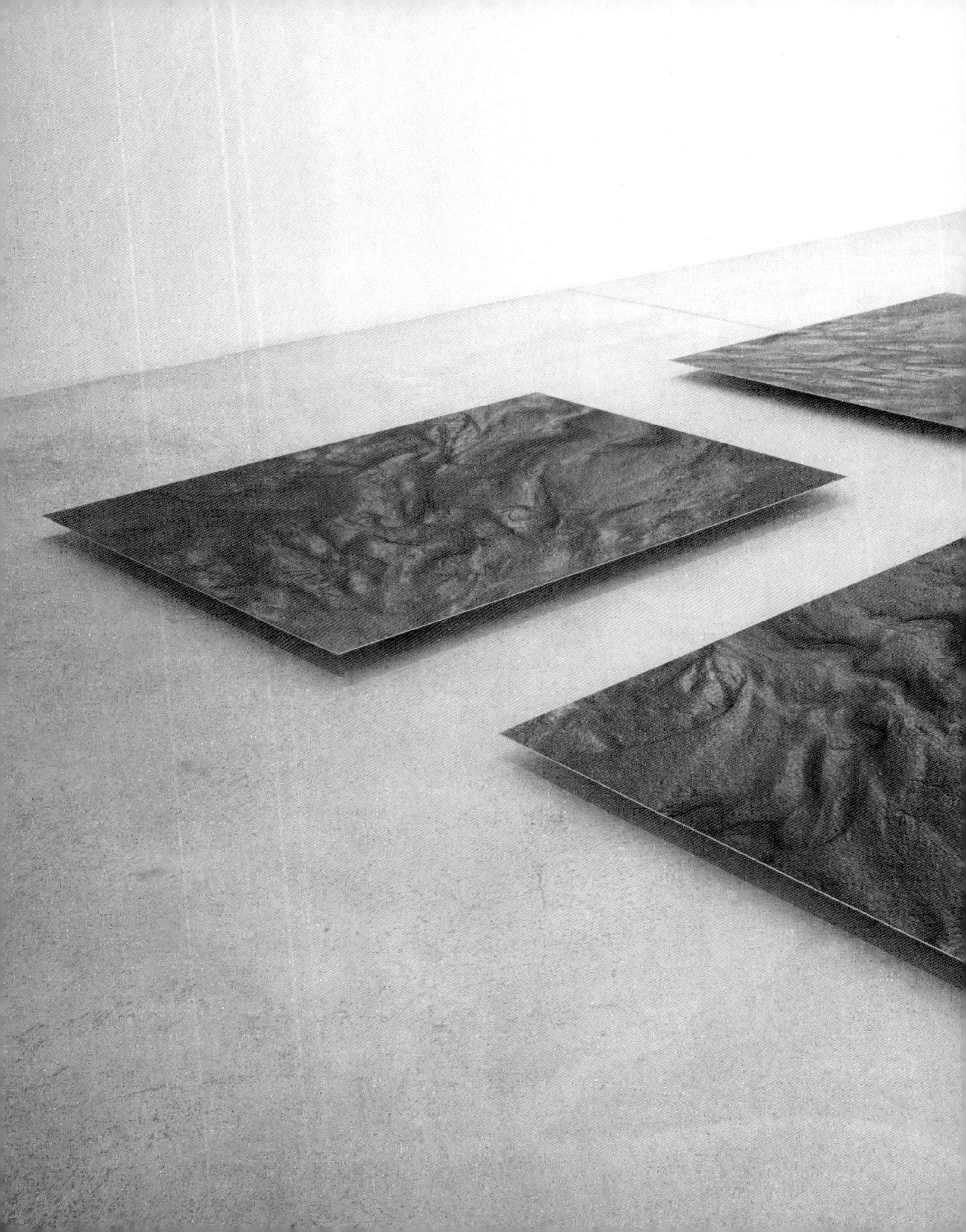

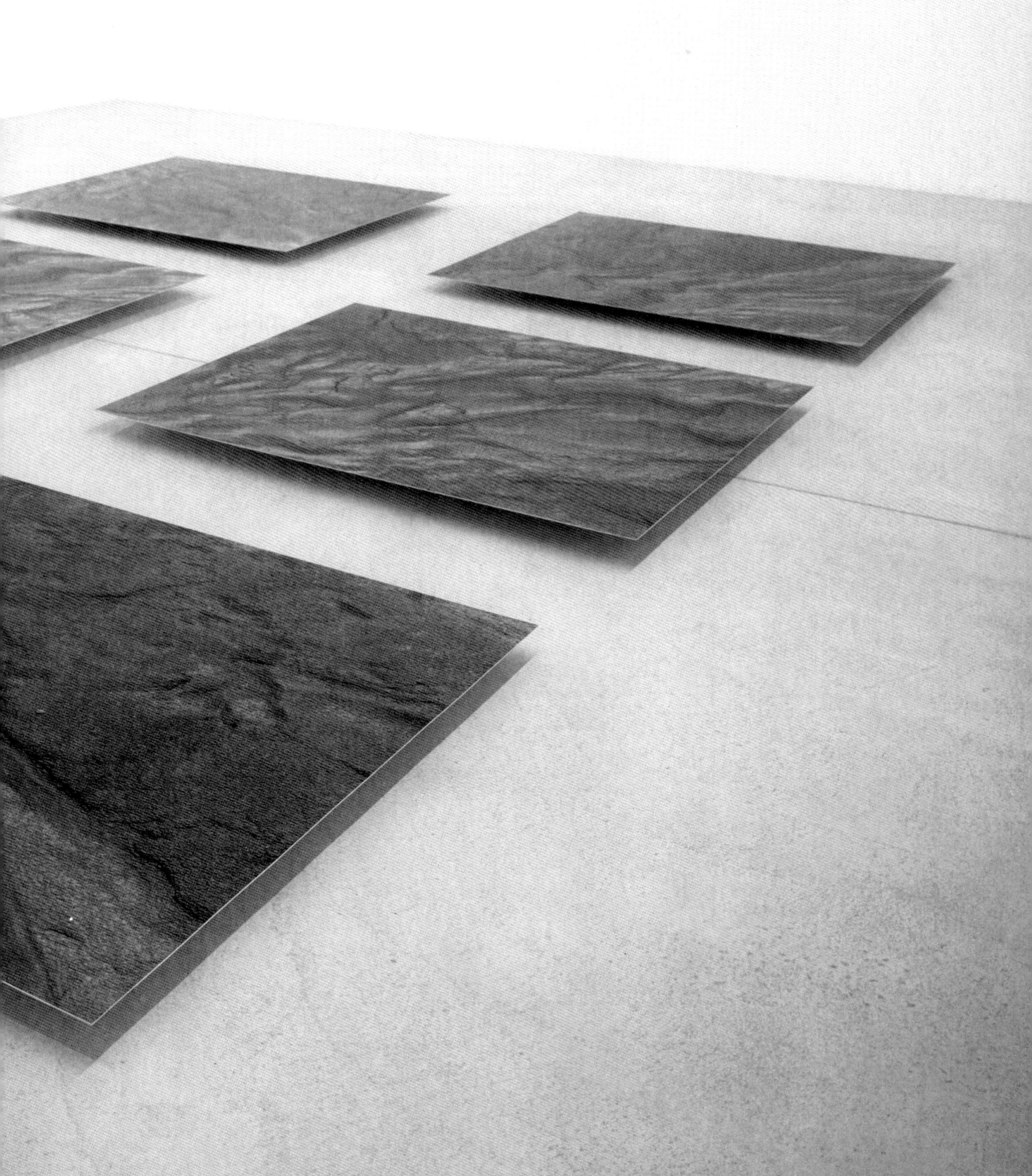

Hans Danuser frost

Design: Hanna Koller, Zurich
Scans, Printing, Production: Steidl, Göttingen

© 2001 for the images: Hans Danuser
© 2001 for the text: Urs Stahel
© 2001 for this edition: Scalo Zurich - Berlin - New York

Head office: Weinbergstrasse 22a, CH-8001 Zurich / Switzerland
phone 41 1 261 0910, fax 41 1 261 9262
e-mail publishers@scalo.com, website www.scalo.com

Distributed in North America by D.A.P., New York City;
in Europe, Africa and Asia by Thames and Hudson, London;
in Germany, Austria and Switzerland by Scalo.

This book is published on the occasion of the exhibition *Hans Danuser—frost*
at Fotomuseum Winterthur, November 9, 2001, to January 6, 2002.

Main sponsor of the exhibition: Winterthur Insurance

We would like to acknowledge the generous support of
Pro Helvetia, Arts Council of Switzerland.

We also express our thanks to culture promotion, Canton of Grisons

First Scalo Edition 2001
ISBN 3-908247-54-3
Printed in Germany